ROOSEVELT

轮椅上的英勇斗士

罗斯福

◎章正余 编译

中国铁道出版社有限公司
CHINA RAILWAY PUBLISHING HOUSE CO., LTD.

图书在版编目（CIP）数据

罗斯福/章正余编译.—北京：中国铁道出版社
有限公司，2019.10
（二战名人录）
ISBN 978-7-113-26033-0

Ⅰ.①罗... Ⅱ.①章... Ⅲ.①罗斯福（Roosevelt
Franklin Delano 1882–1945）– 生平事迹 Ⅳ.① K835.127=5

中国版本图书馆 CIP 数据核字（2019）第 141911 号

书　　　名：**罗斯福**
编　　译：章正余

责任编辑：马慧君		**电　　话：**（010）51873005	

封面设计：刘　莎
责任校对：王　杰
责任印制：赵星辰

出版发行：中国铁道出版社有限公司（100054，北京市西城区右安门西街 8 号）
印　　刷：三河市航远印刷有限公司
版　　次：2019 年 10 月第 1 版　2019 年 10 月第 1 次印刷
开　　本：787 mm × 1 092 mm　1/16　**印张：**23.5　**字数：**368 千
书　　号：ISBN 978-7-113-26033-0
定　　价：59.80 元

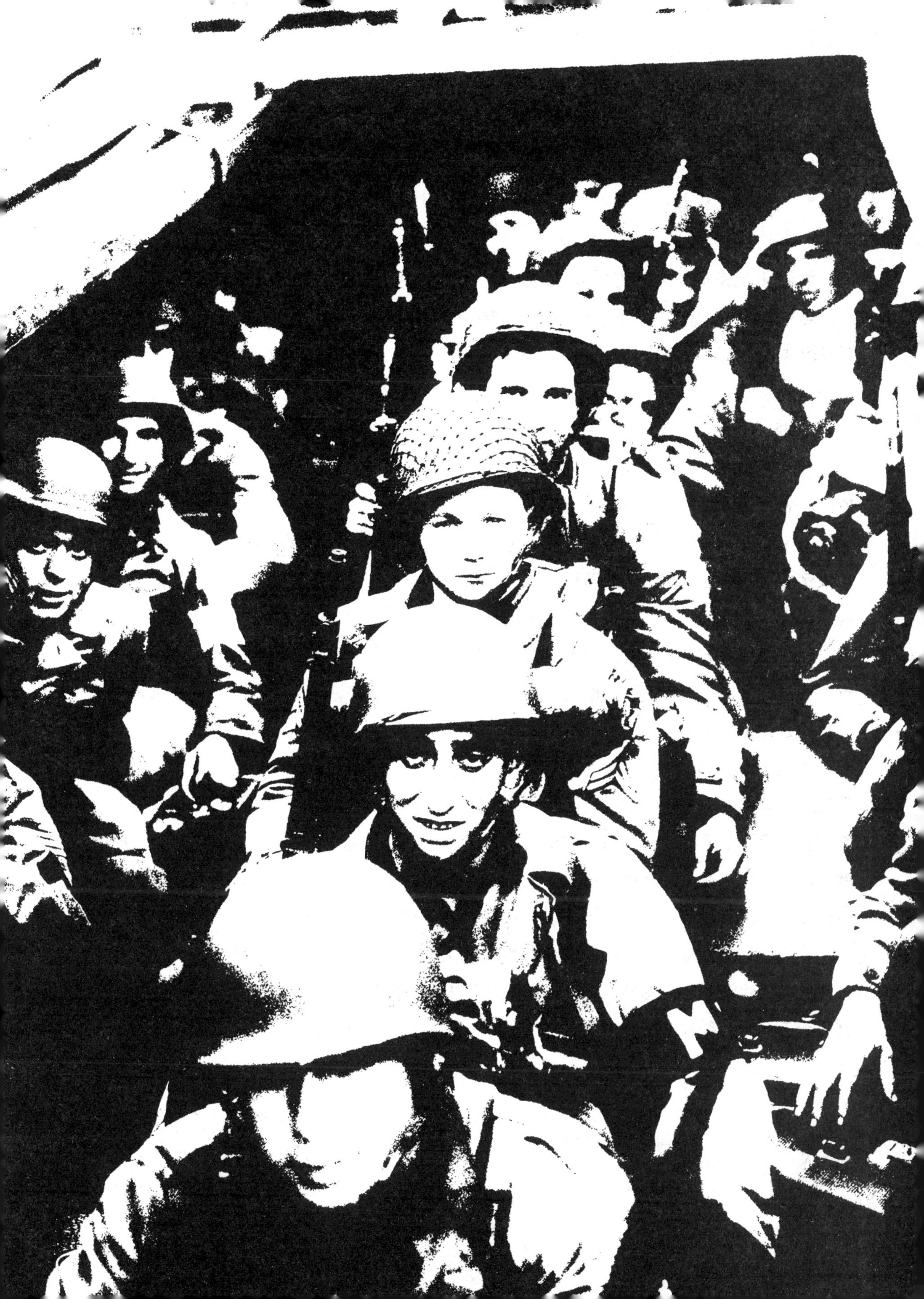

名人剪影

在美国,大概很少有比罗斯福总统更受赞誉和憎恨的了,直至今天,一提到他的名字,有人会充满怀念,有人则骂不绝口。也很少有哪位总统能像他那样有效地集政客、导师、鼓动者和政治家的品质于一身。他创下了一项纪录——在美国连任四届总统,执政长达12年之久。

他是一个精明的统治者,在驾驭政府与时代方面有着无与伦比的胆略和才能,又由于他在内政方面的巨大建树和在与法西斯斗争中的不朽功绩,而被世人公认为同华盛顿、林肯相比肩的美国历史上最伟大的总统。

是他,把美国人民从苦难和经济大萧条中拯救出来,建立了福利国家模式。是他,扩大了中央政府的权力,首创干预经济生活的先例。是他,把奉行孤立主义的美国变成世界大联盟的领导者,并由于他的提倡和支持,世界上才有了联合国。

后来人几乎难以理解他在半个世纪以前所激发出的热情。美国人心甘情愿地让他支配自己的生活,左右自己的情绪,并喜欢参照他的形象来评价所有总统,喜欢根据他的新政来衡量历届政府。

那是一个充满动荡、变革与血腥恐怖的年代,全球性经济大崩溃,法西斯主义迅猛崛起,轴心帝国集团建立,欧亚两个战争策源地形成。那也是一个英雄与枭雄并出的年代,是一个需要专政、独裁与个人崇拜的年代。富兰克林·罗斯福重实效、轻说教、不囿陈规、善跳政治狐步舞,不论在和平时期,还是在战争年代,他从律师到州参议员,到海军助理部长,到州长,到总统,都使自己处于不败之地。

本书生动具体地记述了罗斯福辉煌的一生,细致入微地描绘了他本人的多个侧面,以及其家庭生活的相关细节。本书还运用了不少鲜为人知的资料,可以肯定地说,读者将大开眼界,获益匪浅。

1882-1945

> 美国总统罗斯福。

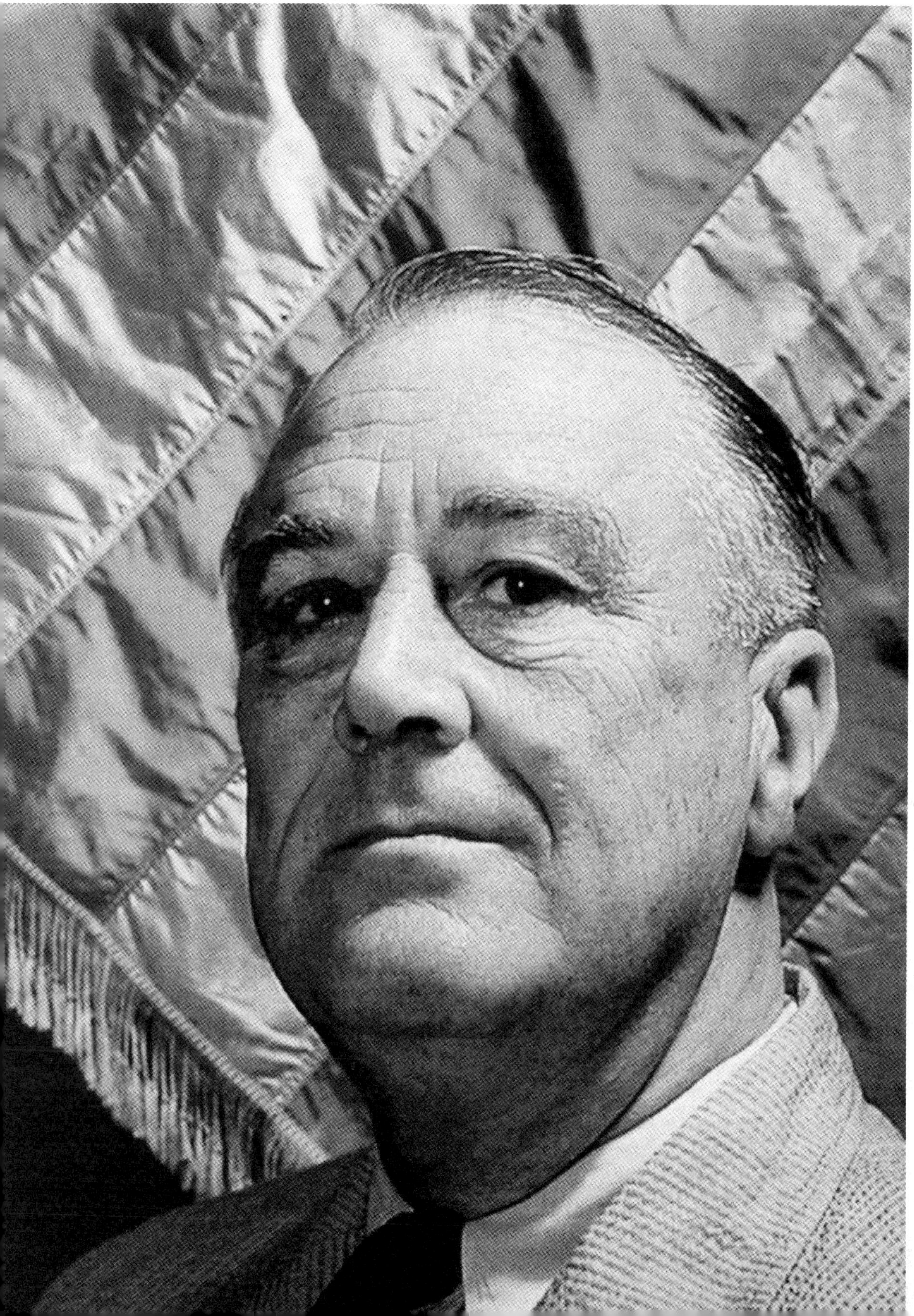

Franklin D.Roosevelt →

1882

1月30日，生于纽约州海德公园村，是定居北美的荷兰移民克莱斯·马顿曾·范·罗斯福的第八代后裔。

3月，在海德公园圣公会小教堂接受洗礼，被命名为富兰克林·德拉诺·罗斯福。

1887

初夏随父亲进白宫拜见克利夫兰总统，临别时总统告诫他，长大了千万别当美国总统。

1890

开始集邮，这成了他终身的爱好。到逝世时他收藏有数十万枚各国珍邮，1946年以25万美元拍卖。

1893

父亲送他一支猎枪，他信守诺言，每种鸟只打一只。

1896

9月，进入格罗顿公学，从三年级开始读起。

1900

6月，从格罗顿公学毕业。

9月，进入哈佛大学，积极参加各种社团活动。

1904

6月，从哈佛大学毕业，获文学士学位。

秋季入哥伦比亚大学法学院。

1905

3月17日，与西奥多总统的侄女安娜·埃莉诺·罗斯福结婚。

1906

5月3日，埃莉诺生下第一个孩子，取名安娜·埃莉诺。

1907

结束在哥伦比亚大学法学院的学业，没有拿到法学学位。通过纽约律师协会的考试，进入华尔街一家著名律师事务所，从初级书记员做起。

1909

参加纽约州参议员竞选获胜，迈出从政生涯的第一步。

1910
1913

任纽约州参议员，属民主党。

3月，威尔逊出任美国第28任总统，罗斯福被任命为海军助理部长，政绩出色。曾两次巡视欧洲战场和海军基地。

1914

夏季请假三天竞选联邦参议员，在预选中即告失败。

1920

6月，被提名为民主党副总统候选人，辞去海军部工作，投入竞选，失败。

1921

8月，在芬迪湾坎波贝洛突患小儿麻痹症，双腿瘫痪。

1928

10月，宣布接受纽约州州长候选人提名。

11月6日，以微弱多数赢得州长职位。

1929

1月1日，正式就任纽约州长。

1930

11月，再次当选纽约州长。

Franklin D.Roosevelt

1932

1月23日，宣布参加民主党总统候选人提名的竞争。

11月8日，在大选中击败胡佛。

1933

3月4日，宣誓就任美国第32任总统。同年1月30日，希特勒当上德国总理。

3月8日，举行第一次白宫记者招待会。

3月9日，实施百日新政。

3月12日，发表第一次"炉边谈话"。

11月17日，与苏联建立外交关系。

1934

11月6日，民主党在中期选举中大胜。

1935

1月4日，在致国会咨文中提出加强社会改革的第二次新政。

1936

6月23日，民主党在费城举行代表大会，再次提名罗斯福和加
纳为正、副总统候选人。
11月3日，民主党在大选中获压倒性胜利。罗斯福击败共和党
候选人艾尔弗雷德·兰登，再次当选总统。

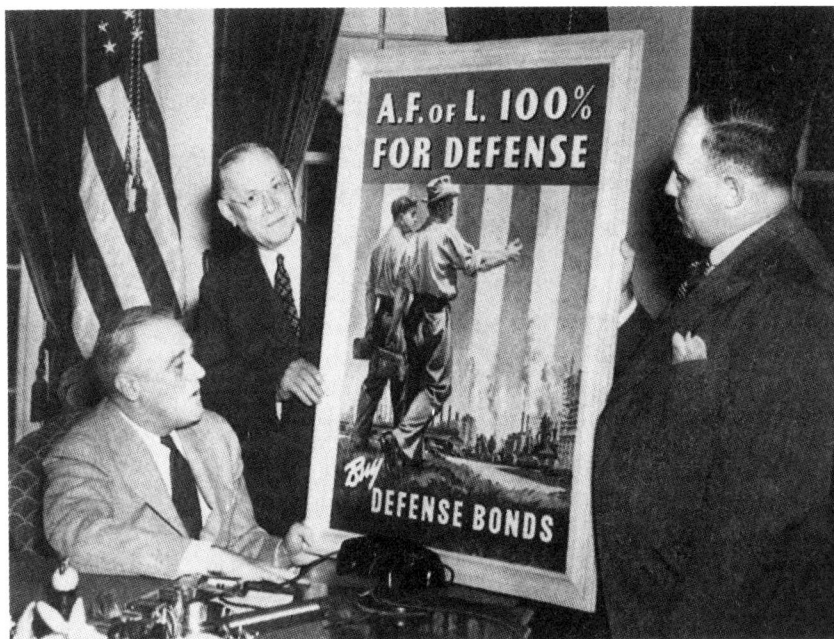

★ ★ ★ ★ ★

1937

1月20日，第二次就任美国总统。在就职演说中，承认有"1/3的国民住不好，穿不好，吃不好"。

1938

11月15日，召回美驻德大使，严厉谴责纳粹迫害和屠杀犹太人。

1939

1 月 4 日，强烈要求国会批准重整军备的计划。

4 月 3 日，设立总统办公厅。

4 月 11 日，明确宣称美国站在民主国家一边。

4 月 15 日，向希特勒和墨索里尼发出公开信，要求他们保证不对 31 个国家发动侵略。

7 月 26 日，通知日本，美国将于半年后废除 1911 年两国通商条约。

9 月 1 日，照会英法意德波各国政府，希望不要诉诸武力，和平解决争端。

9 月 8 日，宣布全国处于有限紧急状态。

10 月 11 日，任命一批物理学家组成核研究委员会。

1940

1 月 26 日，废除美日商约。

6 月 10 日，谴责意大利的侵略行径，表示要援助英法。

6 月 15 日，下令研制原子弹。

7 月 15 日，打破惯例，第三次被提名为总统候选人。竞选伙伴为亨利·华莱士。

11 月 5 日，战胜共和党总统候选人温德尔·威尔基，第三次当选总统。

12 月 29 日，"炉边谈话"中称美国必须成为民主国家的伟大兵工厂。

1941

3 月 27 日，国会拨款 70 亿美元供执行《租借法案》使用。

5 月 27 日，宣布全国处于无限制紧急状态。

6 月 14 日，下令冻结德意在美国的全部财产。

6 月 22 日，德军进攻苏联，两日后宣布援助苏联，同时送去 4000 万美元贷款。

7 月 26 日，下令冻结日本在美财产，美日贸易全部中断。

8 月 9 日，罗斯福与丘吉尔在大西洋会晤。

8 月 14 日，宣布《大西洋宪章》。

8 月 17 日，警告日本政府不要采取进一步的武力行动。

10 月 9 日，宣布武装美国商船，还击进攻者。

10 月 30 日，批准给苏联 10 亿美元贷款。

12 月 6 日，要求日本从印度支那撤军。

12 月 7 日，日本偷袭珍珠港和英美荷在太平洋的属地，对荷宣战，太平洋战争爆发。

12 月 8 日，美国对日宣战，罗斯福在国会演讲，称 12 月 7 日是一个耻辱的日子。

12 月 22 日，同抵达华盛顿的丘吉尔会谈，决定建立英美参谋长联席会议，统一英美战略。

1942

1月1日，发表由26个国家签署的《联合国宣言》。
1月21日，任命史迪威为中国战区参谋长。
4月18日，美国飞机首次轰炸东京。
6月12日，美苏和英苏公布关于苏英条约和苏美合作协定，以及关于1942年在欧洲开辟第二战场的协议。
8月12日，美国制订出"曼哈顿计划"。
8月17日，美国飞机首次袭击欧洲大陆。
10月9日，美英放弃在华治外法权。
11月8日，美英联军在北非登陆。

1943

1月4日，与丘吉尔在卡萨布兰卡会晤，制订欧洲战略，表明促使轴心国无条件投降的决心。
2月4日，向斯大林祝贺斯大林格勒大捷。
8月11日，与丘吉尔在加拿大魁北克会谈，讨论开辟第二战场等问题。
10月19日，莫斯科三国外长会议召开，商谈战时和战后合作的广泛指导原则。
11月22日，与丘吉尔、蒋介石举行开罗会议，发表《开罗宣言》。
11月28日，与丘吉尔、斯大林在德黑兰举行三巨头会议，发表《德黑兰宣言》。
12月2日，与丘吉尔、蒋介石继续在开罗会谈。

1944

4 月 22 日，派遣美军观察团赴陕甘宁边区考察。

6 月 6 日，盟军在诺曼底登陆。

6 月 18 日，日本舰队在太平洋莱特湾遭到决定性的失败。

7 月 1 日，44 国代表举行为期三周的会议，建立国际货币基金组织和国际复兴开发银行。

7 月 19 日，第四次被提名为民主党总统候选人，竞选伙伴为哈里·杜鲁门。

8 月 21 日，促成美苏英中代表在华盛顿的敦巴顿橡树园大厦举行会议，并建议成立联合国。

8 月 25 日，盟军解放巴黎。

9 月 6 日，派赫尔利使华。

9 月 11 日，与丘吉尔再次举行魁北克会晤，筹划打败德日事宜及战后处置方案。

11 月 7 日，击败共和党人托马斯·杜威，第四次当选为美国总统。

11 月 24 日，美国 B-29 轰炸机首次对日本进行大规模空袭。

1945

1 月 6 日，提交致国会 1945 年度国情咨文，呼吁国会对联合国组织给予理解和支持。

1 月 20 日，第四次宣誓就职，担任美国总统。

2 月 4 日，与斯大林、丘吉尔举行雅尔塔会议，签订《雅尔塔协定》。

2 月 25 日，美军攻占菲律宾首都马尼拉。

3 月 9 日，美军 B-29 轰炸机大规模轰炸东京。

3 月 26 日，美军实施冲绳岛登陆作战。

4 月 12 日，在佐治亚温泉因脑溢血去世，享年 63 岁。

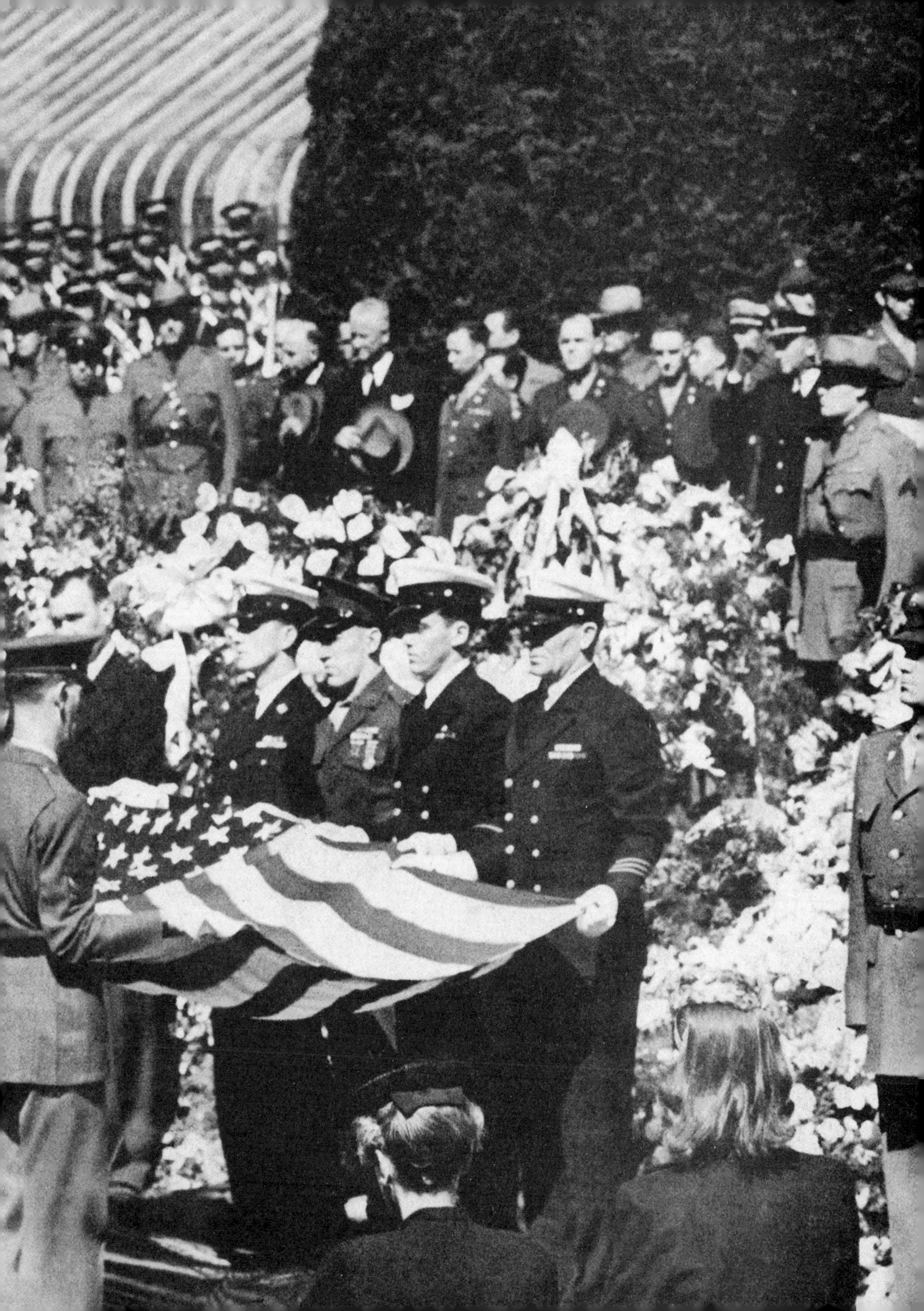

罗斯福语录 →

◎ 我们不能总是为我们的青年造就美好未来，但我们能够为未来造就我们的青年一代。

◎ 在国家面临危险的情况下，所有能够为共和国效劳的人都没有别的抉择，只能为国尽力而为……

◎ 我为自己做过计划，为私人生活做过计划，但是，我的良心不允许我拒绝要我为国效劳的请求。

◎ 世界和平的机构绝不是一个人、一个政党或者一个民族和事情，它必须是一种以整个世界的共同努力为基础的和平……

◎ 我们唯一引为恐惧的只是恐惧本身。

FRANKLIN D.ROOSEVELT

◎ 唯一阻碍我们实现明天的就是对今天的疑虑，让我们怀着坚强而积极的信心奋勇前进吧！

◎ 让我们向大家保证，由于大家——你们千百万人——同我一致决心使这项事业能够持久，我的手也就更加不颤，我们步子也就更加坚定了。这项事业，朋友们，就是和平！

目录
Contents

新总统就职仅十几天,全国就掀起了颂扬罗斯福的高潮。罗斯福却保持着清醒,没有陶醉于人民的欢呼声中。罗斯福迅速地采取有力行动,从而开始了美国历史上前所未有的、令人眼花缭乱的立法时期,史称第一个"百日新政"。

远东和欧洲战云密布,世界笼罩在法西斯主义的阴影之下时,美国举国上下却生活在一种浓郁的孤立主义氛围中,孤立主义的法定形式是华盛顿发表的《中立宣言》……为了取得修改中立法斗争的胜利,罗斯福全力以赴地与孤立主义作斗争……

法国在6月份陷落后,千百万美国人顿生一种趋安厌乱的心理,而总统连任既可以保持政策的连续性和稳定性,使他们本能地往现任总统的身边靠拢……罗斯福却巧妙地置身于竞选之外,他无视对手要他辩论的挑战,照常行使总统的职能,他的表现使威尔基的竞选黯然失色。

四天以后，决定实行租借的法案提交到了国会，就这项法案展开的辩论异常激烈，远远超出了国会的范围，反对者利用各种传媒制造声势，双方都认识到，租借将造成只能前进不能后退的局面，如果批准这项法案，那就意味着美国从一个慎重的中立国变成一个活跃的非交战国……

一个罗斯福在马撒葡萄园岛附近钓鱼，另一个罗斯福则秘密地出现在大西洋的"奥古斯塔"号上，英美两大巨头在正方形船舱内讨论《大西洋宪章》……罗斯福希望宪章能够激励美国人民拿起武器同纳粹主义作战，但现实使他失望……

联合舰队司令山本坚持认为，如果摧毁美国舰队，日本就能够在没有干涉的情况下征服东南亚，迫使西方接受日本对"大东亚共荣圈"的控制……珍珠港事件把罗斯福从一种无法摆脱的困境中解救出来，以至于有人认为，珍珠港事件是罗斯福故意向日本挑衅，以便从后门把美国拖进第二次世界大战……

第六章

"我们能帮你什么忙呢？"罗斯福问，"你们能让给我们多少谢尔曼型坦克就给我们多少，并且尽快运到中东来！"丘吉尔如此说道。罗斯福慨然应允……第二次世界大战使罗斯福变成了一位全球的领导人，原来他是"新政老博士"，现在成了"赢得战争的博士"……

罗斯福非常喜欢这种戏剧性的诡谲活动，但他绝不因这一爱好而改变他那不可动摇的决心，必须绝对投降。这一点终于实现了……罗斯福告诫盟国，在胜利的曙光中不要忘记这次战争的道德目标——四大自由和《大西洋宪章》绝不是一纸空文。

罗斯福的竞选运动似乎一次比一次激烈，好像是由一部无形的却恶意的发动机推动着似的……1945 年 1 月 20 日，罗斯福冒着刺骨的寒流宣誓就职，这是美国历史上最短和最阴沉的就职仪式，罗斯福也许预感到自己活不了多久了，因此坚持要他的 13 个孙子、孙女参加就职仪式……

第九章

在会议上，罗斯福是总建筑师，可能唯独他全局在胸，其他人都只有局部的概念而已，他知道最终设计能否有用完全取决于他，斯大林和丘吉尔两人都受到各自个性和民族偏见的限制……丘吉尔尚未听完就暴跳起来，"只要我当首相，我绝不会把大英帝国世袭的财产交出去，哪怕一分一毫也不成！"

最使罗斯福恼火的是苏联人指责美国和英国密谋……丘吉尔的反苏情绪越来越明显，这也让罗斯福担心，他认为，现在就同苏联人翻脸，对取得战争的最后胜利是不利的……如何尽快结束太平洋战争？罗斯福想起了正在研制中的武器，这种新武器——原子弹，能把人烧成灰烬……

在德国，夜幕降临，艾森豪威尔和巴顿、布莱德雷正在开会，突然听到英国广播公司播出的消息：我们沉痛地宣布，美国总统已经逝世……劳累的一生已经终止，战斗的时日已成往事，生命的航船靠拢彼岸，航海的人终于上岸永息……

第十二章

PA 3-27

∧ 1岁时的罗斯福与父亲合影。

第一章
仕途风雨

1882-1945 罗斯福

新总统就职仅十几天，全国就掀起了颂扬罗斯福的高潮。黄金开始回流到金融机构，银行重新开业，就业和生产在回升，人民情绪开始稳定，罗斯福却保持着清醒，没有陶醉于人民的欢呼声中。他清楚地知道，现在的努力只是临时应急措施，而根治大萧条的举措还没有实施……现在时机已经到来，罗斯福迅速地采取有力行动，从而开始了美国历史上前所未有的、令人眼花缭乱的立法时期，史称第一个"百日新政"。

< 时任美国第 26 任总统的西奥多·罗斯福。

>> 家世和婚姻

赫德逊河是以其发现者、英国航海探险家亨利·赫德逊而命名的。它全长800公里，源头可上溯到毗邻加拿大的纽约州北端，纵贯纽约市区，注入大西洋。17世纪初，荷兰移民纷纷沿着赫德逊河两岸定居，建立了新尼德兰殖民地。

1648年，一个叫克莱斯·马顿曾·范·罗斯福的人来到这里。

克莱斯与妻子珍妮切（据说是一个移居荷兰的名叫托马斯·塞缪尔斯的英国人的女儿）在到达美国后不久，就购置了在木栅栏（华尔街就是从木栅栏得名的）外面几公里处的290亩的农田，它紧靠着默里山的山坡。克莱斯和珍妮切有6个孩子，其中一个儿子叫尼古拉斯，他是西奥多·罗斯福和富兰克林·罗斯福最近的一个共同祖先，是这个家族中与赫德逊河流域最早发生关系的一个人，他在这里成为毛皮商人。从毛皮生意获利后，他回到了纽约，开了一家面粉厂，开始购置房地产并进入政界，当选为市参议员。也正是在这个时期，家族姓氏中的"范"字消失了，各种不同拼写法统一为Roosevelt。尼古拉斯有两个儿子，一个叫约翰尼斯，或叫约翰，他是这个家族在奥伊斯特湾一支的始祖；另一个叫雅各布斯，或叫詹姆斯，是海德公园村一支的祖先。

艾萨克是雅各布斯的第五个儿子，他生于1726年，在西奥多·罗斯福冲上圣胡安山，尔后进入白宫以前，他是这个家族中最有名望的人。艾萨克是银行家、实业家、政治家，并由于姻亲关系成了赫德逊河贵族的一员，但他完全不同于他那一等级中仍效忠于英王乔治三世的许多人，他为美国的独立事业甘冒牺牲生命和丧失财产的危险。

艾萨克的儿子詹姆斯把家族的这一支迁移到海德公园村。像他父亲一样，他致力于经营这个家族的制糖业，管理并扩大他拥有的大量房地产，但他缺乏他父亲的那种进取精神和远见。詹姆斯喜爱田园生活，1818年，他买了在波基普西以北不远的奥尔巴尼驿路东侧的希望山庄园，他青年时期就在那里学习法律；詹姆斯每年在那里度夏，而其未婚儿子艾萨克则全年都住在希望山庄园。

★哈佛大学

美国最早的私立大学之一，是一所以培养研究生和进行科学研究为主的综合性大学。前身为哈佛学院。总部位于波士顿的剑桥城，1636年建校，1638年正式开课。1639年3月13日，马萨诸塞海湾殖民地议会通过决议，将这所学校命名为哈佛学院。1780年扩建为哈佛大学。1816年成立神学院，1817年成立法学院，以后各学院相继在19世纪成立。哈佛大学是全美乃至世界最著名的高等学府之一。

这第二个艾萨克·罗斯福是这个家族的异端——一个腼腆孤僻的罗斯福。他学医但不行医，据说因为见到血就受不了。在1827年，艾萨克"医生"在37岁时娶妻了，这使人吃惊。新娘是19岁的玛丽·丽贝卡·阿斯平沃尔，她是艾萨克的父亲第三个妻子的侄女，出身于美国最有名望的家族之一。

艾萨克夫妇在婚后第二年，即1828年，在希望山庄园迎来了第一个儿子，取名为詹姆斯。他在半个多世纪以后成了一个总统的父亲。艾萨克医生现在因有了妻子和儿子，觉得该是建立自己的家的时候了，于是就在希望山庄园北面的驿路临河一侧购置了地产。他把这个地方称为罗斯代尔，在那里的树丛中建造了一座房子，全家深居简出。詹姆斯·罗斯福的童年很孤寂，直到12岁时才有了一个弟弟约翰。他的父亲顽固地避免与左邻右舍接触。詹姆斯是一个聪明用功的学生，1847年19岁时在斯克内克塔迪的联合大学毕了业。

罗斯福在母亲支持下克服了艾萨克医生的反对，于1848年这个革命年头动身赴欧洲进行了一次伟大的旅行。据家族的口头传说，詹姆斯在意大利时参加了为统一意大利而战斗的加里波第的红衫党。据他儿子后来的说法，詹姆斯结识了一个只能用拉丁语谈话的托钵僧，他们一起徒步游历了意大利。富兰克林·罗斯福曾对一个助手说："他们来到那不勒斯，发现这个城市被加里波第的军队包围。他们一起参了军，穿了一个来月的红衫，后来似乎由于很少战斗而感觉厌倦了，于是跑到加里波第的营帐，请示他们是否可以退役。加里波第感谢了这位老僧和我的父亲，于是他们又继续徒步游历。"

詹姆斯在完成拜伦式的壮举后回到了家乡，立刻进了哈佛大学★法学院（这是罗斯福家族中进入这所大学的第一个人），1851年毕业。他当律师不久就放弃了，而去经营煤炭与铁路业务。他担任特拉华和赫德逊铁路公司副总经理和在香普兰湖、乔治湖上行驶汽船的一个轮船公司的经理，并在德卢思附近拥有大量地产。这时他似乎是一个典型的思想保守的实业家。但他也是一个大胆的投机家——这一特点为其儿子所继承。他参加过几次投机事业，要是成功的话，他就会是美国权势人物中的佼佼者。罗斯福最大胆的计划是开凿一条横贯尼加拉瓜、沟通两大洋的运河。资金募集和预备性工程已着手进行，但后来由于经济萧条、资金短缺，水道工程被迫中断。这条运河最终是建成了，但不是在尼加拉瓜，而是在巴拿马——而且是由另一位罗斯福建成的。

住在达切斯县的这一支罗斯福家族常同豪兰家族以及阿斯平沃尔家族联姻，詹姆斯遵照这一惯例在 1853 年选了 22 岁的丽贝卡·豪兰做新娘。十年后，他父亲一死，詹姆斯就继承了希望山庄园，但是他和丽贝卡都不喜欢这个地方。后来当他们在欧洲游历时这座房子失火烧掉了，于是这个问题对他们来说也就解决了。詹姆斯把地产卖给了纽约州，纽约州将其用于扩大赫德森河州立医院（当地人称为"疯人院"）的场地。1867 年，詹姆斯移居到驿路北头 3 公里处，在赫德森河沿岸买下了斯普林伍德庄园和周围 670 亩的土地。

詹姆斯对政治同样不感兴趣，但出于一个乡绅的社会责任感，他以一个长者的身份关心地区的事务。他参加了海德公园村学校的董事会，担任疯人院的一个理事；他是在荷兰新教会受的洗礼，现在却担任了圣詹姆斯主教派教会的教区委员和监察人。詹姆斯·罗斯福不仅属于上流社会，而且给想作为主教联谊会的发起者的人树立了规范，这个主教联谊会入会条件非常严格。可是，并不是每个人都喜欢他。据说他的一位亲戚就曾不以为然地说："他竭力仿效兰斯多因勋爵，连鬓角都留得一个样，实际上他倒像是兰斯多因的一个马车夫。"

丽贝卡结婚一年后，生了个儿子。丽贝卡在其儿子结婚以前健康就已恶化，她死于 1876 年。妻子已死，儿子又结了婚，詹姆斯感到无所适从——直到他遇上了萨拉·德拉诺。

海德公园村和奥伊特湾这两个罗斯福家族支系之间的关系在当时要比后来亲密得多，詹姆斯常到住在纽约的老西奥多·罗斯福的遗孀家中做客。事实上，人们认为他会向罗斯福夫人的长女安娜求婚。可是，在 1880 年春天的一个晚上，当他被邀参加一个小型宴会时（当时罗斯福夫人的长子西奥多正在哈佛大学准备毕业考试，她的最小的儿子埃里奥特出外打猎），他被安娜的女友萨拉·德拉诺迷住了。罗斯福夫人在客人们走后感到好笑地说："他的目光一刻也没有离开过她！"萨拉和詹姆斯后来于1880年10月结婚，富兰克林·罗斯福是他们爱情的结晶。富兰克林·罗斯福于1882年1月30日出生在斯普林伍德。富兰克林·罗斯福的教父和教母是萨拉的姐夫威廉·H·福布斯和她的两位好友埃莉诺·布洛杰特与埃利特·罗斯福——后者是詹姆斯的第四代堂兄。

像大多数独子一样，罗斯福常与大人在一起。他是一个腼腆而又早熟的儿童，本能地学会了博得大人欢心的本事。当他的一个姑妈夸奖他机灵时，这小家伙突然神气十足地冒出了一句："是的，我是鬼灵精！"小罗斯福的父母想给自己的儿子灌输一种服务精神和大方知礼的风度——高贵人理应有高尚的思想——而不汲汲于低卑的金钱利益。萨拉说，当时"家里的大人都非常注意不让孩子们受到一切悲伤苦恼的影响"，罗斯福夫妇在教养他们的孩子时也遵从这一原则。詹姆斯认真安排自己的生活，定期到纽约照料自己的商务，但是他们夫妇在孩子面前从来不讨论金钱的事。

罗斯福的正式教育开始于1888年10月，当时罗杰斯家邀他同自己的小孩一起在克龙沃尔由他们请来的家庭女教师每天讲授两小时德语。罗斯福在那里学了一些基础德语，他对于德语的知识后来又由一位叫弗劳莱茵·莱茵斯伯格的帮助而得到了提高。弗劳莱茵·莱茵斯伯格是斯普林伍德庄园请来的第一位家庭女教师。小罗斯福很快就能较熟练地讲德语，并用德文给他妈妈写信："我要向你表明我已能用德文写信。但我将始终设法提高，以便使你真正高兴。"弗劳莱茵·莱茵斯伯格是一个一本正经、寡于言笑的女人，后来精神垮了，一个年轻的讲法语的瑞士人让·桑多斯来接替她，事实证明她是罗斯福最喜欢的老师。

他在多年以后写信给桑多斯老师说："你在奠定我的学业基础方面所起的作用比谁都大。"教育富兰克林并非总是轻而易举的。随着年龄的增长，罗斯福已不再腼腆害羞，而是喜欢调皮捣蛋了。桑多斯小姐是一位有才能的老师，她曾告诉孩子的妈妈说，她深信"罗斯福将来会出人头地"。在她管教年轻罗斯福的两年期间，她不仅给他打下了法语和其他课程的扎实基础，而且还给这个很少接触当时严酷的经济和社会现实的学生灌输了一点点社会责任感。这在富兰克林写的一篇关于古埃及的流畅明快的作文中已初露端倪。他写道："劳动人民一无所有，帝王们逼使他们劳动如此之苦，而给予他们的又如此之少，真是岂有此理！他们濒于饥饿，惨不忍睹！他们几乎衣不蔽体，死者不计其数。"

萨拉·罗斯福一直把富兰克林·罗斯福留在身边照管，1896年富兰克林14岁时，萨拉的丈夫说服了她，使她认识到现在该送富兰克林进学校了。

1896年9月，在全家人从欧洲回国后不久，萨拉和詹姆斯毅然陪送富兰克林·罗斯福去格罗顿。

小罗斯福在没有思想准备的情况下就离开了家庭的爱抚和保护，被送到格罗顿寄宿学校。

1900年6月，18岁的罗斯福在格罗顿公学的学业结束了。毕业前的他戴着夹鼻眼镜，于

∧ 罗斯福（前排左二）与格罗顿公学足球队队友们合影。

英俊中透出几分秀气和成熟的睿智。在授奖日这天，他意外地得知自己获得了拉丁文奖，奖品是40卷一套的《莎士比亚全集》。他描写自己当时"心里乐滋滋的"。

皮博迪校长在毕业证书上写道："他是个诚实的学生，在整个学习期间，他在集体中的表现是非常令人满意的。"

1932年底，罗斯福当选为美国总统，处于新闻记者的镁光灯下的皮博迪校长立即激动地当众宣布："富兰克林·罗斯福就是当年在格罗顿学习的少年，这是有据可查的。我认为，关于他在学校时的表现，还应当多说几句。他当时是一位沉静的普通少年，他的才能要比许多同学要强一些，在班里表现比较突出，但还不是最优秀的学生。他的身体较弱，因此在体育方面没有成就。我们大家都喜欢他。"

罗斯福在格罗顿的表现并不引人注目，但他决心在哈佛大学里克服这个不足之处。他以西奥多·罗斯福所特有的那种投身战斗的冲天干劲和热情闯进了哈佛的大门，成了校园里鼎鼎有名的人物。1900年9月25日罗斯福从纽约来上学时，哈佛大学正处于黄金时期。当时的校长查尔斯·W·埃利特是在美国推行自由选修课程制度的首创者，他在哈佛大学已当了30年校长，在其第四个10年，也就是最后一个10年的治校期间，这所学校就由一所小型的地方性大学变成了著名的学府。教员中有不少著名人物，例如乔赛亚·罗伊斯、威廉·詹姆斯、乔治·桑塔雅纳、费雷德里克·杰克逊·特纳、爱德华·钱宁、乔治·皮尔斯·贝克、乔治·莱曼·基特里奇和查尔斯·汤森·科普兰等。

在哈佛，罗斯福参加了共和党人俱乐部，从此开始了自己的政治生涯，尽管他的家族这一支系的政治信仰倾向民主党。他卖力地为麦金莱和他的远房堂叔西奥多·罗斯福这个班子竞选，虽然他当时还不到参加投票选举的年龄。大选前不久，他随同哈佛大学和麻省理工学院的大约1000名学生参加了一次盛大的火炬游行。"我们戴着红帽，穿起红袍，按年级列队进入波士顿，穿过所有大街，总长约6英里。沿途人山人海，结束时我们疲惫不堪。"他这样写信回家说。罗斯福读到一年级中间时父亲死了，终年72岁。

但不久这个家庭就加入了一名新成员。1903年11月21日，未来总统西奥多·罗斯福的侄女埃莉诺小姐，应罗斯福的邀请到坎布里奇去看哈佛大学对耶鲁大学的足球赛。罗斯福在球赛中当啦啦队长。两个年轻人开始堕入爱河。

看完足球赛的第二天，罗斯福到格罗顿去找埃莉诺。就在那个宁静的星期天，罗斯福向她求婚。埃莉诺并没有马上回答他，她回到纽约，把罗斯福向她求婚的事告诉了外婆。霍尔夫人问她是否真的爱上了他，埃莉诺"郑重其事地回答'是的'"。

西奥多·罗斯福叔叔是在这对年轻人正式宣布订婚后首先向他们祝贺的人中的一个。他答应参加定在1905年3月17日举行的婚礼，而且答应罗斯福要亲自把新娘交给他。埃莉诺请艾丽丝·罗斯福当女傧相。尽管这俩姐妹的关系不是十分融洽，艾丽丝还是很热情地接受了这个请求。在此之前两个月，罗斯福为了离埃莉诺近些，没有像他父亲那样上哈佛大学法学院，而是进了哥伦比亚大学法学院。这期间，他在海德公园村第一次参加了总统选举。他投了埃莉诺的叔叔西奥多·罗斯福一票。在这届大选中，西奥多·罗斯福以250万票的绝对优势击败了奥尔顿·B·帕克。

此时的罗斯福对法学院的学业感到腻烦，情绪不安，因为他看到学校所教的法律与实践并没有太大的关系。法学院的问题不久就被等待已久的婚礼的兴奋情绪所淹没了。

3月17日那天下午风和日丽。东七十六街上毗邻的6号和8号两座埃莉诺亲戚的褐石房子窗户大开。第五大街上一年一度的圣·帕特里克节游行队伍唱的《穿起绿色的衣裳》的声音穿过窗户，几乎盖住了《嗨，答应我吧！》的乐曲声。

报纸上已经报道说总统将在检阅完游行队伍后在婚礼上亲自将他的侄女交给富兰克林，所以一早，人们就聚集在街头。他们挥舞着旗帜、手绢，冲破了警察的警戒线，涌到刚刚到达的伯登和温思罗普家人周围。快到下午3点半时，人群中发出一阵喊声——"特德万岁！"总统面带笑容，纽孔里插着一枝天兰花，站到了房子的台阶上。

罗斯福坐在一间小小的前厅里，焦虑不安地等待着结婚仪式，与皮博迪博士和莱思罗普·布朗一起回想着在格罗顿的情况，布朗代替因病而不能来的罗西任男傧相。他们谈得很投机，以致有人不得不提醒他们站到应站的地方，因为那时婚礼队伍已经出发，总统马上就要挽着新娘，走近那座摆满粉红色玫瑰的圣坛了。

埃莉诺打扮得异常漂亮，这使一些客人想起了她母亲。她穿着镶着花边的、笔挺的白缎子礼服，拖着长长的后摆，用曾是她母亲的钻石别针别住面纱，脖子上挂着萨拉·罗斯福送的珍珠项链。婚礼时在场的只限家里的直系亲属。婚礼以后，两座房子之间的滑门拉开了，以便举行招待会。

客人们围着新娘和新郎，高声祝贺。西奥多·罗斯福用他调门很高的嗓音说："富兰克林，再没有比亲上加亲更好的了。"但是，不一会儿，房间里就剩下罗斯福和埃莉诺了，因为总统像一块磁石一样，把客人们都吸引到备有茶点的图书室里了。

新娘别有一番感慨：总统喧宾夺主了。结婚宴会，平生只有一次，主角却成了配角。"权势"在任何场合都会莫名其妙地占优势。瞧，罗斯福笑得那么开心，毫无异样感觉，无意中流露他热爱权势胜过一切。如果没有总统这个亲属关系……她不愿深想下去了。6月，他们登上"大洋"号，去欧洲旅游三个月。

从表面看，罗斯福过着一种养尊处优的平静生活，满足于家庭生活的欢乐。但在实际上，他经常想的却是另外的一件事：有朝一日进入政界，先当州参议员，然后当助理海军部长，再当纽约州长，最后当总统。西奥多·罗斯福当年就是沿着这条陡峭的道路进入白宫的。富兰克林·罗斯福也要踏着他的足迹前进。

对于罗斯福来说，哈佛大学毕业以后的6年，忙于家务，从表面上看，是平静无事的6年。

在海德公园，罗斯福承担了一些与其地位相称的具有献身意味的义务工作。他参加了志愿消防队，担任了赫德逊河游艇俱乐部副主席。此外，他还是波基普西第一国民银行的董事。通过积极参加这些组织和协会的活动，罗斯福初步掌握了同各阶层人士打交道的技巧，并很快成为该社区中年轻活跃的栋梁。他乐观随和，同邻居关系融洽，口碑很好。

这样，罗斯福已按前人惯用的方式，为自己日后在

∧ 1905年，罗斯福与埃莉诺结婚。

★民主党

美国资产阶级民主派、城市劳动者、小资产阶级和农民联盟的政治集团，成立于1787年。由于反对以汉密尔顿为首的联邦党人的政治、经济和对外政策而得名。领导人有杰弗逊、麦迪逊、门罗等。1792年杰弗逊将该党改组为民主共和党。政治上力图建立资产阶级民主政权；经济上反对与英国密切联系和对英有利的自由贸易，主张积极发展农业，鼓励向西部移民；建立新自由州，要求根绝奴隶制度；对外政策上疏远英国，同情法国革命。1828年改组为现今的民主党。

这个社区竞选某个职位打下了基础，这实际上等于在他实现自己远大目标的征途上迈出了成功的第一步。到1901年，罗斯福韬光养晦的6年宣告结束，满怀信心地开始走上政治舞台。

>> 经历仕途风雨

自南北战争以来，长期执政的共和党暮气沉沉，内部因思想分歧而出现了明显的派系分裂。他们由于领导人之间的分裂而分成两大派系：效忠于现任总统威廉·霍华德·塔夫脱的"保守派"和聚集在"勇猛骑士"西奥多·罗斯福周围的"造反派"。在纽约州，党内"保守派"和"造反派"的冲突最为激烈。

另一方面，地方性的和州的进步改革运动日益深入民心并最终发展到全国规模。人们已看不到塔夫脱政府进步的一面，而且也看不到他那有节制地打击托拉斯的策略，也看不到他所鼓吹的保护自然资源的规划。人们需要具有改革思想的领导人，改革的精神在雄辩的鼓动之下，遍地燃烧起来了。

在这种历史背景下，由于被揭发贪污案件的新闻记者和煽动者们所激化，过去10年的积怨，已达到了沸点，出现了全国性的对时局和现状的不满情绪。

这种不满情绪在民主党的巧妙利用和引导下，逐渐波及并牵涉到执政的共和党身上。而塔夫脱总统的某些重大举措进一步激化了人民的不满情绪。城市劳工阶层已经开始出现了亲近民主党的倾向。

而此时布莱恩代表的进步派已经控制了民主党，该党适时用关税改革、控制托拉斯、直接选举等题目作为竞选的切入点。所有的迹象都表明，1909年的选举将是民主党扭转颓势，甚至大打翻身仗的良好时机。

富兰克林·罗斯福清醒地看到了这个良好时机，并且很好地抓住了它，在此时竞选州参议员成功。

民主党★在各地都赢得了成功，他们赢得了众院的多数和半数以上的州长席位，包括新泽西州，在那儿，普林斯顿大学校长伍德罗·威尔逊当选为州长。

罗斯福凭着他的姓氏的魅力，从一群不为人知、初出茅庐的政治家中间冒了出来。另外他的财富也帮了他很大的忙。罗斯福此时已离开了卡特—莱迪亚德—米尔本律师事务所。他在竞选时向他那选区的选民们保证要当一个专职的参议员，因此他在国家街248号每月花400美元租了一所三层楼的褐石屋。新年那天，全家都搬了进去。而这是很多并不太富裕的议员难以做到的。这所房子离议会很近，又有足够大的地方招待客人。不久就证明这所房子是罗斯福很重要的一笔政治资产。

参议院的全部经验对罗斯福来说的确是一次政治教育。他向史密斯和瓦格纳这些坦慕尼协会的政界老手、报界人士、法院院外活动集团的说客、州政府的官员学习，而且进步很快。他掌握了耍政治手腕的诀窍：怎样避免在有争议的问题上表态以免卷入毁灭性的地方纠纷；怎样和本地的党魁们打交道；怎样处理人员任免权而不树敌过多；怎样引起公众的瞩目；怎样答复对你纠缠不休的信件等。尤其是，他获得了民主的政治家们必须获得的教训：政治斗争不是在两个对立的政党之间、正确与错误之间、忠实于头头的党员和不忠实于头头的党员之间进行的单纯的和双边的斗争，它是牵涉到许多方面的和触及许多人的利益的一场多边斗争。

就这样，两年的参议员生涯，使富兰克林·罗斯福这位即将登上美国政治舞台的年轻政

> 1911年，时仟参议员的罗斯福。

FRANKLIN D.ROOSEVELT

治家得到了宝贵的从政训练。罗斯福逐渐增强了洞察事物的能力和驾驭斗争的本领，他渴望着到全国政治的大风大浪中去尝试一下。

1912年6月，共和党人塔夫脱依靠他有权控制的在职的代表和党的机构，获得了共和党总统候选人的提名。而西奥多·罗斯福拒绝给予支持，两个月后罗斯福和支持者们在芝加哥组建了进步党，并成了这个新党的总统候选人。这样共和党内部发生了严重的分裂，从而大大增加了民主党人当选总统的机会。

那么，谁将是这位民主党人呢？

富兰克林·罗斯福作出了他自己的选择。他在1911年就曾以赞赏的目光注视着新泽西州的新任州长伍德罗·威尔逊。

威尔逊和罗斯福是同一类型的民主党人——政绩清廉，举止优雅，思想进步却又不过分进步。从一开始，罗斯福就全力支持他。

后来，威尔逊在党内竞选中以990票对84票战胜了克拉克，赢得提名，成为民主党总统候选人。

在总统大选中威尔逊获6301254票，赢得了大选。

由于威尔逊当选，富兰克林·罗斯福随时准备应召去华盛顿任职。他于1913年1月回到纽约州首府奥尔巴尼，参加新选出来的州议会会议。民主党这时又控制了州议会参众两院。罗斯福被任命为农业委员会主席。

罗斯福到华盛顿参加威尔逊3月4日的就职典礼。在到华盛顿的路上他见到了已被提名为财政部长的威廉·麦卡杜。麦卡杜提出可以让罗斯福担任助理财政部长或者纽约港港监。港监是个权力很大的职务，可以用来搞自己的政治组织，因而这一职务特别具有吸引力。

然而在就职典礼的那天早上，罗斯福在威拉德饭店的休息厅里碰见了内定要当海军部长的约瑟夫斯·丹尼尔斯。

"到华盛顿来当助理海军部长，你觉得如何？"丹尼尔斯问道。

"我太愿意了。"罗斯福答道。

据丹尼尔斯后来回忆，罗斯福当时高兴得笑逐颜开。罗斯福又说："这个职务比什么都好，我很高兴在新政府里任职。我从小就喜爱轮船，又是研究海军的人，助理海军部长的职务是我最爱担任的职务了。"

1913年3月17日，刚好是罗斯福与埃莉诺结婚8周年纪念日，富兰克林·罗斯福进入了海军部，担任了西奥多·罗斯福曾经担任过的助理海军部长的职务。

此时，他参加政治还不足三个年头。

纽约州赫德逊县的文书兰德尔·桑德斯在给罗斯福的信中说："我为你的好运而由衷高兴，并希望你能沿着另一个罗斯福的道路坚决走下去，从目前的职务一直到当总统。"

∧ 1913年，时任助理海军部长的罗斯福与友人在海德公园。

　　西奥多·罗斯福本人也发来贺信，对他担任"我曾担任过的职务之一"表示欣喜。

　　置身于新的环境中，罗斯福为熟悉工作"像一台涡轮机"似的拼命干着。当时的助理海军部长比起现在的同一职位要重要得多。在海军指挥系统中，地位仅次于海军部长丹尼尔斯。

　　当海军部长不在时，罗斯福代行部长职务，并参加内阁会议。罗斯福主持海军的日常事务，职责包括采购、文职人事、预算事务及船厂和船坞的管理等，这些工作为罗斯福积累了宝贵的行政管理经验。他学会在危机时如何管理一个大的联邦机构，在战时如何行动，如何与盟国制定共同的目标以及一个民主国家如何适应全球性战争中的军事需要。罗斯福以孩子般的热忱投入新职务的工作，就像在死气沉沉、昏睡不醒的海军部的官僚机构当中引爆了一颗重型炸弹。当时的海军部与国防部以及国务院都在白宫隔壁那座华而不实的大楼中办公。

　　没过多久，这位头戴圆礼帽、身穿高领外衣、身材修长的年轻人就成了海军官兵们无人不晓的人物。他到处视察舰艇及沿海设施，或是钻进机房，或是攀上船索，想亲自了解海军的情况。他兴致勃勃地说："对什么事情我都要过问，这可是法律允许的啊。"海军当时有一艘潜艇失事、艇上所有人员丧生，罗斯福马上就去坐另一艘同样的潜艇出海，以此证明他对这种新武器充满信心。

　　罗斯福在担任助理海军部长期间，一直没有忘记他所钟情的政治。

他不甘心当个被人遗忘的民主党人。他有着一大堆进步设想，希望能见到它们付诸实施。他也看到了时代的反动潮流，所以在他的纲领中十分强调旨在提高行政管理效率、节约政府开支的那些部分。他要求采用联邦预算制度，指出当时那种根据政府各部门的要求未经协调即批准拨款的通行办法，"在一个月内就可以把任何私营企业搞得破产"。

他建议针对政府的行政和立法部门之间各自为政的无政府主义状态或干脆互不发生联系的现象——采取一定措施。

罗斯福在1914年9月28日参加了纽约州州长的竞选，但彻底失败。

在纽约市，罗斯福以一比四的选票劣势遭到惨败，但看到自己在61个县中赢得22个县的支持，也得到一些安慰。为树立自己身为民主党人顾全大局的形象，罗斯福为战胜自己的杰勒德进行了竞选。11月份民主党候选人败给共和党，罗斯福表示"并不完全感到意外"。

这次挫折给罗斯福留下了永生难忘的教训，他认识到，要想组织一次成功的竞选活动，仅仅几个星期的时间是不够的。他学会在全州范围内竞选要将活动安排适当，不能声嘶力竭，要保存一定的精力。他还学会了如何面对失败的局面。

这段插曲之所以会提前发生，就罗斯福个人而言，主要是受其急功近利心态的驱使和效仿特德叔叔（西奥多·罗斯福）的冲动所致，从而使他在羽翼未丰时就仓促上路，结果欲速则不达。而从一个更为长远的角度看，这次挫折无疑有助于罗斯福走向政治上的成熟，也预示着一个血气方刚、冲劲十足的激进的罗斯福开始成长为一个精气内敛、老练沉静的政治家。

随着1920年这一总统选举年的到来，政治水壶又开始沸腾起来了。壶下燃起的第一把火，便是由参议院中的共和党多数派主持的对民主政府的战事行为进行的调查。一个众目睽睽的靶子便是海军，罗斯福为此感到苦恼。居心叵测的调查委员会在经济问题上找不到可以攻击罗斯福的任何事实，他们在海军部调查战争期间罗斯福经手开支的40多亿美元中竟然连半点丑闻的踪影也没有发现，这既使他们感到吃惊，更使他们感到恼火。但是在其他几个问题上，他们抓到了攻击罗斯福的把柄，其中最严重的是"缉查队丑闻"。

在战争期间，海军发现新港的训练营中有人非法卖酒、吸毒、搞鸡奸，情况严重。1919年春天，罗斯福代行海军部长职责时授权成立专门的缉查队去调查这些丑事。该缉查队的名称定为"助理部长办公室一处"。

没出1919年，罗斯福就了解到缉查队有些成员在搜集别人不轨行为的证据时自己就搞同性恋。罗斯福下令立即解散缉查队，并开始秘密调查缉查队的活动情况。"缉查队丑闻"被泄露出去后，有人认为罗斯福本人应对缉查队成员的无耻行为负责。

对罗斯福的这些指控有如政治炸药，罗斯福也展开坚决反击。他说对他的抨击是"可耻的"，"在道德上是不老实的"；他还声称他与缉查队毫无牵连，并解释说，给缉查队定的那个正式名称只不过出于行政上的方便。罗斯福还要求参议院海军事务委员会就对他的指控进行全面调查。

∧ 1920年，民主党总统候选人考克斯和副总统候选人罗斯福在一起。

最后，这件事不了了之，但在罗斯福的政治生涯经历新的、重大的转折关头，缉查队事件就像头上的乌云，时时威胁着罗斯福。

说来奇怪，当罗斯福在威尔逊政府内前途和地位处于极为不利的情况时，他在进步的民主党人之中的威信却达到了顶点。党内对罗斯福的支持是由他在1919年5月29日在芝加哥民主党全国委员会上发表的那次讲话引起的，那篇讲话标志着他最终成了民主党内自由派的首领。

1920年6月，民主党全国代表大会在旧金山召开。罗斯福带到旧金山的随行人员远远超过了一个普通代表所需要的数目。

和他在1912年的地位不同，罗斯福在本届全国代表大会上具有相当大的影响。他既是政府的一名要员，也是由他的选区的民主党人选出的一名正式代表，因而他的一票举足轻重。

大会一连几天进行了四十轮投票，考克斯在第四十轮投票中获胜被确定为民主党的总统候选人。

像往常一样，提名副总统候选人是全国代表大会在确定了总统候选人之后紧接着要考虑的问题。考克斯从提供给他的可供考虑的候选人名单中，表示愿意选罗斯福。

当罗斯福确信自己已被提名为民主党副总统候选人时，知道自己就要参加一次毫无获胜希望的竞选，这说不定还可能断送自己的政治生涯。但是他忠于他的上司，因此他还是接受下来了。另外，他还为这些来自全国各地的人们对他表示的信任大为感动。他是知道他会获得提名的，但是从来没有想到成功竟来自于公众对他的自发的敬意。况且，那条竭力向前延伸并将贯穿着他的事业平行线依旧横卧在他的意识深处——向特德叔叔看齐——特德叔叔被提名为副总统候选人时是42岁，而他现在才38岁。

民主党全国代表大会结束后，罗斯福在从旧金山返回家的途中，在可伦布逗留了一下，在俄亥俄州州议会大楼首次会见考克斯，同他一起制定了在即将开始的竞选中所采取的策略。

虽然考克斯和罗斯福为竞选做了大量工作，但选举结果仍是失败。共和党以超过700万票的比数取胜，双方的票数为16152220对9147553。

这是总统选举史上最大的一次胜利。共和党人将以300席位对132席位的比数控制众议院，以59席位对37席位的比数控制参议院。在罗斯福的家乡纽约州，州里的各个职位的竞选中，民主党统统输掉了。

处理完竞选的善后事宜后，罗斯福不得不开始认真地考虑自己的工作问题，他10年来第一次不在政界任职，他失业了。要养活他的偌大的家庭，以及满足自己那些费钱的爱好，没有一份工作显然是不行的。

他先是进了埃米特—马文—罗斯福律师事务所，重操律师旧业；然后又从找上门来的几个工作中挑了一个：马里兰信托储蓄公司的副总经理。这是全国最大的信托债券公司之一，主要从事证券发行的担保和海外投资等业务。罗斯福负责该公司的纽约办事处，年薪2.5万美元，是他当助理海军部长时收入的5倍。

工作的安排很中罗斯福的意，他又和全家一起住进了第六十五街的宅第。

上午他在百老汇120号的信托储蓄公司上班，下午就到华尔街52号他的律师事务所去。他对费利克斯·弗兰克福特说："我很高兴再次回到现实世界中来，这两个不同的工作看来衔接得很好。"周末仍在海德公园村度过，他登记的投票地址在那儿。

这时候，罗斯福埋头搞他的生意。他对一个来采访他的人说自己是"一个年轻的资本家"，并把债券事务吹成是"工业的一个平衡轮"，因为它防止人们弄虚作假。罗斯福在公司中究竟起多大的作用现在还有争议，但布莱克把纽约办事处在罗斯福上任后的第一个月的工作说成是"世界第一流的"。这位公司的主要股东的话应该能说明一些问题吧。

在以后的8年中，罗斯福从事各种各样的商业冒险活动，其中包括海外投资。

尽管罗斯福进行了许多次商业冒险活动，但最后既没有受到巨大损失，也没有获得暴利，因为他很少在一笔买卖上大量投资。

罗斯福在马里兰信托储蓄公司的办公室里，政治气氛特别浓厚。这家公司的活动以经营债券业务为主，而市和州的一些政治家控制了大量的债券。罗斯福不仅吹嘘他如何通过他在奥尔巴尼和华盛顿政界的关系把买卖弄到手，而且还批评他的同事们未能结交那些有权和他们签订合同的"大人物"。后来他可以当之无愧地说他在这方面取得了巨大的成就。

罗斯福虽自称"资本家"，但他对投机活动本身要比对财政收入更感兴趣。特别重要的是即使作为一个商人，他仍然密切注意着最重要的机会，对于他来说，这种机会就是政治。

他有理由这样做，因为他知道一个在竞选中败北的副总统候选人最容易被人们遗忘。

"然而富兰克林·罗斯福绝无悄然隐退的打算，他广泛参加一些政治及社会活动以吸引公众的注意。他担任了海军俱乐部的主任、大纽约童子军委员会的主席、瓦萨学院的理事、海军教会学校名誉校长、美国地理学会会员、援助近东国家委员会会员；他为美国退伍军人协会和主教派教会圣约翰大教堂筹款；他仍然积极参加哈佛大学的活动，并为纪念他的老上司的理想，而在组织伍德罗·威尔逊基金会中发挥了主要作用。

他发表政治声明，保持大量的通信联系，这使他能在威尔逊时代和1920年竞选中的熟人们一直保持联系。

他敦促全国各地的民主党领导人合作草拟开明的内政日程，并计划重建一个全国性的民主党组织，为1922年的竞选作准备。

即使在经商时，他念念不忘的仍是西奥多·罗斯福所走过的道路，他不甘心永远做一个资本家，尽管这也许可以获得经济上的更高收益。

>> 身残志坚

> 患病前热衷于游泳的罗斯福。

1921年7月，纽约的天气特别恶劣，阴云密布，雾气蒸腾，人们像生活在一只巨大的闷炉里。罗斯福被酷暑和焦虑弄得精疲力竭。7月27日，他去贝尔山视察童子军宿营地的照片在报上刊出，他穿着深色上衣、白裤子，带着一群达官显贵，显得消瘦、疲惫。这是他不用任何帮助自己走路照的最后一张相片。

7月31日，一艘精致的游船"萨瓦洛"号驶进港口，在纽约游艇俱乐部码头靠岸。游艇的主人范·利尔·布莱克下船的第一件事就是去拜访罗斯福。他建议他放下手里的工作，逃离这闷热的纽约城，到外面去休养。

罗斯福欣然同意，他选择了坎波贝格。

8月初的一个大雾弥漫的早晨，罗斯福驾驶着范·利尔·布莱克的43米长的游艇"萨巴洛"号来到坎波贝洛。布莱克邀请他和其他几位朋友一起到岛上去。罗斯福愉快地接受了邀请，这样他不用坐火车长途跋涉了。罗斯福尽情享受这愉快的假期，他和孩子们一起游泳、打网球、打垒球，一起爬礁石。

但这一段时间他的身体出了问题。他暂时失去了对机体的控制能力，甚至连床单盖在腿上也觉得疼。孩子和别的客人都给打发出去做三天的野营，家里只有埃莉诺侍候他。

疼痛和麻木的感觉扩展到罗斯福的肩部、手臂，甚至到了手指。

情况不断恶化。两条腿完全不顶用了，瘫痪的症状在向上蔓延。他的脖子僵直，双臂也不好使了。最糟的是，他的膀胱也暂时失去了控制，一天导尿数次，每次痛苦异常。他的背和腿痛个不停，好像牙疼放射到全身，他的肌肉像剥去皮肤暴露在外的神经，只要轻轻一碰就忍受不了。

罗斯福病倒后两个星期，他的舅舅弗里德里克·德拉诺按埃莉诺提供的情况，把波士顿小儿麻痹症专家罗伯特·W·洛维特大夫请到坎波贝洛。根据罗斯福叙述的病情，洛维特怀疑罗斯福得的是小儿麻痹症。在给罗斯福作了检查后，这一怀疑得到了证实。

洛维特提醒他们，治疗需要好几个月，医学还不能使复原提前到来。他命令立即停止使人痛苦的按摩，但又说，除了帮助睡眠的溴化物药物外，别的药没有什么用。他建议洗热水澡，"因为热水澡确实有用，还能使病人得到鼓舞，因为在水中他的腿可以活动"。他特别强调要使病人打起精神，因为成人很可能精神萎靡不振，有时会烦躁不安……因此，每人都为了使他高兴而表现得很乐观。

罗斯福很担心他的瘫痪会给孩子们带来不良影响。孩子们光知道父亲病得厉害，躺在楼上那个老是拉着窗帘的房间里，母亲为此既紧张又不安。詹姆斯说："我们这些孩子只许在门口看几眼，匆匆交谈几句。但是从一开始，甚至在瘫痪从他上半身消退以前，父亲就非常担心我们会怎么想。他对我们微笑，我们强打笑容，用颤抖的声音向他问候。"当安娜知道给父亲治病的医生们要在她房间会诊时，她偷偷藏在衣柜里。除了家里人以外，不让外人知道罗斯福瘫痪了。安娜说："妈妈对我们说，不要谈论小儿麻痹症，因为大家都很怕它。但是流言传得很快，我们发现我们的许多朋友都听到他们的朋友对他们说，不要接近罗斯福的孩子们，因为'他们可能得了小儿麻痹'。"

罗斯福的病给他的朋友和政治合作伙伴路易斯·豪带来了交际上的危机。豪清楚地意识到，"小儿麻痹症"和"瘫痪"会对他的朋友的政治前程——如果他还有政治前程的话——带来毁灭性的打击。他想避免在罗斯福的病情好转以前在报纸上提到罗斯福得病的事。在坎波贝洛流传的发生了某种事情的谣言很快传到了外部。豪以一向对新闻记者开诚布公闻名的。但是这次，他没有向来自东港的一家通讯社的记者透露任何实质性的情况。关于罗斯福病情的报道直到8月27日才第一次出现。报道说这位前副总统候选人在得了一场重病以后"正在恢复"。没有提到小儿麻痹症。

"你以为他还有政治前途？"埃莉诺问。

路易斯以过去的基督教徒表明自己信仰的那种热忱说："我相信他会成为总统，不管有没有腿。"他还告诫埃莉诺说："瘫痪这两个字的含义太可怕了，人们会把它跟脑膜炎混淆起来，似乎罗斯福的脑子不中用了。这是他在今后不得不与之斗上一辈子的疾病，但我们必须在当前尽量不声张出去。在外面的人们还无法看到他神志清醒、笑容满面的时候，我们决不能让他们听到瘫痪这两个字，不然是很容易毁掉他的政治前途。"

遵照决不走漏半点风声的原则，当罗斯福的母亲詹姆斯·罗斯福夫人要来见见儿子时，路易斯亲自到码头去迎接，避开一切可能出问题的情况。当罗斯福正在为恢复两腿功能而努力时，他妻子和他母亲之间却在为了他的前途而在暗中斗争着。尽管在这场争斗中很少听见高声喊叫和尖刻的语言，但矛盾却很深，感情上的伤痕也非常之深。埃莉诺后来说那一时期"是我一生中最难受的一个冬天"。她和豪都希望富兰克林仍能积极从商、从政，也希望他尽可能地过正常的生活。他们觉得如果把他当成一个瘫子来对待，那他很快就会一蹶不振。

但是，罗斯福的母亲萨拉·罗斯福却认为罗斯福的政治生涯结束了，她指责他们这样做是给他增添不必要的负担。她认为他应退居海德公园村，在她的爱抚和保护下，他可以在那儿过乡村绅士的平静生活，守着这份产业，干些自己喜欢的事，甚至还可以写他经常说要写的书。

萨拉·罗斯福决心打破路易斯·豪和埃莉诺之间的同盟，把她儿子拉到自己身边。她特别讨厌豪一直在罗斯福身边。那时，豪已经搬到罗斯福家。

由于生病，罗斯福辞去了一部分职务，还有一些，如大纽约市童子军的主席职务，他还保留着。他向马里兰信托储蓄公司提出辞呈，但他们没有接受，因为他们相信，他会回去为他们服务的。

最困难也是最重要的是要让罗斯福在政治上保持与外界的联系。路易斯·豪不辞辛苦，写了成千上万封信，接见了数以百计的人们，他还给罗斯福鼓气提劲，敦促他自己对外写信、会见客人，作出各种政治姿态。事情总算进行得不错，但路易斯明白这远远不够。他对埃莉诺说："我们得叫罗斯福的名字真正响下去，人们都是健忘的。"

路易斯·豪建议埃莉诺加入民主党州委员会的妇女工作部，在那里，她结识了许多新朋友和重要人物，最后当上了财务委员会主席。她还经常出入妇女选民协会和妇女工会协会，成了知名人士。埃莉诺几乎在没人帮

> 1924 年，罗斯福在医生及仆人的帮助下站立起来。

助下学会了开汽车，为了教她两个儿子，她还学会了游泳。他们父亲干不了的事，她得尽量干起来。

这几年里，在罗斯福周围逐渐形成了可靠的助手小组，为首的当然是路易斯·豪，埃莉诺已成了罗斯福的眼睛和耳朵。1920 年竞选中就已伴随他的厄尔利和麦金太尔依然追随着他。迷人的玛格丽特·利汉德小姐成了罗斯福的私人秘书。

罗斯福承受着极为沉重的负担，他每天都在接受治疗，进行各种各样的锻炼。洗热水浴，花九牛二虎之力穿衣脱衣，学习活动身子的新方法，为改善身体状况他以坚强的毅力和勇气与病魔搏斗着。

身体的残疾使他在相当程度上弥补了从前很少读书所可能造成的某些空白或缺陷。此外，生理疾病确实使罗斯福的性格发生了一些心理学意义上的变化。譬如待人接物方面的傲慢和居高临下，已经得到明显克服，显得有人情味；对事物的关注程度也提高了，不像以前漫无目的没有重点；与疾病的搏斗使他有了年轻时所缺乏的深沉气质，使他同情受苦受难人们。但他在诸如人生信条、生活态度、政治倾向、社会理念乃至自信心和耐心、喜欢试验等方面都与以前差别不大，没有出现什么质的变化。詹姆斯·罗斯福认为："尽管小儿麻痹症加深了他对人类苦难的同情，以及种种改变，但这并不能使他成为总统。我确信，并不是小儿麻痹造就了父亲的性格，而是父亲的性格使他从苦难中解脱出来。我相信，他走的道路总会使他走入白宫，不管他是否得过小儿麻痹症。"

事情确是如此。从疾病袭击到 1928 年的七年间，除了最初的几个星期外，罗斯福从未停止过使他的政治前途得到发展的努力。在他患病一个多月后，他接受了纽约州民主党州委员会的委员职务。深秋时节，他开始写信给纽约州和其他各州的民主党领导人，以恢复联络。

1921 年 11 月选举刚结束，在州议会中获胜的民主党人就收到了罗斯福的贺信。这更是发给民主党乃至整个美国政界的一个信号，表明身患疾病的罗斯福并没有和政治绝了缘。几个月后，他便在艾尔·史密斯重新当选纽约州州长的竞选活动中发挥了重要作用。

罗斯福为候选人名单奔走，并且担任了科普兰竞选委员会的名誉主席。埃莉诺也首次进入了政界，她领导了达切斯县的代表们为史密斯做宣传。史密斯轻而易举地重新回到奥尔巴尼的州长官邸，科普兰也被选为参议员。民主党人在纽约州再次崛起，使全党士气大振。

1924 年总统竞选开始了，罗斯福认为艾尔·史密斯是领导民主党的合适人选，党魁墨菲也建议罗斯福争取其他州的代表支持史密斯。史密斯的竞选开始较晚，他的主要对手是伍德罗·威尔逊的女婿威廉·麦卡杜，麦卡杜曾做过财政部长。已表示支持麦卡杜的代表数目要比支持史密斯的多得多。罗斯福和豪虽然认为史密斯是合适人选，但并不相信他有获胜的希望，因为他和坦慕尼协会关系密切，又信奉罗马天主教，坚决反对禁酒令。但是，他们别无选择。而且，狡猾的豪还从中看到有机会让罗斯福在政坛上发光。正当史密斯竞选活动进入高潮时，负责这场运动的墨菲死了。史密斯的支持者对失去这位最重要的支持者感到沮丧，但对于史密斯来说坦慕尼协会所造成的负担消失了，他成了民主党在纽约州内的当然领袖。罗斯福也从墨菲的去世中捞到了好处。史密斯的两位密友，建议让罗斯福来领导这场竞选，因为只有他可以使竞选中的派系力量保持平衡，并具有伟大号召力。

罗斯福和善地微笑着，接受了他们的建议。但他根本没有想闲坐在一旁让他们去搞。因为这个联盟是互利的，史密斯要在选举中获胜，需要罗斯福所拥有的广泛支持，而罗斯福当上了史密斯竞选活动的负责人后，就能重返全国政治舞台，而且还能扩大他在 1920 年竞选中的影响。罗斯福全力以赴投入到工作中。通过大量的通信和复杂的情报网络，他取得了关于各州代表团中的个人和政治方面的情报。他有生以来第一次在全国规模上详细地看到了全国代表大会上推推拉拉的表面活动后面隐藏着的暗流、互相敌对的个人和派系、选举法和选举机器。在这一过程中，他为史密斯争取到的代表虽然为数不多，却为自己的政治教育补充了一课，同时，也提高了罗斯福的形象。自从 1911 年他进行反对"蓝眼睛比尔"希恩的战斗以来，反天主教这一点总是同罗斯福的名字联系在一起，现在，对他反天主教的最后一点猜疑也随着他积极为史密斯竞选而消失了。这使得那些爱尔兰天主教徒占多数的城市的党魁们比较容易在将来支持他了。

正如弗兰克·弗雷德尔所说：罗斯福参加这次竞选活动，并非作无谓的自我牺牲，而是 1922 年的故伎重演。那时他支持史密斯是出于个人目的。1924 年史密斯又使他有机会在全国范围内达到这一目的。

这次竞选活动也标志着埃莉诺参加了民主党党内的领导工作。她被提名为史密斯竞选组织中妇女部的负责人。民主党全国委员会主席科德尔·赫尔指定她领导一个负责起草社会福利法要点的小组委员会。她迅速组织起了这个班子，并在豪的指点下把它领导得有声有色。

∧ 一名三K党成员头蒙锥形头罩，身披白袍参加邪教仪式。

妨碍民主党取胜的最大障碍是党内分裂。尽管在州一级和地方一级上，政治潮流对民主党有利。但是地区间的斗争和互相冲突的道德观却使民主党陷于分裂。党内分成了两大派：一派是城市中和在东北部的派系，多数是移民，他们反对禁酒，主要信奉犹太教，艾尔·史密斯就是该派的领袖。另一派主要在乡村及西部和南部，极力主张禁酒，多数属新教徒。这一派基本上沿袭着布莱恩的思想特色，其改革目标开始超越经济和政治范畴而致力于谋求拯救或保全昔日农业美国的社会准则和传统美德，并使这些准则不受与城市化结伴而生的城市腐败——城市政治结构、沙龙、罗马天主教、犹太人的信条、没落的剧院和用外语演唱的歌剧、坦慕尼协会和黑手、贩卖违禁酒、不健康书刊、宗教的现代主义、街头色情的污染。罗斯福的故友威廉·麦卡杜成了该派的领袖。这两派在宗教信仰、政治主张等方面都存在着严重的分歧，这些分歧使继"红色恐慌"之后席卷全国的种族及宗教偏见而加深了。这种偏见以"圣经"原教旨主义、反天主教和反犹太人为基础，它使美国乡村地区的人更加害怕城里移民们的政治和文化的统治。这种紧张局势使得被人们废弃了的三K党死灰复燃，杀气腾腾地充当了一股一意孤行的逆流的急先锋。他们反对犹太人、反对黑人、反对天主教徒，除了神话般的所谓美国人，他们无所不反。到了1924年，这个无形的帝国已经超出南方范围，在俄勒冈、加利福尼亚、俄克拉荷马、堪萨斯、印第安纳州，都是一股很大的政治力量。

艾尔·史密斯这时出来竞选就成了人们发泄这些怒气的对象。史密斯是个致力于长期目标的著名改革家。作为一个爱尔兰和意大利移民的儿子，自幼在纽约市曼哈顿南区长大，是罗马天主教徒，主张废止禁酒的一切法案。他除了具有一套行之有效的行政管理手段外，因其改革侧重于注意实际的工时、工资、医疗卫生、货币情况以及城市日常问题，俨然成为城市平民的代表。但是在乡村选民眼里，他则代表着美国乡村人憎恨和害怕的一切东西。就连中间派也不愿把赌注压在一个罗马天主教徒、一个反对禁酒者身上。

罗斯福清醒地看到了这一切，在州长面临签署还是否决

23

一项禁酒法案的尴尬处境时，罗斯福写信告诫他："对于你在禁酒这个该死的老问题上陷入极其困难的境地，我感到非常遗憾。"他同时说出一个巧妙的策略，使史密斯可以既否决了这项提案，又不至于疏远了两方面的势力，然后再召开特别会议通过新的法律。史密斯没有采用他的建议，而是采取了更为直接更为诚实的行动。

豪也这样认为，他这样预言道："几个主要的候选人都会一个个粉墨登场为自己拉选票，结果却只能表明他们连提名所需的选票都捞不到，然后，他们会与几派头头们秘密协商，推出一个谁也猜不到，不为人知的什么人来。"而罗斯福甚至连万一史密斯通不过时会提出的第二个人选都懒得去想。

事实证明豪的预言非常准确。1924 年 6 月 24 日，民主党全国代表大会召开。麦迪逊广场公园里热浪滚滚，乌云翻腾。在闷热的难以忍受的会议大厅里，酝酿着美国社会中各种偏见和敌意。危机不久就爆发了，大会常任主席、蒙大拿参议员托马斯·J·沃尔什刚宣布大会开幕，会议就在是否要点名谴责三 K 党的问题上分裂成两派。为了安抚乡村新教派，罗斯福敦促史密斯的追随者支持一项折中办法，谴责所有的秘密组织，但不具体点明。激烈的辩论时时被愤怒的谴责、辱骂和拳头所打断。最后，强硬派以一票之差败北，三 K 党没有被公开谴责。当最后宣布结果时，要不是纽约市一千名警察在场，说不定要闹出一场大规模骚乱来。

罗斯福每天都出现在会场上，他不愿让别人看到他坐轮椅进入会场，因此，在大多数代表到达之前，他就已拄着双拐坐在他的座位上了。16 岁的詹姆斯·罗斯福每天为父亲来回传递消息，并在会场出现骚乱时守在旁边，免得他受伤。会议结束时，当别的代表都走完后，罗斯福被扶进他的轮椅，匆匆离开大厅。

在正常情况下，竞选组织者并不发表提名演说。但是，本来会提名史密斯的伯友·科克兰——坦慕尼协会的一位讲起话来口若悬河的演说家突然去世，史密斯试听了几位知名的民主党人的演说，想让他们来替代科克兰，都不够理想。最后，他请罗斯福来为他做提名演说，罗斯福接受了这一邀请。尽管这时罗斯福已经作为一名出色的演说家而闻名全国了，他还是为这次演讲做了精心准备，因为他知道，这次提名演说对他的东山再起将是一次严峻的考验。

提名演说定于 6 月 26 日进行，这天早晨正好是代表大会期间唯一凉爽的一天。纽约州代表团座位在大厅中央，罗斯福坐在走道边的一个座位上。从他那儿，抬头能望见厅中的一切。

代表们围着他们各自的州旗，一排紧挨一排。白色栅栏后面是新闻记者，他们在劈劈啪啪地使用打字机。插着彩旗的包厢和楼座被人们挤得像上下班时的地下铁道。一浪高过一浪的宗教偏执情绪和仇恨心理把所有这些与会者的神经绷得越来越紧。

　　怎样把这位乘坐轮椅的演说家安全地不引人注意地送进会场？怎样进到讲台后边？罗斯福那套在钢架里的双腿如何从轮椅上站起来？罗斯福16岁的长子詹姆斯勇敢地担当了这一重任。他扶父亲撑着丁字形拐杖站直，然后帮他插上支架的插销，两人缓缓地通过中间的通道。罗斯福到讲台时，台下发出雷鸣般地欢呼，连麦卡杜派的代表也站起来欢迎他。会场上闪光灯亮成一片。

　　他让宾夕法尼亚的政治家乔·格菲去摇晃一下讲台，看看他靠上去讲台能否撑得住。格菲去了，讲台很结实。罗斯福这时松开了抓着儿子的那只手，拿起另一只拐杖，一步一步地挪向讲台。代表们屏住呼吸。他走到了讲台，把拐杖递给詹姆斯，站稳身体，两只手牢牢地抓住放讲稿的小台架。他抬起头来，站直身体，望了望射向主席台的耀眼灯光，胜利地微笑了。人群沸腾了，欢呼声延续了好几分钟。

他缓缓地开始了自 1920 年以来第一次重要的演讲。他巧妙地控制着演讲的节奏，从容自如，就像在一架巨大的钢琴上演奏一样。他呼吁大家团结起来："我们这些代表，有的来自东部的大城市，有的来自西部的平原、丘陵地带，有的来自太平洋沿岸，也有的来自南方家园，我真诚地请求大家……首先要记住亚伯拉罕·林肯的话：对任何人都不怀恶意，对所有人都充满善意。"

接着罗斯福就开始谈论那个他相信能团结民主党、领导民主党向前的人："我们团体中每个阶级、每个派别的人都对他无比热爱……由于他的深切的同情心和对人民的杰出的贡献，他的名字业已成为忠实的象征！"

他的演说驱散了会议大厅的乌烟瘴气，振奋了人们的精神和身体，没有仇恨的言语，没有恶毒的攻击，有的只是百分之百的诚意。大家都看到了这一点。连那些和史密斯势不两立的人也支持罗斯福。他那黑黝黝的脸上一双机灵的蓝眼睛以及眼中闪出的真诚的目光打动了他们。他那令人鼓舞的话语中抑扬顿挫的嗓音使他们的血液沸腾。他笑时，他们会情不自禁地跟着笑。

罗斯福知道，他已经赢得了观众的心。除了有人喊出几句附和声外，会场一片静寂。这是人们对他表示的一种敬意。他的腿被支架夹得麻木了，他的手由于把全身重量都撑在桌上而不停地痉挛。但他全然不顾，他有的是力量，他那浑厚有力的声音在大厅里回荡。

"他被共和党看作洪水猛兽……当我们党的全国候选人由于少 110 万张票而落选时，他以差 7.4 万张票而失败，他比我多得了 100 万张选票，我在此向他致敬！"对于这样高尚的姿态，人们高兴地喊了起来。

"我们的候选人具有英勇善战的领袖的品质……他是驰骋于政治疆场的'快乐勇士'。"

"这个人……受大家爱戴、大家的信任、大家的尊敬，这个人大家都承认能在今年为我们赢得巨大胜利，这个应运而生的人，我们州骄傲地把他奉献给我们的国家，我们自己的艾尔弗雷·E·——"姓名的最后一部分淹没在雷鸣般的欢呼声中。罗斯福在听众心里激起的汹涌澎湃的感情一下子迸发出来了。欢呼声持续了很长时间。

第二天，所有报纸都以醒目标题报道：

东山再起的英雄，不管史密斯州长在大选中是否获胜，富兰克林·罗斯福在 1924 年民主党全国代表大会上都是一个真正的英雄。身体上的灾难使他超然于宗派偏见、宗教偏见、个人野心之上。这使他成了全国各派都敬仰的领导人。

豪和罗斯福互相对视，会心地一笑。共和党的柯立芝★不会继任总统，史密斯和其他竞选人注定要失败，只有罗斯福出了一个漂亮的风头，报纸竞相宣传。

沉默已久的萨拉夫人给儿子拍来祝贺电报，并向埃莉诺致意。埃莉诺感受着一种胜利的欢悦。

罗斯福与豪讲演般地高声论述："美国从建国以来的历史，就是一个进步主义与保守主义斗争的历史。从当前美国的实际来看，我推崇、敬仰杰斐逊，他的民主理想是美国的灵魂，但他的有些主张，政策性的东西需要修正，已不适合今天的国情。"

★**柯立芝 （1923～1929）**
美国总统，共和党人。1895年阿默赫斯特大学毕业，曾为律师和法官。1910～1911年任北安普敦市市长。1912～1915年为马萨诸塞州参议员和议长。1916～1918年任马萨诸塞州副州长。1919～1920任州长，以镇压波士顿警察罢岗而著名。1920年当选为副总统。1923年总统哈定暴卒，继任总统。次年当选连任。任内反对"侵犯"私有财产，两次否决麦克纳里—霍根农场救济法案；对外推行"新孤立主义"。

复出的罗斯福表现得无懈可击，特别是那场精彩动人的演说获得了空前的成功，并因恰如其分地引用英国诗人华兹华斯的名句而被传颂为"快乐勇士演说"。马克·沙利文把这篇演说称为"高尚的言辞"。

但是，无论什么样精彩的演说也难以挽救民主党的自杀。民主党的全国代表大会正如路易斯·豪所预料的那样陷入了僵局。在麦迪逊广场公园闷热的、烟雾腾腾的会场里，一轮又一轮的投票不断进行下去，最终，无论是集中在东部的，支持史密斯的势力，还是集中在南部和西部的支持麦卡杜的势力，都不能获得当选所需的三分之二多数，双方都不肯放弃提名。投票直到第100轮仍未见分晓。当大会进行103轮投票时，西弗吉尼亚的约翰·W·戴维斯作为折中的候选人被提名。戴维斯是一个马鞍制造商的孙子，曾任驻英大使，被英王陛下称为"我所见过的最典型的绅士之一"。他属于相信民权的那类保守主义者，终生都是民主党人。戴维斯是华尔街的一名著名律师，是一个平庸的妥协人物，既没有艾尔的色彩，又没有麦卡杜的威尔逊主义背景。会议代表们疲惫不堪，又匆匆选出副总统候选人便散会回家了。

这次提名毫无价值。由于电台首次报道了大会实况，这就使得大会上两派相互仇视、候选人之间的互相扯皮，以及他们属下的愚蠢行为家喻户晓，这对民主党所起的破坏作用远比卡尔文·柯立芝能起的作用大得多。在场的罗斯福明白正是代表大会本身和以其为象征并被扩大了的党内分裂宣判了民主党候选名单的死刑。正如一位明尼达州的代表给罗斯福的信中所言："6月份在纽约，我们把自己打败了。"果然，柯立芝以绝对优势赢得了1924年大选的胜利，戴维斯得票的比例之低，创造了民主党历史上的新纪录。

1924年民主党全国代表大会对于民主党来说是一种灾难，对于史密斯是一次挫折，但对于罗斯福，却是一次个人的胜利。他那雄辩的充满激情的演说，他那愉快的、骑士风度的派头使人忘记了他的双拐，他对艾尔的耿耿忠心，再加上他对于其他派系所持的友好态度，都给民主党的普通党员留下了极深刻的印象。

>> 就职总统，颁布新政

罗斯福很早以前就对民主党的状况十分忧虑，1920年失败的竞选更证实了他原来的怀疑。党的机构已不合时宜，而且尾大不掉。

1921年底，罗斯福写信给民主党全国主席科德尔·赫尔，要求全党更加紧密地团结起来，消除党内派系主义和地方主义，做一些更好的宣传工作，建立起更稳固的财政基础。

这些意见加强了罗斯福的地位，他提议召开一次小型的民主党会议来讨论有争议的问题和组织问题，并制定一项改革方案。

著名的民主党人，包括戴维斯、考克斯、赫尔和丹尼尔斯在内，都支持这一计划，而且也得到一部分公众舆论的支持。罗斯福在全党的感召力无形中提高了，成了民主党内主要的调和者，更是对各派都有号召力的唯一民主党人。

　　罗斯福的雄心需要他耐心等待。他要等到1928年，那时，艾尔·史密斯要么当上总统，要么就退出政治斗争——自己才能为获得权力而努力。随着竞选活动的开展，民主党的前景越来越黯淡。非常明显，选民们认为放弃共和党的"繁荣方针"而去接受民主党那种毫无把握的依样画葫芦的许愿是没有好处的。形势急转直下，史密斯连自己的州长也快保不住了。因此，物色一名强有力的州长候选人至关重要。掌握住纽约州，就意味着手中有了45张选举人票。史密斯殷切希望罗斯福出马竞选州长，好助他一臂之力。

　　罗斯福在欢呼声中被提名为民主党参加纽约州州长竞选的候选人，他接受了这个提名。

　　11月6日大选开始，罗斯福照例到海德公园村大厅投了票，然后就和自己的助手们在纽约比特莫尔饭店注视着投票进程的通报。对民主党来说，这是一个难熬的夜晚。

　　尽管民主党在竞选总统运动上花了700万美元，只比共和党少花了200美元，结果全白花了。当天中午形势就已明朗，民主党人惨败。

　　至于纽约州州长的选举，许多选区的资料迟迟未到，似乎罗斯福已随着史密斯失势了。罗斯福和他的助手们都很了解美国的政治生活，猜到了延迟的原因。各地都在等待全国最后的选举结果，以便修正本地的选举结果。于是，罗斯福打电话警告迟迟不报投票的结果的那些选区的行政司法长官："我是富兰克林·罗斯福，我现在在纽约比特莫尔饭店注视着投票情况。贵选区的资料迟迟不到，这令我感到不快，如果继续这样下去，我将提醒您，您个人必须对计算选票中的舞弊行为负责。如果您需要人手维持秩序和计算选票，请通知我，我将要求州长批准动用国民军部队去帮助您。另外，我这里有个由100名律师组成的班子，明早就可出发，去调查选举中的欺诈行为。"罗斯福随即就寝。这在一定程度上是恫吓，但却奏效了。

∧ 罗斯福宣誓就职美国第32届总统时盛况。

北部选区的结果出来得快些了，形势渐渐变得对罗斯福有利了。但直到早晨才肯定他赢了——在所投的425万选票中只以多得25564票取胜。罗斯福诙谐地把自己称为"百分之零点五的州长"。但这次胜利不管多么微小把他推到了全国政界的关注点上。弗吉尼亚的州长哈里·F·伯德说："你是民主党的希望。"

伯德的预言十分正确，由于罗斯福的出色执政能力和政治智慧，他在1932年11月对胡佛的大选中胜出。在这次选举中罗斯福获得22815539票，胡佛获得15759930票。胡佛仅在六个州获胜，其中除了两个州外都在新英格兰。罗斯福还在过去从未支持过民主党的282个县击败胡佛。在国会选举中，民主党在参议院以59票对37票占多数，在众议院以312票对123票占绝大多数。在州长选举中，共和党仅有8人当选。

1933年3月4日总统就职日这一天，天气寒冷，刮着强劲的东北风。华盛顿的天空灰蒙蒙的，就像宾夕法尼亚大街两侧建筑物正面的大理石墙面。雨时下时歇，树上黏附着雨雪。冷风吹动着悬挂在建筑物和路灯柱上的旗帜和条幅。

这天早上，罗斯福一家驱车前往白宫外面拉斐特广场对面的圣约翰教堂参加一次特别的礼拜。皮博迪博士专程从格罗顿公学赶来主持礼拜仪式，他朗读了感恩和祈求上帝保佑"你的奴仆、即将就任美国总统的富兰克林"的祷文。罗斯福的内阁应邀参加礼拜仪式。

在走过了这么长的路，历尽了这么多磨砺和苦难之后，此刻的罗斯福心潮难平，凝望着鬓角花白的老校长，耳边蓦然想起格罗顿公学的校训："为彻底的自由服务"。

宣誓完毕，美国总统富兰克林·德拉诺·罗斯福转身走向空旷的讲台，向人民发表他首次的，从某些方面说也是最伟大的演说。

这是一个民族献身的日子，我确信，我的同胞们期待着我就任总统时，能像我国当前形势所迫切需要的那样，坦率而果断地对他们讲话。现在首先是要讲真话的时候，坦率地、大胆地讲出全部实情。我们不必畏缩，不敢正视我国今天的情况。这个伟大的国家将会像它曾经忍受过的那样忍受下去，它将得到复兴，它将得到繁荣。

广场上的人群伫立着，全场一片肃静，几乎毫无声响。

所以，首先让我表示我的坚定信念。我们唯一必须恐惧的就是恐惧本身——无可名状、毫无道理、决不应有的恐惧，它将瓦解人们变退却为前进所需要的努力。在我们民族生活中的每一个黯淡的时刻，坦率和有力的领导都得到人民真诚的理解和支持，而这正是胜利之本。我深信在这关键的时刻，你们会再次给领导人以这样的支持……

这时天下起了小雨，罗斯福光着头，面无笑容地如实分析了美国所处的困境及大萧条中一切苦难的根源：

我们的困难都只是物质方面的。价值萎缩到难以想象的程度；赋税增加了；我们的纳税能力已降低，各级政府的财政收入锐减；交换手段难逃贸易的长河冰封，工业企业尽成枯枝败叶，农产品找不到市场；千百个家庭的多年积蓄毁于一旦。更重要的是，大批失业公民面临严峻的生存问题……而我们并没有遭到蝗虫灾害。大自然的施惠依然未减，我们手头并不匮乏，然而丰足却激发不起来慷慨的用度。这首先是因为掌握人类物品交易的统治者们的顽固和无能。他们被迫承认失败而溜之大吉，贪得无厌的钱商在舆论的法庭上被宣告有罪。

货币兑换商们从我们文化庙堂的高位逃走了。现在我们可以让这庙堂仍然回归古老的真理……必须终止金融业和商业中的那种使得神圣的委托浑浊无情和自私的恶行。然而复兴并不仅仅要求改变道德观念。这个国家要求的是行动，而且是立即的行动。

黑压压的人群一片寂静，人们在经历了一个漫长冬季的等待后，终于真切地倾听到了新总统所承诺的行动纲领：

"我们的头等任务就是安排人们进行工作。"不动声色的人群听到这里有点激动了。"这可以由政府自己来直接招募。我们要更好地利用资源，提高购买力，保护家庭和农庄不会因为被取消抵押品赎回权而遭受损失，要削减政府的一切开支，统一救济，并在全国的基础上来计划交通运输。必须制止用别人的钱搞投机！必须有足够的健全的货币机制"。

罗斯福要求迅速推行他的措施，或由国会提出类似的其他措施。"但是万一不能在两者之间选择其一，万一国家危机仍然紧急，我也不会回避届时摆在我面前的我所应走的明确道路。我将要求国会赋予我为应付危机所剩下的唯一工具——赋予我广泛的行政权力，以便为克服紧急状况而战，这种权力应当像我们真正遭到外敌入侵时所赋予我们的权力那么大。

为了使他的政府立即行动起来，罗斯福要求参议院立即批准他的内阁，他的内阁没有经过举行听证会的程序就匆匆被批准了。在夜幕降临华盛顿的时候，内阁成员们都集中到白宫楼上的椭圆形大厅，由最高法院大法官本杰明·卡多索主持宣誓就职。罗斯福同阁员们一一握手，并把他签署的委任状交给每个人，并规定今后要称呼珀金斯小姐为"秘书女士"。

罗斯福留在白宫会见了新任财政部长威廉·伍丁、司法部长霍默·卡明斯以及莫利，讨论银行业危机。罗斯福已经决定迅速采取行动：利用《与敌国贸易法》宣布一次银行休假和禁止黄金外运，要求国会召开特别会议，召集一次由主要银行家参加的会议，征求他们关于对付这场危机的意见。卡明斯花了一下午的时间研究那项旧法律的立法史，他对总统说，在他看来，这样做符合法律方面的要求。伍丁向罗斯福保证说，不论发生什么情况，银行业法案将于4天之后，即3月9日准备就绪。

伍丁和莫利，还有奥格登·米尔斯和阿瑟巴兰坦，又熬了一个通宵，他们在很疲劳的情况下工作到星期日的早晨，修改宣布银行休假的公告。在白宫，罗斯福和路易斯·豪在林肯厅一直谈到就寝时间。其后不久，一位朋友对罗斯福说，如果他能圆满完成他为自己

> 弗朗西斯·珀金斯，美国政治家。罗斯福1933年提名其为劳工部部长，她也是美国第一位女性内阁成员。

确定的任务，他就会作为美国最伟大的总统被载入史册，但是，如果他失败了，他就会作为最糟糕的总统受到谴责。罗斯福平静地回答说："假如我失败了，我就会是美国最后一位总统。"

此后，罗斯福会晤国会领导人，傍晚，他签署了要求国会举行会议以及宣布全国银行休假4天的必要文件。全国所有的银行都关闭了，禁止金银外运，禁止囤积居奇，违者罚款1万美元或判处10年监禁。罗斯福以"迅雷不及掩耳的速度和惊人的果断"，采取了行动。

银行紧急状态法使罗斯福宣布关闭银行有了合法依据。只准资金较雄厚的银行重新开业，不大稳定的银行在它们的命运能够确定以前将由政府指派"监督人"管理。财政部授权发行联邦储备钞票，为防止挤兑提供足够的货币，众议员们在对银行紧急状态法案讨论进行了不到半个小时后高呼："投票表决！投票表决！"这个只由打印机打印的，草率改正的法案副本在由众院的几位领袖审阅后，没有举行听证会，就以73票对7票获得通过，这项法案被紧急送到白宫，罗斯福总统在他实行新政的第一个立法成果上签了字。

人们曾估计，银行重新开业后，会有很多人取款，因为全国已有好几天没有现金了，但各个城市的存款数超过了取款数。到了周末全国1.8万家银行中75%重新开业。莫利说："资本主义在8天时间里得救了。"

3月9日晚，林德利透露了罗斯福提出来的最严厉的政府节约计划，这项计划是预算局局长刘易斯·道格拉斯拟订的，要求把退伍军人的津贴削减一半——减少4亿美元，并把政府官员的薪金，包括国会议员的薪金，减少1亿美元。这是取得显著成就的两个星期。罗斯福使全国发生了转变，在一个思想麻木、充满恐惧的国家使人民出现了兴奋和乐观的心情。罗斯福利用前总统胡佛可以使用、但却被忽视了的工具，迅速地整理好他的计划，英明地进行推销。同银行一道重新开业的纽约证券交易所和芝加哥商品商场，价格的上涨是几个月来最多的，交易额是几个月来最大的。财政部发行的8亿美元的债券很快被投资者一抢而空。

新总统就职仅十几天，全国就掀起了颂扬罗斯福的高潮。黄金开始回流到金融机构，银行重新开业，就业和生产在回升，人民的情绪稳定住了。罗斯福并没有陶醉于人民的欢呼声中，他清醒地知道，现在的努力只是临时应急措施，而根治大萧条的举措还没有实施。按他原来的计划，他想让国会在通过银行法案和节约法案后休会，当他看到国民情绪乐观，手下的阁员和顾问们劲头十足，支持和协助"新政"的有识之士进入最佳状态，国会的头头们也愿意继续开会，并表现出同总统前所未有的合作态度，于是罗斯福采取更多地迅速而有力的行动，从而开始了美国历史上前所未有的、令人眼花缭乱的立法时期，史称第一个"百日新政"时期。

从3月9日到6月16日国会休会为止，罗斯福日益显示出了其非凡的魄力、惊人的智慧和似乎无限的精力。他发表了十次重要演说，制定了新的外交政策，建立了每周举行一次记者招待会和内阁会议的惯例，宣布修正禁酒法令和废止金本位制，向国会提交了15篇咨文，引导并督促议员们通过了15项重要法案。

立法高潮是从3月16日通过农业调整法开始的。农业部长亨利·华莱士和助理部长特格

韦尔根据许多农业领导人提出的相互冲突的建议仓促地起草了这项法案，其目的是恢复农业收入，减少剩余产品。这项法律基本上确定了一项国内分配计划，农场主限制耕地面积将得到津贴。支付津贴的资金将通过对加工厂厂主——如将小麦磨成面粉的工厂厂主——征税来筹集，而这种税收最终转嫁到消费者身上。罗斯福承认这是"一条没有走过的路"。但是他强调说，要恢复农业，就必须采取一些行动。在5月12日通过这项法案之前，国会提出一项修正案，授予总统全面的权力来实现通货膨胀，办法是减少货币含金量或者发行纸钞。

《全国工业复兴法》被罗斯福视为第一个百日的最辉煌的成就，实际上它是由西奥多·罗斯福的新民族主义、老的军事工业局的经验以及罗斯福曾以美国建设委员会主席身份参加过的同行公会运动拼凑而成的。这项法案是在大规模工业规划方面进行的最容易引起争论的尝试。然而，罗斯福在第二次炉边谈话中强调指出，政府没有控制工商业，而是同它们建立了"伙伴关系"——"在制定规划方面的伙伴关系和确保这些规划得到执行的伙伴关系"。这项法案中止了《反托拉斯法》，并允许企业家团体拟定自己的竞争、生产和销售的准则——即公平竞争的准则，并确定最多工作时数和最低工资。如果在一个行业中达不成协议，政府就可以强加一项准则。《全国工业复兴法案》第7节（a）保证工人有权进行集体谈判和决定是否加入工会。第二条批准了一项迅速地把资金注入到经济中去的33亿美元的公共工程计划，以便创造就业机会和提高购买力。

第一个百日过去了。15篇咨文已提交国会，要求对全国的问题立即采取行动；15项重要法案已得到通过，罗斯福发表了10次重要讲话。这些法律绝大多数是有争议的；一些法律是否符合宪法还是可疑的。但是罗斯福无意发动一场革命，也无意为美国创建一种新的体制结构。相反，他是在设法医治一个资本主义社会的疾病，通过护理使它恢复健康。只是因为常规疗法再也不能奏效，他才试用了试验性的疗法。罗斯福在竞

< 1933年，罗斯福在国会推动多项法案，使得当时的美国人民对前途满怀希望。

选中曾指责说，胡佛未能使经济复兴是因为他在使用现有的疗法方面过于胆怯。他在奥格尔索普大学讲演时许下的诺言是，"要进行大胆、持久的试验"——现在他正在履行这种诺言。

罗斯福驾驶着"琥珀鱼Ⅱ"号沿多岩石的缅因海岸前进，途中一帆风顺。经济也是如此。《纽约时报》每周商业指数表明，在他就职时为52.3，6月中旬达到87.1，这是两年多来的最高水平。工厂的烟囱又冒烟了，《联邦紧急救济法》和其他救济计划把钱送到人民手里，民间自然资源保护队在建立营地，农场主们也在把农产品运到市场上出售，而不是把它们烧掉，啤酒又可以自由地酿制了。人民对前途满怀希望。萧条并没有结束，

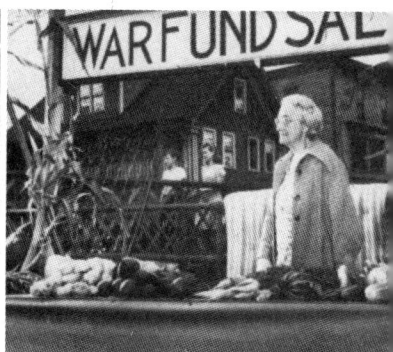

∧ 1935年，《联邦紧急救济法》和其他救济计划把钱送到了人民的手里。

但是对萧条的担心已经解除了。《文摘》杂志说："股票和债券的价格看涨。小麦、玉米和其他农产品的价格看涨……"

至于罗斯福的行动是否正确，现在可能还有争论，但是他的果断引起了美国人民的想象，赢得了人民的忠诚。过了不久，罗斯福的对手们就抱怨说，他不知道自己在往哪里走，但是绝大多数美国人发现，跟随这位罗斯福前进就像当年跟西奥多·罗斯福冲上圣胡安山一样令人振奋。美国人民和总统之间建立了密切关系，这种关系一直保持到他逝世。

1936年的总统选举实际上是对新政的投票表决。

第二次参加总统竞选的罗斯福运气并不坏。

除缅因州和佛蒙特州外，罗斯福在其余各州都取得了胜利。他比竞选对手兰登多得了1100万张选票，这是有史以来的最大的多数。

▽ 1935 年，大量人美国人民面临着生存的困难。

第二章
勇担重任

1882-1945 罗斯福

远东和欧洲战云密布，世界笼罩在法西斯主义的阴影之下时，美国举国上下却生活在一种浓郁的孤立主义氛围中。孤立主义者认为美国决不应承担任何责任去帮助维护世界和平，他们否认美国有任何值得予以援助以代替美国可能介入世界性冲突的潜在盟国。孤立主义的法定形式是华盛顿发表的《中立宣言》……为了取得修改中立法斗争的胜利，罗斯福全力以赴地与孤立主义作斗争……

>> 山雨欲来

1929年至1933年的经济危机，沉重打击了资本主义世界。英国和法国的力量进一步衰退。德、意、日帝国主义为了摆脱日益严重的经济危机，走上了国民经济军事化的危险道路，在政治上日益法西斯化，成为亚洲和欧洲的战争策源地。

日本统治阶级在政治上实行法西斯化的同时，在经济上也加速了军事化的步伐。日本强化法西斯统治和实行经济军事化的目的，是为了对外进行侵略扩张，它的侵略目标首先是中国。早在20世纪20年代初期，日本为了称霸东方，便加紧推行从侵略中国东北入手，进而向整个亚洲大陆实行武力扩张的"大陆政策"。

1927年，日本主张强硬外交的大军阀田中义一当了首相。同年6月，他亲自主持召开了陆军、海军、外务三省以及驻中国的外交官、军事首脑和行政长官参加的"东方会议"，就侵略中国的问题进行精心的策划。在会议闭幕时，田中发表了"对华政策纲领"，把中国东北划为日本"在国防和国民生存上有重大利害关系"的特殊地区，并说，如果这个特殊地区受到损害，"不论来自何方"，"都必须抱定决心不失时机地采取适当措施"。这是赤裸裸地把中国东北地区置于日本"保护"之下。

1928年6月，日本军国主义者在皇姑屯车站制造了炸死张作霖的流血事件，妄图以此制造借口，一举吞并中国东北。只是由于时机不成熟，这个阴谋未能得逞。1931年9月18日，盘踞在中国东北的日本关东军，炸毁了沈阳北郊柳条沟的南满铁路，反诬中国军队"袭击"日军，并以此为借口，向中国军队发动猛烈进攻，制造了震惊中外的"九一八"事变。在日军进攻面前，蒋介石密令不准抵抗，30万东北军不战而退。事变后的四个月时间里，日军侵占了辽宁、吉林、黑龙江三省，白山黑水之间的大好河山全部落在日本侵略者之手。

1932年，日军又在上海制造了"一·二八"事变。中国第十九路军在人民群众的支援下奋起抵抗，粉碎了日军占领上海的企图，史称"淞沪之战"。同年3月1日，日本帝国主义炮制了伪满洲国，并要国际联盟予以承认，翌年，日本以国际联盟拒绝承认伪满洲国为借口，宣布退出国联。1933年1月初，日本占领中国东北和华北之间的咽喉要地山海关。同年3月侵占热河省，并逐步扩大侵略活动。

< 1931年9月18日，日军制造了震惊中外的"九一八事变"。这是日军随军记者拍摄的日军占领沈阳北大营中国军营时的场景。

> 1937年，大批日本海军陆战队登陆，入侵中国上海。

　　1936年11月25日，日本与德国签订了《反共产国际协定》，结成了侵略联盟。1937年7月7日，日本采取突然袭击的方式，制造了"卢沟桥事变"，发动了蓄谋已久的全面侵华战争。8月9日，日本驻上海的海军特别陆战队官兵二人，驾驶军用卡车企图冲入虹桥中国军用机场；机场卫兵阻拦无效，不得不开枪制止，两个日本侵略兵中弹死亡。日军便以此为借口，对上海发动进攻。大批日本海军陆战队登陆。日本飞机也在京沪杭铁路线上空频频侦察。

　　8月12日傍晚，停泊在上海的日本第三舰队旗舰"出云"号司令官电告海相：上海战事已处在爆发前夕。当天夜里，日本政府召开四相紧急会议，决定火速派两个师团开赴上海。

　　8月13日，日军即凭借黄浦江上的军舰，炮轰闸北一带，日军飞机也对闸北狂轰滥炸。驻守上海的张治中将军指挥的中国第九集团军和上海人民奋力应战，中日双方在上海爆发了一场异常激烈的战斗。

　　蒋介石的不抵抗政策受到了冲击，在国内各界抗日力量的压力特别是中国共产党的推动下，蒋介石被迫于8月14日发表了国民党政府的抗战声明，表示要"实行自卫权"，以对抗日本的侵略。8月15日，日本正式组成"上海派遣军"，派出两个师团到上海，随后又增派三个师团的兵力到上海。中国人民没有被日军的气势所吓倒，反而从南到北，从东到西，燃起全国抗战的烈火，日军处处受到抵抗。

　　在日本疯狂侵略中国的同时，德国也在走着相同的道

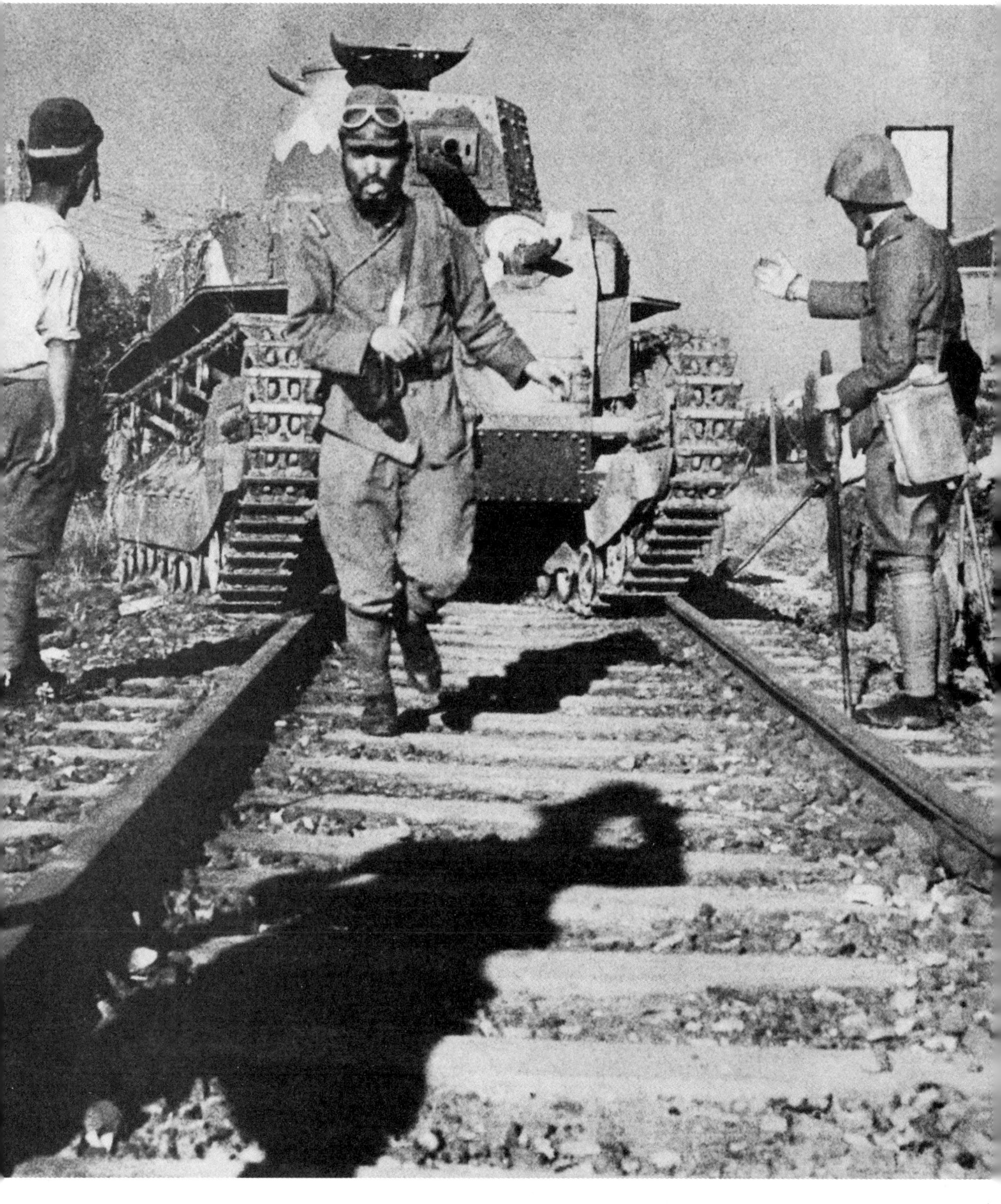

∧ 1933 年，刚被捧上台的希特勒（左一）。

路。1933 年 1 月，希特勒被德国垄断资产阶级捧上台，当上了德国总理。他一上台，立即实行法西斯的极权政治，血腥镇压德国共产党和劳动人民，疯狂推行侵略政策，大力扩军备战，制造舆论，准备发动战争。

1939 年 9 月 1 日凌晨，在大西洋浅海区平滑灰暗的水面上，美国巡洋舰"塔斯卡卢萨"号正开足马力向美国大陆驶去。美国总统罗斯福在沉默静思了若干小时后，正在酣睡中。

在睡梦中，罗斯福的身子动了一下。他昏昏沉沉地听到有人叫他："总统先生，总统先生。"

不会到起身的时间吧？——他觉得好像刚刚才睡着。有一只手恭敬地触了一下他的肩膀。

"总统先生！"

罗斯福睁开眼睛，一见到强烈的亮光，又赶紧闭上。然而他已看见接替麦克达菲工作的阿瑟·普雷蒂曼正急切地弯着身子站在床前。

"出了什么事？"他问道。

"布利特大使从巴黎来了电话。"

罗斯福的睡意顿时消失得无影无踪。他伸手去摘话筒，可是话筒还没有拿起，心里就已痛苦地料到布利特要说些什么了。

"喂，比尔！"

"老板，我刚刚和托尼·比德尔通过话，德军已开进波兰了。"

"终于发生了。"

"是的，老板。"

"还有什么消息吗？"

"没有了。通信联络糟糕极了，不过这是官方消息。"

"托尼什么时候同你取得联系的？"

"按照你的时间是2点35分，大约一刻钟之前。我是尽快转告你的。"

"确实相当快。谢谢你，比尔。你打算再同托尼通话吗？"

"我认为不可能了。"

"好吧，比尔，要保持联系。"

罗斯福挂断电话，普雷蒂曼帮他穿上毛线衫。他感到肚子里一阵说不出的难受，好像有人用钩子钩住他的太阳穴神经丛。终于发生了！他那历史学家的头脑里记下了这个日子：1939年9月1日。

尽管他十分清楚地预见到这一点，并且为了防止它发生，曾经做过长期努力；尽管他也知道这是无法避免的，可是当事件真的发生之后，他仍然感到震惊。因为只要炮声不响，就还存在希望——虽说这种希望也许要靠奇迹才能实现——但总还有希望。德国炮声一响，就把列车轰了出去，现在已经制止不住，它将带着越烧越旺的烈火滚滚而去，直到把整个欧洲大陆吞噬掉为止，或许还要吞噬全世界。战争犹如森林火灾，只是更难扑灭，因为世界是不存在防火线的。海洋也阻隔不住，因为战争的火焰好似水面上燃烧的油层，能够漂洋过海。

罗斯福迅速地接连和助理国务卿萨姆纳·韦尔斯、海军部长查尔斯·爱迪生以及陆军部长哈里·伍德林通了电话。他没有其他什么事可做。对付这一突发事件的一切计划早已拟订就绪，现在唯一要做的就是按动电钮，把这些计划付诸行动。他咔嚓一声打开了收音机。

那天晚上余下的时间，罗斯福全部用来收听广播，播音员用紧张的声音发布官方反应，传布流言，除了严酷的战争事实而外，其实没有播送其他内容。广播里充满着恐怖气氛，人们的惊恐慌乱在电波传送的播音声中得到了反映。他去就寝时，金色的阳光已经照射到华盛顿纪念塔的塔尖。

跟往常一样，罗斯福的早餐在9点钟端了进来，跟着进来的还有麦金太尔、沃森老爹、哈里·霍普金斯和科德尔·赫尔。他派往欧洲各国的大使发回的文电已经成堆，并且每分钟还有更多的送来。罗斯福接受了驻德大使休·威尔逊送来的辞呈。凶讯纷至沓来，现在德国正是下午，德国人已在迅速行动，他们的军队蜂拥越过"走廊"，从东普鲁士出去，采用大规模的钳形运动夹击波兰军队。他们的飞机发出刺耳的尖叫声，飞越华沙上空，没有遭遇任何阻击，波兰空军早已名存实亡了。

对平民的残忍空袭……极大地震惊了人类的良心。

为此，我紧急呼吁：凡是有可能参与敌对行动的各国政府公开表明他们的决心，在任何情况下决不让自己的武装部队空袭和平居民……我请求立即作出答复。

美国总统

富兰克林·德拉诺·罗斯福

1939 年 9 月 1 日

罗斯福在离开自己的房间前，向英国、法国、意大利、德国和波兰发出了这个照会。但是，他知道这无济于事。战争遵循自己的轨道发展，就像巨大的天灾那样具有可怕的不可避免性。

张伯伦首相以疲惫抑郁的声音告诉英国人民，他们已与德国交战。法国宣战了，并且把它的军队开进了徒有其表的马奇诺防线。当温斯顿·丘吉尔出任他在第一次世界大战期间担任的海军大臣的老职务时，全世界的士气为之一振。罗斯福认为至少英国海军还是说到做到的。

德军采取一系列闪电般的突击，将波军切割成碎条，这就在大屠杀的语汇中增添了一个新词："闪电战"★。波军的最后残余部分在华沙周围集结起来，准备作最后的抵抗，不成功便成仁。希特勒为了处罚他们

★ "闪电战"

一译"闪击战"。最早由德国将领施利芬于第一次世界大战期间提出的一个战略概念。这一概念在两次世界大战期间得到了德国法西斯军方的重视。在坦克、重炮和空军的配合下，以闪电般的速度摧毁敌方的防御系统，这种战略思想逐渐成为德国最高决策层的主导战略思想。第二次世界大战期间，德国利用此方式先后进攻了波兰、西欧及法国、苏联，并取得了成功或暂时的成功。

∧ 在乌拉圭海域自沉的德国"海军上将施佩伯爵"号战列舰。

★ **"海军上将施佩伯爵"号**
德国海军第二次世界大战时期的袖珍战列舰之一。舰载武器有280毫米主炮8门、150毫米副炮8门、105毫米高炮6门及小口径高炮28门，还有2座4管鱼雷发射器，水上飞机2架，全舰舰员编制1150名。1939年12月中旬，在南美洲乌拉圭附近海面遭数艘英国巡洋舰围攻，受伤后沿拉普拉塔河口退入蒙得维的亚港，因感无望击败英国巡洋舰群，冲出包围返回德国，而于12月17日在港口内自行炸毁。

这种匹夫之勇，同时也为了给其他国家一个小小的教训，就派出轰炸机将波兰首都夷为平地。这一切总共才花了三个星期，波兰已成为一片焦土，显得死一般沉寂。

罗斯福尽量从细小的事件中寻找慰藉。苏联人参与了对波兰的最后分割，不过至少他们是在波兰覆亡之际才采取行动的——他们并未给德国什么援助。

>> 勇担重任参选总统

美国的驻外使节一直在维护着美国的威望。美国驻波兰大使是安东尼·德雷克塞尔·比德尔，他是费城人。在美国历史上，他的姓氏和总统的姓氏同样古老。在罗斯福的阶级意识中有一个怪僻的观点，那就是"贵人位高而任重"。他期望每个拥有异常有利条件的人应该作出相应的贡献。比德尔没有使他失望。

在那狂轰滥炸的日子里，美国大使一步也没有离开华沙。为了减轻苦难，他全力以赴，不仅给美国侨民，而且给其他各国的侨民提供援助。直到波兰政府自己跑掉，波兰首都快要陷落时，他才离开。他乘了一辆护送卡车，冒着不断的轰炸越过边境。人们谣传他曾协助把几吨黄金运出波兰，但罗斯福从未问此事。

当炮声在波兰沉寂下来之后，整个欧洲大陆笼罩着一种令人不安的沉寂。军队静悄悄地站在自己的工事后面，空军仅侦察飞行，顺便丢下几颗炸弹，德国潜艇在海洋里寻猎盟国的舰只，而英国海军的三艘小巡洋舰则在蒙得维的亚沿海击退了"海军上将施佩伯爵"号★袖珍战舰的袭击，证明其仍不减当年之勇。可是西线却异乎寻常的平静。

这是一种怪诞的虚假局面。过分乐观的美国人却认为欧洲各国是在相互戏弄、打闹取乐，他们打算对整个事情一笑了之。不少人说这是一种"奇怪的战争"，不知哪位聪明人还新造了"胶着战"一词。

罗斯福却没有上当受骗。他焦急不安地等待着德国重新出击的时刻，并且自己也在作种种准备。战争爆发不久，他

∧ 1935 年，装备极差的阿比西尼亚部队根本就不是入侵的意大利军队的对手。

就宣布全国处于"有限紧急状态",这使他得以增强陆海军的力量。他命令海军作战部长威廉·D·莱希海军上将从缅因州的东港直至巴拿马运河区进行中立巡逻——至少不能让德国潜艇在美国海域得到安宁。11月,罗斯福终于使国会修改了中立法,以便在现购自运的基础上把作战军火运到盟国去。

1940年1月,罗斯福争取到扩大的国防拨款,使陆海军在法律以及处于特殊状态的民族意识所许可的范围内,有了最雄厚的基础。

此时,罗斯福正在为美国对付他预料中的斗争进行种种准备,其中最重大的一项也许是在毫不引人注目的情况下开始的。1939年10月11日,罗斯福任命了一批人,其中包括亚历山大·萨克斯,他是爱好物理学的非军事人员,又是艾伯特·爱因斯坦的朋友。

萨克斯告诉他:"今年1月,哈恩和迈特纳在柏林德皇威廉学院实现了铀235的核裂变。此后,在哥本哈根、在哥伦比亚大学以及美国的其他许多大学也进行了这种实验。释放出来的能量大得惊人,达到一亿至两亿电子伏特。科学家的研究工作现在已进展到不久可望实现链式反应的地步。这意味着他们将能搞出一种能量释放——一种爆炸,威力几百万倍于当前所知道的一切东西。"

经过调查之后,罗斯福成立了一个委员会以协调核研究工作,由他的老友、哈佛大学校长詹姆斯·B·科南特担任主席。

意大利是第一次世界大战后,第一个用武力向外进行侵略扩张的欧洲国家,又是发动第二次世界大战的帮凶。意大利经济基础薄弱,在1929年经济危机之后,预算出现巨大赤字,全国失业人口大增。为了摆脱危机,墨索里尼极力推行国民经济军事化,加紧推行扩军备战,企图通过武力进行扩张,掠夺市场和原料产地,进一步同英法抗衡。

1935年10月3日,意大利出动30万大军,从北、东、南三路侵入阿比西尼亚。阿比西尼亚奋起反抗。1936年5月,意大利占领了阿比西尼亚首都亚的斯亚贝巴,阿比西尼亚皇帝海尔·塞拉西流亡英国。

意大利侵占阿比西尼亚全境后不久,又伙同德国对西班牙内战进行了公开的武装干涉。

德意与英法美争夺的重点在欧洲及其侧翼——非洲地区,但是他们需要在亚洲和太平洋地区有一个同伙,使英法美陷入两面受敌的不利态势。而日本帝国主义凭借迅速增长的实力,正企图发动全面侵华战争,独占中国,称霸亚洲,因此也希望在欧洲能找到盟友。经过密谋磋商,德国与日本于1936年11月25日在柏林签订了《反共产国际协定》。1937年11月6日,意大利也加入《反共产国际协定》。至此,三个法西斯国家结成了"柏林——罗马——东京"的侵略轴心。

罗斯福究竟在什么时候意识到希特勒及其盟国意大利和日本的侵略会对美国带来严酷后果,这还是一个疑问。当初,他把这些国家视为"土匪国",雷克斯·特格韦尔声称,早在1935年,罗斯福就想对它们"采取一些措施"。但是在新政的初期,对外政策不是优先考虑的问题。事实上，罗斯福夫人曾邀请过《纽约时报》的安妮·奥黑尔·麦考密克吃晚饭，并且说："不知道你能不能设法使总统比较关心对外事务。"

罗斯福曾试图使美国加入世界法庭，但是没有成功，除此之外，当时他没有作出任何努力向20世纪30年代中期美国普遍存在的和平主义和孤立主义情绪挑战。从孤立到干涉的过渡是一个漫长而又曲折的过程。放出的试探气球不计其数，民意测验搞得像寻找金矿一样深入细致。罗斯福在回顾伍德罗·威尔逊未能说服美国人民支持国际联盟的情况时认识到，一项有效的对外政策需要在国内形成可靠的一致意见。

后来，当罗斯福认识到希特勒对美国的危险时，他施展了他作为主持人的所有本事来教育美国人民认清国际局势的严酷现实，他也能够施展手法。有时他能在同一个法案中机敏地把不介入战争的孤立主义思想和防止战争的干涉主义思想结合起来，加强美国军事实力的法案就是如此。

国际主义者指责他摇摆不定，不能发挥领导作用。孤立主义者指责他玩世不恭，口是心非。讲话尖刻的克莱尔·布恩·卢斯也许最恰当地表示了双方的失望心情。她说："每一位伟大领袖都有典型的手势。希特勒的举臂，丘吉尔是V型手势。"那么罗斯福有什么手势呢？他把食指弄湿，往空中一举。

至于罗斯福从什么时期开始忽视国内政策而专注于对外事物，这并没有什么明显的分界线。在历史学里，人们厌恶绝对地划分时期的做法。1937年日本侵入中国时，罗斯福参与了往最高法院里"塞入"的斗争；翌年，希特勒吞并奥地利时，他头脑里考虑的主要问题是经济衰退；慕尼黑危机结束时，他正在进行着"清洗"。事情就是这样发展的。当罗斯福确实就国际局势的严重性发出警告和谋求加强美国的防务能力时，提出批评的人指责说，他试图以诉诸必定使美国卷入战争的国外冒险来掩盖在国内的失败。

在绝大多数情况下，罗斯福执行对外政策的方式同他处理国内事务一样随心所欲。他一贯不从官方途径了解情况，他花相当多的时间同有见识的来访者谈话，并且拥有从伯纳德·巴鲁克到埃文斯·F·卡尔森上尉这样的一伙人向他通风报信。卡尔森曾在温泉担任海军陆战队警卫部队的指挥官，然后成为驻中国的海军武官助理。

罗斯福对待他的对外政策顾问同对待他的国内政策顾问一样，都使他们相互为敌，而同时却把决策牢牢地控制在自己手里。他非常钦佩科德尔·赫尔对国会的行事方式了如指掌，但是他有时会由于这位国务卿对外交事务采取强调道德和慎重从事的方针而大发脾气，他倒愿意同他的老朋友、贵族出身的同伴萨姆纳·韦尔斯共事，后者接替了威廉·菲利普斯的副国务卿职务。赫尔因为被撇开而大为恼火，他和韦尔斯几乎都不说话，罗斯福制造了这两个人之间的紧张关系，以此来分裂国务院，把对外关系的控制权集中在自己手里。

罗斯福不相信国务院，认为它保守、固执、容易泄露情报。他认为，外交机构里有很多累赘无用的人，这些人被任命仅仅是因为他们的社会地位，他们本能地反对他的国外政策。

∧ 1938 年 11 月，罗斯福与夫人在温泉渡假时所摄。

FRANKLIN D.ROOSEVELT

　　罗斯福曾经对马里纳·埃克尔说过："你不妨试试改变一下职业外交官的思想、政策和行动，然后你就知道真正的问题是什么了。"他经常把本来属于国务院的任务交给财政部或者海军部，或者交给他认为可能更有效率地完成任务的任何部门，赫尔对此感到沮丧。有时，重要的电报通过海军部发出，因为罗斯福不相信国务院的密码。后来他完全超越了国务院，任命哈里·霍普金斯为他解决外交上的问题，只向他本人负责。

　　虽然没有几个美国人对希特勒或者日本军阀有好感，但是他们不肯介入欧洲和东亚的问题。尽管他们非常同情被侵略的受害者，尽管他们也不愿意让 1917 年的经历重演。奈伊委员会指责说，由于盟国的宣传以及贪得无厌的银行家和军火商人的共同影响，美国被哄骗参加了第一次世界大战。美国人在历史学家和奈伊委员会这种指责的影响下，强烈地宣称："再也不打仗了！"大学生信仰和平主义，校园里发生罢课，要求取消后备军官训练团。许多美国人坚决主张美国避免加入所有"纠缠性联盟"，其中包括为通过集体安全确保国际安宁所承担的义务。人们认为，加入联盟可能再次把美国拖入一场国外战争。"美国的政策是保持不被纠缠和无拘无束。"沃尔特·李普曼在1936年1月宣称，"让我们奉行这项政策，让我们保持不被纠缠和无拘无束，让我们不加入任何联盟，让我们不承担任何义务……"

与此同时，欧洲又爆发了一场绝非奇怪的战争。1939年11月，苏联无端地向它的小邻邦芬兰发动进攻。斯大林担心他的盟国德国可能最终发动进攻，于是试图迫使芬兰人在边界一带割让一块缓冲区，以保护列宁格勒。芬兰人拒绝割让，促使他发动了一场大规模的战争。芬兰人虽寡不敌众，但仍使侵略者付出了沉重的代价。美国同情被侵略的受害者。

罗斯福对强占芬兰的骇人听闻的行径义愤填膺，并谴责"这种重新诉诸军事力量的行为"。他在公众舆论的支持下，在中立法许可的范围内，对一个由于坚守政治独立和财政

< 1939 年，芬兰与苏联的交界处，被苏军炸毁的芬兰村庄正在燃烧。

★马汉

美国海军少将，著名海军理论家和海军历史学家。自 1883 年起致力于海军理论研究和著述，是"海权论"（亦称"海上实力论"）的创立者。1890 年撰写的《海权对历史的影响，1660—1783》和 1892 年撰写的《海权对法国大革命和帝国的影响，1793—1812》确立了他的"海权论"理论体系，并使他闻名于世。

信用而深为美国人钦佩的国家提供了全力的支援。1940 年 3 月，正当芬兰被苏联人占领的时候，国会终于批准了对芬兰人的 2000 万美元的非军事援助。

苏联对芬兰的进攻使罗斯福更加关心美国的问题了，他在 1940 年 1 月 4 日称："不介入战争与佯称战争与己无关是截然不同的两回事。我们必须看到，如果世界上所有小国都丧失独立，这会给我们自己的前途带来什么影响。"

不管怎样，当芬兰的勇敢的小军队最终被苏联强大的兵力扼杀之后，苏联还是给了芬兰相当宽宏大量的和平。在西线，奇怪的战争一直延续到新年，罗斯福本人也开始摸不着头脑了。他派了萨姆·韦尔斯到欧洲各国首都去巡访，打探虚实。韦尔斯回来作了一个令人震惊的汇报。德国将在春天发动一场盟国无论如何也招架不住的大规模攻势。法国的部分舆论界已经失去希望，巴黎在"我们明天就要死亡"的想法支配下，沉溺于病态的寻欢作乐之中；法国政界出现了一股阴暗的潜流；有些法国内奸已在准备迎接希特勒。

韦尔斯是一位头脑冷静、偏于理智的人物，说起话来总不免要打些折扣。罗斯福听了他的这些意见后，得出了一个确实无疑的结论：除非美国给盟国提供慷慨的援助，否则他们的事业就会完蛋。也许竭尽全力给他们供应军火就行了。假如还不行，我们就得拿起武器和他们并肩战斗。这个见解是在"塔斯卡卢萨"号上形成的，现在最后肯定下来。

罗斯福正视这个问题，进而作了一个伟大的决定。1940 年刚好是总统选举年，根据美国传统，任何总统都不得连任三届。但是如果罗斯福任满引退，谁来领导这个国家在自身生存与西半球之资本主义的道路上前进？民主党内无人具备足够的才干，甚至无人能得到当选的良好机缘。假如让俄亥俄州的参议员罗伯特·塔夫托那样的共和党孤立主义者当选的话，又会怎么样呢？富兰克林认为，那将造成与欧洲断绝一切关系。美国最终将陷于孤立，靠可怜的武装去对付一个拥有强大武器的欧洲新日耳曼帝国，以及一个好勇斗狠、有亚洲和东印度群岛的巨大资源作后盾的日本。我们可以慷慨激昂地侈谈保卫西半球，然而任何一个马汉★的学生都应该

51

懂得：在敌人的基地和敌舰控制的海洋包围下，我们甚至连自己也保卫不住。

>> 孤立主义的梦魇

作出再次参加竞选的决定是经过内心斗争和长夜思考的。罗斯福认为，他的伟大而开明的目标大都已经实现，他在美国历史上的地位是稳固的，他的雄心壮志也已如愿以偿。担任过这个职务的人，没有一个比他更多受到种种机缘的激励了。然而，即使是精力最充沛的人，最终也会感到厌倦的。在总统职务的重担与紧张之下度过的八年是一段漫长的岁月。现在，当罗斯福彻夜不眠，展望下一个四年时，前景使他感到沮丧。他不可能预见得很远，因为未来总是被迷雾笼罩得朦朦胧胧，更由于战争的变幻莫测而变得漆黑一团。但是，有一点他是确信无疑的，那些岁月将对总统提出难以置信的要求——艰巨繁重的责任，令人厌恶的决定以及感情上和思想上难以言状的紧张。

决定再次参加竞选并不等于能获胜当选。罗斯福很清楚，他是极易被击败的。不得连任三届的传统是一个可怕的心理障碍，如果美国人把这种传统看得如同最高法院那样神圣不可侵犯的话，那么他准会失败。对于这个传统本身，罗斯福是毫不在意的——他愿为美好的事业砸碎种种传统。一切都取决于他是否有足够崇高的个人声望去克服这一障碍了。他深信，他是有的。然而，不管怎么说，他得进行一场激烈的争斗。

1940年4月8日，欧洲战争一下子变得明朗了。德军占领了丹麦，并用伞兵、飞机和海岸舰只对挪威大举进攻。他们既不发出警告，也不使用任何借口：这完全是赤裸裸的侵略。

事隔一月，即1940年5月9日，德国的机械化部队在欧洲猖狂出击。它同时对荷兰、比利时和卢森堡发动进攻，把它们那些小小的自行车军队打得落花流水。法国陆军的快速后备部队和英国远征军奔赴比利时进行抵御。内维尔·张伯伦终于辞职，英国请出温斯顿·丘吉尔来领导全国军民，以对付这场危机的高潮。

五天之后，5月14日，"色当"，这个在法国历史上像丧钟一样的倒霉名字，成了头条新闻。在那里，德国人打穿了法国防线的薄壳。前线的新闻电讯对落在甘末林将军指挥下的法军头上的灾难作了这样的描写："密集的坦克和机动大炮把工事炸成一座座活火山；步兵乘着飞

∧ 罗斯福号召加紧飞机制造，以应对即将到来的战争。

驰的卡车以压倒优势倾注而入；伞兵在战线后面降落下来破坏交通联络；第五纵队纷纷从地下冒出来；更加糟糕的是：斯图卡式俯冲轰炸机呼啸而下，以致命的准确性投下一颗颗炸弹。"

罗斯福！罗斯福！罗斯福！1940 年 5 月 16 日，仅仅在德国摧毁法国防线之后两天，美国人民的情感发生了巨大的变化。他们感到他们已丧失了第一道防线。罗斯福知道他们是何等的正确。他回想起他在过去暗示美国对莱茵边界感到关切时所引起的喧嚣。这条边界已经丢失了，人民等待他来指引道路。

罗斯福登上讲台，大家都在翘首期望，气氛一片静寂。见到当时这种情景，他胸中升起了一腔激情，在自己身上感到了领导的力量。他勇敢而自信的声音越过房间，传遍全国。

罗斯福并不想缩小危险："让我们衡量一下我们的力量和我们的防御"，他说，"不要自我蒙蔽。"

接下来，他概略地介绍了闪电战的可怕之处，谈到由于空军的快速行动，海洋已经缩小。他强调指出，消极防御是愚蠢的，提出有必要设立外围基地，以保护我们的城市不受空袭。他

53

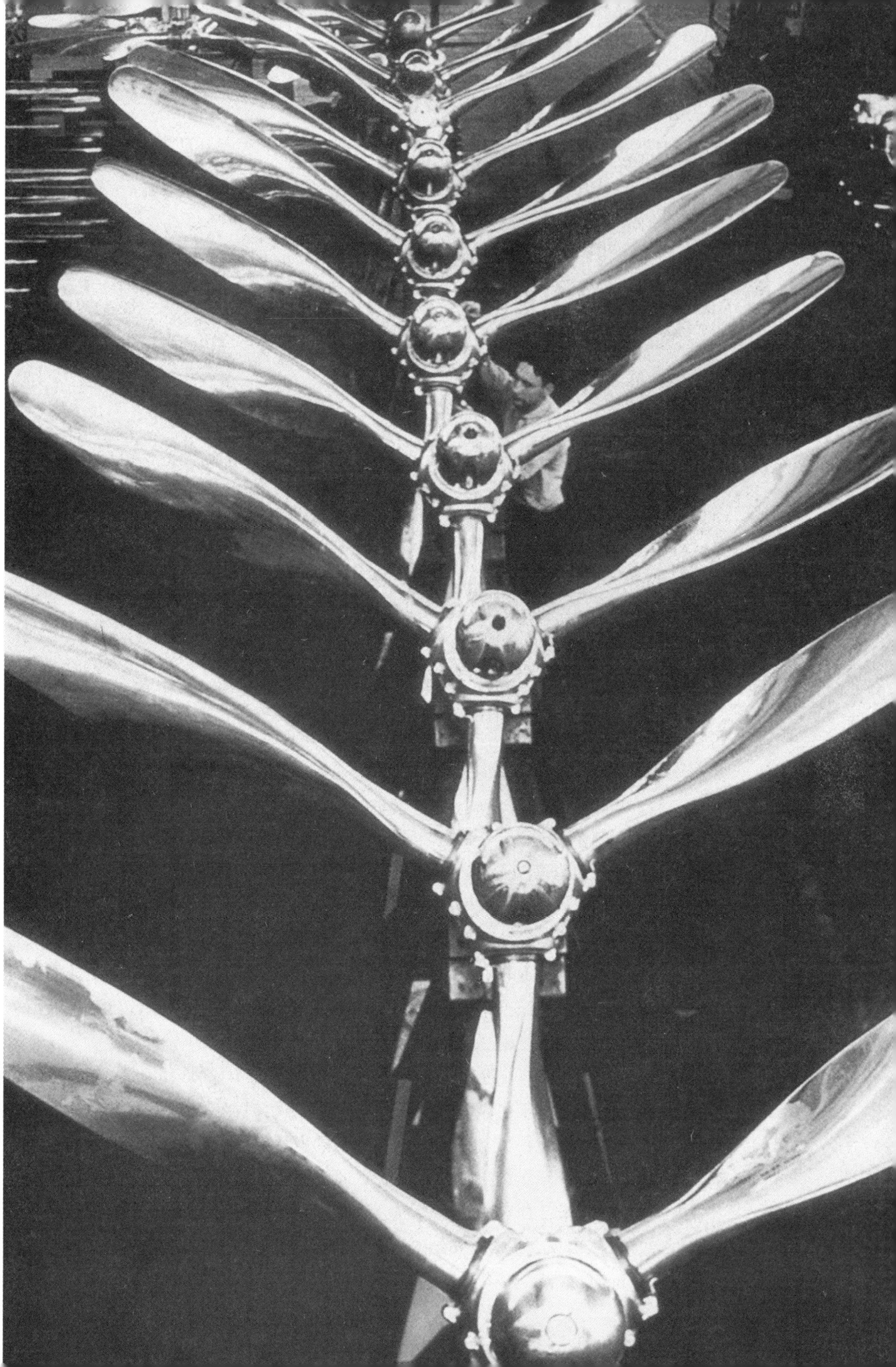

实事求是地交代了为加强陆海军而采取的步骤。后来,他又谈到了现在必须做的事情。他要求造5万架飞机,以及一个每年生产5万架飞机的计划。

这个巨大的数字甚至超过了戈林夸下的海口。人们听了以后,惊愕得目瞪口呆,继而站起身来欢呼,共和党人和民主党人都为他的伟大远见所打动,一起欢呼起来。

德国人没有直接进攻巴黎,而是派埃尔温·隆美尔将军的装甲师插到法国后方,把法军逼到海边,然后重新迁回北上,包抄驻在比利时的盟军。法国最精锐的几个师以及英国所有的军队全被兜进这个陷阱。看上去已无法拯救他们了。

然而,英国却在敦刻尔克创造了当机立断、英勇作战的奇迹。英国皇家空军力战强大的德国空军,控制住制空权了几天,直到海洋给英国帮忙,升起一片浓雾,使德国飞机成为瞎子。就在这种掩护之下,英国人赶到海边,只要是能够漂浮的东西,就乘上去回到英国。英国把它的军队接回了90%,但是武器装备丢失殆尽。当英国大使洛西恩勋爵前去向罗斯福求援时,他把底都兜了出来。他说,英国只剩下一个旅是装备完好的,大炮实际上已荡然无存,仅有100辆轻型坦克,如果德国人能渡过海峡,只需一个装甲师就可以把英国征服。

罗斯福和他的顾问们进行磋商,看他能够做些什么。他们的武器库里存放着大量第一次世界大战时期的枪支弹药以及1000门左右老式75厘米口径的大炮。他可以把这些东西宣布为剩余物资,卖给英国和法国。但是,军人们是小心谨慎的,他们知道法国已经完蛋,并且认为英国也将被征服,这些武器说不定会全部丢失——当他们要保卫自己时,甚至连这些破烂的武器也没有了。

在每个人的头脑里,都在思考这样一个问题:一旦德国取胜,英法的舰队将会如何!罗斯福发出焦虑的询问,布利特在紧张地进行活动。法国新总理保罗·雷诺回答说,法国决不会拱手交出它的舰队,法国海军总司令让·达尔朗上将发誓说,他即使将舰队全部凿沉,也不会让舰队落入德国之手。罗斯福一直在考虑着运送第一次世界大战时期的武器问题,他是极想这么干的,但是不大愿意得罪他的军事顾问们。

< 美国飞机制造厂响应罗斯福的号召,加快了飞机制造的步伐。

∧ 1940年6月，德军向巴黎发起进攻。

　　1940年6月5日，德国人终于向巴黎进发了。对他们来说，这是一次轻松的短途游览旅行。小股法军拼死战斗，其余部队的军官则为失败主义所腐蚀，丢下士兵自己逃命去了。法国的整个指挥部和政府陷入难以描摹的混乱。惊恐的难民堵塞了巴黎通向南面的公路，绵延300多公里。德国飞机朝着黑压压的车辆人群俯冲、轰炸和扫射。

　　6月10日，墨索里尼向受了致命创伤的法国宣战。消息传来，罗斯福怒火中烧。他认为，人间的羞耻事莫过于此了。那天，他要去夏洛茨维尔的弗吉尼亚大学讲演。尽管讲稿早已拟好，可是当天早晨他又重新改写了一遍。

　　在夏洛茨维尔，罗斯福宣告：美国的制度已在世界舞台上面临危险；我们决不可变成"武力哲学统治着的世界上的一个孤岛"。他说，对于他，对于绝大多数美国人来说，那是一场噩梦，"是丧失自由的人民的绝望噩梦，是身陷囹圄、戴着手铐、食不果腹，每天靠那些傲慢冷酷的外国主子从铁窗外丢进来的食物度日的人民的噩梦"。

　　接着，他叙述了为使意大利保持和平亲自与墨索里尼进行的谈判，以及这些谈判的失败。他以如下尖刻的话来表达他对这种行为的震惊：

　　"就在1940年6月的第十天里，抓在手里的匕首扎进了邻居的背部。"

最后，罗斯福说出了自从"浅海区"返航那天以来在头脑里酝酿的意图："……我们给反对暴力的人们提供我们这个国家的物质资源……"

正值远东和欧洲战云密布，世界笼罩在法西斯主义的阴影之下时，美国举国上下却生活在一种浓郁的孤立主义氛围之中。

孤立主义者认为，美国决不应承担任何责任去帮助维护世界和平；他们否认美国有任何值得予以援助以代替美国可能介入世界性冲突的潜在盟国。

绝大多数美国人对战争的危险，对任何阻止和打击德、意、日法西斯势力等这类问题漠不关心。他们专注于对付大萧条引起的无穷无尽的个人危难，厌倦和反感那些把他们的注意力引向国外的劝告。他们反对美国卷入欧洲那似乎是永无尽头的恩怨和纠纷之中。

罗斯福与孤立主义的斗争，几乎贯穿他12年总统任期内的头9年，并且异常曲折，直到珍珠港事件发生。

美国的孤立主义最早以华盛顿发表的《中立宣言》和《告别演说》为起始，它的形式是中立主义。

1793年1月爆发英法战争，尽管美国早在1778年签订了同盟条约，可是美国总统华盛顿于1793年4月22日发布《中立宣言》，宣布对交战双方"诚心诚意"地采取"友好和不偏不倚"的政策，严禁美国人以任何形式参与、帮助和支持交战双方的活动。

三年后，1796年9月17日，华盛顿发表了著名的《告别演说》，告诫美国人："我们对待外国的重大行为准则是，在扩大我们的商务关系时，尽可能少与他们发生政治关系。"他反对把美国的"命运与欧洲任何一部分的命运纠缠在一起，以致使我们的和平与繁荣卷入欧洲的野心争夺、利益、情绪或反复无常的罗网中去"，他认为美国的正确政策是"避免与国外世界的任何一部分永久结盟"。他还认为，美国"可以稳妥地信托暂时的联盟来应付非常紧急事件"。

可是最后这一点，从来不被孤立主义者所引用。这篇并非完全出自华盛顿手笔的个人文告，在美国政治生活中起了巨大作用。

从美国建国初期的外交活动直到第二次世界大战爆发后，在美国是否参与战争的问题上，华盛顿的遗训起着他本人万万没有料到的作用。国会在任何时候辩论外交政策时，华盛顿的遗训就出来主宰辩论。参众两院在第二次世界大战之前的60年中，每逢华盛顿诞辰日或此日前夕，都要朗读《告别演说》以资纪念。

　　1793~1941年约150年期间，美国孤立主义的含义已有所变化。最初的孤立主义有着地理因素：美国有与欧洲远隔重洋的地理条件。到了19世纪末期，美国感到画地为牢不利于自己的发展。随着美国经济生活中垄断组织的迅猛发展，它迫切需要开辟更广阔的海外市场。

　　1898年的美、西战争，美国把西班牙逐出西半球，并在亚洲占有了菲律宾这块地盘，从而开始了跨洋过海、脱出原始的孤立主义的过程。

　　1916年大选，威尔逊哗众取宠地提出美国人不仅在行动上而且在思想上都要保持中立，威尔逊的竞选班子还提出一个抓住人心的口号："他使我们置身于战争之外。"在这个口号下威尔逊获胜连任。几个月后，他又在"为世界拯救民主"的口号下使美国投入了战争。1918年的国会选举，共和党获胜，孤立派控制了国会，而这正是威尔逊于1918年12月5日动身去欧洲参加巴黎和会的前夕。

　　当威尔逊1919年从巴黎带回他以整个政治生命作为赌注而制定的国际联盟盟约时，国会内等待他的是一个摩拳擦掌的反威尔逊联盟——孤立派和以反英著称的老亨利·洛奇为代表的强权均势论者的奇怪的联合。他们的共同论点是：威尔逊倡导的国际联盟，包含了相互保证的条款，授予欧洲列强以干涉西半球事务的可能，从而背离了"门罗主义"，并违背华盛顿关于避免卷入与其他国家的联盟的告诫。威尔逊苦心筹划的国际联盟计划被参议院拒绝。

　　这之后，威尔逊拼出他最后一点精力进行全国巡回演说，为国际联盟辩护，期望人民在1920年的总统选举中投民主党的票，以表示他们对国际联盟计划的支持，但是在这次他寄予莫大期望的"庄严的公民投票"中，广大选民摒弃了他的国际联盟和他的党。威尔逊在临终前不久，才真正意识到真正否决《凡尔赛和约》的不仅是参议院，还有美国人民。他对家人说："美国不加入国际联盟是对的……因为在美国人民内心深处根本不相信它。"

> 1939年，罗斯福在国会发表演讲。

58

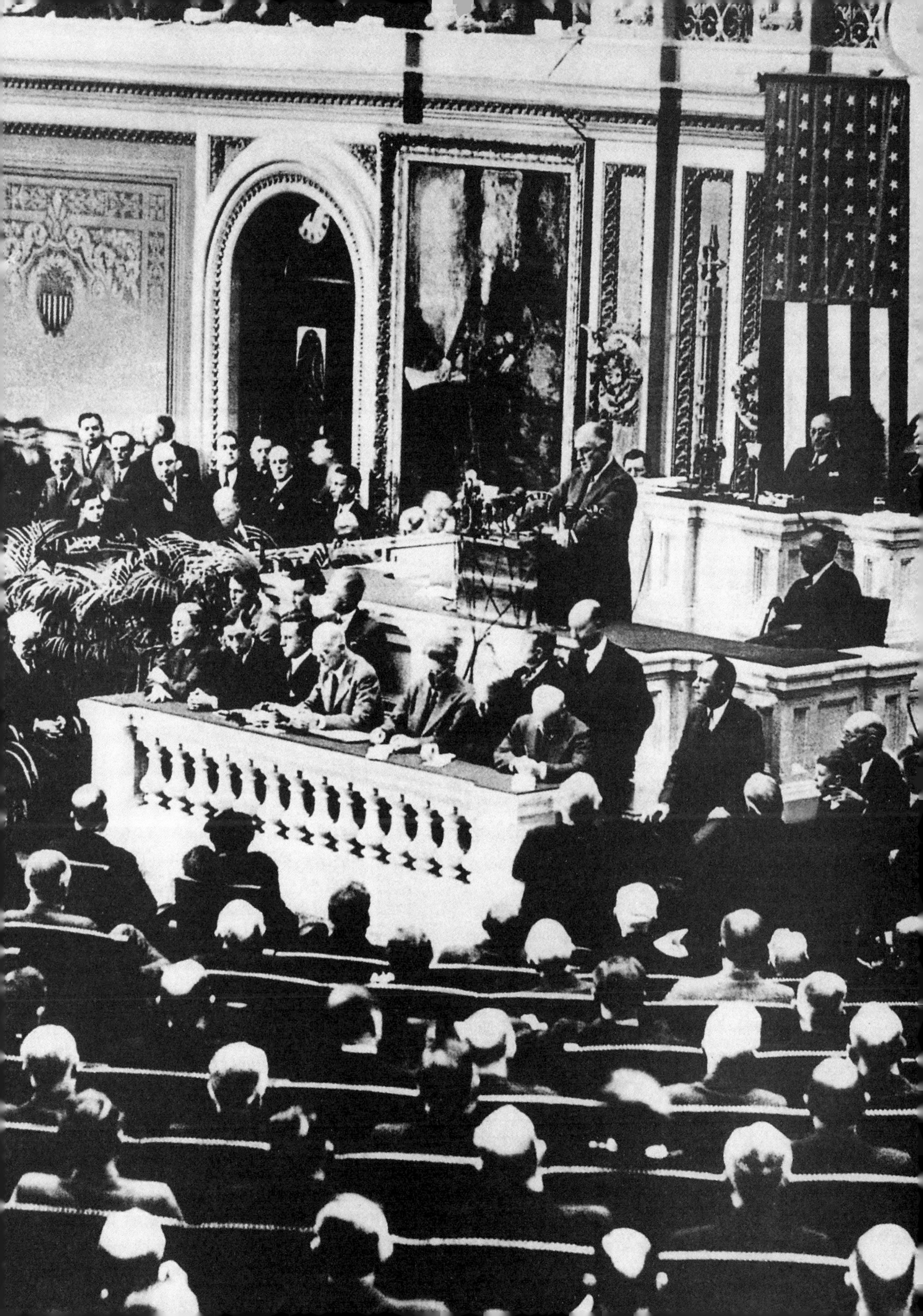

罗斯福虽然胜利地坐进了总统办公室，但是在华盛顿有一些用怀疑的眼光注视着白宫新主人的议员们。虽然孤立派的喉舌赫斯特最后点了头，认为罗斯福是合格的，但是许多老资格的议员还记得20年前威尔逊进入白宫的情景。威尔逊的保守观点也是经过考察的，可是他一步一步地把美国拖进了战争，他本人甚至还设计了与华盛顿的告诫针锋相对的国际联盟。罗斯福承袭了威尔逊的某些教条，但他的背景、从政经历和所处的国内外环境，都大大不同于威尔逊时代。

罗斯福在白宫执政的头几年奉行的对外政策反映了美国的孤立主义思潮。罗斯福反对对他的行为施加限制，但他接受了孤立主义者授意通过的一系列中立法律，即使这些法律并不把侵略者和受害者加以区别。他默许墨索里尼蛮横地占领阿比西尼亚（埃塞俄比亚）、日本强占中国和希特勒无视凡尔赛和约重新占领莱茵兰，并且步英国和法国的后尘对西班牙内战采取不干涉态度。西班牙成了第二次世界大战的武器试验场，德国和意大利援助弗朗西斯科·佛朗哥的法西斯叛乱，苏联援助政府部队，即忠于共和政府者。同欧洲人一样，罗斯福关心的是战争的蔓延，而不是挽救西班牙。

>> 修改中立法

毫无疑问，美国的孤立主义鼓励了独裁者，但是法国和英国的绥靖政策并没有激励罗斯福采取反对侵略者的立场。由于这些国家没有作出一些积极表示，因此难以指望总统会单方面采取行动。就拿西班牙的情况来说，鉴于天主教会对佛朗哥的支持，其他方面进行干涉，以支持总统私下同情的忠于共和政府者一方，在政治上是不可想象的。1938年，罗斯福曾试图取消武器禁运，因为武器禁运对忠于共和政府者的危害大于对叛乱分子的危害，但是，国会领导人告诫他，这将意味着"失去所有天主教徒的选票"。

1939年3月15日，希特勒采取外交、恐吓、颠覆三箭齐发的手段攻下了捷克斯洛伐克残存的一个邦——斯洛伐克，把他置于德国的"保护"之下。3月末，在西班牙，佛朗哥攻破了共和政府的防线，攻占了马德里。

布拉格沦陷后，罗斯福采取的第一个步骤，是批准了韦尔斯针对"无法无天的行径"所发表的抗议声明，并考虑对德国进口商品实行抵销关税。然后罗斯福又对墨索里尼间接进行试探，提醒他希特勒野心勃勃，询问这位法西斯领袖是否可能采取主动，争取和平。但几天之后，墨索里尼悍然入侵阿尔巴尼亚，给罗斯福的试探当头一棒。在这以后的一段时间，局势稍呈沉寂。

1939年4月开始，罗斯福和赫尔用了很大精力设法取消中立法。5月19日，罗斯福召集众议院领导人，向他们说明政府的想法：取消禁运"可以减少对美国不友好国家在战争中取胜的机会"。如果中立法依然有效，则德国和意大利取胜的机会就多得多。在他们得胜后过

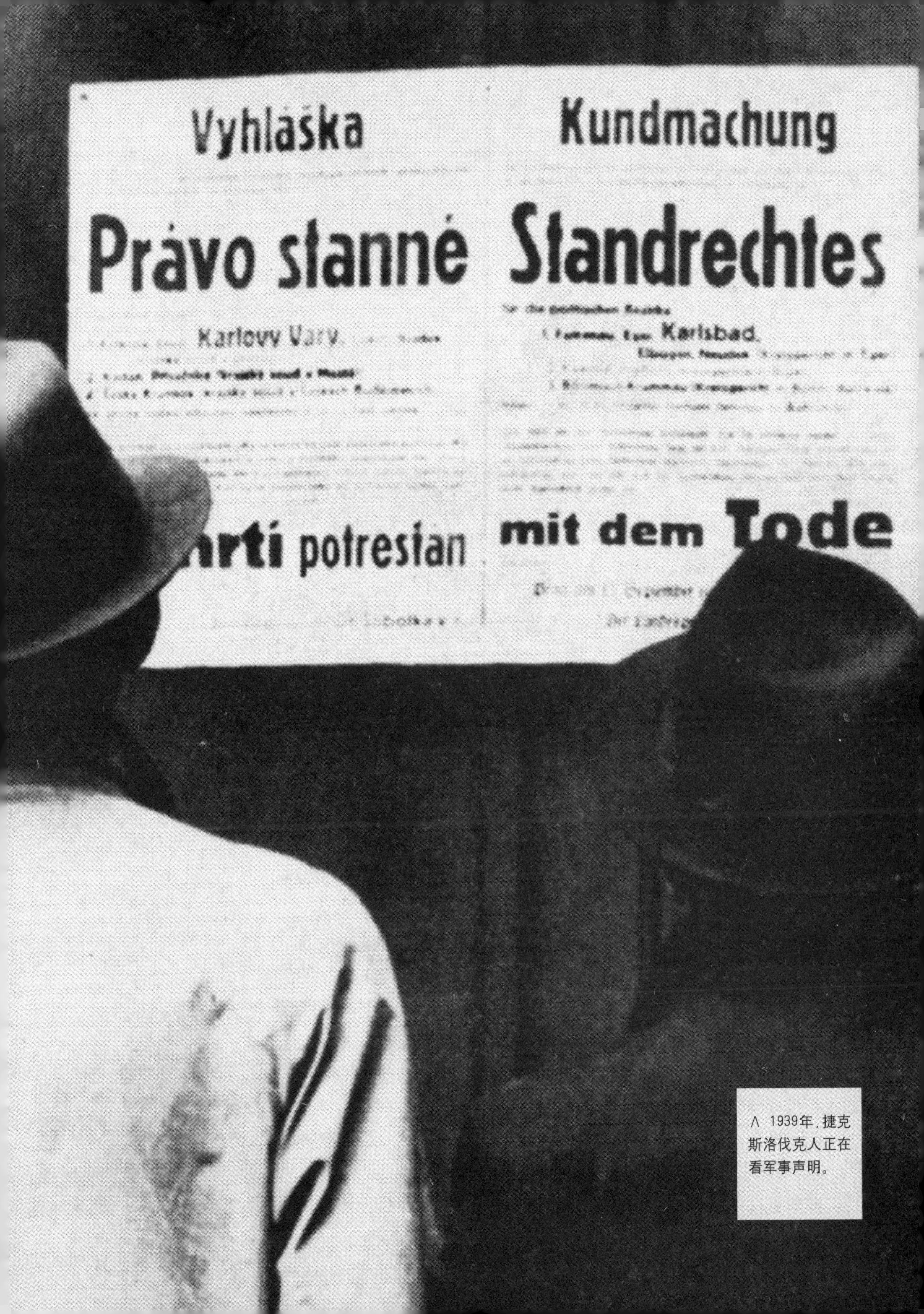

∧ 1939年，捷克斯洛伐克人正在看军事声明。

∧ 1939 年，日本的海军相当于美国海军的 80%。

不了多久，美国将处于敌对国家的包围之中。然后喜欢结交大伙伴的日本将同德意结成联盟。德国和意大利的海军合起来同美国海军的规模相当，而日本的海军相当于美国海军的 80%。

5 月 29 日，罗斯福向国会提交了一份实行现购自运原则的联合提案。孤立主义者自然起来反对，他们批评的焦点是说提案在对外事务方面给予总统的权力过大。虽然众议院的外交委员会同意此提案，但是共和党人的"少数派报告"却出言不逊。这份报告说："提案是在防备美国公民受到挑衅的借口下给予总统不信守中立的额外权力……从前的任何一位总统都没有过这些权力。"

6 月 30 日，众议院以 200 票对 188 票否决了修正案。参议院外交委员会以 12 票对 11 票不同意把这个问题提交参议院审议。

罗斯福对参议院的决定感到震惊，他考虑抛开法案，独行其是，但又不敢走得太远。欧洲战云密布，他于7月18日把参议院领袖们召集到白宫来磋商。罗斯福面带忧郁的神色，两眼望着天花板，请大家祈祷，因为"我们的决定不仅关系到美国人民的命运，也关系到全世界的命运"。随后，他把自己长期为争取和平而进行的斗争向他们作了总结后说："我已放了我的最后一枪，但我认为我的弹带上应该还有一发子弹。"他重申战争的可能性极大，美国必须趁早投入物质力量，否则将无法挽回。赫尔发言时，语气甚至比总统还重。

下面几个星期里，罗斯福一直处于逆境，国会一面阻挠他在海外的努力，一面限制他在国内的新政措施。在6月间英王偕王后前来访问美国却是一个振奋人心的插曲。对这次来访，罗斯福事无巨细，均亲自过问。他亲自安排接待事宜，仔细而又热情，不亚于百老汇的一名导演。英王夫妇仪态端庄、彬彬有礼，王后举止优雅、神情欢愉、令人倾倒，国王少年英俊、热情诚恳。各项仪式尽善尽美，华盛顿50万市民冒着酷暑欢迎英国王室。

短暂的会见结束后，不以孤立派的意志为转移的欧洲战争全面爆发了。

罗斯福意识到，国际形势的发展使修改中立法刻不容缓。希特勒摧毁了波兰的空军，击溃了地面部队，包围了华沙；对法国和英国的粉碎性袭击为从内部征服美国打开了可能性的缺口。法国和英国如果没有美国的物资性援助，只有招架之功，而无还手之力了。

布利特警告，如果不修改中立法，势必导致盟国的迅速失败，并迫使美国在美洲同希特勒较量。美国驻英大使肯尼迪报告，伦敦的高级政府官员因美国必须实施旧的中立法而沮丧，他们认为，如果现购自运的法案不能通过，那将是一场严重的灾难。

不过相反的意见所产生的压力，也是巨大得令人难以承受，参议员博拉、克拉克·奈伊、库格林和查尔斯·A·林白上校，领导全国的孤立主义势力掀起了声势浩大的抵制运动。曾断言当年不会发生战争的博拉在1939年9月14日的广播演说中说，一旦售卖武器给英法，就是走上干涉的道路。亨利·福特坚持认为，修改中立法的唯一目的是使军火制造商能够通过大规模屠杀发财。前总统赫伯特·胡佛也加入了反对修改中立法的行列。这些孤立主义分子的鼓动不是没有影响，赞成武器禁运、反对修改中立法的函电从各地纷至沓来，舆论调查也令罗斯福担心。

民意测验表明，如果罗斯福有任何不惜冒战争风险援助盟国的表示，都将激起强烈反对。大多数人明确表示希望美国避免战争。

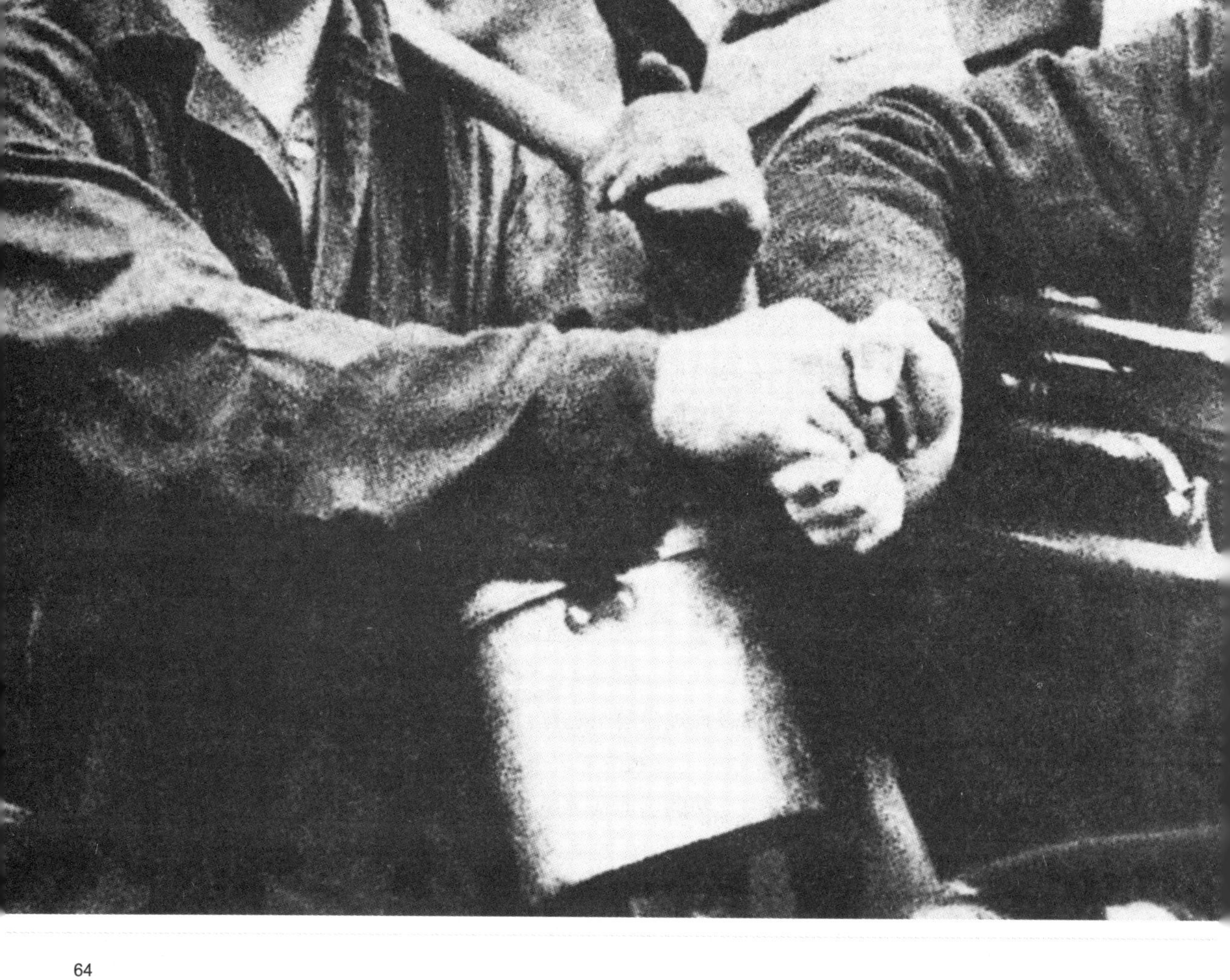

罗斯福深知孤立主义的强大，于是不独强调对盟国的援助，而是把两党合作和决心使国家免于战争作为争取修改中立法的基本点。他请求国会废除中立法不符合国际法古老准则的那一部分——禁运条款，因为它对于美国的中立、安全与和平具有致命的危险。它将使"准备发动战争的陆上强国感到放心，因为潜在的海上敌对强国都将因享受不到自古就有的随处都能购买一切东西的权利而被削弱。这样，在四年前我们就开始给予交战一方以明显优越于另一方的好处，不是由于它本身的力量或地理位置，而是由于合众国的一项支持性行为……我所建议的措施是要使我国回到真正的和传统中立的结实的立足点上来"。

为了取得修改中立法斗争的胜利，罗斯福全力以赴地对付孤立主义者的挑战。在斗争过程中，罗斯福不直接出面，他鼓励《堪萨斯州商业报》杰出的共和党编辑威廉·艾伦·怀特组织一个全国性的通过修改中立法争取和平的无党派委员会，同孤立派的论点作斗争，宣传废除禁运是维护美国和平环境和各国自由的最好办法。同时，他私下敦促天主教界和劳工界的领袖向他们的追随者说明修改中立法的必要性。

罗斯福在国会中也作了最大的努力。首先，他要求阁员和友好的国会议员们投票。由于安排官职而造成的不满已经没法予以消除，一些可能使关于中立法辩论而搁置下来的问题也已打通。因而，六个星期的辩论以罗斯福的显著胜利而告结束。

罗斯福在 1939 年 11 月 4 日，签署了 1939 年新中立法。现在盟国需要什么东西，就可以在美国购买什么东西，包括火炮、飞机和坦克，只要他们支付现金，并用自己的船只运走这些补给品。

中立法的修改，给了希特勒一个警告。

< 罗斯福强烈呼吁废除中立法。

第三章
"连任"第三任总统

1882-1945 罗斯福

法国在6月份陷落后，千百万美国人顿生一种趋安厌乱的心理，而总统连任既可以保持政策的连续性和稳定性，又可以避免换人带来的那种震荡，欧洲大陆上希特勒轰鸣的炮火，使他们本能地往现任总统的身边靠拢……当威尔基到处发表演说的时候，罗斯福却巧妙地置身于竞选之外，他无视对手要他辩论的挑战，照常行使总统的职能，他的表现使威尔基的竞选黯然失色。

>> 总统的"司芬克斯之谜"

1940年3月，在华盛顿新闻记者俱乐部一年一度的晚餐会上，一尊用特型纸复制的明显具有富兰克林·罗斯福相貌的狮身人面大雕像凝视着客人。这尊雕像带着一副淘气的笑脸，得意地斜叼着烟嘴，嘴带嘲笑地看着在座的新闻记者和政客。1937年1月，罗斯福的最后几句誓词还没有被人忘记，人们就开始揣测罗斯福是否会竞选第三个任期，然而，这尊不可思议的美国狮身人面大雕像坚决不去解这个谜。

三年来，记者们为解开这个谜用尽了种种狡诈手段。面对他们提出的问题，罗斯福也总是巧妙地加以回避，有时机智地反唇相讥，有时则是或真或假的愠怒。罗斯福不止一次使记者陷于困境，大出洋相。有一次，提出这个揣摩的新闻记者奉命"戴上圆锥形纸帽，靠边罚站"。但追问仍然没有停止。

罗斯福对这件事到底有什么想法呢？人们对于一切蛛丝马迹，对于罗斯福脱口而出的只言片语以及他的每一张任命单，都要仔细加以推敲，探索其可能的含义。随着7月15日在芝加哥召开的民主党全国代表大会日益临近，对于他的意图所作的猜测已形成了一场全国性的猜谜游戏。内阁成员们和白宫助手们同一般公众一样迷惑不解，甚至连埃莉诺·罗斯福都不能肯定他有什么计划，直到1940年春天她还认为他不会再次参加竞选。

罗斯福故意不肯表态是有原因的。如果他宣布他将不谋求连任，他马上就会成为"跛鸭"，失去在国会和本党政界人士中的大部分影响，此刻由于往最高法院里塞人的计划失败、清洗和经济衰退，他已经没有什么过深的影响了。然而，如果他宣布争取连任，那就会引起强烈的反对连任三届的情绪，他们会在他执行对外政策方面束缚他的手脚。如果他想援助盟国同希特勒作战，他必须得到舆论的支持，他不想给批评他的人提供新的弹药。

连任两个以上的任期并不存在法律障碍，但是乔治·华盛顿执政8年期满后就回到了可爱的家乡芒特弗农，这种传统一直保持到现在。华盛顿曾经对拉斐特说过，在国家处于紧急状态时，一个富有经验的人要是仅仅因为他执政时间过长而不让他继续为共和国效劳，那就会铸成大错，但是限制任期现在已成了一项不成文法。

几乎从第二任期宣誓就职开始，伊克斯、科科伦和弗克·沃克这样

∧ 1939年，罗斯福在白宫接受媒体的采访。

的白宫内部人物，以及弗兰克·黑格和芝加哥的埃德·凯利这样的城市党魁，就都恳求罗斯福继续参加竞选。新政分子想继续执政，这些党魁们希望在民主党候选人名单的前面有一个得选票最多的人，但是罗斯福仍不表态。有一次利汉德小姐问他，谁将被提名为候选人，罗斯福回答说，上帝会指定的。她回答道，上帝最好马上就决定。罗斯福的敌人总是从最坏处去看他，确信他一心想连任三届，但又用沉默来掩盖自己的野心。

罗斯福想巩固新政的成就，把民主党改造成为一个自由主义的党。他对保守派感到失望，因此不想把领导职位拱手让给哈里·伯德或者沃尔特·乔治，他们不关心占全国1/3的那些"住得差、吃得差的人"。罗斯福设想，民主党将成为自由派的安息所，不管他们以前忠诚于哪一方。他还想重新分清政治界线，这样美国人民就可以在自由派候选人和保守派候选人之间作出明确的选择。1939年1月，他宣布，不能支持不拥护新政的任何民主党人。他说："如果全国人民在1940年必须在没有区别的民主党候选人和共和党候选人之间作出选择，那就太糟了。"

68

罗斯福知道，面前的形势不容乐观，一方面，在民主党内尚找不到一个资历和能力足以继承罗斯福衣钵的新政派人士；另一方面，向来反对新政的共和党和民主党保守派有走向结盟的可能。罗斯福甚至感到一种危机在逼近，如果不能把民主党改造成一个自由主义的党，反对新政的人就会乘新政退居守势时逐渐起来，这些人甚至会在他离任后占据白宫，届时这个逆流而动的国会和政府将会销蚀新政的成果，那些立足未稳的新举措将被毁于一旦。这可是自己的毕生心血之精华并被证明是拯救了美国文明的新政啊。

　　从他向朋友们偶尔流露的只言片语来看，罗斯福设想过这样一种图景：在他离任后的那时，国家已被这些人弄得面目全非，民不聊生。而自己很可能在 1944 年被重新请出来担任第三任总统，以重整河山。那么既然这样，何不现在就着手，要么着力培养或扶植一批可能参加总统候选人提名的新政派人士，要么在确实无人能独当一面时不惜再度出击。这两种可能性都存在，最终的决定权在自己手里。尤其在当前民主党内，自由派和保守派为占据党的控制权而激烈争夺时，自己就更应该保持主动灵活性，运用高超的策略，将这两种可能性当作斗争的工具来发挥。这样，1938 年中期选举以后的民主党，就从完成新政立法方面转向决定它自己前途的斗争了。在这场斗争中，罗斯福深谙伺机而动的妙处。

　　伺机而动对罗斯福来说有百利而无一弊。保留参加竞选的可能性，他就可以继续控制全国参与总统竞选活动的政客——他在党内的知己朋友、由他任命的高级官员、制定纲领的新政派——这些人只是在看准总统大势已去时，才会去赶别人的浪头。他还可以轻而易举地赢得民主党全国代表大会代表们的支持，包括那些在没有看准风向以前要支持中立的那些代表。他还可以凭他仅有的一点威望对国会施加影响。他可以保护他的实力地位以便与外国打交道，在国际舞台上产生重大影响。既然共和党在民主党开会前举行全国代表大会，因此他可以坐待分晓，看谁是他的竞选对手。

　　这一切并无奇特之处，历史上凡考虑竞选连任的总统，都知道伺机而动的妙处。但罗斯福能在进和退——参加竞选和不参加竞选——两种选择间，表现得如此老谋深算，得心应手，这却是他的奇妙之处。

　　当时有人指责罗斯福，说他以粉碎所有可能的对手的竞选机会来确保自己再度被提名为总统候选人。但事实恰好相反，罗斯福采用了一系列既机灵而又大胆的步骤，帮助扶植了一大批可能参加总统候选人提名的人。他的这种策略和他作为政治和行政领导所惯用的手腕完全一致，即通过"各个击破"的办法来巩固自己的地位。现在他把这一策略运用到一个新水平：他不但怂恿除他以外的所有候选人相互争夺，而且他还要扩大范围，以便大批的角逐者为争取代表的选票而斗争。罗斯福顽强地、警惕地使用着这种手法。

民主党并不缺未来的继任者。据说，副总统加纳和除了弗朗西斯·珀金斯以外的所有内阁成员，都在不同的时间参加过竞选，但是哈里·霍普金斯表面上看似乎是罗斯福一手挑选的继任者。1938年12月，他采取了树立霍普金斯的威望的第一个措施，任命他为商务部部长，希望他能取得企业界的信任，因为他担任工程兴办局局长时的挥金如土的履历曾惊动了企业界。罗斯福只要公开露面，都一定让霍普金斯在自己身边，埃莉诺也在她的专栏中对霍普金斯加以赞扬。但是霍普金斯的短暂的走运以身体不佳而终结。罗斯福还鼓励亨利·华莱士、证券交易委员会主席威廉·O·道格拉斯和司法部长罗伯特·杰克逊参加竞选。加纳、法利和赫尔在保守派中有一批追随者。前印第安纳州州长保罗·V·麦克纳特和参议员伯顿·惠勒也是候选人。但是，由于罗斯福拒不明确表示自己的意图，他们都无法放出试探气球。1940年1月和2月的盖洛普民意测验表明，78%的民主党人赞成重新提名总统为候选人，而他的主要对手加纳的支持者只占10%。

阿道夫·希特勒对于说服罗斯福再次竞选所起的作用比任何人都大。4月9日，德军占领丹麦，并且没有正式宣战就向挪威发动进攻。盟国的反应太小，而且太迟（这个说法不久便成了众所周知的口头禅）。希特勒的不断扩大的帝国又增添了斯堪的纳维亚国家。四个星期以后，西线突然开火。德军坦克由尖啸着的俯冲轰炸机开路，穿过中立国荷兰和比利时，向马奇诺防线★包抄过去。荷、比军队几乎立即被击溃，德军就向巴黎挺进。在那几个暗无天日的星期里，仅有的一线光芒是，大约30万英军士兵已从敦刻尔克的海滩撤走。盟军在德军闪电战的迅速攻势面前节节败退，因此纷纷要求美国提供飞机、军舰、大炮和弹药。德军的猛烈攻势使美国人民目瞪口呆。以前，他们由于同欧洲的危险隔离而产生的舒适感如今已经成为泡影。虽然在政策问题上的辩论仍在继续进行，但是人人都认识到，纳粹的胜利危及美国的安全。

罗斯福最初的反应是加强美国的防务力量。他建议大规模加强陆军和海军力量，其中包括实现每年制造5万架飞机的前所未有的目标。5月

16日，他对国会说，由于敌人有了远程轰炸机、机械化军队、伞兵部队和利用叛国的"第五纵队分子"，美国人民必须"重新考虑如何保卫祖国的问题"。

在随后几个月里，国会拨出17亿美元加强军事力量，这是一笔前所未有的款项。来自欧洲的消息更糟了。罗斯福一边看着最新的电讯，一边喃喃地说："都是坏消息，都是坏消息。"法国军队已经崩溃瓦解，英国只得孤军作战，毫无胜利的希望。美国防御入侵的堡垒英国海军要是落入德军之手，那会出现什么后果？

6月10日，罗斯福登上火车前往夏洛茨维尔，向弗吉尼亚大学毕业班的学生发表演讲，毕业生中包括即将得到法律学位的小富兰克林·罗斯福。这时他获悉，意大利向快要被征服的法国发动了进攻。本来罗斯福发表讲演的目的是提醒学生们——其中许多学生反对进行干涉——注意国际局势的严重性。现在他决定在讲演中主要谈对外政策，并修改国务院起草的这篇讲稿，让调子变得尖锐些。布利特大使从巴黎报告，法国总理保罗·雷诺说，这次进攻是"向后背捅一刀"，这句话深深地印在罗斯福的脑海里。他把它写进了讲稿，但是萨姆纳·韦尔斯要删掉，怕伤害同意大利的关系。列车驶过弗吉尼亚的原野时，罗斯福再也抑制不住内心的怒火，又在要宣读的讲稿中恢复了这句话。

罗斯福宣称："在1940年6月的第10天，握着匕首的那只手插进了邻居的后背。"他讲话时那种冷淡而又辛辣的腔调比语言本身更雄辩地表示了他的轻蔑。"向后背捅一刀"这句话引起了公众的注意，英国新首相温斯顿·丘吉尔午夜在海军部作战室同一伙军官收听了罗

> 法国构筑的马奇诺防线一处工事。

*马奇诺防线

法国于第二次世界大战前构筑的一整套永备筑城工事配系，位于法国与德国、卢森堡和比利时（局部）毗连的边境线一带。防线于1929年开始兴建，1936年竣工，以后又不断加以改进。防线以当时的法国陆军部长马奇诺的名字命名，其总长度为400公里，纵深6至8公里，配备5600个永备发射工事。"二战"后，"马奇诺防线"的大多工事被改成军事仓库。

∧ 罗斯福向西方盟友表示，美国会全力以赴帮助他们，但不介入战争。

斯福的讲话，他对罗斯福说，人们对这篇讲话非常满意。夏洛茨维尔讲话标志着罗斯福执行对外政策的一个转折点。罗斯福保证，美国将会全力以赴援助盟国，但不介入战争。罗斯福说："我们将奉行两项明显的、双管齐下的方针。我们将向反对使用武力的国家提供我国的物资资源；同时我们将利用和加快利用这些资源，以便我们这些在美洲的人自己就能有执行任何紧急任务和防务所需的装备和训练。通向实现这些目标的所有道路必须扫清障碍。我们将不减慢速度，也不绕道前进。各种迹象和信号都要求速度——全速前进。"

绝望的法国人如疯似狂地呼吁罗斯福提供"成群的军用飞机"，接着又呼吁他提供美国部队。但是，美国没有这么多的飞机，美国人也不想参战。6月22日，法国投降，希特勒用6个星期的时间完成了德皇四年都没有完成的任务。为了使他们的胜利更圆满，他命令投降仪式在1918德国签订停战协定的同一节火车车厢里举行。现在美国只有少数人还指望同纳粹孤军作战的英国会取得胜利。罗斯福在私下认为，英军胜利的可能性很小。从伦敦发来的报告令人沮丧。在那里，乔·肯尼迪一直同情张伯伦的绥靖政策，如今对英国能否进行抵抗表示怀疑。在国会，孤立主义者阻止批准一项向皇家海军转让20艘鱼雷快艇的建议，并加紧了对援助英国的限制。尽管如此，当亨利·摩根索问罗斯福是否继续帮助英国人时，罗斯福毫不犹豫地回答："绝对帮助。"

德军开进巴黎3天之后，美国海军作战部长哈罗德·R·斯塔克上将前往国会山，要求为建立一支在"两个大洋"作战的海军拨款40亿美元。根据他的这项要求，海军的规模将扩大70%，即增加257艘军舰，其中包括几艘战列舰和27艘"埃塞克斯"的航空母舰。但是，建造这些军舰需要时间——正如斯塔克上将说的，"金钱买不回昨天"。

罗斯福终于拿定了主意争取连任总统。

>> 冲破樊篱

罗斯福不放过耍花招的机会。他决不完全排除他到时再度出任总统的可能性。但他对来访者总是一再表示，他既不指望，也不打算竞选。白宫的亲信们还放出风声说——"这可是内部消息"——总统不会当候选人。对于一再敦促他当候选人的来信一概不予回答。他坚持要求把芝加哥作为民主党全国代表大会的会场，因为他能依靠凯利"老板"使会场坐满了罗斯福的支持者。在有些州，总统候选人都必须向初选大会公开表明自己的意图，于是，罗斯福就私下作好安排，保证不会有人提出他的候选资格问题。关于他自己的意图他仍旧秘而不宣，却派出使者去加利福尼亚等州的派系之间进行调解，让他们联合起来共同投"支持罗斯福候选人"的票。经过这一番煞费苦心的活动，罗斯福既保证了他一旦决定参加竞选时就有了很强的竞争力，同时也保证在提名时遭到拒绝后，能找到退路。

如果决定选举，罗斯福的主要问题倒不是如何取得提名资格——他有能力获得代表大会绝大多数人的支持，这一点是毫无疑问的——而是如何通过一种引人注目的方式得到提名，他显然不希望给国人一种赤膊上阵的揽回提名权的印象，最佳的方式是下面的代表们自发地强烈要求他出场，从而形成一个强有力的、众望所归的而他自己又无法抗拒的场面，或者退而求其次，这些代表在他的感应、启发或暗示下理直气壮地敦请他不要下台，使人感到他正是为了响应党的召唤。总之，只有在7月党的大会上取胜，才有可能于11月在全国范围内取胜。

但是，在通往取胜的道路上，却有一个可怕的障碍，即反对三度连任的传统。

对于这个传统具有的巨大力量，罗斯福是毫不怀疑的。即使宪法的起草人当初对"连任"问题存在着无法弥合的分歧，因而在行文上没有立下严密的界说；但这个传统由于受到个人和环境的偶然事件以及人民深刻信念而得到有力的支持，但这毕竟是一条不成文法，对此，罗斯福也不敢公然违抗。那么，怎么绕过这个障碍呢？所有的民意测验表明，绝大多数的人理论上都反对三度连任，而其中明确表示反对罗斯福的，则又居多数。然而，再深追下去，则又有许多人认为，在某些情况下——特别是在危机时——总统再度参加竞选仍属必要。华盛顿本人就曾对拉斐特这样说过。

显然罗斯福的任务——如果他决定参加竞选的话——就是要使民主党全体一致通过一项草案来缓和这种反对三次连任的情绪。然而对总统来说,不幸的是,他不能公开地花一点力气来促使这样一个草案获得通过。如果他提出这个要求,那就会扩大反对三次连任的人们的害怕心理,他们害怕罗斯福拼命抓更多的权力是想成为一个独裁的领袖,这种害怕心理在罗斯福的第二届任期内始终对他是一种压力。因此,如果要再度竞选,一切还有待于民主党能自然提出一个草案。真的,在白宫已经任职七年的罗斯福,他认为他应该得到民主党的这种信任和支持。直到1940年初,罗斯福似乎还难得到这种信任。有三个人成为他前进道路上的障碍,他们是赫尔、加纳和法利。

这是一个奇特的组合。赫尔为人谨慎、稳重、彬彬有礼,他行动迟缓,但真正干起来,却又坚持不懈。他为自己出身低微而感到自豪。时年68岁,他知道他漫长的政治生涯所剩的岁月不多了,他保持南部老一辈的传统观点,对新政的"过激主义"心怀畏惧。

加纳,71岁,但身体结实得像核桃木,他的二色脸孔——白眉、碧眼、红肤——并不因为年事增长而有多大变化。他代表着新兴南部州的草原摩天大楼、巨型终点站、油井。对新政颇为反感,把它看作是个人主义、反资本主义的不祥之物。

法利,51岁,这位身材魁梧、不知疲倦的党魁,在全国交结的朋友比以前更多,但他联系最密切的还是城镇的政客,这批人对政策政纲没有多大的影响。在这三个人中,两个是信奉南部新教的,一个是爱尔兰天主教徒,思想上本无共同之点,但却因在不同程度上都反对新政而形成三结合。

政治上,这三个人的结合对罗斯福甚为不利。加纳尽管向往着竞选总统,但主要目的还是不让罗斯福三次连任。赫尔愿意接受总统候选人提名,只是不愿为此奔走呼号!法利眼盯着白宫的宝座,但他还可以等待一个时期,他可以在以赫尔或加纳为首的候选人名单上争得一席副总统的位置,这样,4年以后,机会也就来了。

1939年和1940年初这段时期,这三个人一直保持密切的联系。三人串通一气,相互吹捧,并利用罗斯福对他们的轻视,来挑动罗斯福的不满。他们联合起来共同反对的不是罗斯福本人,他们自称对罗斯福是爱护的,只是在原则上反对他三次连任,以及那伙肆无忌惮的人。他们都说,正是那伙人把罗斯福引上了邪路。

罗斯福知道法利和赫尔、加纳两人来往密切,他采用不同手段分别对付这三个潜在的竞争对手。

加纳的竞选资格,罗斯福根本不予考虑。"他根本不可能",罗斯福对法利说。罗斯福和加纳之间一度有过的融洽关系早已冷淡下来。他们之间很少接触,间或见面也是在内阁开会的时候,加纳有时面红耳赤,怒目圆睁地和罗斯福讨论问题。罗斯福私下暗示说,他宁肯背弃民主党的事业也不支持这个得克萨斯州人去竞选总统。到1940年初,甚至他们之间的工作关系也几乎全部断绝,罗斯福甚至希望这位副总统不出席内阁会议。看到加纳为争当总统候选人而遭到的苦难，听说刘易斯公开骂他是一个"剥削劳工、打牌纵酒的坏老头"，同时又知道他为了争取黑人选民的选票而突然对一项反私刑议案改变了主意，罗斯福真是高兴。

但法利的情况就不一样了。罗斯福不想得罪此人，因为他曾出色地办过两次竞选活动。罗斯福面临的处境对他特别不利：按宪法规定，同一个州的两个人在政治上不能同时被列入一个党提出的候选人名单。而法利又不满足于准许他竞选副总统的承诺。他竞选总统的一切希望都以罗斯福不列入候选人名单为前提。罗斯福坚持说他不准备再次参加竞选，正是想借

∧ 罗斯福与国务卿赫尔（右）等在一起。

此使法利消除戒心。可是政治敏感甚强的法利却始终保持警惕。罗斯福商请芒德兰大主教为他当说客，法利仍不为所动，继续参加竞选。

至于赫尔，罗斯福还一直表白，希望这位田纳西州老人当他的继位人。他这一招表面看来是有危险的，因为赫尔的背后有法利和加纳两个人的支持。但罗斯福是了解赫尔的，赫尔认为争取提名与他作为国务卿的地

位不相称，而且感到罗斯福的支持对他是不可少的，所以宁愿等一等。与法利和加纳不同，他简直没有拉到什么代表，因此他完全要依靠罗斯福。从另一方面看，如果罗斯福最后决定不参加竞选，则赫尔将成为一个合适的折中人选。

这一套错综复杂的政治权术，其中有多少是出自罗斯福本人的仔细策划，又有多少是在一团混乱中纯属偶然的事件？谁也不敢断言。但可以肯定的是，罗斯福对自己的计划秘而不宣，却使混乱变得更加混乱，以便从中渔利。

欧洲战争爆发后几个星期，就像每次在国际危机突发的时候那样，罗斯福在民意测验中的身价直线上升。伊克斯指出罗斯福多少年来也不曾有过这么高的声望，罗斯福却回答说："你且等着瞧吧，3月份我就会像飞机俯冲似的猛降下来。"和以往一样，他真料事如神，对时间作了正确的估计。从各方面来考虑，1940年3月，罗斯福的声望即使就他的第二届任期来说也降到了最低点。当然每天还是有许多地区的民主党领袖给他送来新的声明，称他是党的唯一希望，支持他竞选第三届任期。

罗斯福扩大自己的领域，阻挠任何候选人领先的策略似乎正在发生作用。麦克纳特就是一个例子。他在华盛顿这个百兽争逐的丛林里被咬得遍体鳞伤，因此不再是竞争被提名队伍中领先的人物了。而罗斯福在早期总统预选会上却比他的任何对手都遥遥领先。但从根本的意义来说，罗斯福的地位仍然是岌岌可危的。

在欧洲战争爆发后令人焦灼不安的几周内，罗斯福在应付出现巨变的国际局势的同时，仍然没有放松对国内政局的控制。

罗斯福在加利福尼亚、得克萨斯州的候选人竞争中所取得的胜利，使他额手称庆。他同伊克斯、杰克逊、道格拉斯、科科伦以及其他鼓吹三次连任的人们商讨关于党代会的筹备工作以及会上发言要点。他注视着杜威、塔夫脱、范登堡以及后来参加的温德尔·威尔基等共和党人之间的热烈争逐。但他始终不透露自己的计划，甚至对白宫的亲密朋友也守口如瓶。

★霍普金斯
美国政治家。1921 年格里内尔学院毕业。1931 年被当时的纽约州州长罗斯福任命为纽约州临时紧急救济署负责人。两年后罗斯福任总统时被任命负责联邦临时救济署等工作。第二次世界大战期间任总统特别助理，为罗斯福的亲信，曾任租借管理局长等职。1945 年作为杜鲁门总统的代表前往莫斯科商谈波兰问题和组织联合国的问题。不久退出公共事务。次年病逝。

随着危机的加深，罗斯福在群众中的威信也扶摇直上。千百万美国人，慑于外来威胁，都本能地支持他们的领袖，不再关注反对三次连任的传统了。但也绝不是所有的美国人都不表示关注——还有一个团体表示反对。这使总统感到特别不安。当国家正期待青年一起来救亡图存、作出牺牲的时候，却有一部分大学生和青年组织向白宫请愿，表示他们反对加强国防，反对支援盟国。罗斯福气愤地说：用"小东西"这称呼来叫这帮青年是最恰当的了，但他也不敢忽视这个问题，因此让埃莉诺·罗斯福于6月初在白宫安排一次特别晚会，他要亲自接待美国青年代表大会的领袖们。

这是一次具有鲜明对比的会晤。在白宫东厅里，聚集着青年领袖们，白人、黑人都有，他们彬彬有礼，却面无表情，而罗斯福总统，尽管当天从法国收到了令人丧气的消息，但态度仍从容不迫、和蔼可亲；罗斯福夫人则谦和有礼，周旋于两代人之间，设法使他们彼此融洽；霍普金斯★脸色苍白，神色紧张，坐在一旁，心里直怪这些青年人太不理解他上司的苦衷。

一开始，罗斯福就想方设法要建立一个同这些青年们接近的共同基础。他谈到了报界反对新政的"过激"做法，解释他对西班牙内战采取的政策，是英法恐战思想所带来的后果，他谈到当前的争端在于资本主义政治和其他政治制度的对立。接着青年们又提出了一连串十分尖锐深刻而又不能回避的问题。

如果说一部分有组织的青年感到被遗弃，心怀怨恨，那么，另一部分青年对于总统的感情却不那么复杂。到了1940年6月，已有成千上万名民主党政治活动家在为罗斯福再度竞选而大肆鼓劲。他已经获得足够的代表票数，在候选人提名中可以轻易取胜。接着，在6月稍晚的时候，他使出了迅速果断的一着，大大地巩固了自己的地位。

就在共和党全国代表大会在费城召开的时候，罗斯福任命了两名杰出的共和党人为内阁阁员。一位是73岁的亨利·L·史汀生，担任陆军部长，此人是一个富于战斗性的国际主义者，曾在塔夫脱和胡佛两位总统任期内担任阁员；另一位是弗兰克·诺克斯，出任海军部长，他是芝加哥的报刊老板，1936年兰登的竞选伙伴，特德"叔叔"手下义勇骑兵团骑兵。对于这两项任命，民主党人可以不加理睬，或者可以向罗斯福祝贺，因为他着手改革政府的这一步骤，正是民主党人打算在11月间完成的。但是，共和党岂肯就此罢休。不出罗斯福所料，费城上空响起一阵歇斯底里的叫嚣，共和党内有人甚至扬言把这两个叛徒开除出党。

"肮脏的政治！"共和党人对罗斯福大声叫骂。其实，从战争爆发时起，罗斯福一直筹划组织一个两党内阁。他原来希望除诺克斯以外，还任命兰登入阁，但因后者表示除非罗斯福公开宣布反对三次连任，否则不参加政府，因此罗斯福的计划落空了。还有其他几个因素延缓了内阁改组。

5月中旬，兰登仍要求反对三次连任的时候，罗斯福采纳了弗兰克福特的主意，选中了史汀生。随后，他等待了两个星期，正当共和党召开全国代表大会的时候，宣布了这一任命。

> 罗斯福在谋求连任竞选中以静制动，展现了其作为一个成熟政治家的魅力。

如平常一样，罗斯福选择的时机又是恰到好处，既适应国外紧张局势的需要，也满足了国内政治斗争的需要。

共和党的全国代表大会在一片骚动中进行，罗斯福则注意观察。杜威和塔夫脱在几轮投票中一直领先，后来在一片吼叫和赞美声中，温德尔·威尔基突然一跃而赢得第六轮的胜利。

威尔基的挑战激起了罗斯福的斗志，同时也消除了他对于不得连任三届的政治传统或不成文法的顾虑。因为，威尔基的话被人们从字面上来理解，就成了"让不得连任三届的传统见鬼去吧！让我们来一次真正的较量！"这等于是给这场角逐平添了紧张的悬念和戏剧性，使它变成了一场激动人心的比赛，而人们的情绪越激动，对罗斯福的出场越有利。因此，当罗斯福答应参加竞选时，人们不再注意他有没有违反了传统或惯例，只认为他是在接受对手的挑战。

>> 智斗竞选对手

法国在 1940 年 6 月份陷落后，千百万美国人顿生一种趋安厌乱的心理，而罗斯福连任一般既可保持政策的延续性和稳定性，又可避免换马带来的那种必然的震荡。被各种恐惧折磨得相当脆弱的公众，显然已害怕经受哪怕是并不太大的折腾，他们宁愿生活在习惯了的、可以预期不会有多大变化的罗斯福任期内，尽管它有诸多不如意之处。欧洲大陆轰鸣的炮火声，使他们本能地往现任总统的身边靠拢。

现在，国内外事件终于趋向明朗化，罗斯福可以采取行动了。7 月，他邀赫尔和他共进午餐。国务卿立刻看出他的态度有了根本的变化。不错，罗斯福仍不屑于去竞选第三届连任。但当他谈起有人对他施加压力，要他不要拆党的台，他说话的语调颇有点"不耐烦，并充满怀疑"。他利用赫尔当候选人的种种弱点向赫尔试探。凭他那小心谨慎的语气，就使得赫尔相信罗斯福肯定会再次参加竞选。

7 月，法利已经露出要进行破坏的情绪，他对罗斯福拒不向他透露自己的计划感到恼怒，对罗斯福在一名有关天主教徒候选人的问题上态度暧昧十分气愤。而最使他感到愤慨的是，罗斯福既不表态，也不愿让另一位民主党人取得竞选总统的计划。

在 7 月初炎热的一天，法利带着这样一种情绪驱车前往海德公园去会见他的这位老上级。

为防止在连任三期问题上的争论影响提名，罗斯福的支持者们打算指定他为总统候选人，而不采取点名投票的方式。但是，这种方法有一些问题。加纳和法利这两个仍在竞选的仅有的候选人须首先同意将自己除名。7 月 7 日，即民主党代表大会在芝加哥开幕前一个星期，法利驱车前往海德公园，心情很不愉快。最近几年，由于他认为罗斯福的激进主义日益严重，他和罗斯福不知不觉地疏远了。他已不再被邀请到白宫参加清晨的床边会议，当他的电话铃响起来的时候，他也听不到对方那熟悉的声音了。他们之间的关系一直是政治性的，而不是社交性的，法利公开表示，他毫不在乎从白宫内圈中被排挤出来。但是，他内心感到痛苦，因为他怀疑罗斯福在社交方面对他并不一视同仁。

1940年7月15日，民主党全国代表大会在芝加哥开幕。

新政分子和城市党魁们掌握的票数，使罗斯福在第一次投票中得到提名是绰绰有余的。提交代表大会的名单上除了有罗斯福的名字以外，还有法利、加纳和米勒德·泰丁斯的名字，但是投票结果虎头蛇尾。罗斯福得到946票，法利72票，加纳61票，泰丁斯9票（票数极少的人从略）。票数清点完毕之后，法利扛着在明亮的灯光映照下闪闪发光的秃脑袋，从人群中挤到主席台上，提议大会一致通过总统的提名。会场上发出普遍表示同意的喊声中混杂着稀稀拉拉的"不！不！"的喊声。提名不是指定的，然而是绝大多数候选人所得到的最接近于指定提名的选票。

尽管罗斯福在芝加哥民主党全国代表大会上赢得了胜利，然而胜利的代价却是高昂的。由于党内的争论和一些人变节，在芝加哥代表大会结束时，民主党受到的创伤比1928年以来任何时候都严重。南方民主党人感到自己已被撇在一边，忠贞不贰的民主党人对那些新政分子占据突出地位很恼火，也感到失望了。几百名代表怀着悻悻不平和反抗心情离开芝加哥走上归程。党的领导发生了动摇，法利决心辞去党的主席职务。其他一些老资格党员——尤其是弗林——也都表示，霍普金斯如不退居次要地位，他们就决不出来领导。伊克斯、麦克纳特以及其他行政领导人，对罗斯福选中华莱士也感到痛心和愤怒。班克黑德逢人就说，罗斯福手下的那批人如何在芝加哥大会上把他出卖了。加纳表示要卷铺盖卷，回得克萨斯州老家去，永远再不回来。

在这种情况下，要想获得竞选的成功，对于罗斯福来说，首先必须治愈这次争论不休的代表大会所留下的创伤。罗斯福施展全部的劝说本事，终于使埃德·弗林接任了法利的民主党全国主席的职务。

罗斯福的竞选对手威尔基也不是一个容易对付的人物。

威尔基出生于1892年，兄弟姐妹6人，他排行第四。自小生长在印第安纳州的一个政治气氛浓厚的知识分子家庭里的威尔基，青年时代教过书，当过律师，参过军，后又在阿克伦度过了10年的律师和商人生涯，于1929年迁居纽约，在公用事业界平步青云。1933年11月，罗斯福出任第一届总统的前几个星期，威尔基已成为规模庞大的公用事业控股公司联邦和南方公司的总经理，在华尔街深受尊重，被视为精明的经营者。

以后7年，威尔基成了企业界批评新政最有力的代言人。他走遍全国，发表了几百次演说，在几十种杂志上发表文章，对自由联盟的做法进行抨击。他把自己打扮成新政的主要受害者，是被过分揽权的政府压迫得不能翻身的一个诚实而有作为的实业家。的确，新政一再给他以打击，他要求推迟田纳西水利工程的意见遭到了拒绝；他为反对公用事业控股公司议

∧ 罗斯福与赫尔一起就竞选问题交换看法。

案中的"死刑"条款所作的斗争也遭到了挫败；他为兰登竞选所作的努力终于落空；而他在法庭上的斗争也以失败告终。现在他可以和给他制造种种不幸的罪魁祸首进行公开较量了，看来这是一个伟大的惩恶劝善的举动了。

威尔基同罗斯福一样是一位惹人注目、富有吸引力的人物。他身材魁梧、面目清秀、和蔼可亲，是一位典型的美国人。他穿着起皱的西装，讲演时一团蓬乱的头发披落在前额上，就好像从他的原籍印第安纳来的一个乡下人。他是在带头反对公用事业控股公司法的斗争中第一次引起全国注意的，这项法律的目的就是为了拆散这种联合企业。作为老民主党人，威尔基曾在1932年投票支持过罗斯福。他不打算废除新政，但是指责新政未能结束经济萧条，并且认为各项新政计划本可以在减少政府控制的情况下更有效地得到执行。他在青年时代曾信奉社会主义。在国际问题上，他坚决支持全力以赴地援助英国。

从一开始，罗斯福就看出这位共和党人是一个最严重的威胁。眼前的这位人物显然不是寻常之辈，他既不是胡佛那样一本正经的工程师，也不是兰登那样对国内政治一窍不通的新手。罗斯福认为，威尔基代表公用事业的这一背景，对他获胜将产生不利影响；但共和党人推出参议员麦克纳利作为副总统候选人，却多少冲淡了想把威尔基和

"利益集团"拴在一起的企图，因为麦克纳利长期以来支持政府权力和对农业的援助。

威尔基也像许多其他热衷于总统提名竞选的政客一样，他的观点是灵活多变的。仅此一点，民主党要扣他一顶帽子，非常困难。真的，这位印第安纳州人也曾是民主党的成员，他曾作为代表，出席了1924年的民主党全国代表大会，直到1938年，他还自称是民主党人，但后来退出了。然而，共和党保守分子却不肯宽恕他当民主党人的历史，一名共和党参议员曾说："我不在乎教堂使一名妓女皈依宗教，我只是不希望在第一天就让她在唱诗班领唱。"

总而言之，罗斯福感到威尔基和麦克纳利是他的劲敌，这两个人是共和党所能提出的最强的候选人。民主党和共和党的两次大会的性质也使威尔基增加了手头的资本。共和党的大会看来是开诚布公的，没有党魁操纵，相比之下，民主党的大会就显得俗气而欺诈。但实际上威尔基身价提高是得益于大量的金钱和宣传的声势。他在代表大会的第六轮投票中击败了杜威和塔夫脱这两个被称作"蒸汽压路机"的强大对手。

1940年8月中旬，威尔基在他的家乡印第安纳州发表了他接受总统竞选提名的演说。在场的听众很多，由于天气闷热，人们穿着衬衫，站在树丛中，谛听威尔基猛烈抨击那位竞选三次连任的候选人。"只有强者才能得到自由"，他带着浓重的鼻音，口齿不清地高声喊着，"而且，也只有从事生产的人才能成为强者。"在这次及以后的多次讲话中，随着他的嗓音显得发干，后来变得沙哑，最后含混不清，他的基本策略也变得明朗起来。新政主要的内政与外交政策，他可以接受，他将从三个主要方面对罗斯福进行攻击：独揽大权；阻挠恢复真正的繁荣；无视外来的威胁，未能尽快重新武装全国。

威尔基一再宣称，他急切地等着要同那位"冠军"进行对抗。

罗斯福和威尔基在正式交锋前有过一次会晤。按照惯例，罗斯福有责任向共和党候选人介绍国家情况。当传达室通报威尔基已到时，罗斯福马上坐上轮椅进入办公室，并让秘书拿几份报纸来。秘书问道："你要什么报纸？"罗斯福笑着回答道："管它什么报，我只是希望在我桌上放些书报，好让威尔基知道我是一个多么忙的总统。"

罗斯福与威尔基谈了两个小时。临走时，威尔基说："我们对你把霍普金斯放在你身边很为不满。"罗斯福回答说："有一天你若当了总统，像我这样似的坐在这里时，你就会注意到，那边有一个门，每一个从那个门进来的人都对你有所求，你就会发现你也需要一个像霍普金斯那样的人。他从来不对你有所求，他只是等候着去完成你要他完成的任务，而且他将无私地全力地去出色完成。"罗斯福这番话可能在向威尔基显示自己有这样无私、杰出的部下。

威尔基的竞选热情十分高涨，竞选速度令人眼花缭乱，有时他一天发表15次演讲。他周游全国，大讲人所共知的罗斯福的过失。首先是因为过于自信造成的过失，可是他却忘记了，国家已习惯于这种自信，而对于威尔基本人的德行如何，倒是毫无所知。他说，罗斯福在陆军航空队为儿子埃利特谋得了上尉军衔。共和党人到处竖立大幅标语牌，上面写着："爸爸，我想当上尉"。威尔基关于未来政策大致是这样保证的："我会按照政府的政策办事，而且会办得更好。"于是很快就有人给他起了绰号："照此办理"候选人。社会党总统候选人诺曼·托马斯讥笑他说："他同意罗斯福先生的整个社会改革计划，但又说它会导致灾难。"威尔基拼命把自己装扮成民主派，但没有多大效果。

罗斯福的拥护者一致提醒选民，不要忘记他同大公司有瓜葛。

伊克斯对于威尔基的挖苦是："华尔街的光脚律师"，"富翁手下的罗斯福"，这些不堪入耳的话使威尔基大为恼火，他决心以更大的努力迎接挑战。

当威尔基到处发表演说的时候，罗斯福却巧妙地置身于竞选之外。他无视他的对手要他辩论的挑战，披着人们熟悉的海军斗篷，照常行使总统的职能。他的行动和关于世界情况的评论使威尔基的竞选黯然失色。

> 1940 年时的英国首相丘吉尔。

>> 旗开得胜

罗斯福把绝大部分注意力集中在即将爆发的不列颠战役上。英国人正在遭受轰炸和围困，已经处于破产的边缘，也许不久就要完蛋。德国潜艇从法国和挪威海岸的刚刚被征服的港口出动，正在消灭作为英国生命线的运输部队的主要力量，英国皇家海军也缺少护航舰只。早在 5 月 15 日，丘吉尔就要求借用第一次世界大战遗留下来的正在重新装备的四五十艘驱逐舰，但遭到罗斯福的拒绝。他不愿为那些指责他有独裁野心的孤立主义者提供新的弹药。他确信，国会也不会批准这样的非中立行动。

然而，丘吉尔坚持借用，7 月底，他对罗斯福说，英国的生存可能取决于这些旧驱逐舰。

这位首相称："战争的整个命运可能由这种无关紧要的、容易弥补的因素决定。总统先生，我必须抱着很大的敬意告诉你……这是现在就要做的事情。"他建议，美国用这些驱逐舰换取租借从加拿大到加勒比海的一连串8个空军和海军基地的为期90年的权利，以便使美国公众容易接受这项交易。

罗斯福能够做什么呢？他深知形势已危急万分，但政治上的阻碍似乎是难以克服的。参议员沃尔什的法案规定，总统只有在海军部证明这些驱逐舰对美国国防不再有用的条件下才能向英国提供，但最近经过海军官员的检验，证明这些驱逐舰还具有潜在价值，国会为了减轻纳税者的负担不愿意把它当成废品转让。事情很清楚，沃尔什、惠勒、奈伊等正伺机要向他发起进攻了。对付他们，还得有一项特殊的立法才行。

罗斯福曾考虑这样的办法，他打算把这些驱逐舰卖给加拿大，条件是加拿大必须把军舰用于对美洲这个半球的防御，这样，加拿大的驱逐舰就可以供英国海防之用。但这个花招不大高明，他还是放弃了。

最后不是罗斯福，而是内阁的一个小宗派打破了僵局。史汀生、诺克斯等人声称英国的处境比以前更加危急，他提出了一个私下早已流传的建议，即用驱逐舰去换取英国在美洲的军事基地。这个建议获得内阁的支持。为了使事情办得更稳妥一些，罗斯福决定就此事同威尔基商量，罗斯福估计，此举既然需要通过立法程序，把威尔基拉过来，就可以争取共和党在国会的支持。然而，威尔基只同意以个人名义赞成向英国提供驱逐舰的立法，而不愿采取公开支持的立场。

接到威尔基的回绝时，不列颠之战正在英国东南部展开。德国出动了大批轰炸机对英国进行了频繁的轰炸，企图一举打垮英国皇家空军，揭开了全面入侵英国的序幕。

罗斯福面对着进退维谷的困境。他这个人最痛恨的就是在政治斗争中被人逼得走投无路。美国人民听到电台评论员报道英国遭受的苦难，从照片上看到伦敦陷入一片火海，妇孺蜷缩在地铁里，全国上下都对英国产生了同情。人们纷纷要求政府采取行动。

罗斯福知道，驱逐舰议案要在国会获得通过，好则拖延几周，坏则遭到否决。这样会对英国士气以及进一步提供美援的希望产生可怕的影响。他想利用过去曾经十分奏效的个人影响作最后一分钟的努力。他给沃尔什写了一封信，但沃尔什不同意。沃尔什的顽固反对使罗斯福最后下决心按自己的主张采取行动。

8 月 13 日，罗斯福向丘吉尔说明了美国的条件：

（一）英国要再次作出保证，"如果英国海军无法在本国水域坚持下去，军舰不得交给德国人或者沉没海底，而要驶往帝国的其他地方继续进行防御。

（二）把西半球的英属基地租借给美国 99 年，这些基地是纽芬兰、百慕大和巴哈马群岛上的基地以及从牙买加、圣卢西牙岛、特立尼达和英属圭亚那的基地。

丘吉尔想要提醒罗斯福不要把驱逐舰和租借基地联系起来。"我们是朋友，而用驱逐舰换基地使这笔交易带来商业气味。"

对此，罗斯福回答说：根据宪法规定，他"根本不可能"赠送驱逐舰，他只能把移交驱逐舰给英国的做法，当作改进美国防务安排的一部分措施。从政治方面来说，他只有把这一项措施作为一笔美国式的公平合理的交易提出来，才能赢得人们普遍的支持。

罗斯福对取得国会支持已经失去信心，他以相当大的勇气冲破政治上和法律上的重重限制，于 9 月 2 日靠行政命令将这些驱逐舰转让给英国人。

罗斯福对格雷斯·塔利说："国会将极力反对这项交易，但是哪怕再推迟一天都可能意味着文明的消灭。"孤立主义者指责他"采取了战争行动"，但是他辩解说，采取这样一种明显的非中立行动是进行自卫，也是对希特勒一再违反国际法进行的报复。英国人不仅得到了急需的增援装备，更重要的是，这种交换使美国同他们的事业更紧密地联系在一起。

驱逐舰交易得到了公众的赞成，不过，要不是威尔基给予支持（尽管他谴责罗斯福避开了国会），这项交易本来是不可能达成的。更早一些时候，罗斯福任命史汀生为陆军部长，弗兰克·诺克斯为海军部长，以保证得到两党一致的支持，而孤立主义者却气急败坏地表示反对。这两位杰出的共和党元老坚决支持盟国——他们的热情远远超过了罗斯福，他们支持用驱逐舰换取基地的交易和美国和平时期的第一次征兵。同他们一道进入政府任职的还有詹姆斯·V·福雷斯特尔、罗伯特·A·洛维特和约翰·J·麦克洛伊这样的部下，这些年轻的华尔街律师和金融家在罗斯福时代之后长久控制着美国国家的安全决策。

虽然罗斯福赞成征兵，但是由于征兵在政治上的敏感性，他对这个问题巧妙地加以回避，并让他在法律界的老同事格伦维尔·克拉克领导的一个委员会带头进行这场斗争。威尔基支持征兵，而绝大多数共和党国会议员却不肯跟着他走，即使他们指责罗斯福在国防问题上行动迟缓。征兵工作由史汀生确定人数，于 10 月 29 日，即总统选举前的一个星期挑选出第一批人应征入伍。然而，全国的准备工作做得很差，许多新兵甚至用扫帚柄当步枪，用木制的锯木架当机关枪进行训练。

威尔基由于在竞选中未能引起罗斯福的重视，感到灰心丧气，竞选无的放矢。伊克斯扮演了民主党打手的角色，罗斯福却安详地置身于竞选之外。威尔基对人们热情的减退感到失

∧ 1940年10月23日，罗斯福在白宫签署征兵令，10月29日第一批人应征入伍。

望，在已经接管他的竞选活动的保守分子的促使下，他对新政未能消灭失业拼命攻击罗斯福，他还指责罗斯福好战，他指责说，投票选举罗斯福等于投票派美国青年到欧洲战场上送死。如果罗斯福重新当选，美国部队将被派到海外。在大选之后，威尔基承认，他的一些煽动性的言论只不过是"竞选言词"而已，但是这些言论却提高了他在民意测验中的地位，使罗斯福进行了"疯狂的斗争"。

10月底，罗斯福宣称，现在该是"提醒全国人民注意有意或无意歪曲事实的行为"的时候了。他开始了一次竞选巡回旅行，走遍那些工业州，往西远至克利夫兰。他宣布说："我是一个竞选老手，我喜欢进行激战。"罗斯福在讲演中强调三个主要题目：（1）1940年对美国男女劳动人民假装慈悲的共和党人，到1932却愿意让他们挨饿了；（2）同共和党的说法相反，在重新武装美国方面正在取得进展；（3）共和党人反对加强美国防务的一切努力。

∧ 罗斯福为连任在全国进行竞选宣传。

罗斯福始终是在政治活动中奚落对方的老手，他在麦迪逊花园广场的一次讲演中作了最精彩的表演。三名主要的共和党孤立主义者是众议院多数党领袖：威尔基的竞选总管约瑟夫·马丁、纽约州参议员候选人布鲁斯·巴顿和来自罗斯福自己的选区达切斯县的极端保守派众议员汉密尔顿·菲什。罗斯福用单调的摇篮曲《布林肯、温肯和诺德》的节拍唱着"马丁、巴顿和菲什"。他们的名字变成共和党故意妨碍议案通过的象征。罗斯福的听众发出一阵笑声，成群的人开始过来听他演讲。罗斯福一说"马丁"，人们就欢快地呼喊"巴顿和菲什"。共和党人看不出其中的幽默之处。威尔基后来说："当我听到总统说马丁、巴顿和菲什这些孤立主义者的选票是支持我的而却没有被人发觉的时候，我知道我吃瘪了。"

民主党战略家们看到威尔基争取"母亲选票"取得明显成功大为惊恐不安。在他们的压力下，罗斯福为了消除人们对美国可能参战所怀的忧虑，于 10 月 30 日在波士顿发表了一次讲演：

我在向你们这些父母们讲话时，再次向你们作出一项保证。

我以前说过这样的话，今后还要一遍又一遍地说下去：

你们的孩子不会被派到国外去打仗。

他们参加训练是为了组成一支非常强大的军队，这支军队的存在就能使我们的国土免遭战争的威胁。

罗斯福老是想到他在这番话中作出的含蓄保证。在他的坚持之下，民主党纲领中写进了一项类似保证，但是附有"一旦受到进攻"则例外的字样，他在整个竞选期间都一再重申这个例外条件。罗森曼和舍伍德想在波士顿的讲稿中写进这项条件，但是罗斯福坚持认为没有必要。他说："这是不言而喻的，如果我们受到进攻，那就再也不是国外的战争了。"三天后，他在布法罗说："你们的总统说，美国不会参战。"毫无疑问，罗斯福意识到美国人民极想再次得到保证，他也不想削弱自己对威尔基指责的反击力量。

罗斯福在海德公园同家庭成员和亲朋挚友们一起等待大选的结果。萨拉·罗斯福和几位老太太在靠近房子前门的一间小客厅里一边织毛衣，一边聊天，好像没有注意电台用柔和的声音播送的投票结果。大部分客人在那间图书室兼起居室的房间里踱步，那里也有一架收音机。罗斯福穿着衬衫，在餐厅里准备好了计票单和新闻自动收报机。埃莉诺从一个房间走到另一个房间，照看着所有的客人，似乎根本没有注意电台广播。最初的结果表明，威尔基的票数出乎人们的预料，一些人说，罗斯福对选举结果感到担心。如果是这样，他也并没有表现出来。

然而，到了 10 点钟，他获得了很大多数。他显然担心，要是他落选，那就可能被视为绥靖政策★的胜利，他对他夫人的朋友约瑟夫·拉希说："我们似乎防止了一场暴动，乔。"罗

∧ 罗斯福在纽约麦迪逊花园广场对美国民众发表竞选演讲。

V 罗斯福在连任第三任总统就职典礼上发表讲话。

斯福和客人走到门廊去迎接海德公园邻居们举行的传统的火炬游行。那天晚上，罗斯福格外兴奋，因为只有这一次他在一贯投共和党票的选区内获胜，当他看到一幅仓促刷写的标语上写着"有把握连任三期"的时候，他尽情地笑了。

5000万美国人参加了投票——这种记录一直持续到12年以后艾森豪威尔的当选。罗斯福得到27243466票，占总数的55%；威尔基得到22304755票，占45%。罗斯福在选举团赢得了压倒性的胜利：他在38个州获胜，得到449票；威尔基在10个州获胜，得到82票。缅因州和佛蒙特州仍然投了共和党的票，威尔基的绝大部分选票集中在孤立主义的中西部。威尔基失利的重要原因是，他得到了同情纳粹者和想使时钟倒转的反动分子的支持，尽管他不承认得到这些人的支持。他对新政的那种"我也这样"的态度触犯了一些共和党人，他在竞选结束时提出的轻率的指责，使许多无党派人士同他疏远。他指责新政没有消灭失业，这种指责没起作用，因为国防工业已经开始雇用失业工人。威尔基虽然很开明，并在最后一刻得到了约翰·L·刘易斯的支持，还是不能摆脱他那华尔街内部人物的形象。

一些爱尔兰和意大利血统的美国人脱离了支持罗斯福的联盟，他们对罗斯福支持英国和以轻蔑的口气提及墨索里尼表示不满，但是，这只是让罗斯福在城市里获胜的幅度只比1936年略有减少。罗斯福的竞选技巧以及民主党人不顾连任三期的争议问题团结一致支持他，对他的胜利起了重要作用。然而，归根结底，他获胜是因为绝大多数美国人在面临眼前严重危险的情况下，要求他担任危机时期的领导。

罗斯福连任第三届总统之后，即对白宫班子进行了调整。原副总统加纳和民主党全国委员会主席、邮电局局长吉姆·法利，因反对罗斯福的"激进政策"而离开了。原农业部长亨利·华莱士担任副总统，国务卿一职继续由科德尔·赫尔担任，小亨利·摩根索继续担任财政部长，弗朗西斯·珀金斯小姐继续担任劳工部长，陆军部长和海军部长两个重要职位则分别由对法西斯德国持强硬态度的共和党人史汀生和诺克斯担任。因此，从某种程度上来说，罗斯福的战时内阁带有联合政府的性质。

同罗斯福并肩工作的是一些著名的职业政治家，而不是私人顾问。归根结底，还是纽约和芝加哥的民主党的机器保证他在竞选中取胜。他了解这一点，并感激忠实的朋友。

罗斯福唯一有影响的顾问只剩下哈里·霍普金斯，他实际上占据了路易斯·豪曾经担任过的"参谋长"的位置。在罗斯福与政府各部门，尤其是与陆军部之间，他有效地起着沟通作用。他也是罗斯福与外国高级官员作正式接触的方便途径。一位英国外交人员把霍普金斯看作是罗斯福的私人外交部。

1939年9月8日，欧战爆发后，罗斯福颁布他的"全国有限紧急状态"宣言的那一天，他还颁布了一个行政命令，要对总统所属的行政机构进行改组，把原属财政部的预算局改为总统直属机构。

第四章

重大决策

1882–1945 罗斯福

四天以后，决定实行租借的法案提交到了国会，就这项法案展开的辩论异常激烈，远远超出了国会的范围，反对者利用电台广播、传单和报纸上的声明制造声势，国会收到成吨的信件，好斗分子还在国会议员的办公室里静坐，双方都认识到，租借将造成只能前进不能后退的局面，如果批准这项法案，那就意味着美国从一个慎重的中立国变成一个活跃的非交战国……

> 罗斯福允许英国无限制地利用美国的工业资源。这是1940年时，美国工业心脏地区典型的空中轮廓线。

>> 遣使欧洲

罗斯福一面表示将致力于和平，一面领导美国进入战争准备。在他第三次当选总统到日本袭击珍珠港为止的这一年内，美国的中立实际上已经名存实亡。罗斯福在胜利的鼓舞下，允许英国无限制地利用美国的工业资源。1940年年底，他在一次炉边谈话中说："我们必须成为民主制度的伟大兵工厂。对我们来说，这是同战争本身一样严重的紧急情况，我们必须以我们将在战争中表现出同样的决心，同样的紧迫感，同样的爱国和献身精神，致力于完成我们的任务。"然而，罗斯福不相信美国会参加这场战争。他十分真诚地认为，美国置身于战争之外的最好途径就是帮助英国。他说："如果我们竭尽全力支持那些抵抗轴心国进攻的国家，而不是默许他们的失败，屈服于轴心国的胜利和等待以后轮到我们在另一场战争中成为被进攻的目标，那么，美国介入战争的可能性就小得多了。"

《租借法案》一事实际上表达了罗斯福的这种信念。

罗斯福在大选之后，得了鼻窦炎，于是12月2日乘巡洋舰"塔斯卡卢萨"号动身前往加勒比海巡游、休养。罗斯福严守自己的旅行细节。他对这次旅行的机密性感到好笑，同时也觉得是一种享受。他说："我们去圣诞岛购买圣诞明信片，去复活岛购买复活节用的蛋糕。"

星期二中午，在迈阿密举行了隆重的海军仪式后，他登上"塔斯卡卢萨"号巡洋舰，随行的只有最亲近的副官和顾问，挚友哈里·霍普金斯，秘书兼军事副官埃德温·沃森将军，海军副官丹尼尔·卡拉汉舰长，麦金太尔医生和最近为罗斯福所钟爱的黑色苏格兰狗法拉。

尽管白宫正式宣布，罗斯福准备视察加勒比海一些新的美国基地，但是罗斯福的朋友们都清楚地了解，他是去休息。在关塔那摩补充了古巴雪茄烟的储备。欧内斯特·海明威发来电报指名最好的捕鱼地点是多米尼加共和国和波多黎各之间的莫纳海峡。巡洋舰尽可能准确地驶向指定地点，罗斯福按照海明威预先告知的办法捕鱼，这种捕鱼的办法就是用一种装一块肉皮的羽翼鱼钩作钓饵，可是鱼始终没有上钩。

　　12月9日，海军的一架水上飞机在这艘巡洋舰旁降落，除了一些文件外，罗斯福收到了丘吉尔的来信。斯蒂文森曾向丘吉尔首相介绍了罗斯福总统的心理气质，并建议他写了这封信。丘吉尔用了将近一个月的时间起草这封信，并且认为这是他起草的最重要的一份文件，也是他一生中写的最重要的书信之一。他在信中透露，英国的财政资源眼看就要枯竭，他宣称：我们不能再用现款支付运费和购买其他供给品的时刻即将到来。虽然我们将尽一切努力并付出一切牺牲来偿还，但是，我们用鲜血赢得战争胜利，文明得救，美国也赢得应急的战备时间之后，英国却被剥得一丝不挂的话，我认为，您也会同意，那是不合适的，实际上对彼此都不利。根据中立法和其他立法的条款，交战国必须用现款购买武器，并且不准向没有偿还第一次世界大战的债务的国家提供贷款。当时英国手头上的现款不足20亿美元，而在美国工厂订货却需要付50亿美元。丘吉尔在信中并未提出解决财政问题的要求，然而他紧急请求美国拨出几千架飞机，几万只船只，他请求美国作出史无前例的努力。

　　富兰克林·罗斯福反复思索了好几天，他的想法没有同任何人交换过。霍普金斯是"塔斯卡卢萨"号上唯一可以同总统商讨问题的人，而他也机敏地不作声。罗斯福似乎是在休息，然而，了解自己上司的霍普金斯完全正确地判明，罗斯福是在养精蓄锐地思考问题。他经常如此，表面看来逍遥自在。据丘吉尔回忆录说，霍普金斯后来告诉过他，罗斯福那时独自坐在躺椅上，把来信看了又看，足足两天工夫，他像是踌躇不决，沉思默想，不做一声。后来有一天晚上，他突然拿出来了一整套计划，没有疑问，他已经想好办法来解决了。这套计划，这个既能解决丘吉尔的困难，又能使希特勒招架不住的法宝，就是举世闻名的《租借法案》。

　　罗斯福的皮肤晒得黝黑，显得轻松而又洋洋自得，于12月16日带着一项在摩根索称之为"英明的一闪念"中构想出来的富有想象力的计划返回华盛顿。

第二天，他召开记者招待会，先说了这么一句："我觉得没有什么特别的新闻，也许这一点可能算是一条吧！"接着他向记者们说明了他在充满阳光的"塔斯卡卢萨"号甲板上思考的计划。他说："毋庸置疑，压倒多数的美国人的脑海里都认为，保卫祖国的最好的直接办法就是英国能保卫其本身。"然后，他突然离开这个话题，转到第一次世界大战爆发时的情景。他说："历史上还没有一次重要的战争是因缺钱而被打败的。一些人认为我们应该给英国贷款以便他们购买美国一些物资，另一些人则认为我们应该干脆把物资全部赠送出去。"罗斯福把这种想法描绘为"陈词滥调"。实际上真正提出这两种建议的人为数极少，不论哪一种，在国会里都没有被采纳的希望，可是罗斯福却把这两种建议都提到了，以说明他真正是一个通情达理的走中间道路的人。

　　他说："现在我正想要做的就是取消美元的标记，这在在座的各位心目中是一件崭新的东西，我认为要把这无聊的、荒谬的以及老牌的美元标记取消。"接着他用一个朴素的比喻透露了租借法的大概轮廓。他说："假如我的邻居失火，在四五百英尺以外，我有一截浇园的水龙带，要是让邻居拿去接上水龙头，我就可能帮他把火灭掉。我怎么办呢？我总不能在救火之前就对他说，'朋友，这条管子我花了15元，你得照价付钱'，那么我该怎么办呢？我不要15元，我要他在灭火之后还我水龙带。要是火灭了，水龙带还是好好的，没有损坏，那他就会连声道谢，原物奉还。但是，假设它被弄坏了，搞了些窟窿，我们也不必讲客套，就对他说，我很高兴地借给你水龙带，现在它被弄坏了，不能再用。他说：'一共多少英尺？'我告诉他150英尺，他说：'好，我照赔不误。'现在如果我拿回来的是一条可用的浇园水管，我就不吃亏。"接着罗斯福言归正传："换句话说，你借出一定数量的武器，在战后得到归还，如果军火完好如初，没有损坏，你就不吃亏，如果他们损坏了，或者陈旧了，或者干脆丢失了，只要借的人认赔，在我看来，你就没有吃亏。"

　　这一番浅显易懂的话，却使四座皆惊，支持罗斯福的人听后击节赞赏，认为是个高招，孤立主义者则目瞪口呆，满腹狐疑。曾经表示要与孤立主义告别而实际上还紧紧拥抱着孤立主义舍不得松手的范登堡说："出借武器就像出借口香糖一样，你就甭想再收回来！"

　　记者招待会之后，为了说明战争局势的严重性，罗斯福决定广播发表"炉边谈话"。他在12月29日的这次讲话中，一反常态，对鼓吹姑息的人痛骂一番，对纳粹进行了指名道姓的批评。他说："我们不能用缩进被窝、蒙头大睡的办法去回避危险或对危险的害怕，任何想通过谈判来取得和平的尝试都是极其愚蠢的。"

　　"一个国家要想同纳粹和平相处，只能以全面投降为代价。"罗斯福进一步指出，"这种受人支配的和平，绝不是什么和平。它只能是又一次休战，会导致历史上规模最庞大的军备竞赛，最富有破坏性的贸易战争。我们南北美洲各国所有的人，可能就要在纳粹枪杆子威胁下过日子，这支枪装着爆炸性子弹，不但有军事方面的子弹，而且还有经济方面的子弹。"

∧ 罗斯福作出了向英国提供援助的决策。

在这次谈话中，罗斯福首次说出："我们必须成为民主制度的伟大兵工厂。"意思是说，美国要为自身利益向轴心国的敌对国家提供广泛的物资支援。

"民主制度的兵工厂"这句话是法国驻华盛顿的代表让·莫内第一个使用的。罗斯福对"民主制度的兵工厂"的作用是怎样解释的呢？他说："如果英国倒下去，轴心国就会把欧洲、亚洲、非洲、澳洲大陆以及大洋洲置于自己的控制之下，他们就可能使用巨大的陆海军力量进攻本半球，我们是现在就竭尽全力支援保卫自己反抗轴心国的国家，还是默认他们失败，容忍轴心国的胜利，坐等在下一次战争中自己挨打。两相比较，在前一种情况下，美国卷入战争的机会要少得多。"

罗斯福的这次"炉边谈话"非常成功，在各方函电中，赞成者占99%。多种民意测验表明，71%的美国人民同罗斯福意见一致，有54%的人主张立即开始出借。

圣诞节前后，罗斯福一直在琢磨丘吉尔来信中所提出的要求，尤其是关于爱尔兰在战略上的重要意义以及美国在德瓦莱拉总理谈判中可能起的作用。罗斯福虽然已经下了援助英国抗战的决心，但至今他对那里的舆情、民气和领导集团的态度，还不大摸底。一天晚餐后，他对顾问霍普金斯说："倘若我和丘吉尔能坐在一起谈谈，这方面的好多问题就可以迎刃而解了。"

两天之后，霍普金斯动身了，他被罗斯福派往英国。霍普金斯动身之前，接到一封由罗斯福签名的授权公函：

基于对你的特别依赖，我打算请你方便之际，尽速前往大不列颠一趟，到那里作为我的私人代表。我也请你本着同样的精神，给英王陛下乔治六世传达信息。你在执行你可能认为最符合美国根本利益的使命过程中，当然应把引起你注意的任何问题向本政府报告。

致以最良好的祝愿，祝你出色完成使命。

你最诚挚的

富兰克林·德拉诺·罗斯福（签名）

随函附上一封罗斯福给英王乔治六世★的信。信中说："我选派的尊敬的哈里·霍普金斯先生是我的一位非常要好的朋友，我对此人给予最大的信赖，我请他向你及王后陛下转达我的亲切问候，以及我关于他的使命会促进我们两国共同的理想的诚挚希望。"

> 1937年5月12日，乔治六世（右）出席加冕仪式。

★乔治六世（1936－1952）
英国国王。乔治五世的次子，爱德华八世之弟，爱德华八世自动退位后继承王位。第二次世界大战时积极支持战时联合内阁首相丘吉尔的内外政策。1952年去世后由其长女伊丽莎白二世继位。

霍普金斯是英国的老朋友,英国人尤其是丘吉尔喜欢他那不修边幅的仪容,洒脱从容的风度,以及对他们的问题敏锐而富有同情的理解。霍普金斯对执行罗斯福的使命抱有充分的信心。他认为通过直接和政府首脑的接触,可以消除丘吉尔和罗斯福之间久已存在的症结和误会。

霍普金斯启程不久,共和党领袖温德尔·威尔基就给罗斯福打来电话,说他想到英国考察以便为他的援助英国的行动搜寻更多的弹药。

"好啊,请来这里吧。"罗斯福说。显然他是赞同他这样做的。威尔基的新闻价值要比霍普金斯大得多,而且随着《租借法案》辩论的开始,这种两党外交政策的巩固的迹象就显得特别重要。

"温德尔",罗斯福说,"我认为你的主意很好"。

"听到你这样说我很高兴,总统先生",威尔基说,"我渴望前去。"

"你不但应该去",罗斯福说,"而且我要你在那里当我的代表,某种意义上的代表。"

威尔基感到震惊,但他控制了自己,丝毫未动声色,只是他的目光变得警惕起来。

"你在那里肯定已经有了很好的代表了",威尔基说,"怀南特和霍普金斯都在那里。"

"是这样",罗斯福表示同意,"但是共和党却没有,英国人认为美国人不团结,我想把这种印象扭转一下。你是共和党的首脑,也可以说是与英王陛下相对立的反对派领袖。如果你去代表我行事,就可以使英国人相信美国在提供援助方面是团结一致的。"

"我明白了。"威尔基说。他仰靠到椅背上,眼睛望着天花板。"你知道吗?我为你去出公差,可不会给自己和共和党带来任何好处。"他补充说。罗斯福眼里闪烁着疑惑的目光,他的烟嘴向上翘得直竖起来了。

"这样做在政治上是不利的,"罗斯福同意说,"但对公众事业却是一个重大的贡献。你愿意接受吗,温德尔?"

威尔基的脚砰的一下踩到地板上,"当然愿意啦,"他说,"只是对我的言行不要有任何限制就行。"

"毫无限制",罗斯福表示同意,"你看,我是信任你的。"

"谢谢你,总统先生。"威尔基讥讽地说。接着两人都笑了。

"那就这样决定了。"罗斯福说:"我们都得想个办法,使你的访问带有半官方的性质。我打算让你带一封信给丘吉尔。"

"我可以知道信的内容吗?"威尔基问道。

"应该让全世界都知道。"罗斯福说。

他抽出一张信纸，急速地写了起来，然后隔着桌子递给威尔基。"大声念一下。"他说。

威尔基开始念了，接着他放下了信纸，根据记忆背诵起来。房间里回荡着他嘶哑的声音，充满了奔放的激情。

啊，祖国之船，愿你向前开航！
向前开航吧！祖国，伟大而坚强！
人类，满怀着恐惧，
满怀对未来岁月的希望，
屏息关注着你的存亡！

他读完后，两眼直视罗斯福。他们的目光相遇了，但这一次不是作为政敌，而是在共同目标下联合起来的两个美国同胞。

>> 和英国建立信任关系

威尔基到达英国后，发现丘吉尔对罗斯福相当不信任。丘吉尔首相是个根深蒂固的保守派，罗斯福的自由主义倾向使他很害怕。威尔基感到自己的处境很奇特，因为他在替自己的政敌游说。但是他干得很出色，丘吉尔被罗斯福的信深深感动，正是从此时此刻开始，丘吉尔首相逐渐改变了对美国总统的看法。

再说霍普金斯来到美国大使馆同代办赫谢尔·约翰逊进行了深谈，他发现这位美国外交官对形势抱有极为悲观的态度。他接到国内发来的所有正式文件，差不多都是连篇累牍地告诫要严格遵守中立法，不说或不做任何可能招致孤立主义者对国务院批评的事。约翰逊已亲身经历了6个月的剧烈的闪电战，在格罗夫纳广场及其周围遭到轰炸时，他又何止一次死里逃生。他已经开始有了某种灰心丧气与无法想象的感觉。霍普金斯的到来，又让他重新燃起了工作的激情。他认为美国政府对英国的抗战应当给予坚决而又迅速的支持，他并向罗斯福特使提供了有关局势的大量情况。

丘吉尔获悉霍普金斯对罗斯福的忠心，也知道他有可能怀疑有人也许对罗斯福在民选政治家中的杰出地位进行挑战。他在一次午餐会上发表了讲话。

"正当国际事务发展到令人最为惶恐的时刻，幸而有一位通晓政府和行政工作而又具有长期经验的著名政治家，成为那个美洲的共和国的首脑。他的内心深处燃烧着抵抗侵略和压迫的怒火，他的同情心和性格使他成为正义与自由，成为任何地方不法行为的受害者的正直而又毋庸置疑的维护者。我把这一切都作为幸运的事情而加以欢呼。而且，我现在可以这样

> 英国首相丘吉尔步出唐宁街10号首相官邸。

说，因为美国党派的竞争业已过去，为之高兴的是，这位杰出的人物新近获得了第三次当选，从而享有在这艰难困苦的日子里，领导那个美洲民主国家的空前的荣誉。"

在访问英国首相之前，霍普金斯拜访了英国外交大臣安东尼·艾登和英国驻美大使哈利法克斯勋爵，然后回到克拉里奇斯饭店。他回信给罗斯福说：

"我谈到我的使命，他好像很高兴，多次向我保证，他将向我提供一切有用的详细情报和意见，希望我了解英国所需要的东西的确切情况，以及英国要赢得这场战争所需要的那些援助物资的迫切程度，完全弄清楚之后，才离开英国。

首相显然自豪地回顾了到目前为止他自己在战争中所起的作用。他不晓得英国在法国陷落之后能否经得住疯狂的袭击，但是他感觉英国一定经受得住，而且还将顶住下一次的疯狂袭击。他认为不会有德国人的入侵。即使他们用10万人在英国找到一个据点的话，我们也将把他们赶出去。"

第二天是星期六，霍普金斯随丘吉尔一同到迪奇利度周末，他唯一听到的消息就是德军轰炸英国海军舰只，造成严重损失。而丘吉尔和他的随从却镇静自若，让霍普金斯大为惊异。

丘吉尔邀请霍普金斯一道到各地巡视，有意地想依靠他来提高本国人民的士气。晚上，丘吉尔邀请霍普金斯出席格拉斯哥市长举行的宴会。丘吉尔讲了话，雅致地提到罗斯福总统、霍普金斯以及"伟大的美利坚合众国的民主政体"。霍普金斯应邀作了即席讲话。他引用《旧约全书》中的《路得记》里的话：不管你往何方，我一定要去……即使天涯海角。这篇讲话传遍整个英国，其影响远远超过霍普金斯所敢希望的程度。人们把这篇讲话看作是"美国人和我们站在一起"的保证。公众认为，霍普金斯在这个时候暖人心坎的同情，以及随之而来的坚强信念，对英国来说，是提供了比先前已送去的驱逐舰、枪炮和弹药都还更有实际内容的援助。

在这次旅途中，霍普金斯注意到，丘吉尔在英国人民心目中享有崇高的威望，他们实实在在都想碰到他外衣的边缘，以示爱戴。战前30年内，他一直是大不列颠群岛的著名人物，虽然直到他们处于垂危时刻，才把首相职务委托给他。总之，这是他们最美好的时刻，丘吉尔是他们公认的领袖和发言人，也是他们作为决心要生存下去的引路人和榜样。正如霍普金斯所看到的那样，丘吉尔和罗斯福这两个人性格迥异，但是他们都具有激起人民的忠诚、热忱、献身精神的高超本领。

霍普金斯一回到伦敦，就拜访了新闻出版大王兼飞机生产大臣比弗布鲁克勋爵。这位大臣不仅掌握着英国的飞机生产大权，而且在某种程度上来说，还操纵着英国的舆论。关于这位显赫人物，丘吉尔曾经对他作过这样的介绍：人家曾把飞机生产大臣描绘为"老牌海上袭击者"，这是形容海盗的一种委婉手法。我看他是一位具有绝对超等才华的人物。局势最糟糕的时候，正是他干得最出色的时候。经过多方面的观察和了解，霍普金斯认为，丘吉尔和比弗布鲁克都是综观大英帝国全局的最优秀的爱国者，都是不知疲倦、不知险阻的顽强人物。

霍普金斯自1月9日在高射炮声中抵达英国伦敦以来，在公众场合谈得很少，在回答记者问题时，仅是"滑稽地笑笑"。而在美国大使馆举行的一次记者招待会上他才说，这次到英国来主要是要讨论对我们两国有益的事情，不过，为了回应一位特别坚决的提问者的热情，他确曾回答说："是的，我想你们可以说是紧急问题。"

宴会开始后，东道主比弗布鲁克微笑着站起来向大家介绍说，连日来，霍普金斯先生一直跟政府的成员交谈，不过今晚是个更重要的场合，因为出席聚会的这些人都是"左右政府的人士"，英国报界的领袖们。于是他邀请霍普金斯给大家讲话。

★庞德

英国海军大臣，海军元帅。1916年率战列舰"巨人"号参加日德兰海战。第一次世界大战后任海军部计划处处长。1936年任地中海舰队司令，升少将。1939年晋升海军元帅。同年任海军大臣兼参谋长委员会主席。他是丘吉尔制立战时政策的主要幕僚之一。

霍普金斯站起来，抓住椅背，他面容消瘦，腼腆而又懒散。这位特使，向报界讲述了罗斯福及其周围那些人是怎样确信美国只有与英国合作，才能成功地履行对世界的职责。他说，白宫怀着焦急而又钦佩的心情，注视着英国单独作战的每一个阶段，也吐露了他在自己巡视英国受到闪电战袭击的国土时的一些感受。他的讲话给报界留下了这样的印象，即美国至今虽然还没有参战，然而正在和英国并肩前进，万一大不列颠绊了一下，美国就会拉朋友一把，不使它跌倒。最重要的是，他使报界相信，罗斯福和他周围的那些人，对英国、对整个反法西斯事业，是充满信心的。霍普金斯除了与与会者全体谈话之外，还在比弗布鲁克鼓励之下，慢慢地绕桌一周，向大家致意，并顺手拖张椅子，在各报编辑和经理边坐下，逐一同他们交谈。

几天之后，霍普金斯通过电报向罗斯福提出全面报告。这20多天来，他和丘吉尔一起度过了12个夜晚，并同朝野人士进行了广泛的接触和讨论，其中有英国总参谋长约翰·迪尔爵士，第一海务大臣庞德★海军上将，空军参谋长查尔斯·波特尔爵士，以及战斗机和轰炸机司令部的长官们。霍普金斯还参观了斯卡佛洛、多佛沿岸的防御工事以及一些城镇和机场。通过大量的调查研究，参观访问，他获得了有关英国国防的"清晰的感性认识"，而且对指挥国家战斗的核心人物也有了进一步了解。

霍普金斯在电报中还写道："这个前海军人员，现在不仅是首相，而且也是战略方面以及作战中一切带有根本性问题上的指挥者。他令人惊异地控制着英国各阶层人士和各派别集团，他对军事机构和劳动人民都有特别的影响。据我观察所得到的最重要的一个印象，就是内阁大多数成员和这里的所有军事要员都认为入侵迫在眉睫。他们正夜以继日竭尽全力对付这场入侵。这个民族的士气和他们抵抗入侵的决心是无与伦比的，不管这次进攻怎么凶猛，你可以肯定他们将会抵抗而且会有效地顶住，德国人光靠在这里屠杀数十万人是不能征服英国的。"接着霍普金斯说明英国的特殊需要，并提出满足这些需要的建议，他开列了一个长达14页的军援货单。

霍普金斯的英国之行，增进了美英两国领导人之间的了解，对加强两国的军事合作，发展反法西斯统一战线作出了重要的贡献。

就在霍普金斯离开英国前夕，丘吉尔发表了著名的广播演说，他说道："似乎现在可以肯定，美国政府和人民打算给我们提供夺取胜利所必要的一切。上次战争美国派遣200万士兵，远渡大西洋而来，这次……我们需要的不是美利坚联邦的军队，只要给我们武器，我们将会完成这项任务。"随后，丘吉尔重申了发誓战斗到底的决心。

霍普金斯从伦敦回来之后，立即向罗斯福总统汇报了他的英国之行。他对英国抗战形势的前景，对整个斗争形势的估计是英国能行。霍普金斯认为，从目前看，希特勒不可一世，他可供调动的部队数量过于庞大，以至无法加以堵截。但霍普金斯深信，正像火山熔岩一样，随着它们弥漫而远离火山口时，就会冷却放慢下来，这种彻头彻尾的乐观主义与其说是受到他父亲的影响，还不如说是受到了罗斯福和丘吉尔这两个巨人的影响。他说："谁只要同他们两人中任何一个长久相处，便不可能看不见他们两人心中如此炽烈，如此稳定地燃烧着信心之火的光，不可能感觉不到它的热。"

1941年1月6日，在对这项建议进行最后润色的时候，罗斯福出席了国会两院联席会议，发表了一年一度的国情咨文。这篇咨文被誉为一篇不朽的文献，它是充分体现罗斯福政治

∧ 丘吉尔向美国特使表达了战斗到底的决心。

哲学及其关于世界和平和人类文明信念的一份纲领性文件。

罗斯福在咨文中宣称，美国不会由于轴心国叫喊我们向盟国提供援助违反了国际法，是战争行动，就不敢提供援助。提供援助并不是战争行动，即使独裁者单方面宣布它是战争行动也没有用。当那些独裁者准备向我们发动战争时，他们不会等待我们采取战争行动。他们没有等待挪威、比利时或者荷兰采取战争行动。

罗斯福提请本届国会授权并拨给充分的款项，去制造更多的军火和多种军用物资，以供移交给现在同侵略国家进行实际战斗的国家。

罗斯福宣布美国政府当前的政策是：

第一，根据充分表达出来的公众意志，而不去考虑党派意见，我们保证全面加强国防。

第二，根据充分表达出来的公众意志，而不去考虑党派偏见，我们保证全面支援抵抗侵略从而使战争保持在本半球之外的各地--切坚定的民族。通过这种支援，我们表达着我们务必要使民主事业取得优胜的决心，我们也要加强我们自己国家的防务和安全。

第三，根据充分表达出来的公众意志，而不去考虑党派偏见，我们保证贯彻这样的主张，即从道德原则和对我们自身安全的考虑，决不允许我们默然同意由侵略者颐指气使和由绥靖主义者发起的和平。我们知道，持久的和平是不能以别人的自由为代价得来的。

在这篇咨文中，罗斯福指出，今后美国几代人的幸福很可能取决于当前努力的效果。一个健全和强大的民主国家的基础并无神秘之处，它只是基于那些要求于政治和经济制度的简单明了的基本东西，机会均等、工作、安全、自由和进步。据此，罗斯福希望今后的世界，将以人类四大基本自由为基础：

第一，在世界上的任何地方都有言论和发表意见的自由。

第二，在世界上任何地方都有宗教信仰自由。

第三，在世界上的任何地方都有免于匮乏的自由。从全球的角度来说意味着每个国家都可以为其国民提供一个健康的和平时期的生活。

第四，在世界上的任何地方都有免于恐惧的自由，从全世界角度而言，它意味着世界范围的裁军，而且裁军将变成一种趋势达到某种程度，以至于任何国家都无法用武力侵犯其邻国。

在法西斯势力把世界搅得天昏地暗的日子里，罗斯福的"四大自由"演说代表了社会的希望。如果说丘吉尔在大洋彼岸发出的是不可征服的战士的豪言壮语，罗斯福则以清晰而坚定的语调，道出了对人类尊严的保证。

>> 国会里的争吵

四天以后，决定实行租借的法案（代号 H·R·1776）提交到了国会，标题是《进一步促进美国国防和其他目的法》。就这项法案展开的辩论非常激烈，远远超出了国会的范围。（反对干涉的）"美国第一主义者"和援助盟国以保卫美国委员会在全国各地利用电台广播、传单和报纸上的声明制造声势。国会收到了成吨的信件，好斗分子还在国会议员的办公室里静坐。双方都认识到，租借标志着一种只能前进不能后退的局面；如果批准这项法案，那就意味着美国已经从一个慎重的中立国变成了一个活跃的非交战国。

国会山上的孤立主义者深知这是他们成败的关键一仗。汉密尔顿·菲什愤然说，1776 号法案，将使美国国会的权力变得也不比德意志帝国国会的多。约翰逊在国会作证说，《租借法案》无异于"大发慈悲，要向全世界施舍糖果"。奈伊参议员连续发言 12 个小时，喋喋不休地反对《租借法案》。密苏里州参议员克拉克称之为"战争法案"。林白上校说，英国的事业毫无希望，美国应该用武器进行自卫。参议员惠勒则把租借比做 1933 年毁坏农作物的做法，称之为"白痴法案"，并在广播讲话中断定，罗斯福是要求国会"破坏国际法"，而租借计划就是对外关系中的"新政""三 R 计划"，这意味着在每四个美国人当中就要埋葬一名青年。罗斯福气得脸色发青，他在记者招待会上称惠勒的讲话是"最虚伪、最卑鄙的、最违反爱国主义的，这是我们这一代人生活中最卑鄙的公开讲话了"。并请记者直接引用这句话。有一群自称是"反对 1776 号法案的母亲十字军"的人，来到弗吉尼亚州参议员卡特·格拉斯的办公室门前静坐示威。格拉斯通知了联邦调查局，然后对记者说："应该调查一下她们到底是不是母亲，为了我们种族纯洁，我倒是真的希望她们没有孩子。"

国会的各委员会和参众两院一丝不苟地研究《租借法案》，这项法案经受着艰苦的考验。在众议院的委员会内，国会议员同陆军部长史汀生之间有一段值得注意的对话。

问："请允许我直截了当地问一句，英国是我们的第一道防线，您赞成参战吗？"

史汀生："我赞成援助英国，为的是支持它的海军。现在它正在打仗，以此来保卫北大西洋，而这里是同我们休戚相关的。"

问："英国在为我们打仗，而我们却不想参战，难道我们不是表现得太怯弱了吗？"

史汀生:"我不想争论这个问题,法案没有规定这一点……"

不对,法案有此规定!国会中支持这项法案的人在发言中说,他们对法案的目的了解得一清二楚。参议员佩伯说:"人们要问,为什么我们不对希特勒宣战?我们的答复是:因为我们不想参战,如果参战的话,时间要由我们自己选择。"国会议员W·波格说,应当通过这项法案,以免我们将来受指责,说我们现在不想用美国的金钱和军事物资拯救以后的美国人的生命。国会议员扬格说,用美国的工业实力支援英国的人力资源,可以使英国免打败仗,也不损失哪怕一个美国士兵,而当轮到美国的时候,领袖会出来讲话并指明道路的。

《租借法案》的宗旨是援助对保卫美国安全具有重要意义的一切国家,由此看出,一旦苏联参战,苏联也在美国的援助之列。这种可能友好合作的想法激怒了国会大厦内的顽固派。他们提出了修正案,目的在于事前就把苏联排除在根据《租借法案》可以得到美国援助的国家之外。他们没有得逞,国会议员约翰逊说,这样做是否明智,是否符合政策,是否谨慎,这不是侮辱苏联吗?另外一个国会议员马格纳森说,我们应当现实些,苏联是我们在东方反抗日本侵略的唯一缓冲国。

帮罗斯福拉拢各派议员的人,已经把共和党温和派一个不漏地拉拢过来了。早先有个问题是干涉派难以回答的,此时华盛顿州参议员霍默·博恩又提出来了:"有什么比打仗更糟糕的事呢?"佛蒙特州参议员沃伦·奥斯汀回答说:"我认为听凭希特勒奴役全世界,比打仗更糟糕,比死人更糟糕。"听者一致鼓掌,博恩只得溜到休息室去。

1941年2月11日,温德尔·威尔基在参议院的一个委员会露面,对这项法案表示支持。他说:"纵观民主国家的历史,处在目前这样的灾难情况下,必须授予总统以非常的权力。"一些心怀敌意的参议员则援引他在竞选中对罗斯福的指责来回敬他。他反驳说:"我曾想竭尽全力击败富兰克林·罗斯福,我也曾设法不手软,结果他却当选了总统,现在他是我的总统了。"在座的人都为他鼓掌喝彩。

形势逼人,大势所趋,经过两个月的辩论,《租借法案》最终以参议院60票对31票和众议院的260票对165票获得通过。

1941年3月11日,罗斯福将它签署为法律,罗斯福说:"这项决定最终结束了我国国内的所有姑息企图,最终结束了我们同独裁者和平相处的局面,最终结束了同专制暴政和压迫势力的妥协。"

消息传到英国,伦敦到处飘扬起了美国国旗,欣喜若狂的丘吉尔为

∧ 1941 年，罗斯福在白宫签署了《租借法案》。

《租借法案》欢呼，说，这是任何国家历史上最好的行为。而希特勒说："尽管有租借物资，英国还是要陷落的。"意大利报纸称："罗斯福搞这一手，会在太平洋引起一些使英美两国意想不到的麻烦。"

3 月 29 日，在为杰克逊举行的宴会上，富兰克林·罗斯福再次表达了反抗法西斯侵略者的决心。罗斯福坚定地认为，任何人都不应同他们勾结。他还感慨地说："我们了解到支持纳粹运动的德国大工业家的处境，他们在纳粹的集中营中得到了奖赏。"

< 第二次世界大战期间，苏联的坦克旅战士正从租借的美国格兰特中型坦克中解救伤员。

霍普金斯负责《租借法案》方面的事务，他现在是多方面事务的行政长官，一提起新政一类的事他就很烦恼。他完全变了，如果有谁想研究社会问题，他会粗暴地打断他的话，现在是战争时期！霍普金斯愤慨地说："我讨厌这些新政活动家的抱怨，让他们见鬼去吧！"

新政的时代已经过去，这个殷实的国家正在富兰克林·罗斯福的指引下，逐步走上与法西斯抗衡的道路。

就《租借法案》而言，从形式上看，美国仍是非参战国，《租借法案》绝对禁止美国船只在作战海域内航行，尽量减少同法西斯国家发生冲突的可能，以避免被拖入战争。然而，从实质上看，《租借法案》的实施，大大加强了英国在抗击轴心国斗争中的实力，而且在以后，还支持了苏联的反法西斯卫国战争。斯大林在1945年6月13日对《租借法案》作了很高的评价：根据这一协定，美国在整个欧洲战争期间作为租借向苏联提供了武器、战略物资和粮食。这一协定起了重要作用，并大大促进了反对共同的敌人——希特勒德国的战争顺利结束。

到第二次世界大战结束，美国向盟国提供了价值大约500亿美元的货物和劳务。

希特勒正在准备向苏联发动进攻，他没有理会美国的非中立行动，把摊牌推迟到他自己选定的一个日期。此外，他没有忘记美国的干涉对第一次世界大战结局的决定性作用。尽管戈林声称德国空军不可战胜，希特勒还是不能夺取英吉利海峡的制空权，于是他放弃对英国的入侵，转而设法切断它在大西洋上的生命线。潜艇战十分有效。1941年上半年，德国潜艇击沉了756艘驶向英国港口的商船，还打坏了1450艘。如果这种损失有增无减，损失的吨位不久就会超过英美两国造船厂的补充能力的两倍。

史汀生和诺克斯敦促罗斯福令美国海军开始护送船队，以保证安全运送美国补给品。陆军部长说，派船出去让潜艇击沉，就好像把水倒进有漏洞的浴缸里一样。罗斯福在护航问题上含糊其辞。虽然政府内部对派护航舰只的问题进行了热烈的讨论，但是罗斯福在一次记者招待会上说，政府没有考虑采取这样一种措施。"当一个国家的护航船只通过一个敌对区的时候……就会有人开火……肯定有人开火……而开火就非常接近于战争。"舆论还不准备接受这样的行动，因此，罗斯福作了妥协，这是合乎他的性格的。

自从战争开始以来，由海军上将欧内斯特·J·金指挥的几艘军舰一直在大西洋300英里外的海域巡逻，以防破坏西半球的中立。4月10日，罗斯福宣布将从太平洋抽调军舰加强大西洋舰队，它的巡逻区将延伸到大西洋的中点，即西经25度。丹麦拥有的格陵兰岛立即被置于美国的保护之下。7月7日，美国将一个旅的海军陆战队派遣到冰岛——距英国不到1600公里——替换占领该岛已有一年之久的英国部队。这些步骤被称为是西半球的自卫措施。美国舰只没有得到授权袭击德国潜艇和水面进攻舰只，但是可以通过电台把它们的位置通知英国船队。当然，没有任何办法能够防止英国军舰抄收这些讯号和袭击德国潜艇。

罗斯福在命令美国海军护送船队的问题上犹豫不决，激怒了史汀生、诺克斯和摩根索，他们认为，美国有必要立即参战。但是，罗斯福感到，国际上和国内的种种限制束缚了他的双手。美国已经面临着怎样使用只能保护一个海洋的海军保护两个海洋的问题。如果要组成一支有效的护航队，还得再从太平洋抽调军舰，这样做可能促使日本人占领东南亚的法国和荷兰殖民地。盟国的命运也不佳，德军已经挺进巴尔干半岛各国，占领了希腊、南斯拉夫和克里特。埃尔德·隆美尔指挥的德国的坦克已把英军赶回到苏伊士运河沿岸。罗斯福不能肯定美国人民是否愿意接受把美国推向战争边缘的行动。林白在"美国第一主义者"的一次集会上说："不管我们提供多少援助，我们也不能为英国赢得这场战争。"

5月中旬，罗斯福的情绪很低落。内阁里的好战分子对他施加压力，要求他立即站在英国人一边进行干涉；孤立主义者对他进行攻击，要他辞职。他抱怨说自己不断地患感冒，几乎不怎么在办公室办公了。有一天，罗伯特·舍伍德同他进行了一次长时间的谈话，后来舍伍德对利汉德小姐说："在我看来，总统的身体很好。同我谈话时他一点都没有咳嗽，也没有打喷嚏，甚至没有擤鼻涕，看来身体很好。他究竟是怎么了？"利汉德笑着说："他的病主要是一种纯粹的恼怒症。"

1941年的整个夏天，罗斯福在船队问题上一直曲折地前进。5月27日，他宣布"全国处于无限期的紧急状态"，向美国人民公布了德国潜艇击沉的商船数目。他接着说："现在，我们的巡逻有助于确保向英国运送

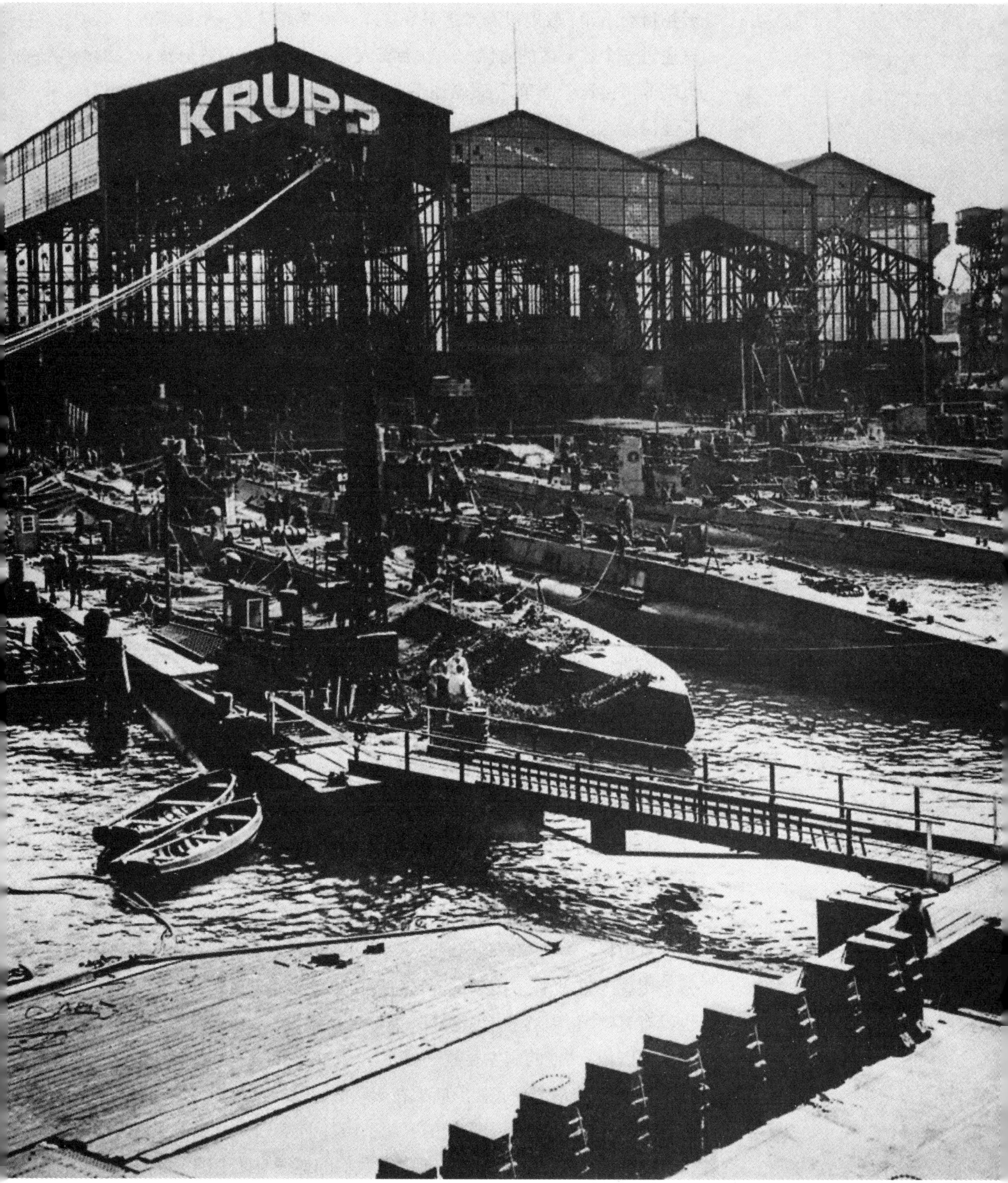
KRUPP

所需的补给品。为运送这些物资，将采取所有其他必要措施……向英国运送所需的补给品是一项紧迫的任务……这项任务可以完成，必须完成，而且也会完成。"人们纷纷给白宫打电报，表示支持这种强硬立场。罗斯福惊讶地对舍伍德说："95%的电报表示支持！原先我估计，对我这次讲话要是支持和反对的人各占一半，我就是够走运的人。"人人都预料他在这次讲话之后会下达命令，允许英国船只加入美国海军护送的船队，并且谋求废除中立法，这样，美国船只就能把货物直接运到英国港口。但是，就在第二天，罗斯福说，他没有采取这两种行动的打算。

史汀生敦促罗斯福利用希特勒6月22日入侵苏联造成的心理优势，下令开始为船队护航。他预料苏联人将在三个月内垮台，说美国应该在希特勒的注意力从大西洋转移开去的时机采取行动。史汀生说："直接率领大家去赢得大西洋战役的胜利的大门已经为你敞开。"然而，罗斯福再次拒绝卷入这种旋涡。护航意味着开火，而开火意味着战争，他不想同纳粹德国发生公开冲突。他仍然希望保持一种半交战状态，由美国向英国和其他愿意抵抗希特勒的国家提供战争工具。

>> 连横莫斯科

对苏联的援助是一个棘手问题。舆论持反对态度，许多美国人希望让纳粹主义和共产主义相互战斗而死。另一方面，左翼分子本来指责罗斯福想把美国拖进这场"帝国主义战争"，现在则要求美国立即参加一场反法西斯战争。在一个星期左右，罗斯福本能地认识到，德国对苏联的入侵已经扭转了战争的进程，并认为这是在美国不直接卷入的情况下促进他抵抗希特勒的政策的一个机会。他对史汀生说："我认为，向苏联提供各种合理的弹药援助，对美国的安全是至关重要的。"

哈里·霍普金斯已经成为帮助罗斯福解决对外事务问题的主要人物，现在被派到莫斯科对形势作出估价。斯大林对他说："如果给我们高射炮和铝（造飞机用），我们能打三四年。"苏联人同英国人一样，也强调说，美国需要对日本采取强硬路线，以防战争在亚洲蔓延。霍普金斯在给罗

< 德国的基尔造船厂，大量的新型潜艇正整装待发。

斯福的电报中说："我对这条战线信心百倍，他们打胜的决心极大。"

　　霍普金斯是在同英国首相丘吉尔会晤之后由英国到莫斯科的。7月25日，霍普金斯给罗斯福发了电报，提出了自己的建议。他说："我有一种感觉，我们应该竭尽全力保证苏联人能保持一个持久的战线，哪怕他们将在战役中遭到失败，在这千钧一发之际，如有可以多少影响斯大林之处，我认为便值得由你通过一个私人代表去同他发生直接的联系，我想利害关系如此重大，这是应该的。"

　　这位总统特使的建议，很快得到了罗斯福的同意。在这次突如其来的旅行中，霍普金斯所具有的权力，除了一本护照以外，就是当天接到的代理国务卿萨姆纳·韦尔斯发来的一份电报：

　　总统请你于第一次见到斯大林时，即交给他以总统名义发出的以下信息：

　　霍普金斯先生应我的请求，前来莫斯科，跟你个人并跟你可能指定的其他官员讨论一个十分重要的问题，即我们如何才能够最迅速有效地使美国向正在对希特勒德国背信弃义的侵略进行伟大抵抗的贵国所提供的援助，可以得到使用。我已经告诉你的大使乌曼斯基先生，美国政府将给你们以一切可能的援助，以便你们得到自己最急需的军火、军械及其他物资，这些在今后两个月内可以运到贵国，以供实际使用。我们即可与现在华盛顿的以戈利科夫将军为首的代表团，共同研究解决这些问题的细节。我觉得，霍普金斯先生现在对莫斯科的访问，对于我们美国这里弄清你们最迫切的需要，以便能就简化交货手续、加快速度方面达成最切实可行的决定，具有不可估量的价值。今年冬季，我们将有可能完成你们政府想要从我国得到的大量军事物资。因此，我认为两国政府当前应特别关注的，是今后三个月内可以到达苏联的物资这个问题。

　　请给予霍普金斯先生以那种就像你亲自同我当面交谈时所感到的信任。你对他表示的意见，他会直接向我转达，他会告诉我你认为哪些是最紧迫的，我们可以给予帮助的各个问题。

　　在结束之际，请允许我对苏联人民为捍卫其自由和苏联独立所表现的非凡的英雄气概，表达我们所有美国人民的巨大钦佩。你们的人民和所有其他各国人民反对希特勒侵略及其征服世界计划的胜利，对美国人民一直都是不断的鼓舞。

霍普金斯来到莫斯科后，首先跟美国驻苏联大使斯坦哈特进行了长谈。霍普金斯谈到，他这次访问的主要目的，是要确定苏联的情况到底是否像美国陆军部所描绘的那样多灾多难，特别是像大使馆陆军武官伊凡·耶顿少校在海底电报中所表明的那样。斯坦哈特大使说，任何人哪怕稍有一点苏联历史知识，都不会匆匆下这样的结论：德国人会轻而易举地取胜。当敌人突然对它采取攻势时，苏联军队可能显得无能，他们在拿破仑战争中也是如此，但是，当他们被号召去捍卫自己祖国的时候，他们却是极为出色的战士。

"在莫斯科，任何局外人都想清楚地了解事情进展的真正情形，然而这是极端困难的。"这位美国大使说，他曾经尝试同苏联当局打交道，但不断受到阻挠，因为普遍存在着对一切外国人的怀疑和由此造成的守口如瓶的状态。

然而，霍普金斯决心要多少打破一下这道怀疑的墙。当晚，他得到充分时间的休息，第二天同斯坦哈特乘车游览观光。下午6时半，大使带他到克里姆林宫去见斯大林。苏联统帅热情地接见了这位美国特使，在谈完他对德国的一般看法之后说，在对希特勒的认识上我们的看法是一致的。随后，斯大林就向霍普金斯全面地介绍了苏联战场的情况。

斯大林说，战争爆发时，德国在苏联西线的军队共有175个师，自那时到现在已增加到232个师，他相信德国能够动员300个师。

苏联首脑说，战争爆发时，苏联有180个师，不过其中许多师远在作战前线的后方，不能迅速予以动员，因此当德国人打来时，未能充分进行抵抗。现在苏联在前线师的数目已达240个，另有20个作为后备。至今约有1/3的部队还没有处于炮火之下。

斯大林说，他能够动员350个师，到1942年5月春季战役开始时，他就将有许多师处于武装战备的状态。他渴望有尽可能多的师同敌人交锋，因为这样的部队将懂得德国人是可以被消灭的，并不是什么超人。这将给他的这些师以信心，如同飞行员第一次空中战斗后那样。斯大林强调，在战争中，没有什么东西能够代替实地作战，而且他希望有尽可能多的经过锻炼的部队，以便参加明年春季到来的大战役，他说，德国部队似乎感到疲劳，他们俘虏到的德国军官和士兵曾表示，他们对战争感到厌恶。

苏联首脑相信，德国低估了苏联军队的实力，而且他们现在在整个战役上没有足够的部队既能进行成功的进攻战，又能同时守卫他们漫长的交通线。他反复强调德国人为了这种目的势必需要大量的兵员，并且相信德国人最终不得不转入守势。在过去10天里，他的军队所受的压力已经缓和了许多，他所能举出的唯一理由是，他认为德国人已不能为他们的机械化师和空军提供充足的燃料。他强调德国军队把大量燃料运往前方时所遇到的巨大困难，并且相信这些困难还将与日俱增。他不认为这是由于德国的燃料有任何缺乏，而是由于运输困难，没有好的道路，特别是由于苏联人给德国人的交通线以有效的干扰。

斯大林说，战争不过刚刚进行了6周，他的部队在前线已经逐步展开，在同敌人进行激烈的战斗。苏联军队面临的是突然袭击，他自己原以为希特勒不会这样快动手，但他还是采

∧ 斯大林与来访的美国总统特使霍普金斯合影。

取种种可能的预防措施动员他的军队。由于希特勒没有向苏联提出任何要求，所以他们被迫组织一个防御的战线。现在苏联正在许多地点进行反攻，明年将有更大的战斗。

关于德苏双方坦克和空军力量的对比，斯大林说，战争爆发时，德国有3万辆坦克，苏联有2.4万辆坦克和60个坦克师，每师约有350辆至400辆坦克。苏联的每一个步兵师还拥有50辆坦克。他相信他的最大的坦克比德国的要好，其优越性在迄今为止的战争中已不断显示出来。坦克消耗很大，现在正加紧生产，每月能生产1000多辆，其中大中型和轻型各占一半。德国在前线的飞机比苏联的多，但德国许多飞机的质量并不是第一流的，驾驶这些飞机的飞行员也没有经过长期的训练。苏联现在能使用的飞机约有一万架。目前它的飞机生产量每月总共1800架。到元旦时每月可增加到2500架，其中60%为战斗机，40%为轰炸机。斯大林说，德国人所扬言的苏联空战损失等等都是荒唐的。起先，苏联人损失的飞机多于德国，他认为，目前的形势已颠倒过来了。

斯大林一再说，他并不低估德国的军队。他说，他们的组织极好，而且他相信，他们储备有大量的粮食、士兵、物资和燃料。他认为英国人犯了一个错误，便是低估了他们的敌人，他无意重蹈覆辙。因此，斯大林认为，就兵员、物资、粮食和燃料来说，德国军队有能力在苏联进行冬季作战。不过他认为，到9月1日以后，德国人要想发动许多进攻性的战役是很困难的，因为那时就要开始下大雨，而到10月1日以后，由于地面很坏，他们不得不转入守势。他表示有很大信心，在冬季月份里，战线将停留在莫斯科、基辅和列宁格勒的前面，或许不会离开现在战役100公里以外。他认为此刻对苏联军队十分有利的一点是，德军十分疲劳，而且无心发动一次攻势。他认识到德国仍然能够再调来40个师，从而使整个苏联战线的德军兵力达到275个师，不过在严冬来临以前，那些师大概还不能到达目的地。

斯大林谈完军事形势后，向霍普金斯表示说，他非常感谢罗斯福总统对他们同希特勒作战所表示的关怀。他说，他愿意给罗斯福如下的个人信息，这一讯息他本想用书面发出，但认为还是由特使向罗斯福传达更好。

斯大林说，广大被压迫人民痛恨希特勒及其政府的不道德手段，从这里就看出了希特勒最大的弱点之所在。他相信，这些人民以及其他迄今未被征服的民族中的无数人民，唯有从美国那里才能得到他们为抵抗希特勒所需要的鼓舞与道义力量。他认为，罗斯福总统和美国政府对民众有着极大的影响。与此相反，他认为，德国军队和德国人民的士气已经很低落，而且如果宣告美国即将参加反希特勒战争，他们的士气就会更低落。

斯大林认为，他相信苏美终归会在某一战场上同希特勒搏斗一番。不过他认为，这场战争将是艰苦的，大概也是长期的。最后，他要求霍普金斯告诉罗斯福总统，尽管他相信苏联军队能够顶得住德国军队，但到来年春天，供应问题将成为一个严重问题，他需要朋友的帮助。

这是霍普金斯在这次短暂旅行中同斯大林最后一次会见的情景。在两天里，他所获得的关于苏联实力和前途的情报，比他们准许给予任何外人的都要多得多。斯大林的确把罗斯福的要求放在心上，因而给霍普金斯以完全的信任。霍普金斯在离开克里姆林宫时，就他这一方面来说，也是怀有这样深刻信心的，即斯大林不是说话不负责任的。这确实是英美和苏联战时关系的转折点。英美所有的估计不再以"苏联大概快要一蹶不振"作为依据了，他们不再作悲观预测，而树立了对苏联的信心。尤其是对霍普金斯本人，斯大林给他留下了极为深刻的印象。

能同斯大林几次会晤，霍普金斯十分高兴。他对于苏联人抵抗力量的信心，主要是从斯大林提出要求的性质本身得来的。他的要求证明，他正是从长期的基础来考虑这场战争的。假如一个人担心失败迫在眉睫，他决不会在要求清单中把铝摆在这么重要的地位。正是因为这样，后来每当驻莫斯科的军事观察员们用海底电缆发来悲观的报告时，霍普金斯就表现出极端的愤怒，因为他们的依据只能是受偏见影响而歪曲了的瞎猜罢了。在随后的几个年头，霍普金斯一直真诚地对苏联为赢得这场战争所作的巨大贡献表示十分敬佩。对那些时常在床底下寻找有没有共产党人的疑神疑鬼的美国人，他除了轻视外，没有别的。

霍普金斯在奔波一周后，于8月1日乘军用飞机转道伦敦回国。由于某种莫名其妙的差错，他随身所带的一种急救药品丢在莫斯科，在返航飞行中，他病得很厉害。由于顶头风，飞行十分艰难，霍普金斯忍受了难以言状的痛苦。机组负责人麦金利空军上尉在关于执行这次任务的报告中最后提到：

当霍普金斯挥手道别时，我们不禁感到，很少有人能够忍受他自7月28日因弗科登同我们相见以来所忍受的一切。在向奥班返航以前，我们在上空盘旋一阵，瞧见一只汽艇笨拙地在港口蜿蜒前进，我们不知道那个病得够呛的人，可曾获得一些休息。他对于别人的服务能够给予正确的评价，自己又是表现得难以置信的勇敢和坚定。他是无比忠于自己职务的典范。

8月2日，这离霍普金斯请求准许他去莫斯科的那一天，正好是一周时间。而一周后，他又和罗斯福在大西洋会议上重逢了。

> 苏联领导人斯大林，给霍普金斯留下了深刻印象。

116

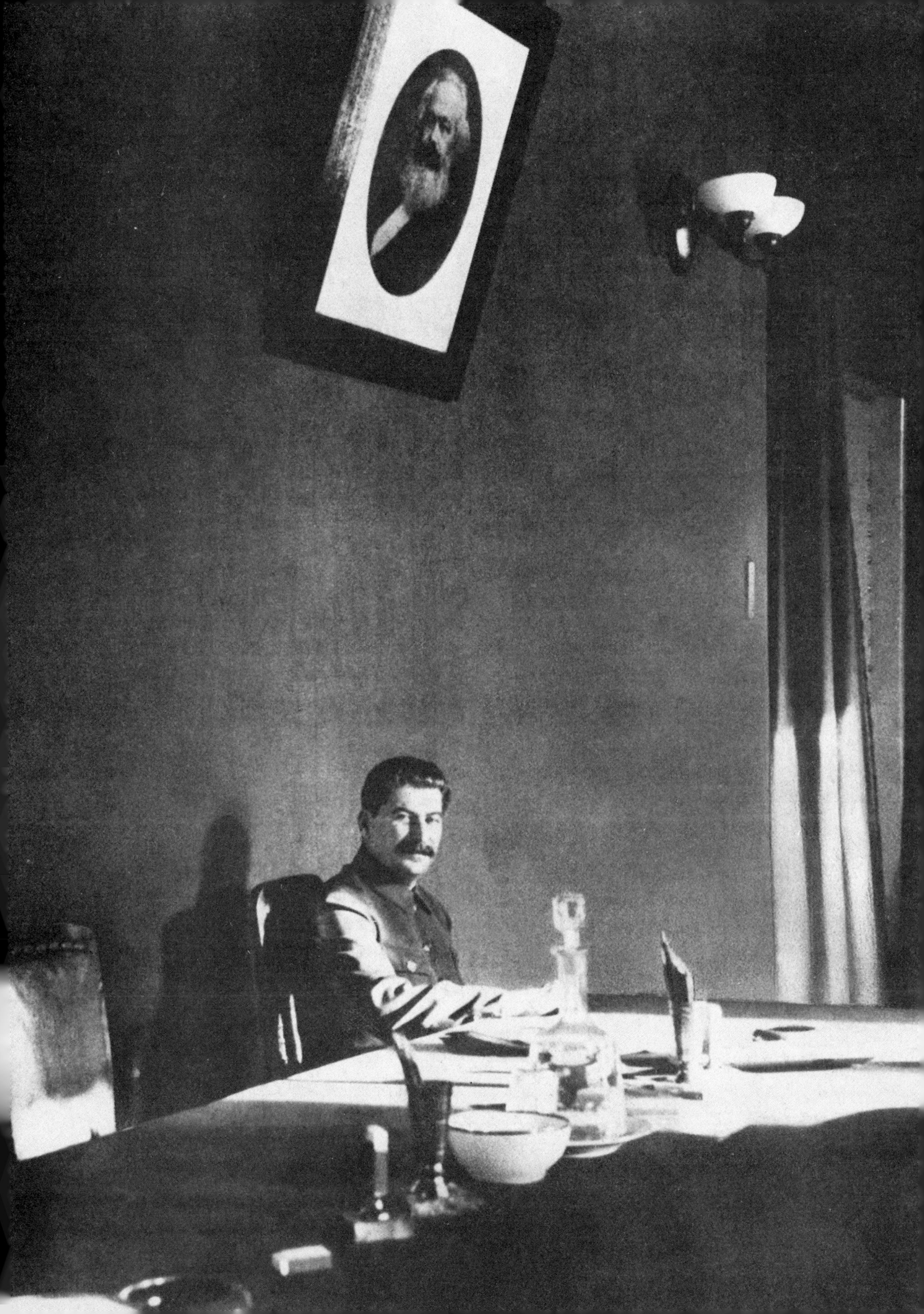

王储被刺引发世界大战

1914年6月28日，奥匈帝国王储斐迪南大公和他的妻子在萨拉热窝的大街上遇刺身亡。行刺他们的是一名年轻的塞尔维亚民族主义者。这次暗杀事件，破坏了欧洲本来就难以保持的平静，各国迅速武装起来，积极扩军备战。一个月以后，奥匈帝国以"萨拉热窝事件"为由对塞尔维亚宣战，至8月6日，分属两大阵营的欧洲各主要国家先后相互向对方宣战，第一次世界大战全面爆发。

01

> 1914年，奥匈帝国王储斐迪南大公，前往萨拉热窝出访途中步下列车。

> 1929年11月，聚集在华尔街街头的人群。

1929～1933年资本主义经济危机

1929年，资本主义世界爆发了一场空前严重的经济危机。这场危机从美国开始，迅速席卷了整个资本主义世界。在1929年11月，纽约股票市场崩溃。美国股票市场的崩溃成为一场经济危机爆发的火山口。随着股票市场的崩溃，美国经济随即全面陷入毁灭性的灾难之中，西方其他国家也随之被卷入了经济危机。危机持续长达4年。危机以后，资本主义国家进入了萧条时期。

第二国际破产

第一次世界大战于1914年8月爆发后，第二国际各国党的领袖们不但不揭露和反对帝国主义战争，反而帮着资产阶级欺骗人民，纷纷背叛了斯图加特代表大会的决议和巴塞尔宣言。他们在"保卫祖国"的幌子下，投向了资产阶级的怀抱，煽动各国无产阶级互相厮杀，狂热地支持本国政府进行帝国主义战争，堕落为沙文主义者，造成了国际共产主义运动史上前所未有的大投降、大叛变。这标志着第二国际的破产。

《反共产国际协定》

日本与德国1936年所签署的一项重要双边协定。通称"反共产国际协定"。1936年8月，日本五相会议制定了对外侵略扩张的基本国策。同年11月25日，日本与德国签署了《反共产国际协定》。此协定的签署是20世纪30年代国际关系中的重要事件，对其后的国际关系和战争进程产生了深远的影响。在此之后，意大利、匈牙利、伪"满洲国"和西班牙曾先后加入此协定。

门罗主义

1823年12月2日，美国总统门罗在致国会咨文中提出的美国对外政策的原则，史称门罗主义。主要内容是：宣布任何欧洲强国不得干涉南、北美洲的事务，否则就是对美国不友好的表现。提出"美洲是美洲人的美洲"的口号。实质是要使美洲成为美国资产阶级的美洲。当时美国提出这个口号的目的是反对英国和俄、普、奥三国的"神圣同盟"插足拉丁美洲，并为美国向拉丁美洲扩张作掩护。

retrieval

02

列宁水电站建成

电站位于乌克兰境内第聂伯河上，是苏联第一个五年计划的重点建设工程，由总设计师伊·加·亚历山大罗夫设计，1927年3月开始扩建，1932年10月10日竣工。装机总容量为56万千瓦，是当时欧洲最大的水电站。该水电站在苏联工业化过程中和战后经济重建中发挥了很大作用。

西班牙内战

1936 年至 1939 年西班牙人民反对国内反革命叛乱和外国干涉的民族民主革命战争。1936 年 7 月 18 日，在西班牙驻摩洛哥殖民军首脑、法西斯分子首领弗朗西斯科·佛朗哥领导下发动反对人民阵线政府的武装叛乱，内战爆发。1939 年 3 月 28 日，马德里陷落，西班牙共和国人民阵线政府被法西斯势力所绞杀，西班牙建立了以佛朗哥为首的法西斯独裁政权。

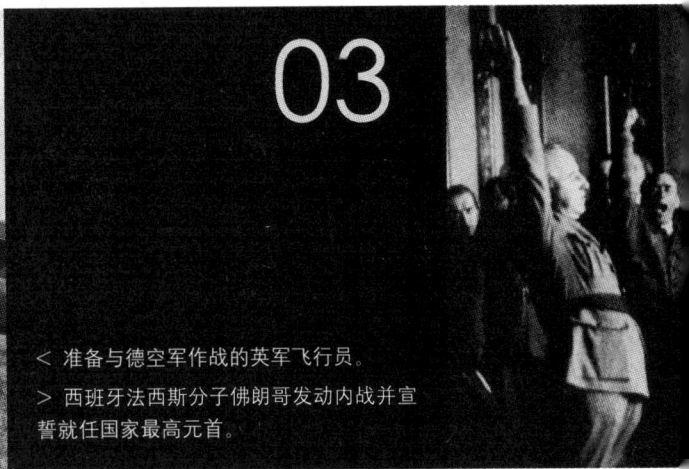

03

< 准备与德空军作战的英军飞行员。
> 西班牙法西斯分子佛朗哥发动内战并宣誓就任国家最高元首。

不列颠之战

从 1940 年 8 月 12 日开始的英德两国空军的战斗被称为"不列颠之战"。从 8 月 12 日至 9 月 6 日，德军主要目的是夺取制空权，袭击重点为英国机场。从 9 月 7 日至 11 月 13 日，德国空军飞机主要用于轰炸伦敦，以摧毁对方的抵抗意志。从 1940 年 11 月至 1941 年 5 月，德国空军主要轰炸英国工业城市，破坏英国的工业生产。在"不列颠之战"中，德国空军共出动战斗机 4.6 万架次，损失了 1733 架飞机和 6000 名以上的飞行人员。

英国封锁滇缅公路

1940 年 7 月 17 日，英国政府宣布停止滇缅公路运输 3 个月，封锁了中国西南的交通线。抗日战争进入相持阶段，日本为制止国际社会对中国的援助以削弱中国的抵抗力量，于 6 月 22 日威胁法国封闭了滇越公路后，又于 6 月 24 日以破裂英日关系为由对英国政府实施威胁，要求英国政府封锁滇缅公路。在日本的威胁下，英国政府采取了牺牲中国利益以对日妥协的政策，7 月 17 日，宣布停止滇缅公路军事运输。

《租借法案》

又称《进一步促进美国国防和其他目的法》。1941 年 1 月 10 日，罗斯福总统把此法案草案提交国会审议，进行辩论。国会两院先后通过了该法案，1941 年 3 月 11 日起生效。该法案授权总统可以通过出售、转让、交换或租赁方式，向总统认为其防务对美国国防至关重要的任何国家，提供国防物资。该法案的通过和实施对世界反法西斯战争的胜利发展起了积极的推动作用。

> 美国为英国提供的舰艇在驶往英国途中。

鼓舞民心的"炉边谈话"

第二次世界大战期间美国总统罗斯福发表的几次广播演说。1940 年 12 月间美国尚未参战，罗斯福在白宫屋里的火炉旁，用谈家常的口吻向全国发表了几次广播演说，表示美国愿意成为"民主国家的伟大兵工厂"，向英法等国提供大量军火，这种既支持英法的反法西斯战争，又促进美国经济发展，号召美国人民支持其对外政策，以后被新闻界称为"炉边谈话"。

黎巴嫩正式独立

1940 年夏天法国维西政府向德国投降，黎巴嫩处于德意控制之下。1941 年 6 月，戴高乐领导的自由法国军队协助英国军队向黎巴嫩和叙利亚进攻。6 月 8 日，自由法国驻地中海东岸委任统治区高级专员贾特鲁将军，在开罗宣布结束法国对黎巴嫩等国的委任统治。1943 年 11 月 21 日，法国当局解除对黎巴嫩的戒严令，释放了总统和政府官员。11 月 22 日，黎巴嫩政府成员复职，这一天被定为黎巴嫩独立日。

第五章

新秩序

1882–1945 罗斯福

一个罗斯福在马撒葡萄园岛附近钓鱼，另一个罗斯福则秘密地出现在大西洋的"奥古斯塔"号上，英美两大巨头在正方形船舱内讨论《大西洋宪章》……宪章中规定英美两国决不进行任何扩张，反对强加于人的或不民主的领土易手，战后和平应保障各国安全，消除人类的恐惧和匮乏……罗斯福希望宪章能够激励美国人民拿起武器同纳粹主义作战，但现实使他失望……

>> 和丘吉尔秘密会晤

1941年7月初，罗斯福忙里偷闲地在海德公园度了几个周末。那里似乎和往常一样恬静秀丽，而且有真正的欢乐，唯一的战争迹象是设在大门口的双岗和一些新的保安措施。埃莉诺从来不让什么事影响海德公园的恬淡闲适的气氛，"山顶小屋"的野餐照样在举行，当罗斯福在餐前搅和鸡尾酒时，整个长方形图书室里回荡着欢乐的笑声。

罗斯福喜欢把现有的一切保持得和他记忆中的一模一样。再没有比安宁愉快的家庭生活和与邻人的欢聚更能使他得到休息的了。甚至到现在，有时他还悄悄地溜到表妹劳拉·德拉诺在莱茵贝克的那座可爱的小屋中去享受一次安静的聚餐。

夜间，他常常在自己房间的床上拿着一本侦探小说，一直读到感觉自己的神经和肌肉都完全松弛下来为止。然后他给法拉一块"晚安"饼干，看着它蜷卧到它专用的椅子上。熄灯之后，罗斯福躺在床上，凝视着窗外夏夜月光下的婆娑树影。

7月底，罗斯福宣称他需要一次较长时间的休息，一次钓鱼旅行。"波托马克"号已准备就绪。8月3日他从新伦敦启航，连埃莉诺也不知道他要到哪里去，罗斯福竟然在这个时候出去钓鱼，着实显得蹊跷。船启航后，不久就消失在大西洋上。

许多报纸纷纷刊载罗斯福总统和随行人员在休息、晒太阳、钓鱼，为海上的新鲜空气所陶醉。为了彻底打消一些人的好奇心理，在这次执行秘密公务期间，安排罗斯福的游艇通过科德角运河。游艇整天在运河上游弋，艇上显眼的地方坐着一位外表、穿着都很像罗斯福的人。实际上，罗斯福已于8月4日在公海上登上了"奥古斯塔"号巡洋舰。

8月14日，全世界获悉，罗斯福和丘吉尔在纽芬兰阿金夏附近的普拉森夏湾进行了三天的会谈。作为用基地换驱逐舰的交易的一部分，普拉森夏湾已经转让给美国。罗斯福乘"奥古斯塔"号巡洋舰先到达那里。第二天，丘吉尔首相乘坐的"威尔士亲王"号战列舰驶进了薄雾笼罩的港口，霍普金斯也在这艘战列舰上。

在将近两年的时间里，罗斯福和丘吉尔一直通过书信、电报和横跨大西洋的电话进行联系——首相异想天开地把自己称为"前海军人员"，他们一致认为，把他们的关系置于私人基础之上的时候已经到了。

此时，埃利特正在巴芬群岛测量一个建造飞机场的地点。突然，他

> 罗斯福与幼年的埃利特在一起。

收到由无线电发来的命令，叫他立刻回纽芬兰基地。他心里嘀咕，又发生了什么事情？他更惊奇的是：基地司令分配给他一架小型飞机和一位飞行员。然后，才告诉他："你的任务是在8月8日，到圣约翰去接总司令，然后同他一起到活根基海军基地去。"

当时，埃利特还以为是接几位长官商量飞行基地的事。他说准是开玩笑。到达活根基地的海港时，一条小艇把埃利特飞快地带到了巡洋舰"奥古斯塔"号上。这时他第一眼看见了华生准将——父亲的陆军武官，还有勃朗海军上校——父亲的海军武官。埃利特还在惊奇，怎么在这里遇见他们？一下子呆住了，以至把从小学会的海军敬礼的礼节也忘了。华生对他笑了笑，勃朗向他挥手，到这时他才悟过来，转身向舰尾的美国国旗敬礼。

华生握起埃利特的手说："大元帅很想马上看到你。"

埃利特急忙向前走，正碰上三弟。

"嗨，你怎么在这儿？"

"究竟是怎么回事，我也不清楚。我参加海军后分配在梅朗号军舰服役，担任往英国运输武器的护航任务。上个星期命令我暂时留下参加巡逻工作，保护海港的进口。今天早晨，他们又叫我立刻到'奥古斯塔'上来见大元帅。我只是一个小小的中尉，不知我干错了什么？海军上将偏把我给调了出来，大元帅是谁？"

"啊，你和我一样给懵住了，大元帅不就是我们那位爸爸总统吗？他身兼美国陆海空军大元帅啊。平常想不到这个，他现在在哪儿？"

"在舰长的房舱里。"

见到父亲还没来得及问好，父亲便先开口了：

"瞧，我叫华生把这个给你们准备好了。"只见一条大元帅陆军侍从的饰带和一条大元帅海军侍从的腰带。"这不过是给你们戴几天的。正好你俩都在附近，他们就把你们调来了。"

这时，罗斯福才说出主题：

"我来不是为了钓鱼，也不是为看儿子，我要在这里和英国首相丘吉尔做首次正式的会晤，他明天就会到来，由霍普金斯接他一起来。"

"爸，你准备和他谈些什么？你估计他要谈什么？"

"这些日子纳粹顺利地在欧洲横行，他们成了欧洲的主人。对英国我们不能再袖手旁观，美国人正逐步醒悟到这点。"

"我们参战吗？"

"还不到那个必要的时刻，我们的准备还远远不够。英国人要求一个交货的方式和供应计划。他们要知道我们的分配计划——究竟给苏联多少？给英国多少？还有中国。"

"我们在这次会晤中想要求什么？"

FRANKLIN D.ROOSEVELT

Ⅴ 这张温暖的照片摄于 1933 年。"二战"爆发以后，享受家庭的天伦之乐，对罗斯福来说是一件很奢侈的事情。

罗斯福面色庄重地说：

"英国的银行家和德国的银行家很久以来，一直把持着世界贸易，排挤美国，对美国封锁这个或那个市场。现在英德交战了，美国怎能白白放过这个机会？我一直在考虑、盘算……纳粹主义是可憎的，美国与英国有天然的共同的利害关系，但一开始还是要向英国讲清楚问题。

丘吉尔曾公开宣称，他作为首相，绝不是来主持大英帝国的瓦解，我要以美国总统身份说明，美国绝不愿在这次战争中帮助英国，使它在战后依然专横地统治着它的殖民地。"

"爸，选择在不平静的大西洋的偏僻港湾进行这次不寻常的会谈，倒是很恰当。我看这对英国会是伤筋动骨的大手术，麻烦不会少吧！"

"等着瞧吧！他一来就会要美国参战！但英国是否真到了山穷水尽的地步！我还没有收到准确情报！"

第二天早晨，罗斯福一醒来就见到身边立着两个高高大大的儿子，十分高兴地说："只有家里人在身边，我才可以敞开心说话。丘吉尔今天亲自来到这儿，因为他知道没有美国，英国没法继续抗战了！"

罗斯福坐在"奥古斯塔"号前炮塔天篷下的一张安乐椅上。军舰在纽芬兰阿金夏附近的普拉森夏湾抛了锚。这是一个8月的雾晨。其他战舰排成两行停泊着。按战时要求漆成黑灰色的船身，和浅灰色的海水形成了鲜明的对照。

空中是一片忙碌景象。战斗机在舰只上空不停地盘旋。大西洋巡逻队的水上飞机从低矮的荒山背后出现，掠过水面。罗斯福知道，这些飞机载着炸弹出发，返航时往往就没有炸弹了。这都是按照他的命令执行的。同样，遵照他的命令，美国驱逐舰护送排成长队缓慢行驶的运输船只，把"租借"货物运到英国。罗斯福下了决心，哪怕有必要把威胁海运的每一艘德国潜艇炸沉，把每一架德国飞机击落，也一定要把货物运送过去。为了保护运输船队的安全，美国海军陆战队遵照他的命令占领了格陵兰岛和冰岛。

罗斯福对于事业的正义性抱有热忱的信念。正是为了这一事业，他才独自承担全部责任，命令年轻的士兵们驾着飞机投入战斗，或许还要牺牲生命。

罗斯福极目遥望弯向海湾出口处的岬尖，英国舰船仍然没有进入视野。他转过身来和站在他背后的随员闲谈。萨姆纳·韦尔斯是唯一不穿军服的人。斯塔克海军上将和大西洋舰队总司令欧内斯特·J·金海军上将也在场。陆军航空兵的亨利·阿诺德上将和陆军参谋长乔治·C·马歇尔上将正在跟沃森"老爹"亲切交谈。埃利特·罗斯福正穿着簇新的空军上尉制服，充当他爸爸的随从军官。

"啊嗬，船！"船头上有一个刚入伍的海军士兵高喊起来。

罗斯福看到一艘驱逐舰的黑色尖形船头经过岬尖，后面跟着另外五艘驱逐舰，有的挂着星条旗，有的则是加拿大军旗。然后出现了一个更笨重的庞然大物，那是一艘涂着锯齿形杂色伪装的巨型军舰，船尾上飘扬着一面炫目的军旗——英国皇家海军军旗。

"把双筒望远镜递给我，埃利特。"罗斯福说。

他把望远镜对准英国军舰"威尔士亲王"号的舰桥，几乎立刻就认出那熟悉的笨大体形，除了丘吉尔之外不可能是别人。站在他旁边的是身材瘦弱的哈里·霍普金斯。

英国军舰缓慢地从美国舰只列队中穿过。"奥古斯塔"号的后甲板上，军乐队指挥举起了指挥棒。

"扶我起来！"罗斯福命令说。

埃利特扶他站起身来，麦金太尔俯身为他扣紧支架。当"威尔士亲王"号驶来时，罗斯福脱下帽子，立正致敬。他清楚地看到丘吉尔在英国军舰的舰桥上行礼。"奥古斯塔"号的乐队奏着《上帝保佑吾王》，随风飘过来的是《星条旗》的乐声。

11时整，一艘汽艇驶离"威尔士亲王"号，罗斯福站在"奥古斯塔"号的舷梯上等候着。汽艇到达船边。在汽笛的尖鸣声和海军仪仗队举枪致敬的碰击声中，穿着褐色海军制服的丘吉尔走上舷梯。

丘吉尔显得古板、粗率而有力，是英国精神的化身。他停下脚步，礼貌地朝后甲板致敬。然后像一个逗人喜爱的胖娃娃一样，笑眯眯地伸出双手走上前来。

"终于见到您了，总统先生！"

"在船上和您相会，我很高兴，丘吉尔先生。"罗斯福回答。

他们的手终于紧紧地握到一起。激情的强大电流瞬间传遍了他们的身体。对他们来说，这次会晤体现着英国和美国终于携起手来了。

"英国有一个丘吉尔和我同处在同一个时代是一件幸事乐事！"

"总统先生的活泼性格对我宛如打开了一瓶香槟酒，沁心迷人！"

在相互赞赏中，丘吉尔十分清醒作为英国首相和美国总统在外交上不是一个等次，他虽年长几岁，但总称罗斯福为总统先生或总统，罗斯福则亲切地称他为温斯顿。

罗斯福和丘吉尔都是自高自大的人，都知道自己的责任和在历史上的地位，但是，他们一见面彼此之间立即产生了好感。在他们随后四年的接触中，有时罗斯福喋喋不休地谈论决心牺牲大英帝国因而激怒过丘吉尔，而丘吉尔喜欢长篇大论和习惯熬夜则使罗斯福感到烦恼。然而，他们走到一起不仅仅是由于政策的需要，而且也是由于相互钦佩。罗斯福掌握着绝大部分王牌。丘吉尔不得不向罗斯福讨好，先是要他站在英国一边作战，然后是要他支持英国的政策。当罗

∧ 1941年8月，罗斯福与丘吉尔在阿金夏湾历史性的第一次会面。

斯福及其顾问们反对丘吉尔的建议时，丘吉尔通常都欣然放弃，这同他的本性是格格不入的。

这两位领导人是带着不相同的需要和优先处理的问题前来参加大西洋会议的。丘吉尔希望能够说服罗斯福参战，至少同英国一道警告日本不要对马来西亚和荷属东印度群岛发动进攻。这样做是为了遏制战争，不使战争蔓延。丘吉尔担心，日本人可能切断英国通向印度和东南亚的生命线，他认为要是发表一项强有力的宣言，日本可能不得不三思而后行。罗斯福告诉英国人，他已经决定开始把船队最远护送到冰岛，这将使英国可腾出40艘驱逐舰和小型护卫舰去执行其他任务。他还同意向日本递交一份强硬的照会，但是他不能答应美国直接参战。在大西洋会议上，他得到消息说，国会以只多一票的多数通过把应征入伍者的服役期再延长18个月，这似乎象征了总统权力的局限性。

>> "奥古斯塔"号上的争吵

为了迎接英国客人，罗斯福总统送给"威尔士亲王"号上1500名水兵每人一份礼物：1个橘子，2个苹果，500克干酪，200支雪茄。

霍普金斯从"威尔士亲王"号被转移到了"奥古斯塔"号，罗斯福的海军侍从副官约翰·

比尔德尔上校上了"威尔士亲王"号，转达了罗斯福关于正式会议和社交活动的初步考虑，罗斯福将在当晚设宴款待丘吉尔及其一行。霍普金斯给丘吉尔写了一封信：

"我刚同总统谈过，他很想在今天晚餐后邀请其余的人员留下，请你非正式地对他们谈谈你对这场战争的总的评价，同时对那些在场的人，你想说什么就说什么。我想总共会有25人。"

霍普金斯所以提出这一建议，是因为他想让罗斯福及其一行听听丘吉尔茶余饭后对战争形势的分析。出席这次晚宴的，美国方面有罗斯福、韦尔斯、斯塔克、马歇尔、金、阿诺德、霍普金斯和哈里曼；英国方面有丘吉尔、卡多根、庞德、迪尔、弗里曼和彻韦尔。宴会气氛十分热烈，宾主边吃边谈。谈话的两个主题是：日益增长的日本侵略威胁，这是英国人尤为关注的；拟议中的五点联合宣言，后来成为八点的大西洋宪章。当然，霍普金斯所谈的苏联情况，引起与会者巨大兴趣。他们认为，希特勒进攻苏联，对抗德战争具有重要意义，但这样一来日本在中国东北侧翼所受的威胁就减少了，而日本在其他方向进一步采取行动的危险更增多了。

整整一个晚上，丘吉尔滔滔不绝地作了一篇丰富多彩的讲话，说得罗斯福这位一向主宰会场的人变成了谦逊的听者……在一片掌声中，罗斯福只轻声地插问了一句："苏联人能挺得住吗？"

"哦，苏联人？"丘吉尔的声调里含着难以掩饰的轻蔑，但立刻意识到这是不恰当的，补了一句：

"当然，他们比我们期望的要强多了，可谁也说不准究竟能坚持多久？"

"那么，你认为他们难以持久？"

丘吉尔耳边仿佛又听到希特勒的疯狂叫喊：把列宁格勒*和莫斯科夷为平地，使之变成无居民城市。

目前，列宁格勒正处在危险中……

罗斯福的目光紧紧地盯住丘吉尔，等待他的回答。

丘吉尔毫不掩饰自己的想法：

∧ 苏德战争期间，苏军将领朱可夫在列宁格勒前线指挥战斗。

★列宁格勒

苏德战争重要战役发生地。今称彼得格勒，位于俄罗斯涅瓦河口。工业、科学和文化中心，交通枢纽，战略地位十分重要。苏德战争期间，列宁格勒曾于1941至1944年爆发重大会战。第二次世界大战结束后，列宁格勒曾多次被授予奖章，包括"列宁勋章"（两次）、"金星奖章"和"十月革命勋章"。为纪念列宁格勒会战中的英勇防御和最终胜利，市内修建了烈士纪念碑，郊区辟有象征光荣的绿色地带。

∧ 罗斯福与丘吉尔在"奥古斯塔"号上同英美高级官员合影。

"莫斯科陷落后，德国人只要越过了高加索，苏联人就会最后停止抵抗。"

罗斯福心里清晰地记住了驻苏大使哈里曼的报告："苏联有几百万人准备浴血奋战，拼命抵抗。他们急需高射炮、飞机、制造飞机的铝、军用卡车……斯大林有长期抗战的准备。目前仍在撤退、挨打，但他们并不畏惧，绝没有在几个星期、几个月，甚至几年被打垮的想法。他们一定要把纳粹匪徒赶出国土。这才是美国物资首先应该运送的地方。"

对丘吉尔的谈话，他未置一言，仍聚精会神地听着，一直听到丘吉尔最后的话：

"美国必须参战！你们想生存，就必须参战！"

必要的社交礼仪结束后，大西洋会议正式开始了。需要讲的话是那样多，以至时间显得太短。英国外交部常务次官亚历山大·贾德干爵士和萨姆纳·韦尔斯在"塔斯卡卢萨"号上进行秘密会谈。英美两国的陆海空官员共同研究重大战略。而丘吉尔、罗斯福和哈里·霍普金斯则进入罗斯福舱室，剖析和纵谈世界局势。

军事问题的讨论是从苏德前线的形势谈起的。霍普金斯谈了他对莫斯科的印象，他告诉丘吉尔和罗斯福，斯大林已将苏联坦克、飞机、枪炮和兵员的数字交了底，这些数字远远超过常人的猜测，斯大林向他保证德国人今年攻不下莫斯科，但为了取得最后的胜利，仍需要得到美国的援助。这消息的确是令人欢欣鼓舞的。罗斯福和丘吉尔都很清楚，在联合战争中抵抗轴心国的主要战场在东方，因此决定给予苏联以物资援助，并联合向莫斯科发了电报。丘吉尔提议讨论英美战略，但没有奏效。美国人无论如何是不着急的，他们认为，苏联参战证明，美国从前的坐等战火吞食旧大陆的政治路线是合理的。

丘吉尔强烈要求美国立即对德宣战，他宣称，宁愿美国现在马上宣战并在半年之内不给予英国援助，而不希望美国加倍提供援助却不宣战。罗斯福拒绝了，他认为美国人民对于对德宣战还没有足够的思想准备。并解释说：他虽不宣战，却参加作战，并且将会有越来越多的挑衅性表现，他将竭力制造"偶然事件"，他正在寻找能成为开始武装行动口实的"偶然事件"。

在讨论太平洋的局势时，他们都严重地关注到日本向马来亚和荷属东印度群岛进逼的形势，丘吉尔和罗斯福一致认为决不能让日本人越过法属印度支那的金兰湾以南。但在具体的战略上，他们之间存在着分歧。丘吉尔希望能说服罗斯福参战，至少同英国一道警告日本不要对马来亚和荷属东印度群岛发动进攻，这样做是为了遏制战争，不使战争蔓延。罗斯福同意向日本递交一份强硬的照会，但是他不能答应美国参战。他提醒丘吉尔，绝大多数美国人不会同意，他为保卫英国而去充当"好心大叔"。丘吉尔敦促罗斯福同意在新加坡哪怕举行一次参谋部会议来讨论保卫东南亚的措施，但也被罗斯福拒绝了。罗斯福对自己的同事说："丘吉尔看待事物的方法与你我不同，他非常固执。他和其他人一样，希望在战争结束时再次扩大他的帝国，他希望我们支持他。现在，他非常担心东方——香港、马来亚、荷属东印度群岛和缅甸。我不得不一再拒绝他要惊动日本的恳求，因为我想尽一切办法不给日本人造成进攻我们的口实。"

第二天晚餐后，罗斯福没容客人高谈阔论，也没有迂回闪避，像在赌桌上那样，首先亮出底牌。

"我们先谈谈战后，维持世界和平的一个先决条件是在最大可能范围内实行贸易自由，不得有人为的障碍，特惠的经济协定愈少愈好，让大家都有自由扩展的机会，市场必须开放。"

丘吉尔如坐针毡，不安地挪动身子，以警惕的目光注视着罗斯福："大英帝国的贸易协定……"

罗斯福截住他的话说："你们的这些贸易协定造成印度、非洲以及近东、远东直到现在还是那么落后。"这句话可捅着了丘吉尔的痛点，丘吉尔从脖子红到脸上，挺了挺身子，憋了一口气："总统先生，英国从不曾提议，也从未考虑要放弃在属地的特惠地位，使英国强大的那些贸易必须继续，而且要在我们所订的条件下继续。"

"我早就料到在这个根本问题上，我们达不成一致。我坚决相信，要巩固世界和平，必须开发一切落后国家。如果仍袭用 18 世纪的方法，就永远达不到目的。"

"谁说是 18 世纪的方法？"丘吉尔大为不悦，声音里充满愤怒。

"是谁把殖民地原料运走，却丝毫不给报酬和代价？ 20 世纪的方法是把工业介绍到落后的地区，提高当地人民的生活水平，教育、卫生水平，对于他们的财富，要使人家明白运走的原料，应得到相应的报酬，而不是掠夺。"罗斯福把压抑很久的思想倾泻出来了。

丘吉尔像挨了一刀，吼叫着："你这是指印度！"

"是的，我们一面说反对奴化人民的法西斯，而同时却不改变自己奴化殖民地的政策，这个战争怎么进行下去？它还有什么意义？"

"怎么，你的菲律宾的人民是不同的。印度、非洲、近东、远东，甚至中国，不行，不行。要想改变英帝国的贸易协定和经济政策是绝对办不到的。"丘吉尔咬紧了下唇。

"人为的一切，都是可以改变的。"

"那是英国强大的基础，命根子！"丘吉尔毫不含糊地承认这个事实。

"和平与任何延续专横主义势难两立，民族间的平等必然包括贸易竞争的最大自由。谁能否认德国企图独霸欧洲的贸易是造成这次世界大战的主要因素？"罗斯福在维护自己的观点上是绝不让步的。

这类争论是不可能在一两次会晤中解决的。历史上存在的问题由历史的时间表来解决。

最后的那个晚上，他俩结束了《大西洋宪章》★的润色工作。

丘吉尔走到罗斯福面前，沉默半晌，忽然伸出他那肥胖的手指晃动着，几乎触到老朋友的鼻子。他控制着自己，以低沉的声音说出了伤心的请求："总统先生，我曾幻想你会宽厚一些，你已决心毁掉大英帝国。目前，没有美国，英国就站不住脚了，你是我唯一的救星唯一的指望。战

★《大西洋宪章》

第二次世界大战期间盟国所签署的一项重要文件，对战局和战后国际关系都产生了深远的影响。1941 年 8 月 9 日至 13 日，英美两国首脑在位于大西洋的阿金夏湾举行会谈，并于 8 月 13 日签署了《联合声明》，次日正式公布，史称《大西洋宪章》。这一宣言的发表，对于动员和鼓舞全世界人民，加强反法西斯同盟，打败德意日法西斯侵略者起了积极的推动作用。

后世界的整顿慢慢再说吧！租借物资，请你保证，英方优于苏方，在时间上数量上，另外，答应我，尽早对德宣战吧！同时，请你警告日本，制止日本进一步向马来亚和东印度群岛进攻。目前，美国的警告对日本还有一定的影响。明白地告诉它：反对在亚洲的英国人的任何行为，都意味着对美国的宣战。今天的英国需要你的保护。"丘吉尔眼泪如注，竟像孩子般地哭泣起来。

罗斯福没有直接回答丘吉尔的要求，而是告诉他："美国决定把支援英国的物资船队，最远护送到冰岛，可以使英国腾出40艘驱逐舰和小型护卫舰，去执行其他任务。

"我们可以给日本发一份强硬照会，如果它进一步侵略东南亚……温斯顿，我估计今天的日本已经不是一个世纪以前的日本了，它不会被一个警告震慑住了。另外，我也无权答应你——美国立即对德宣战。你该知道，美国国会不是我指挥得了的。昨天国会仅以一票多数通过应征入伍的服役期限延长18个月，我也有很多很多的难处啊！

"美国的防务还没有安全保证，目前军火生产远远未达到本国和民主国家军火需要的指标，美国今天仍有人唱着恬淡、安宁、柔顺的令人迷醉的歌，但相信我，我会尽可能地帮助你。"

8月10日是星期日，大西洋会议参会人员情绪达到了高潮，罗斯福和"奥古斯塔"号上的几百名水兵在"威尔士亲王"号上做礼拜。英美两国的水兵在这艘战列舰的大炮下混合在一起，合用着祈祷书，共同唱起人们熟悉的古老的圣歌：《前进吧，基督教士兵》和《保佑海上的那些遇险者》。丘吉尔的面颊上淌着泪水。

罗斯福坐在洒满阳光的英国舰后甲板上，发现自己的头脑在不停地思索这一场面的重大意义，两个以航海为业的民族在这里融为一体，这些对上帝和人类自由权利怀有共同信念的人们，在宗教信仰和战斗中表现出同心同德。丘吉尔也是感慨万千，他在后来写道："这是一次伟大的历史性的礼拜，一次感人至深的两国人民精诚团结的表现。"

"啊，上帝，愿你在战争的日子里坚定我们的意志，"牧

师祈祷说，"增强我们的决心，我们不是和人们为敌，而是反对奴役人们灵魂的黑暗势力，我们将战斗不息，直到一切敌对行为和压迫都被消灭干净，世界各国人民从恐惧中获得解放，作为上帝的孩子互相服务。"

"阿门！"罗斯福总统说，他身旁一个更深沉的声音附和着，"阿门"。

接着响起了千百个青年人的歌声，他们百感交集地唱着罗斯福亲自为这一天选定的一首水兵赞美诗：

永恒的上帝，万能的救主，

汹涌的波涛已被你制服。

你挥动巨臂，力挽狂澜，

深邃的大海被迫就范。

啊，人们在海上遇难，

请倾听我们的呼唤。

罗斯福心潮起伏，竭力抑制住泪水。他情不自禁地向他的英国同伴看了一眼，发现丘吉尔这位英国的捍卫者正在偷偷地擦着眼泪。几十年后，丘吉尔动情地回忆说："每个字似乎都使人激动。活下来是很幸运的，唱圣歌的水兵将近一半，不久就牺牲了。"的确，那年还没有过去，"威尔士亲王"号就在马来亚海面被日本鱼雷击沉，数百名年轻的水兵为人类的和平与自由事业献出了宝贵的生命。

参谋人员的会议在继续进行。韦尔斯和卡多根仍然像被禁闭似的不和其他人接触，他们正在该舰的另一处，就英国政府所起草的文件《致日本政府的信件》进行会谈。准备从华盛顿、伦敦、阿姆斯特丹分别发往东京的电文如下：

日本在西南太平洋任何进一步的侵犯都将迫使美国——英国——荷兰政府采取反措施，即使这些反措施可能导致美国——英国——荷兰和日本之间的战争，倘若任何第三国由于这些反措施或对这些反措施给以支持而成为日本侵略的对象，美国政府——英国政府——荷兰政府，将给予该第三国一切可能的援助。"

在大西洋会议期间，罗斯福和丘吉尔进行了一次又一次的会谈，其中有一次特别机密。"你们的人在核裂变方面做了些什么？"罗斯福问道。

"干了不少。"丘吉尔回答，"把彻韦尔请来。"

彻韦尔勋爵详细叙述了英国科学家进行的研究工作，似乎某些方面已经走到了美国的前面。

"这东西可能厉害得不得了。"罗斯福指出，"我们最好联合起来，抢在纳粹前头。"

"可以吧。"

于是，他们达成了一项互换情报的协议。

>> "格利尔"号事件

8月12日，两巨头在"奥古斯塔"号正方形船舱内讨论着《大西洋宪章》。

船舱的墙壁和舷窗都沉浸在大西洋的浓雾之中。在场的除了两位元首，还有具体草拟初稿的韦尔斯和卡多根，哈里·霍普金斯以及刚从英国飞来的比弗布鲁克勋爵。

他们逐字逐句地讨论着，有时意见一致，有时激烈地争辩，好似一个雕塑家费力地把粗糙的花岗石雕琢成一块纪念碑那样，一点一点地使这个伟大的文件形成。这个文件的精髓将是确保各国人民的四大自由。

大西洋会议行将结束时，美英两国领导人发表了共同起草的联合宣言。联合宣言提出了八点主张：英美两国决不进行任何扩张；反对强加于人的或不民主的领土易手；包括被强行剥夺权力的人民在内的所有各国人民，都拥有主权和自治权；所有国家对其所必需的各种原料享有经济上的平等待遇；通过经济合作，保证"提高劳动水平，加快发展经济，改善社会治安"；战后和平应保障各国安全，消除人类的恐惧和匮乏；海上通商自由；在建立起一个更为广泛、持久、普遍安全体制之前，解除侵略国的武装，削减军备负担。

罗斯福和丘吉尔对于这一联合宣言表示满意，但是在起草和谈判过程中，仍存在着冲突、斗争和妥协。丘吉尔打消了罗斯福想迫使英国放松它的帝国作用的反殖民主义企图，而罗斯福则坚决主张，在联合宣言中应删掉成立一个国际联盟式的国际组织的所有字眼，以免引起孤立主义者的怀疑，他宣称，他反对建立新的"国际联盟组织"。

美国也不打算同英国分享权势。联合宣言的第四条和第七条可以令人信服地证明这一点。这两条分别谈的是对世界资源和贸易的"平等权"和"海上自由"问题。美国的扩张总是在这些口号下进行的。当然，丘吉尔很勉强地同意了这些条款，只能加上"根据当前情况"这样有限的措辞加以修正。可是，美国人不十分关心辞令，能同英国发表这样一个联合宣言比什么都重要。对丘吉尔来说，联合宣言的价值也正在于此。

响亮的口号已经提出来了，不过罗斯福没有忽略一个根本情况，就是联合宣言对美国来说，只是道义上的，而不是法律上的约束。联合宣言仅仅油印出来交给报界去发表，这份文件未经签署，也没有履行签订国际协定的一般手续。因此，这个联合宣言无须提交参议院批准。

英美两国领导人完成他们的使命后就要分手了。在"奥古斯塔"号的甲板上，温斯顿·丘吉尔热烈地握过罗斯福的手，匆匆走下舷梯，上了汽艇。在他兴高采烈的情绪中，夹杂着一阵惜别的隐痛。以后每当他们分手时，他总感到这种痛苦。除了相互敬仰之外，这两个领导人之间还产生了深刻的发自内心的情感。丘吉尔站在急驶而去的汽艇船尾，向后观望着。他向罗斯福打着 V 形手势，罗斯福站在栏杆后面，笑着向他挥手。

丘吉尔得到了莫大的宽慰。他有自己的重负得到别人分担之后的释然之感。他回想起在休息时他们所开的玩笑和闲聊的内容，以及罗斯福在会议桌上所表现的敏锐的理解力、认真的思考、热烈的同情心和宽广的眼界。他竭力想对那张安详的古典式的脸再看上最后一眼，那张脸上虽然洋溢着欢乐，但辛酸的忧虑已经在上面深深地铭刻了皱纹。多么难以置信的幸运啊：在这个危难的时刻，有这样一个人来担任美国总统。

罗斯福回到白宫，听说8月14日公布的《大西洋宪章》引起新闻界一片哗然，尤其是白宫的记者感到自己被愚弄了。

他微笑着对夫人说：

"丘吉尔真是一个很有趣的人物。他听说有一个罗斯福在马撒葡萄园岛附近钓鱼时，大笑不止地说：'真糟，只有我这个大块头难以找到替身，听说，斯大林准备了好几个替身哩！'"

埃莉诺并不觉得好笑。她说：

"你们的杰作近似威尔逊总统在第一次世界大战后提出的十四点计划，是理想主义的宪章！丘吉尔先生的心理和你不同，不论是他过去的处境还是今天的处境都不同。他着急如何保卫英国，挽救英国！你是在拖延时间、观风向、看国会和选民的晴雨表、等时机……你的顾问亲口对我说，你的外交方针是随机应变。"

罗斯福闭上眼睛说："我看丘吉尔是位了不起的政治家，极风趣的英国的大忠臣。他谈着严肃的政治问题时，居然会娃娃般哇哇地哭起来，弄得我不知如何是好。"

"你给英国送去驱逐舰，为加强美国国防而借用英国的西印度群岛，这是在做生意，不是支援，丘吉尔怎能不动感情。"

"埃莉诺，你并不喜欢丘吉尔，却为他辩护，你明明知道我应该让国会看到我们并未吃亏。"

"我只是同情英国的处境，他该怎样向英政府和人民交代呢。"

"他要保卫英国，我要保卫美国，目标是一致的。英美合作互助绝非单方面的付出。友谊在必要时可以互通有无，在战时更应该如此。丘吉尔明白我的处境，也相信我不会使他们吃亏。第一批送去50艘驱逐舰里装满了各类武器弹药，物资中还包括各种食品，那是美国人民的心意，怎能说我是在做生意而非支援？丘吉尔也表示他回去以后也要把这两件事，驱逐舰与西印度群岛等属地分开来谈，这是不相关的两码事。他极聪明地说，尽可能小心，免得引起误会。"

罗斯福露出他那迷人的微笑。

大西洋会议的消息同时在伦敦和华盛顿发布。联合宣言就是被人们广为传诵的《大西洋

∧ 一艘舰船在大西洋上被德国潜艇击中后冒起滚滚浓烟,渐渐下沉。

宪章》。这个宪章对反法西斯同盟的形成和发展，对反抗纳粹暴政的斗争起了一定的推动作用。然而，在美国国内却并未产生正面影响。罗斯福希望《大西洋宪章》能够激励美国人民拿起武器同纳粹主义作战，但现实让他失望了。民意测验表明，74%的人都不希望介入这场战争。到1941年秋，英苏两国在军事上的挫折已经使他确信，希特勒的胜利几乎已成定局，即使这样，他的参战决心仍很大。一些权威人士断定，罗斯福可能会认为不必派遣大批部队去海外作战，美国的军事贡献可以只限于海军和空军的支援。

9月4日，美国在暧昧不明的大西洋战争中首次开了火。

当时，美国海军驱逐舰"格利尔"号正在向冰岛运送邮件的途中，一架英国战斗机向它发报说，在它前面大约10英里的地方发现了德国潜艇。美国军舰没有被授权袭击德国潜艇，于是，只对它进行跟踪，通报英国军舰和飞机它的位置。

"格利尔"号赶往现场，进行搜索，用探测器紧紧盯住目标。德国潜艇被跟踪了3个多小时，显然已经对捉迷藏的游戏感到厌烦了，于是，向这艘驱逐舰发射了一颗鱼雷，但未打中。美国驱逐舰发射了一连串深水炸弹，接着发现一颗朝自己射来的鱼雷，避开了它，结果德国潜艇也不见了。

罗斯福利用"格利尔"号事件为借口，宣布了他派遣舰只护航的新政策。当然，这艘驱逐舰同英国飞机合作，跟踪德国潜艇是有危险的，而德国潜艇的艇长也无法断定他的对手的国籍。但是，罗斯福认为首先开火的是发射鱼雷的德国潜艇，而不是跟踪它的美国驱逐舰。

罗斯福定于9月8日发表一次炉边谈话，谈话之前，他前往海德公园去看望他身体衰弱的老母亲。

这位老人看到儿子回来打起了精神，但是在9月6日晚，她的血液循环系统出现了问题，第二天没有苏醒过来就去世了。过了不到5分钟，庄园上最大的一棵树倒在地上，而当时没有暴雨，没有刮风，也没有闪电。

罗斯福在外表上对母亲的去世没有表现出任何悲哀迹象，但是，了解他的朋友们知道，他对母亲的去世感到十分悲痛。

萨拉·罗斯福被安葬在圣詹姆斯教堂的家族墓地，旁边葬着的是她41年前去世的丈夫。罗斯福在没有特工人员陪同的情况下露面，这是第一次，也是唯一一次。当送殡队伍快到墓地的时候，特工处分遣队队长迈克·赖利对吉米·罗斯福说："你照管他一下，即使国会说那里属于我们管，我想那也不是我们管的地方。"

9月11日，罗斯福衣袖带着黑纱，向全国人民发表讲话。讲话中，他闭口不谈"格利尔"号驱逐舰挑起潜艇开火的事实，而把这一事件指责为"海盗行径——从法律上和道义上来说，都是如此"。他一再强调，任何暴力行动都不会吓得美国放弃在公海上航行的权利。"我们过去不想同希特勒开火，现在我们也不想同他开火，但是，不管需要采取什么行动，不管要付出什么代价，我们都将保持合法的商业运输线畅通无阻……当你看到一条响尾蛇准备咬人时，你不会等它咬人后才去打它。这些纳粹潜艇和袭击者就是大西洋上的响尾蛇！"

罗斯福的讲话没有错，但是他无视是"格利尔"号激起德国潜艇发射鱼雷的事实，而是利用了这一事实来达到自己的目的。毫无疑问，他认为有必要歪曲这个事实，以鼓动美国人民支持他向美国海军下达的"一见到就开火"的命令。正如英国大使哈利法克斯勋爵说过的那样，罗斯福"具有一种可怕的由坏妖精赐给的进行操作的天赋"。孤立主义者指责这种手法，但是绝大多数美国人尽管仍然不肯参战，但还是同他一样确信，纳粹的胜利将会危及美国的安全。

在"格利尔"号事件之后的不宣而战的海战中，又有两艘美国驱逐舰受到德国潜艇的袭击。刚过一个月，"克尔纳"号军舰在执行护航任务时被一颗鱼雷击伤，11名水兵死亡。罗斯福在海军日向全国发表的一篇激动人心的讲话中说："美国已遭到袭击。美国军舰'克尔纳'号不光是海军的一艘军舰，它属于我国的男女老少。"他出示了旨在表明纳粹打算把南美洲分成"五个仆从国"的文件，从而使人们回想起1917年的齐默尔曼电报。齐默尔曼电报是德国外交部打给德国驻墨西哥公使的一份密码电报，敦促他在美国参加第一次世界大战之前缔结德墨联盟。在美国人专注于欧洲的事件时，墨西哥人准备跨过边界，夺取新墨西哥，得克萨斯和亚利桑那这些"失去的领土"。英国情报机构截获了这份电报，这对美国向德国宣战方面起了作用。他敦促国会取消中立法的"约束性"条款，这样，美国商船就能够武装起来，并获准开往英国港口。4天以后，有4个烟囱的"卢本·詹姆斯"号成为美国海军被德国潜艇击沉的第一艘军舰。它在冰岛西面大约960公里的地方被鱼雷击沉，115人死亡。

大西洋的战局已经一触即发。公开战争迟早会爆发，因为除非希特勒甘愿放弃大西洋战役，否则他就不能允许美国船只顺利地向英国提供补给品。尽管如此，罗斯福还是不肯要求国会宣战。孤立主义的势力还很强，中立法仅以微乎其微的多数得到了修改，任何要求国会宣战的试图都会引起一场激烈的辩论，使国家四分五裂，并且削弱他的领导作用。此外，美国全面参战的经济、军事基础也尚未形成，仓促加入，会捉襟见肘，十分被动。罗斯福是不会甘冒天下之大不韪的，他在等待时机。

不久，狂妄自大的日本人在珍珠港 ★捅了老虎屁股，罗斯福终于找到机会了。

★珍珠港

位于太平洋中部夏威夷群岛的瓦胡岛，美国领土。面积22.7平方公里，可供各种舰艇驻泊。进港航道水深达13.6米，码头线长12公里，水深15米。第二次世界大战期间是美国太平洋舰队的主要海军基地，经常停泊舰队的主力舰只。1941年12月7日，日本海军和海军航空兵对珍珠港实施突袭，从而发动了太平洋战争。

第六章

灾 难

1882–1945 罗斯福

"这是最后通牒，赫尔竟敢要求日本撤出中国全境！"东条英机暴跳如雷，海军联合舰队司令山本五十六更是恼羞成怒。山本坚持认为，如果摧毁美国舰队，日本就能够在没有干涉的情况下征服东南亚，迫使西方接受日本对"大东亚共荣圈"的控制……珍珠港事件把罗斯福从一种无法摆脱的困境中解救出来，以至于有人认为，珍珠港事件是罗斯福故意向日本挑衅，以便从后门把美国拖进第二次世界大战……

>> 对日政策的"空城计"

1941年12月7日1时47分,美国舰队司令致电夏威夷所有舰船:珍珠港遭空袭,这不是演习。与此同时,罗斯福总统下令:"将这消息通知所有舰船和军港。"然后向接线员喊道:"给我接国务卿赫尔!"

几小时后,几乎所有美国人都知道了日本海军舰队偷袭美国海军舰队珍珠港基地,美国海军蒙受巨大损失。

其实,美日关系早在20世纪30年代就已经十分紧张。第一次世界大战后,国际形势发生重大变化,苏维埃联盟成立,英国和法国变成了美国的债务国,在与美国的竞争中处于下风,日本成了美国在太平洋上的主要竞争对手,日本排斥和防范的主要目标就是美国。

1931年,日本侵占中国东北,对维持太平洋不稳定均势的条约体系提出了第一回合的挑战,日本开始了用其独占政策来取代美国"门户开放"政策的武力征服。

这一行动的时机,恰恰选在苏联正致力于国内事务,无暇东顾,西方世界正陷于经济危机中,无力进行干预。唯一有能力作出反应的美国正处在胡佛时期,这位专心国内经济的总统对主张对日本持强硬态度的国务卿史汀生所提出的经济制裁建议,一概加以拒绝,只勉强同意发表一份表明美国立场的声明,即1932年1月7日致中日两国照会——不承认有损美国在华利益(门户开放政策)的任何条约。

没有实际行动,不承认成了一纸空文。照会发出3个星期后,日本人用武力回答了美国的抗议——1月28日进攻上海。

这时,美国如果再装聋作哑,无异于宣告放弃"门户开放"政策,这一责任是美国任何一届政府都不敢担承的,于是,1月31日,美国从马尼拉派遣一艘运输舰运载第31步兵团的1000多人到上海"护侨"。这当然是象征性行动,只是向世人显示美国还不甘心退出在远东的角逐。

1933年3月,富兰克林·罗斯福继任美国总统,他接受史汀生的"不承认主义原则",支持国际条约的"神圣义务"。日本立即示威性地退出国际联盟,声称"日本在建立远东持久和平所遵循的原则与国际联盟不合"。

日本在对中国东北的全面控制实施后,开始摇晃橄榄枝,向美国摆出和解姿态以分化西方世界。

出席国联会议的日方代表团团长松冈洋右大谈对美国的友好期望:"任何关于美日战争的说法都是可笑的。""如果日本最近要打仗的话,那将是对苏俄作战。届时，如果美国站在日本一边，我不会感到惊讶。"他还希望能到美国拜谒新总统，解释日本同"满洲国"的关系，遭到了罗斯福的拒绝。

1937年7月，罗斯福第二任总统任期不久，日本发动了对中国的全面进攻，这是对"门户开放"政策的再次挑战。这时，新政已经收到一些成效，罗斯福的注意力可以更多地转到外交事务上，对日政策也开始增添他本人的色彩，想给一匹野马套上缰绳。

∧ 强大的美国海军太平洋舰队在海上游弋。

然而，对待日本咄咄逼人的扩张态势，美国内阁发出的声音并不统一，军方首脑们极力避免马上同日本摊牌，不敢刺激他们。安抚派的重要人物驻日本大使格鲁，自1937年日本全面侵华战争开始，发给华盛顿的电报几乎全都是为日本开脱罪责的，日本南进意图已经非常明显了，他还幻想日本统治集团内部出现温和派压倒军方的局面。他递交国务院的报告说，日本绝不是一个极权国家。他还一再建议罗斯福不要采取可能被极端派利用的任何行动。1940年日本对印度支那采取行动，格鲁的态度才稍有变动，开始主张停止对日本的"节制和忍耐政策"，但实际上，直到珍珠港事件前夕，他也未丢掉幻想。

国务卿赫尔★也是亲近安抚派的，他也幻想日本统治集团中的温和势力能钳制军方，想尽量延缓摊牌时刻的到来。

罗斯福总统近乎骑墙，时而支持安抚派，时而支持强硬派，因时因事而异，哪面风硬偏向哪股势力，体现了他一贯的妥协平衡作风。

1937年日本全面侵华时，罗斯福考虑对日本实行禁运。禁运几乎是罗斯福手中唯一可以玩的牌，但这张牌也不好打——芝加哥"防疫"演说没引起反应，显示公众对罗斯福的建议还暂时不能接受，赫尔和众多海军将领也反对对日本实行禁运。处在这种气氛里，罗斯福聪明地采取见机行事的灵活反应方法。

1938年，日本对外扩张更加猖獗，5月占领徐州，6月占开封，10月取汉口，11月宣布建立"东亚新秩序"。日本外相有田叫嚣不承认"门户开放，机会均等"的旧秩序，陆军大臣坂垣宣称：为了新秩序，日本不惜与任何第三国作战。

罗斯福终于作出了反应，5月17日，国会根据他的要求通过了10年建造115万吨的庞大海军扩建法；6月30日，英、美、法三国海军订立相互使用港口协调行动的协定；1939年7月26日又宣布1911年美日通商航海条约在1940年1月26日到期后不再续签。值得注意的是，这一行动不过是罗斯福根据日本行动作出的极有限的反应，因为不再续订商约，不等于中断两国间的贸易关系，这一行动的政治意义大于经济意义，它向日本表达了一个并不十分明确的信号——美国对日本的行动不会不作出反应。至于反应的程度，当以不亮底牌为宜。

美日商约废止后，美国一方面拒订新约，一方面又继续进行规模缩小了的贸易，因为美国企业界并不支持把贸易作为对日本施加压力的手段。1940年7月的一次以企业界为对象的调查表明，美国企业界人士绝大部分主张同日本继续做生意。

★赫尔（1933～1944）

美国国务卿。民主党人。1891年哥伦比亚大学毕业。1893～1897年为田纳西州议员，1903～1907年任该州巡回法官。后为国会众议员和参议员。国务卿任内，缓和保守社会势力对"新政"的不满；对拉丁美洲地区推行"睦邻政策"；主张援助英、法对抗法西斯德国；主持对日谈判，对美国外交有重大影响。1944年11月辞职，次年获得诺贝尔和平奖。

这一倾向，日本当然知道。

欧洲战争爆发，德国闪电战节节胜利，使得日本统治集团内部的南进派蠢蠢欲动。1940年4月15日，在希特勒德国侵入北欧并即将对荷兰下手之际，日本外相有田发表声明，为进攻荷属东印度制造舆论。罗斯福迅速作出反应，当月17日，赫尔奉命公开声明：对荷属东印度内部事务的干涉和改变其现状，都将损害整个太平洋地区的稳定、和平与安全。

1940年6月，美日两国在东京举行了为时数周的有田——格鲁会谈。

日方提出：（1）鉴于两国无通商条约的情况，美国可否采取权宜之计的临时措施？（2）美国有无可能停止援助在重庆的蒋介石政府，与日本合作重建中国？（3）美国可否承认东亚新的状况，美日两国在太平洋各自保持自己的势力范围？

国务卿赫尔认为这些不能作为任何协议的基础，同意它们，就是承认日本在世界东半部的霸权，但他又不愿直截了当地说明，中断会谈。即："把会谈从日本愿意把太平洋的一半给美国而它取得远为富饶的另一半这样一个水平，提高到基本原则的水平。"所谓基本原则是指美国主权、正义、法律、秩序，诸如此类。据此，美国提出反建议，不表示对日方建议的看法，而提出由美日双方互换照会保证维持欧洲各交战国在太平洋属地的现状。

日本当然不同意美国的建议。

这种互相扯皮的会谈进行到后期，日本外相有田干脆发表"大东亚共荣圈"的声明，把英、荷、法在太平洋的属地甚至菲律宾和澳大利亚、新西兰都纳入"共荣圈"的范畴。

与此同时，罗斯福总统采取了威慑行动。本来该在5月9日回美国西海岸训练的美国太平洋舰队突然接到罗斯福"继续留在夏威夷"的命令。舰队司令理查森向海军部长斯塔克写信要求回西海岸，海军部长的答复是："你留在那里可以对日本攻击东印度起威慑作用。日本会打荷印吗？如果打，我们怎么办？我的回答是：我不知道！而且也没人能够回答你……要记住，只要日本人摸不清我们的意图，他们就会感到犹豫，有所忌惮。这些想法是非常秘密的。"

罗斯福的解释更简单："当我不知道该怎么动作时，我就留在原地不动。"

理查森仍然恳请将舰队调回西海岸，因为他的舰队未作任何准备，缺乏训练，实际战斗力很差。"用军舰来为外交服务是幼稚的行为！"他说。

罗斯福说：如果我能很好地说清楚，使美国人民和日本政府都相信我们把军舰调回西海岸而不表示我们很后退的话，我才能相信让军舰留在珍珠港对日本未必是一个有效的威慑手段，可是此时把军舰撤回国，肯定会使国内外都认为美国害怕了。

实际情况是，日本对罗斯福总统采取的警告性的、零敲碎打式的禁运和有限的军力示威措施不屑一顾。1940年日本迫使英国关闭滇缅公路三个月，8月迫使法国同意日本军队进驻印度支那北部，9月在柏林签订德意日三国公约，同时，日本外相松冈洋右公开警告美国不得卷入亚洲战争。

据史汀生日记记载，罗斯福总统针对上述局势所作的反应，不过是在10月4日内阁会议上非常严肃地谈到德意日三国公约签订对美国非常不利，"要做点实际的事，让日本明白我们是认真的，我们一点不怕它"。而所谓"实际的事"，即是禁止航空汽油、废钢铁运往日本，并给中国政府一笔贷款，让他们多抵抗日军一会儿。

"1919年秋，威尔逊总统发怒，禁止对日出口棉花，也抵制它的生丝，结果日本两个月就屈服了，从西伯利亚撤出了它的全部军队，就像挨了鞭子的小狗似的。"拿1919年的日本与1940年的日本相类比，显然是极其失当的。可悲的是，相当大部分美国要员这么认为。

罗斯福此时正处在谋求第三任总统的关键时刻，他懂得选民的情绪，10月30日在波士顿的演说中，他就向所有父母们保证：你们的孩子不会被送去参加任何外国的战争。尽管他明白这不过是竞选语言，但不这样不行。如果他打出美国将不惜以武力来制裁侵略者的口号，几乎可以肯定，他不可能打破美国历史传统，三次连任总统。罗斯福选择了一方面有利于争取外交上的主动，另一方面有利于动员国内舆论的弹性政策。经与国务卿赫尔多次商议，确定了行动原则：

（1）避免在太平洋发生公开斗争，以便集中全力援助英国和加强我们自己。

（2）对日本要维持我们的一切权利和原则，继续我们的经济压力，援助中国，但不把日本推到使它的军方要求战争的地步。

（3）让日本了解我们在太平洋是强大的，而且正在加强总的力量。

（4）不能让日本得到这样的印象，即在需要时我们不会使用我们的力量，但同时要尽可能避免与它的争吵，让讨论和协议之门敞开。

根据这四项原则，美国作出如下反应：

宣布增加陆军官兵；

增加军用飞机生产；

成立军用物资生产专门机构；

为了避免国会阻挠，决定更充分地使用非常时期总统权力；

将援助中国一亿美元，且立即给中国政府50架新式飞机；

增派一批军舰和飞机到菲律宾加强防御。

有人形象地比喻罗斯福的这些反应，"看起来似乎比以前前进了一步，实际上是在唱空城计"。

> 日本首相近卫文磨。

>> 谈判决裂

1941年7月，日本南进攻势全面展开，首先占领了印度支那，其中包括在金兰湾的重要港口，它距新加坡只有750英里，被征服的法国维希政府软弱无能，没有进行任何抵抗。华盛顿看到了危险信号，它认为日本的挺进是最终向菲律宾、马来西亚、荷属东印度群岛发动进攻的序幕。美国人知道将要发生什么事，因为通过一种被称为"魔法"的密码破译方法，美国正在破译日本的外交密码。

7月24日，日本大使野村吉三郎海军上将被召到白宫，罗斯福向日本政府发出严重警告。

< 时任日本首相的东条英机。

在座的有代理国务卿韦尔斯，海军作战部长斯塔克。警告主要内容包括：如果日本试图夺取东印度群岛的石油，荷兰人就会抵抗，英国人就会对他们实行援助，鉴于美国援助英国的政策，将会出现一种极为严重的局势。如果日本从印度支那撤军，那个地区将实现中立，美国人保证让日本人在那里自由购买该地区的大米和原料。

罗斯福本人对日本接受这项建议不抱太大希望，他认为这只是为避免日本继续向南太平洋扩张再次作出的一种努力。

两天后，没有得到东京任何回复的罗斯福总统断然下令，冻结日本在美国的1.31亿美元的财产，结束两国间贸易，其中包括日本急需的80%的石油贸易。英国与荷兰也紧随其后，拒绝向日本出售石油。愤怒的日本人认为这是西方国家包围日本的最后一着棋。事后不久，美国表示，对不适合提炼航空汽油的低产烷石油产品将颁发出口许可证。内政部长伊克斯解释说，这是总统担心彻底实行禁运会促使日本人入侵东印度群岛，罗斯福不想把绞索勒紧，最好的办法是不时猛拉一下绞索。

从石油禁运到珍珠港事件有4个多月的时间，在此期间，美日两国进行了多次外交活动，为自己多赢得时间。在太平洋防务需要时间，尤其是菲律宾，此前，那里的武装部队已被联邦政府接管，总司令是著名的道格拉斯·麦克阿瑟将军。在日本，高层文职人员在争取时间找出一种既能安抚军国主义又能避免战争的外交解决办法，而军方则利用这段间歇来完成全面战争的准备工作。

日本首相近卫文麿要求同罗斯福举行一次最高级会谈，地点最好在夏威夷。喜欢个人外交的罗斯福倾向于接受这个建议，国务卿赫尔考虑到近卫文麿不会作出重大让步，而且会对中国的抗日意志产生破坏作用，反对会谈。

由于美国方面的拒绝，近卫文麿政府垮台了。10月中旬，近卫首相对好战分子陆相东条英机大将说，除非日本在原则上同意从中国撤军，否则就不可能同美国达成外交解决办法。东条英机宣称："陆军永远不会同意按照这样的条款结束中国事变。"万般无奈，近卫文麿内阁宣布辞职。由于陆军不同意再由文职人员担任首相，天皇任命了东条英机，陆相职务仍由其兼任。

东条英机上任后，立即召开军政要员联络会议，讨论日美两国谈判问题及同美国开战的前景问题。会上，以外相东乡为主的一派主张从中国部分撤军，以缓和同美国的矛盾，而军方强烈反对。东条英机随即提出三种方案让大家裁决：

(1) 即使蒙受巨大困苦，也要避战；

(2) 立即开战；

(3) 继续谈判的同时，做好开战的准备。

日本陆军参谋总部认为，与美国谈判已陷入死胡同，"只要美国仍顽固不化，那就没有必要继续会谈下去，唯一的解决办法就是战争！"

"宁可开战！"海军代表加重语气说，"日后再不会有开战的良机！"

陆军总参谋长主张应在12月初开战，不过仍要同美国谈判，玩弄外交骗局，以便给日本带来军事上的好处。在东乡外相看来，完成这一任务是困难的。他说："我实在无法接受阻碍成功希望的期限或条件。"东条英机为了协调各方面的关系，决定再作一次让步，把谈判期限定在12月1日。会议从上午9时一直开到午夜，最后双方都作了妥协才算了事。

限期初步商定之后，说服美国人达成协议的重担就落在东乡外相的身上了。他说，他已草拟了两个递交美国的方案。方案甲的措辞比较婉转些，佯称陆军同意在1946年前从中国撤出全部驻军。方案乙是留作万一美国拒绝方案甲时准备提出的，它包括一项在最后达成协议之前，作为最后一着的暂定协议。它的目的是要打消赫尔对日本侵入印度支那的怀疑，并向他说明，日本将放弃武力征服东南亚的计划。

与此同时，日本将其在印度支那西部的驻军撤向北部，而美国则要售给日本100万吨汽油作为报答。

在以后长达几个小时的讨论中，陆军不但一直反对从印度支那撤军，而且坚持要向美国政府提出解除对日本资产的冻结，停止"破坏中国事件的和平解决"。

陆军副总参谋长说："战争不可避免，假如现在打，神圣的日本精神将照耀我们的事业。"日本向南挺进，可能有助于德意两国击败苏联，并迫使中国投降。占领东南亚对美国资源也是个巨大的打击。"我们将建起一座铜墙铁壁，凭借它，我们能将亚洲的敌人一一击败，同时也能打败美国和英国！"

副总参谋长的紧急呼吁，意外地征服了以外相为首的反对派。他们认为，如果坚持反对南进，会迫使东条英机解散整个内阁，而新内阁必然会更进一步军国主义化。其实，以东乡等人为代表的所谓"稳健派"反对南进，并不是出于道义上的考虑，更不是反对日本帝国主义的侵略政策和战争政策，而是担心树敌太多会招致灭顶之灾。最后他们终于被迫同意了军方的意见。

意见"统一"后，现在轮到东乡外相去执行几乎绝望的限期之前取得"和平"的任务了。

他选派富有谈判经验的前驻德国大使来栖三郎前去辅佐野村大使执行这一艰巨任务。东乡认为："外交方面几乎没有回旋余地了，成功的希望是渺茫的。"

日本军国主义一面进行谈判，一面竭力煽动战争。铃木将军反复说明日本资源的危急情况："简而言之，我们仍在和中国交战的同时，还将同英国、美国和荷兰打一场长期战争，任务是不轻的。然而，在最初几个月取胜的希望还是光明的。"因此，他认为战争是解决问题的唯一方法。这总比"等待敌人向我们施加压力要好得多嘛！"

永野将军要求大家对作战计划保密。他说："日本的命运如何，全靠开战头几个月能否取得决定性的胜利。"杉木要大家考虑选择好时机的重要性。"就作战而论，如果把开始敌对行动的时间推迟，"他说，"那么随着时间的推移，日美之间的军务对比将对我们越来越不利。"他对战争初期能取胜这点是满怀信心的。他认为日本能"建立自己坚不可摧的战略地区，并能把敌人挫败"。

东条英机则从另一方面阐述南进的必要性和绝对性，他在回答枢密院原议长提出的有关谈判的问题时说，美国在答复时用的是"华丽的辞藻"，"没有作一点让步，只是向日本提出强硬要求"。他说，最严重的争论是在中国的驻军问题。当他谈到这场令人沮丧的侵略战争时，还动了感情。"我们派出了百万大军，付出的代价是数十万人的死亡，家庭失去亲人的悲伤，历时四年的苦难，还花了几百亿日元。"他认为，如果把军队撤出，中国将奋起反对日本，"中国还将试图接管东北、朝鲜和台湾！"东条英机决心破釜沉舟，宁愿冒失败后剖腹自杀的危险，也要把侵略战争进行下去。

11月16日，来栖三郎经过长途跋涉，风尘仆仆地抵达华盛顿。两天后，野村大使把他带到国务卿赫尔的办公室。对这位个子矮小，戴着眼镜，胡子修得整整齐齐，曾代表日本签订三国同盟条约的使者，看上一眼就足以使赫尔得出此人不可靠的结论。"无论他的外表还是他的态度，都不能得到我们的信任和尊敬，"赫尔在回忆录中写道，"我一开始就觉得，他是个诡诈的人……在我眼中他唯一可取之处是，他的英语讲得很好，因为他娶了美籍秘书为妻。"

赫尔认为来栖很可能企图利用谈判来麻痹他们，时机一到便会向他们发动攻击。他陪野村和日本这位特使来到白宫。罗斯福总统装出和蔼可亲的样子说："伯利安说过，朋友之间不是没有商谈余地的。"

∧ 日本驻美大使野村吉郎（右）与特使来栖三郎代表日本政府与美国谈判。

∧ 美国国务卿赫尔与日本谈判代表野村和来栖步出谈判会场。

来栖回答说：“必须找到一种避免战争的方法，太平洋像个火药桶。”

罗斯福表示同意应取得广泛的谅解。他警告这位日本特使说：“追随希特勒主义和侵略道路，将不符合日本本身的最大利益，日本本身的最大利益所在，是沿着我们在当前会谈中所已勾画出的轮廓的道路走去。倘若日本竟然不幸决定追随希特勒主义和侵略道路，我们毫无疑问地相信，日本到头来肯定是失败者。”

就在罗斯福接见日本大使的同一天，东条英机在日本国会发表演说，并在电台向日本全国作了广播。他主要讲华盛顿谈判问题，指出成功与否，有赖于下述三点：

(1) 美国不得干涉日本对中国事件的解决；

(2) 不应对日本帝国实行直接武力威胁，应该取消经济封锁；

(3) 尽力使欧洲战争蔓延至东亚。

东条英机的演说，在东京获得军国主义分子狂热的欢呼和暴风雨般的掌声。

东京不断向野村和来栖发出警告：你们只能在 11 月 29 日之前达成协议，过了 29 日，事情会自动解决。

罗斯福想作出最后的努力来制止逐渐走向战争的那种趋势，他建议同日本人和解，或者达成暂时解决办法，目的是使远东局势恢复到1941年7月的状况。这样，美国将取消石油禁运，中国和日本将开始会谈。作为回报，日本将不再向印度支那或者中国东北同苏联交界的边境一侧派遣部队，并同意即使在美国同德国和意大利交战的情况下也不执行三国轴心协定。11月24日，罗斯福对丘吉尔说："我不抱很大希望。我们必须都做好准备应付不久就可能出现的真正麻烦。"第二天，罗斯福同他的战时委员会——即赫尔、诺克斯、史汀生以及他的陆军和海军顾问——讨论日本发动突袭的可能性。史汀生说："问题在于我们应该如何引诱他们陷入开第一枪的地位，而又不给我们自己造成过分严重的危险。"提出罗斯福耍阴谋的说法的人抓住这番话作为无可辩驳的证据，说明罗斯福打算哄骗日本人向美国发动进攻，但是史汀生后来解释说，他的意思是，为了得到美国人民的全力支持，弄清谁是侵略者是绝对必要的。

由于中国人表示惊恐，担心美国同日本人达成协议会有损于他们的利益，罗斯福关于达成暂时解决办法的计划没有实现。"蒋介石怎么样？"丘吉尔问道，"他是不是吃不下饭？"要是罗斯福看到一线希望，无论如何他也会坚持实现自己的计划，但是在11月26日上午，正当罗斯福还在举行床边会议的时候，史汀生闯了进来说，已经发现一大队日本部队运输船正在从台湾向南驶去。史汀生说，罗斯福听了"勃然大怒"。他宣称："这改变了整个局势，因为这是证明日本人进行欺诈的证据。他们在全面停战——全部撤军——谈判时，不应该向印度支那派遣那支远征军。"美国一气之下撤回了停战计划，赫尔又提出一项十点建议，重申了日本以前拒绝的那些原则。据史汀生说，赫尔说："对那个问题，我已经撒手不管了。现在那是你和诺克斯——陆军和海军——的事了。"

11月26日下午，野村和来栖被召到国务院，5时，赫尔把《备忘录》交给他们。《备忘录》写得冠冕堂皇，但实质内容没有什么变化。这份文件于11月27日中午传送到东京，参加联络会的军政要员们正在午餐。"这是最后通牒！赫尔竟敢要求日本撤出中国全境！"东条英机暴跳如雷，海军大将山本五十六更是恼羞成怒。

>> 突袭珍珠港

同各个时代的战略家一样，日本人也仿照上次战争的情况为下次战争做准备。他们打算一旦同美国发生冲突，就利用他们的舰队夺取菲律宾，攻打东印度群岛，然后在日本控制的中太平洋水域同挺进的美军决一雌雄。但是在1941年初，联合舰队总司令山本五十六大将设想出一项更加大胆的计划。他在哈佛大学学习和随后担任驻华盛顿海军武官时，亲眼看到了美国的工业实力，他断言，如果不消灭在夏威夷水域的美国太平洋舰队，日本在同美国的战争中就没有获胜的希望。

　　山本极力主张出动航空母舰对停泊在珍珠港的美国战列舰和航空母舰发动突然袭击。这样的行动将充分利用日本在太平洋上占优势的海军力量——10艘战列舰对9艘战列舰，10艘航空母舰对3艘航空母舰。进行这样的袭击已有足够的先例。日本已经对苏联和中国发动了大规模的突然袭击，1940年11月，几架英国鱼雷飞机摧毁了停泊在塔兰托的意大利作战舰队。

　　日本人并不知道，在1932年的海军演习中，美国一支航空母舰部队成功地对珍珠港发动了突然袭击，"摧毁"了整个太平洋舰队。

　　山本坚持认为，如果摧毁美国舰队，日本就能够在没有干涉的情况下征服菲律宾、马来西亚和东印度群岛。然后它就可以撤退到从千岛群岛到澳大利亚边缘的牢固的防线后面，并且利用防线内的交通和供应线击退对这个屏障的进攻，直到西方国家被迫接受日本对"大东亚共荣圈"的控制为止。山本实际上是靠他自己的个人名望压倒了海军本部的反对意见。发动这场突然袭击的准备工作在非常秘密的情况下进行，对飞行员的实际训练是在1941年9月开始的。

　　早在11月10日，特遣舰队司令南云中将就发布了他实施山本计划的第一号命令，6艘航空母舰上的私人财物以及不必要的设备全部撤下去，换上一桶桶汽油。16日，特遣舰队在内海口集结完毕。

　　这是一支强大的舰队，它包括6艘航空母舰，舰上载有360架飞机，其中战斗机81架，俯冲轰炸机135架，平行轰炸机104架，鱼雷轰炸机40架。"翔鹤""瑞鹤"是最新最大的航空母舰，有251米长，几乎与美国最强大的航母"企业"号一样大小。另外，这个战斗序列还包括两艘配有14英寸口径大炮的快速战列舰，两艘重型巡洋舰，1艘轻型巡洋舰，8艘驱逐舰，3艘油船和1艘补给船。

　　17日傍晚，山本司令来到"赤诚"号，为南云及主要人员送行。稍后，"赤诚"号在两艘巡洋舰的护卫下缓缓驶出佐伯湾。舰上灯火全部关闭，通信设备上的晶体管全部取下，以保证不使用无线电通信。但留在内海的舰只却发出强波无线电通信信号，以迷惑敌方监听电台。

　　据说，山本对于"Z"作战计划虽然很有信心，但仍然害怕与美国开战。在开战前不久他在给军事学院的同学的一封信中写道："我的处境是何等出奇啊！我不得不作出违反我个人意愿的决定，没有别的选择，只有全力去实现这个决定，这是我的命决定的。"

　　为了迷惑敌人，攻击舰的其他军舰，一艘艘按不规则间隔的时间先后起锚开航，各自按自己的航线出海，朝东京以北约1600公里的海面上的集合地点驶去。如果所有船只同时直接朝瓦胡岛出动，那么目标太明显了。珍珠港进攻部队将在千岛群岛的择捉岛汇合。那里港湾水深，夏季浪涛汹涌，冬季出奇的平静，是个理想的汇合点。

　　"加贺"号航空母舰是留在内海的最后一艘舰只，正在把改进后的最后一批鱼雷装上。航空母舰一启航,舰长就把所有人员都集中在甲板上,宣布向希图湾前进,然后向珍珠港进发。

在"赤诚"号上,各舰长被告知了航线。

11月25日黄昏,五百余名驾驶航空母舰舰载飞机的驾驶员挤在"赤诚"舰上的飞行员室内。室内的睡铺和桌子全被拆除。南云简要地谈到了这次偷袭。只是在这个时候,大多数人才听说珍珠港一词。接着由作战参谋和空军指挥官,指着珍珠港的模型,详细地讲明了如何向珍珠港进攻。每个飞行员都发给有美国军舰的照片和瓦胡岛附近能迫降的各岛屿的照片。如遇迫降,潜艇将在指定地点接应他们。之后,南云又做了一番动员,室内气氛异常激动,法西斯狂徒们的欢呼声震耳欲聋。

11月29日,军政高级官员再次召开联席会议,东条英机对一些大臣的悲观情绪大动肝火。"请相信我的话,我们有能力占领东南亚,取得足够的石油,三年内逐步扩大这个共荣圈,至于航空汽油,我们能想办法解决。去年钢铁的产量是476万吨,三年后,我们可以大大提高这个产量……一切因素都考虑进去了,就算我们不打,结果又如何呢?我们不能向英法美低声下气,在中国事变中,到目前为止,我们已经丧失了16万人,还有200万人在吃苦!如果再这样连续拖下去几年,连打的机会都捞不到了。我们丢了多少战机呀,再也不能这样下去了!"

最后,东条英机恳请天皇批准开战。"日本帝国正处于光荣与败亡的十字路口,如陛下决心开战,我们将竭尽全力以报皇恩。政府与军方更加紧密地团结,举国一致,确信必胜,不遗余力实现国家目标,以慰圣虑。"

于是,裕仁★天皇在这个具有历史意义的罪恶文件上盖了御玺。

三小时后,山本用新密码向进攻珍珠港的攻击部队发出命令:"登新高1208。"即:按原定计划于12月8日发起攻击。

★裕仁

日本第一百二十四代天皇,毕业于华族学校,写过几部有关海洋生物学的专著。1921年作为日本第一个出国访问的皇储访问了欧洲,同年冬任摄政。1926年即位,改元昭和。1945年在日本即将战败时主和,8月15日接受波茨坦宣言,宣布无条件投降。日本成为君主立宪国家后,开始经常在公开场合露面,并准许出版其本人及其家庭生活的文章、照片等。

> 时任美国太平洋舰队司令的金梅尔。

　　"战争警报"传给美国驻太平洋部队司令，其中包括驻珍珠港太平洋舰队司令赫斯本德·金梅尔上将和夏威夷卫戍区司令沃尔特·肖特中将。他们得到的通知是，谈判已经破裂，预料日本将在随后几天内向菲律宾、泰国或者婆罗洲发动进攻。金梅尔认为，夏威夷眼下不会受到威胁，因而没有命令他的舰队全部处于戒备状态，没有安装防鱼雷网，也没有开始进行空中搜索，当时要是进行空中搜索，就可能在日本舰队逼近时发现它。肖特的主要任务是防止夏威夷受到袭击，他除了把飞机集中在机场以防破坏之外，没有采取任何行动。华盛顿官员也有过错，他们没有把情况的不断变化及时通知金梅尔和肖特，也没有询问为应付这场危机采取了什么措施。

　　绝大多数美国人只是模模糊糊地意识到，同日本的会谈即将失败，在远东随时都可能爆发战争。任何人都没有料到美国领土会遭到突然袭击。美国人看不起日本。日本的军舰和飞机是模仿美国装备制造的，质量低劣。近视的日本飞行员不能击中目标。日本的茶馆经济在战时的压力下很快就会垮台。纽约的小报《下午报》刊登一篇文章，写的是"我们如何用60天的时间战胜日本"的问题。绝大多数美国人过感恩节时没有过分不安的情绪。甚至罗斯福都设法离开华盛顿前往温泉度假，虽然他把动身日期推迟到节日之后。基金会的感恩节晚宴推迟到 11 月 29 日星期六，以便罗斯福能够出席。

　　在 12 月的整个第一周内，在华盛顿有一种感觉，认为有一台无法控制的机器已经运转起来，谁也不知道如何将它停下。赫尔继续同野村吉三郎和来栖三郎进行毫无成果的谈判，同时，他们在等待日本对美国十点计划的答复。罗斯福要求国会领导人不要连续休会三天以上。罗斯福每天都同战时委员会开会。情报机构提供的关于日本军舰动向的报告不断送进来，破译的"魔法"密码透露，东京外务省已经通知它的驻外各使馆烧毁外交密码，这是即将断交的可靠迹象。但是没有任何迹象表明袭击珍珠港的部队在前进，因为那些军舰在整个航行期间绝对不准发报。

> 战前的美国珍珠港基地。

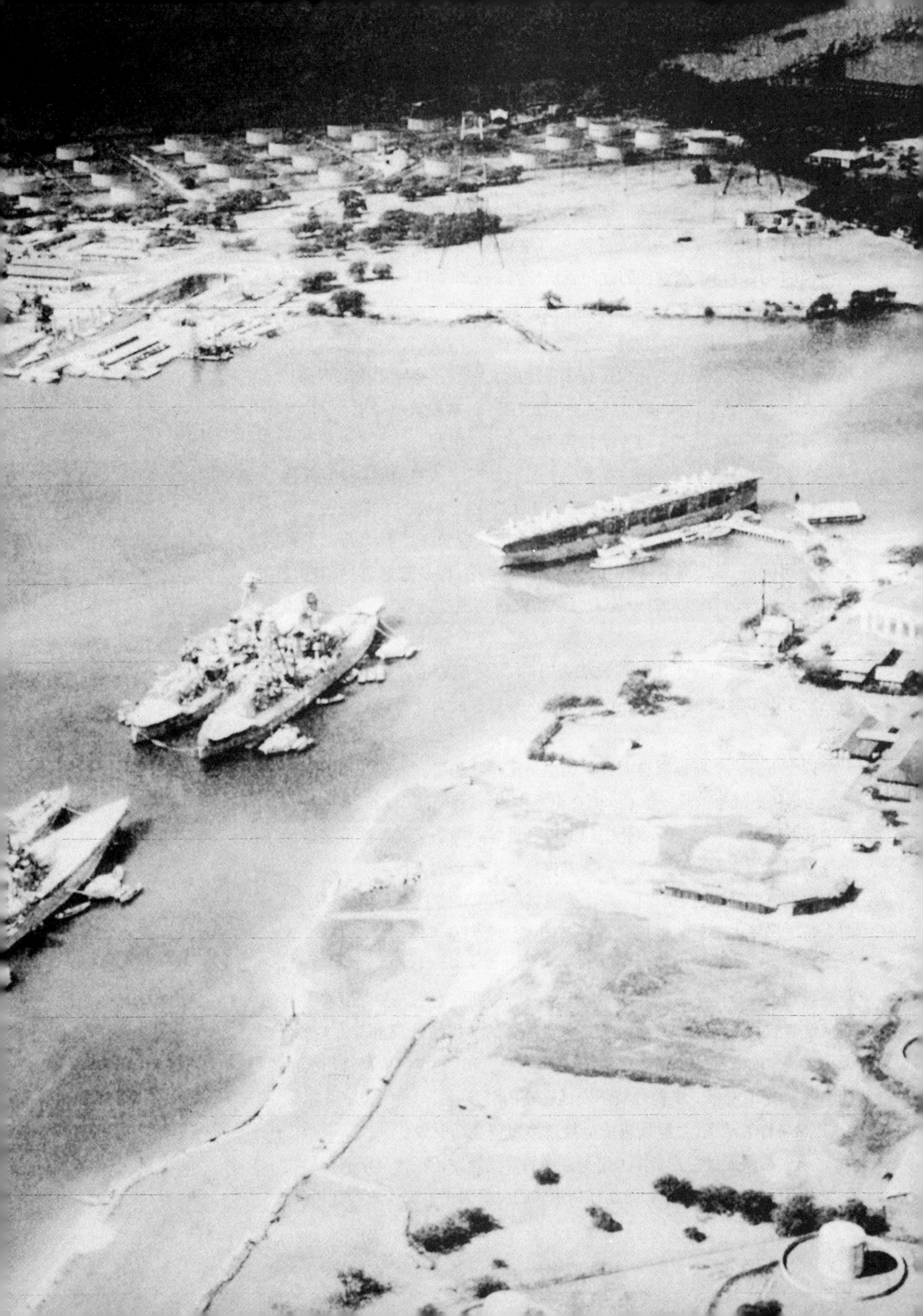

12月5日星期五，内阁召开会议，这时赫尔比平常更悲观了。"日本特使不想认真谈判，"他宣称，"我肯定他们什么都不想干。随着时间的推移，我更加确信，他们不光明正大，说话模棱两可，有两层含义……他们是我见到过的最恶劣的人。"除史汀生和诺克斯以外，别人都没有什么可说的，只是对事态发展的方向表示惊愕。据珀金斯小姐说："谁都根本没有表示过日本人那时可能同美国交战的想法。"

诺克斯说："你知道，总统先生，我们知道日本舰队在哪里。"罗斯福环顾一下周围，好像要确保没有未批准的人在场，然后才让海军部长接着说下去。"我们得到非常秘密的情报表明，日本舰队已经出去，离开了港口，正在海上行驶。这个情报绝不能出这个房间。"

在罗斯福的追问下，诺克斯承认，关于日本舰队的动向，没有任何准确情报，但是一切迹象表明，它在向南朝着新加坡的方向驶去。罗斯福逐个问了在座的人，一旦受到袭击，美国应该采取什么行动。珀金斯小姐认为，罗斯福不是想听取战略上的意见，而是想通过他们的反应对舆论进行估计。人们一致认为，如果新加坡受到袭击，美国应该援救英国人。

会议结束时有一个乐观地说法："日本舰队出海也许是进行演习。"诺克斯发出了笑声。据珀金斯回忆说，这是空洞而又"多么滑稽"的笑声啊。

12月6日，罗斯福亲自向日本天皇裕仁呼吁和平。来栖三郎曾告诉他，这是防止战争的唯一途径。他在电报中说："我们两个人都有恢复传统的和睦、防止人类进一步死亡和毁灭全世界的神圣义务，这不光是为了我们自己的伟大国家和人民，而且也是为了邻邦的人民。"

他把电报发出去之后对一些出席晚宴的客人说："这个凡人之子刚刚向上帝之子发去最后的电报。"他向英国大使哈利法克斯勋爵保证，一旦英国领土或荷兰领土受到进攻，"我们显然都应该站在一起"。那天深夜，罗斯福和霍普金斯正在椭圆形书房里，一名特别信使送来了"魔法"破译系统截获的日本对美国建议的共有14部分的答复的前13部分。这份电报指示日本使节通知美国政府，日本拒绝接受那项建议。罗斯福用大约10分钟读完了电报，霍普金斯不安地在室内踱步。

"这意味着战争。"罗斯福把电报递给霍普金斯时说。

"既然战争无疑将在日本人感到方便的时候爆发，"霍普金斯回答，"我们如果不能首先发动进攻和防止任何形式的突然袭击，那就太糟糕了。"

"不，我们不能这样做，"总统说，"我们是一个民主国家，我们是爱好和平的人民。"

几个小时以后，在地球那一侧的中太平洋上，6艘打着日本太阳旗的航空母舰掉头迎风行驶，准备出动致命的机群。当第一架飞机在旗舰"赤诚"号飞行甲板上起跑冲向黎明的天空时，飞行员三呼"万岁"，快速前进。在15分钟之内，108架轰炸机、战斗机和鱼雷飞机向南朝着大约430公里远的珍珠港飞去。

珍珠港是美国在太平洋上最大的海军基地，位于夏威夷群岛的中心瓦胡岛的南端，面积1100平方公里，港中央的福特岛是海军航空站。12月7日这天，美国太平洋舰队有86艘舰只停泊在那里，其中战列舰8艘，巡洋舰7艘，驱逐舰28艘，潜水艇5艘，没有航空母舰在场。

7日早晨6时，日军偷袭珍珠港的特遣舰队到达瓦胡岛北430公里处的预定停泊点，舰队司令南云随即命令第一批183架飞机——水平轰炸机49架，鱼雷轰炸机40架，俯冲轰炸机51架，战斗机43架，从6艘航空母舰上起飞，在渊田总指挥座机的率领下，于6时25分从旗舰"赤诚"号上空掠过，径直飞向瓦胡岛。

7时48分，第一批飞机抵瓦胡岛北端的卡胡库角，透过云层，"加架舰"战斗机队长志贺淑雄大尉只能依稀辨认伸出在海上的陆地和滔滔白浪。在这个区域里，几架美国民航机在懒洋洋地盘旋，整个基地的陆军飞机却没有一架在空中。希卡姆、贝洛兹和惠勒机场上，为了防止破坏，所有飞机都机翼对机翼地紧靠在一起，埃瓦机场上的海军陆战队的飞机也是照此排列。空中飞翔着的7架海军巡逻机远在西南方向的若干英里处。

空防系统毫无戒备，珍珠港内各舰上的780门高射炮只有4门亮在外面，而且他们的炮弹在演习后已送回军需库，因为他们"容易松扣和生锈"。

7时49分，渊田中佐用莫尔斯密码向部队发出命令"虎、虎、虎"。其含义是全面攻击开始。战斗任务明确而具体。战斗机用43架机枪扫射机场，摧毁美机迎击；51架俯冲轰炸机负责破坏惠勒和希卡姆等机场；40架鱼雷轰炸机和49架高空轰炸机负责攻击战列舰和各类舰只。

在"志贺"战斗机群后面，"苍龙"号的鱼雷轰炸机穿过科拉科拉山口横越岛屿上空，奔向停泊在福特岛东南的庞大战列舰群。这里，7艘战列舰排成两排，里排5艘，外排2艘。机群像蜻蜓下卵似的把鱼雷扔了下去，然后升空飞走。几秒钟的静寂后，一声震耳欲聋的爆炸，"俄克拉荷马"号战列舰左右晃动，稍后，又有两枚鱼雷击中了舰身，军舰立刻倾斜了30度。

第二机群对"加利福尼亚"号、"亚利桑那"号、"田纳西"号进行了袭击。鱼雷机虽未击中"亚利桑那"号，然而几分钟后，高空轰炸机接连5颗炸弹命中，其中一颗穿过前甲板钻进了燃料储藏舱，引起大火，前舱和上百吨无烟火药和后舱725千克黑色炸药被引爆。这艘3.26万吨的巨舰几乎被崩离海面，裂成两半，9分钟后葬身海底，舰上1500名官兵极少生还。"内华达"号左舷中了一枚鱼雷，后甲板中了一颗炸弹，舰首下沉。各舰官兵纷纷弃舰

> 美舰"内华达"号遇袭后起火燃烧。

> 美舰"宾西法尼亚"号被击中后燃起滚滚浓烟。

∨ 美军基地遭到日军飞机的狂轰滥炸。

∨ 沉没的"亚利桑那"号。

逃生，企图游向咫尺之遥的福特岛，但水面漂满了油，有些地方厚达6英寸，很快，浮油起了火，逃生的人葬身大海。

9时45分，突袭结束。日本联合舰队总司令山本五十六和他的参谋们在停泊于柱岛附近的旗舰"长门"号上终于等来了他们所需的消息。

>> 觉醒的美国人

星期天早上，罗斯福醒来时觉得很累。他朝时钟看了一眼，8点3刻，离早餐还有15分钟。他睡眼惺忪地环顾了一下熟悉的房间。屋里的摆设依然如故，使人心里感到踏实——壁炉上还是那几只瓷制小猪；海军图片中那些老式的军舰永远是那副摆开阵势准备恶战的状态；房间的一个角落里挂着格拉斯特马尾，还有他父母亲的照片……

普雷蒂曼送来了早餐和星期天的报纸。罗斯福坐着边吃边看。那些报道日本危机的大幅标题同轻松的体育新闻和难以计数的奢侈品广告极不相称地混在一起，显得十分古怪。苏联人的反攻干得不错，希特勒军队第一次跌跌撞撞地后退了。这恐怕比什么都重要。

罗斯福穿好衣服，来到椭圆形办公室。不一会儿，哈里·霍普金斯进来了。他穿着便裤和套衫，一进来就躺在沙发上。他刚从海军医院出院，身体仍很虚弱。

比尔德萨尔海军上将急匆匆地跑进来，说："这是日本答复的最后一部分，刚刚译出来。"

罗斯福扶正了眼镜，开始看起来。"显而易见，美国政府的意图是勾结英国和其他国家，阻止日本在东亚建立一种新秩序，从而奠定和平的局面……

"日本政府不得不遗憾地通知美国政府，鉴于美国政府的态度，日本政府只能认为，通过进一步谈判达成协议是不可能的。"

接着是给日本使节的指令，要他们于星期一下午1时向国务卿递交照会。

罗斯福默默地把纸条递给哈里·霍普金斯。哈里看完后心情沉重地说："看来要决裂了。"

"是的。"罗斯福说，"除非裕仁在我的电函感召下亲自出马。这是最好的设想。"

眼下富兰克林无事可做，只好坐等1点钟的到来。他知道，马歇尔早在10天之前就已向瓦胡岛的沃尔特·C·肖特将军和菲律宾的麦克阿瑟发出了可能要打仗的警报。斯塔克也提醒过金梅尔海军上将。三军参谋长有"魔法"破译的日本照会全文，他们会知道干些什么的。他听说，马歇尔已在陆军部召集了一次会议，决定再次向麦克阿瑟和肖特发出警报。

海军部和陆军部都估计日本人要突然出兵南下，因为他们的舰船和部队都在向南移动，看来马来亚和东印度群岛是可能性最大的目标，也许是菲律宾……陆海军都担心他们会偷袭珍珠港。

国务院报告说，日本使节要求在两点钟会见。1点刚过，午餐拿进来了。霍普金斯不想吃，仍躺在沙发上，但是罗斯福可饿了。

1 点 47 分，电话机丁零零地响了。

"我是诺克斯，我们侦获了一份美国舰队总司令发出的作战电报。"

"我将电文念出来：'美国舰队总司令致夏威夷所有舰船：珍珠港遭空袭，不是演习。'"

"通知所有舰船和军港！"罗斯福下达命令后挂上了话筒。热血在他心头沸腾，然而他不露声色，只是三言两语地把情况告诉了哈里。然后他向接线员喊道："给我接国务卿赫尔。"接着，他又接通了史汀生、马歇尔、厄尔利、韦尔斯和英国大使哈利法克斯勋爵。诺克斯再次打来电话，他已经和珍珠港的夏威夷海军军区司令 C·C·布洛克海军少将通过话了。

"进攻还在继续。"诺克斯说，"我几乎听到炸弹的爆炸声了。布洛克说，这回我们挨揍啦！"

史蒂夫·厄尔利是罗斯福班子中第一个赶到白宫的人。他已经把罗斯福在电话里口授的新闻稿发了出去。

罗斯福说："史蒂夫，看来情况糟透了，损失严重。我们可不能闹得满城风雨——给日本人送情报。得搞个新闻检查制度。我们没有法令，相信报界是知道应该怎么干的。去对他们说，只要我们能公布的，我们一律公布。"

"是，老板，他们会合作的。"

下午 2 点 5 分，罗斯福打电话给科德尔·赫尔，转达了这则令人震惊的消息。赫尔告诉他，野村吉三郎和来栖三郎刚刚到国务院。东京给这两名使节下达的指示的最后一部分——已被"魔法"截获——明确地告诉他们在下午 1 点（夏威夷时间上午 7 点半）转达日本拒绝接受美国和平建议的照会。这是在开始袭击珍珠港前不久，这个照会显然是打算中断两国关系。但是，日本大使馆一片混乱，照会没有及时翻译出来。罗斯福指示赫尔接见日本人，但不要提珍珠港的事。他应该对他们以礼相待，冷淡地"把他们打发走"。国务卿本来想拒绝接见野村吉三郎和来栖三郎，但还是服从罗斯福的命令，因为这个消息不真实的"可能性仍有 1%"。

赫尔拒绝同日本使节握手，也没有请他们坐下。由于已经看过"魔术"截获的电报，他假装把他们递交的照会匆忙地浏览了一遍。通常他是南方人彬彬有礼的典型，这次他却愤怒地对他们说："我担任公职 50 年从来没有看见过这样一份充满无耻谎言和歪曲事实的文件——无耻的谎言和歪曲事实如此之多，在今天以前我从来没有想象到地球上有任何政府能说出口来。"野村吉三郎听了这番苛刻的话不知所措，想进行抗辩，但是赫尔愤怒地挥手，示意日本使节出去。他在他们后面咕哝着说："恶棍，混蛋！"野村吉三郎和来栖三郎回到在马萨诸塞大街的日本大使馆后才获悉日本袭击珍珠港的消息，过了不久，愤怒的人群就包围了日本大使馆。

丘吉尔从伦敦打来电话，想证实一下他收到的消息。

"总统先生，关于日本，这是怎么回事？"他问道。

"十分确实，"罗斯福回答，"他们已经在珍珠港向我们发动了袭击。现在我们大家是风雨同舟了。"

战时内阁被召集到一起，罗斯福向史蒂夫·厄尔利口述了一份新闻公报。在罗斯福的书房里人的心情不断变化。首先，听到日本袭击珍珠港的消息时感到震惊，然后又为美国进行干涉的问题终于得到解决而感到宽慰。但是，当人们弄清人员、军舰和飞机的损失很大之后，焦虑和惊恐的心情就变得突出了。罗斯福设法同夏威夷驻军司令通了电话。

格雷斯·塔利被找来记录下斯塔克从海军部用电话报告的断断续续的消息，然后向罗斯福转达。屋子里一片嘈杂和骚乱，她甚至听不清电话里的声音，只好躲进一间卧室里。每当她记录下一点惊心动魄的消息时，帕·沃森和马文·麦金太尔都到她身后去看一眼。她从来没有忘记那天下午人们"极度痛苦和几乎歇斯底里"的情绪。一些官员预料，日本人在对珍珠港进行毁灭性的袭击之后接着又会入侵夏威夷；另一些官员认为，西海岸会成为下一个目标。当罗斯福在电话里同夏威夷州州长约瑟夫·B·波因德克斯特讲话时，旁边的人听到波因德克斯特尖叫着："天啊！就在此刻夏威夷上空又有一群日本飞机！"

大灾难中，美国在太平洋的整条战线几乎都垮掉了。"亚利桑那"号、"俄克拉荷马"号、"加利福尼亚"号、"内华达"号、"西弗吉尼亚"号或被击沉，或遭重创。"宾夕法尼亚"号、"马里兰"号和"田纳西"号暂时丧失了战斗力。三艘驱逐舰葬身海底；大型浮坞毁于一旦。其他的巡洋舰也被炸坏，修船厂成了一片废墟。福特岛上的希卡姆机场和海军航空兵基地遭到了破坏。在瓦胡岛，475架陆、海军的飞机几乎全部报销。伤亡人数估计高达5000人。

这些情况不是一下子报来的，而是在整个下午随着天色的不断昏暗，一批一批传来的。灾难接踵而来，消息越来越使人毛骨悚然。

罗斯福表面上显得镇静自若，但是据塔利说，就在他表面上镇静自若的时候，内心里却充满怒火。"每次得到新的消息，他都严肃地摇摇头，加重嘴上的表情。"他想采取援救行动，同陆军参谋长乔治·C·马歇尔将军讨论了部署部队的问题，指示赫尔随时在所有的国防工厂和关键的设施设岗。然而，罗斯福不允许在白宫周围由军人站岗，因为白宫已经吸引了焦虑的美国人，他们集聚在栅栏外面，寻求新的保证和指导。

罗斯福把塔利叫到他的书房时，漫长的冬天的阴影开始降临。大家都离开了书房，现在只剩下他们两个人了。他说："请坐，格雷斯，明天我去国会发表讲话，我想口述我的讲稿，篇幅不长。"他深深地吸了一口香烟，又把烟吐出来，开始以他通常口述信件的那种冷静的调子口述讲稿。他清晰地、慢慢地念出每一个字，小心谨慎地说出每一个标点符号和新的段落。讲稿500字多一点，口述时没有犹豫，也没有重新考虑。

在罗斯福前往国会山要求向日本宣战时，在珍珠港被击沉的军舰露出的烟囱还冒着浓烟。锚地上最突出的是战列舰"亚利桑那"号的歪歪斜斜的三角桅杆和"俄克拉荷马"号倾覆的船身。"亚利桑那"号已经成为将近1100名

∧ 正在被打捞的
"俄克拉荷马"号。

∨ 正在被打捞的
"亚利桑那"号。

官兵的坟墓。"俄克拉荷马"号看上去就像一条试图冲上岸滩的巨鲸。一些小船慢慢地驶来驶去，从漂着一层油的水中打捞水兵和海军陆战队队员的尸体。总共有19艘军舰被击沉、击坏，其中包括太平洋舰队的全部作战舰只。据估计，美国损失265架飞机，绝大部分是在整齐地排列在地面上时被炸毁的。美国总共死亡2403人，受伤1178人；日本人损失29架飞机，55名飞行员。珍珠港事件是美国军事史上最严重的惨案。

罗斯福在吉米的搀扶下走向众议院的讲台时，受到一阵又一阵的鼓掌欢迎。共和党人也鼓掌欢迎，多年来这还是第一次，因为在全国出现紧急状况的时刻政治上的敌意已经消失。珍珠港事件已经使美国人民团结一致，支持富兰克林·罗斯福。他一手扶着讲台，一手打开一个好像小学生使用的黑色笔记本。他的眼睛在大厅里环视片刻，看看坐在前排的内阁成员、最高法院的大法官和各国外交使节，然后抬头望望座无虚席的楼厅观众席，在那里他夫人同伍德罗·威尔逊的夫人坐在一起。在全国各地，美国人集聚在收音机前，倾听那熟悉的声音。罗斯福非常慎重地说：

昨天，1941年12月7日——这将是臭名昭著的日子，美国受到日本帝国海军和空军的突然的、蓄意的袭击。

美国同那个国家处于和平状态，并应日本的请求仍在同它的政府和天皇对话，期望维护太平洋的和平……这次袭击给美国海军和陆军造成严重损失。许许多多的美国人丧生……

昨天，日本政府还对马来亚发动了袭击。

昨天晚上，日军袭击了香港。

昨天晚上，日军袭击了关岛。

昨天晚上，日军袭击了菲律宾群岛。

昨天晚上，日本人袭击了威克岛。

昨天晚上，日本人袭击了中途岛。

因此，日本已经在整个太平洋地区发动了一次突然攻势……

作为陆军和海军的总司令，我已指示采取一切防御措施……

由于有对我们武装部队的信心……有我国人民的极大决心——我们将取得最后胜利，愿上帝帮助我们。

我请求国会宣布，既然日本在12月7日星期日发动无端的、卑鄙的袭击，美国和日本帝国之间已处于战争状态。

罗斯福的演说历时6分钟多一点。现在讲话结束了，他抬起头，微笑着向人们挥手致意。接着他离开大厅，仍由吉米搀扶着走到国会大厦的圆柱门廊。

成千上万脸色忧郁的人们聚集在持枪列队的海军陆战队士兵后面。当他们看见罗斯福的身影，看到他那披在身上迎风飘动的斗篷以及没有戴帽子的庄严脑袋时，他们也像刚才议会厅里的人们那样欢呼起来。罗斯福的出现如同奏出一曲雄壮的乐章，令人振奋。虽然他不能独自站立，但他的力量传到了他们身上。从他的坚强的性格里，他们获得了信心；从他勇敢的精神里，他们吸取了力量。

孤立主义者、修订主义历史学家和仇视罗斯福的人提出了一种理论，证明日本袭击珍珠港是椭圆形办公室策划的可怕的阴谋。这种理论认为，罗斯福对日本人挑衅，以便从后门把美国拖进第二次世界大战，因为希特勒不愿向他宣战。认为罗斯福玩弄阴谋的人们指责说，白宫的阴谋能手为使美国人民团结一致支持他，以时而履行职责时而玩忽职守的做法纵容日本人在太平洋制造一场事件。珍珠港事件把罗斯福从一种无法摆脱的困境中解救出来，但是，这跟证明他密谋对日本人进行挑衅的证据是完全不同的事。即使罗斯福希望日本先发动进攻，他也不大可能拿出太平洋舰队作为牺牲品——特别是在他将需要这些军舰赢得战争的时候。

就罗斯福而言，太平洋战争是在不合适的时间、不合适的海洋打的一场不合适的战争。他的政策的基本宗旨是使英国能够维持下去——最好是采用除战争以外的所有手段；同日本交战则会耗尽同主要敌人德国作战的人力和装备。罗斯福把太平洋舰队从原来在加利福尼亚州圣佩德罗的基地调到珍珠港，希望能够通过这样的行动使日本不敢发动侵略。事实上，这个计划是美、英、加三国陆军和海军的参谋人员1941年3月秘密制定的。

BC-1号计划已确定了"欧洲优先"的战略。如果美国被卷入一场两大洋的战争，它将通过防御性行动对日本进行牵制，直到希特勒被打败，盟国准备好对付它为止。美国在远东的政策是加紧对日本的经济施压，同时避免交火，因为太平洋舰队在往大西洋调动一部分军舰之后，力量很薄弱，各种军舰都不如日本海军多。罗斯福抱怨说："我的海军实在不够用。"

指责罗斯福玩弄阴谋的说法还有一个站不住脚的理由，那就是即使罗斯福挑动日本向美国发动进攻，也不能肯定美国就同德国作战，日本同德国和意大利签订的三国轴心协定没有任何条款要求一个签字国在爆发战争之后援助其他签字国。日本利用这个漏洞没有同它的轴心国伙伴一道向苏联发动进攻，那么，为什么希特勒应该援助他的不那么忠实的盟国呢？如果他从自己打算不对美国宣战，那就是一手高招。美国和英国就将陷入一场远东战争，从而分散英国的实力并使美国的武器和补给品从欧洲前线转移到远东。

归根结底，太平洋战争是日本和美国错误地估计对方意图的结果。双方都希望"和平"，但是，它们给和平下的定义不同。对美国人来说，"和平"意味着日本停止在中国和其他地方的侵略；对日本人来说，"和平"意味着东亚由日本支配。这是日本不能放弃的顽固立场。

事后，美国国会的一个调查委员会理所当然地调查了珍珠港事件，长达39卷盘的听证录音以严厉谴责陆、海军部、战地司令官和各级官兵而告终。

事件发生之前，美国就掌握了一幅非常完整的日军活动情报图，但有关部门，特别是军事首脑机关没有认真进行研究，所以这份画满锯齿形曲线的情报图没有揭示真相。另外一些零星的情报资料根本未加利用。珍珠港被袭那天早晨，一艘扫雷艇发现了港外一艘小型潜艇的潜望镜，巡逻艇迅即把它击沉，但这份情报在轰炸开始数小时后才送达海军各指挥所。空军方面也接到了若干可疑情况的报告，但全然未予理睬。当地一位民航飞行员在早班飞行中发现了日本飞机，但他打电话向陆、空军司令部报告这一情况时，只遭到了嘲笑。雷达显示屏上有关飞机逼近的报告，不是按常理被说成是美国飞来的轰炸机后备队，便是干脆被不耐烦地搁置不理。

调查委员会严厉斥责海军作战部长斯塔克及陆军作战部门负责人杰罗，彼此协调配合太差和不及时将信息下达给各战地司令官。夏威夷军区海陆军司令官梅尔和肖特被查明一贯玩忽职守，未能坚持有效的侦察和必要的联络，没有认识到谍报和其他有用情报的意义。另外，金字塔式层层叠叠的官僚机构也是起恶劣作用的因素之一。

历史证明，美国这次遭受打击，完全是咎由自取。

12月8日，参议院以82票对0票，众议院以388票对1票通过了罗斯福总统的宣战要求，美国正式参与第二次世界大战。

同日，英国也宣布同日本处于战争状态。随后，中国、法国、澳大利亚、新西兰、加拿大等20多个国家对日宣战。

在日本方面，12月8日的前一小时，东条英机召开内阁会议，海军大臣鸠田繁太郎报告了珍珠港的袭击结果，官员们兴奋异常，匆匆草拟了宣战书，内阁成员签名后送往枢密院。

12时20分，东条英机政府发表声明，强烈谴责美英，号召日本人民"铁石般团结，踊跃奋起，举国家之总力从事征战，以之永久剔除东亚之祸根，奉安圣虑"。

珍珠港事件发生两天后，罗斯福总统向美国人民发表了《我们将打赢这场战争，我们还将赢得战后的和平》的广播讲话。罗斯福在这篇讲话中，针对美国人民对这场战争缺乏思想准备的情况，着重说明了法西斯匪徒背信弃义、惯用偷袭的办法发动侵略战争。日本同希特勒和墨索里尼所走的道路极为相似，他们都是在事先没有警告的情况下，对他们所要鲸吞的国家发动入侵。请看：

10年前，在1931年，日本入侵中国东北——未加警告。

在1935年，意大利入侵阿比西尼亚——未加警告。

在1938年，希特勒占领奥地利——未加警告。

在1939年，希特勒入侵捷克斯洛伐克——未加警告。

同样，在1939年，希特勒入侵波兰——未加警告。

在1940年，希特勒入侵挪威、丹麦、荷兰、比利时和卢森堡——未加警告。

在1940年，意大利先后进攻法国和希腊——未加警告。

而今天，1941年，轴心国家进攻南斯拉夫和希腊，控制了巴尔干半岛——未加警告。

还是1941年，日本进攻了马来亚和泰国以及美国——未加警告。

"这完全是一个模式。"罗斯福进一步提出，"在强盗行径横行的世界里，就谈不上什么任何国家或任何个人的安全。"罗斯福号召全国人民紧急动员起来，积极投入这场伟大的反法西斯战争。他说："这不仅是一场长期的战争，也将是一场艰苦的战争。我们所需

∧ 罗斯福签署对日作战宣言。

＞ 在罗斯福的要求下，一切军事工业都迅速增强。他鼓励建厂、扩厂，把许多小厂转向战时需要，增加了国家的生产能力。

要的物资、金钱必须成倍地增加。生产必须不仅是为了我们自己的陆、海、空军，也必须加强在整个南北美洲和全世界同纳粹分子和日本军阀作战的其他陆、海、空军。"

为此，他要求在一切军事工业，包括重要原料的生产部门，都实行每星期7天的工作制，以加速现有的一切生产。此外，还要建立更多的新厂，扩建老厂，把许多小厂转向战时需要，以迅速增加生产力。

第七章
反法西斯核心

1882–1945　罗斯福

6月21日，当罗斯福和丘吉尔正在华盛顿会谈的时候，传来了隆美尔已攻占托卜鲁克，2.5万名英军被俘的消息。"我们能帮你什么忙呢？"罗斯福问，"你们能让给我们多少谢尔曼型坦克就给我们多少，并且尽快运到中东来！"丘吉尔如此说道。罗斯福慨然应允，尽管这意味着美国还得等较长的时间才能弄到现代化的坦克……第二次世界大战使罗斯福变成了一位全球的领导人，原来他是"新政老博士"，现在成了"赢得战争的博士"……

∧ 东条英机为轴心国德意日三国条约的签订举行庆祝酒会。

>> 联盟的守护神

12月8日，希特勒离开东普鲁士狼窟司令部，乘火车匆匆赶回柏林。他为两件事发愁，一是苏联在莫斯科前线开始了大反攻，二是太平洋传来的消息。

珍珠港事件在顷刻之间解除了苏联唯恐东面受敌的后顾之忧，现在斯大林几乎可以把他在亚洲的力量全部用来对付德国了。几个月以来，德国元首一再催促日本攻打苏联，避免与美国交战；与此同时，东条英机却迫不及待，一再催促大岛浩大使向希特勒索取书面保证，要希特勒在一旦日美开战时进攻美国。鉴于诺门坎事件的教训，东条英机坚持向南进军，向盟国"软腹部"开刀，却不愿作出任何袭击苏联的承诺。

纳粹外交部部长里宾特洛甫告诉希特勒，东条英机援引三国条约，要求德国立刻对美宣战。

希特勒本来可以不理会东京的要求，可是这时他偏偏想起以前对日本外相口头提出的保证来。那时他答应过："一旦日本跟美国打仗，德国一定随即采取必要的措施。"他说："如果我们不站在日本一边，三国条约岂非在政治上失效了。"

希特勒的顾问和将军们无不劝他说，树敌太多，不要再加上美国了。

从12月8日起到11日止，夜以继日进行了整整四天辩论，东京惶惶不安，苦候结果。最后希特勒终于直说，他的真正动机是进行报复，由于德军在茫茫的俄罗斯草原上受到挫折，希特勒对美国驱逐舰在大西洋方面的所作所为是越来越恼火了。一句话，罗斯福逐步升级的刺激终于弄得希特勒忍无可忍了。

→

★墨索里尼

意大利独裁者，法西斯首领，第二次世界大战主要战犯。1910年毕业于师范学校。1915年当兵参战。1919年组织"战斗团"。1921年建立法西斯党。1922年发动政变、夺取政权，当了首相。1928年废除议会制，自任政府首脑，对内独裁，实行法西斯统治。1936年侵占埃塞俄比亚。1939年侵占阿尔巴尼亚。1940年6月正式参加第二次世界大战。1945年4月在逃往瑞士途中，被意大利游击队抓获，并处死。

据战后纽伦堡国际法庭所得的资料，希特勒当时说过，他要正式宣战的理由是"因为美国早已攻击我们的船只。对于这场战争，美国早已是个强有力的介入者；美国由于采取了这样的行动，早已造成了德美交战的局面"。

希特勒开始狂热地打他的如意算盘，像美国这么一个"半犹太化、半黑人化"的建立在美元之上的国家，怎能指望保持团结呢？何况珍珠港事件的时机好得不能再好了。于是，希特勒不顾各种反对意见，决定应日本首相东条英机的请求，对美国宣战。

12月11日，希特勒召开国会，发表了向美国宣战的狂热演说："我们总是先动手，我们总是先下手！"希特勒咒骂罗斯福是和威尔逊一样的狂人。

"现在总算有一个国家为真理和正义遭到史无前例的无耻糟蹋而首先提出了抗议，"希特勒大声叫喊道，"日本政府在与这个人进行了多年谈判以后，终于再也不能容忍他的无耻欺骗了。这个事实使我们全体德国人民，我想还有全世界人民，都感到深深满意。"

"因此，我已安排好在今天把照会发给美国代办，德国政府决定与美国断绝一切外交活动并且宣布，从即日起已与美国处于战争状态……"希特勒的话被纳粹议员们疯狂的欢呼声、掌声淹没了。

还是在这天，12月11日，东条英机和希特勒、墨索里尼★又签订了一个新的协定，声明德意日三国"在对美英联合作战取得胜利以前，决不放下武器"，以及在任何情况下都决不单独媾和的"决心"。同时规定了瓜分世界的范围，商定在胜利结束战争之后，缔约国应根据三国同盟的精神，在建立"世界新秩序"的事业中进行合作。

对日宣战后，罗斯福曾担心国会不会同意对德宣战。一转眼，罗斯福的难题全部解决了。国会别无他法，当天就对德宣战。

罗斯福获得全国人民的支持，罢工停止了，千百万妇女、青年从厨房、农场走出来，学习技术，投身战时工厂和前线……

对德日宣战后，美国本土的安全防御问题也摆上了桌面，首府华盛

< 美国战时参谋长联席会议主要成员在一起，左起：金上将、马歇尔上将、莱希上将、阿诺德上将。

顿更是严加戒备。白宫的灯光开始变得昏暗，地下工程开始按计划动工，白宫地下室与财政部大楼地下仓库间被打开了一条通道，里面有安全的避弹室。白宫的草坪也挖了防弹洞，窗户上罩上黑色窗帘，灯光幽暗。白宫周围加派双岗，每个人领到一套防毒面具。国务院、陆军部、海军部大楼架起了高射炮。

战争让罗斯福成了真正意义上的三军总司令，他知道总司令不应过多插手具体事务，而应高瞻远瞩，统筹大局，协调各方关系，决定最高战略。罗斯福选择了一个颇有军事才能的顾问班子帮助他制定世界性战略，这些军事顾问包括马歇尔上将、欧内特·金上将、亨利·阿诺德上将。威廉·莱希上将担任他的私人军事助手和同参谋长们的联系人。在

★马歇尔

美国陆军五星上将。出身于商人家庭。1901年毕业于弗吉尼亚军
事学院。次年赴菲律宾服役。参加过第一次世界大战，先后任陆军
第1师和第1军作战处长。1919至1924年任潘兴将军副官。1924
至1925年任驻华第15步兵团代理团长。1939至1945年任陆军参
谋长。1945年后，曾任美国驻华特使。1947至1949年任美国国
务卿。1950年任国防部长，参与发动朝鲜战争。1951年退休。

< 1942年，时任美国陆军参谋长的
马歇尔与英国首相丘吉尔在一起。

参谋长们的帮助下，罗斯福委任了一批能干的战区司令，
如德怀特·艾森豪威尔将军，提升时，他跃过了366名高
级军官，切斯特·尼米兹将军，道格拉斯·麦克阿瑟将军
等等。丘吉尔常常用考虑欠周的建议去打扰他的参谋人员，
而罗斯福却通情达理，在绝大多数情况下不干涉日常军事
行动，在这一点上，罗斯福的民主作风使他成为一位出色
的总司令。

罗斯福总统还在陆军与海军之间，在各个战区司令之
间，在作战需要与国内需要之间，在英国与苏联之间充分
发挥了调解人的作用。由于他看重说服而不是发号施令，他
对军事战略的控制不严，但对在什么问题上发挥最高权威，
则毫不含糊。他懂得政治领导必须听取军方技术性意见和
建议，但不管以什么为代价，政治领导必须支配和指挥军
事工具，使之支持自己的目的，并为自己的目的服务。如

在太平洋遭到失败后的黑暗日子里，他坚决主张同德军作战是当务之急，在军事顾问团的反对下他坚持认为希特勒是最危险的敌人。没有日本，德国能够生存，但如果打败德国，日本就存活不了多久，他不顾专业人员的抗议，极力主张在1942年进攻北非。

马歇尔★和金都是讲话直截了当、不转弯抹角的人，罗斯福听得进他们的意见，并对他们很信任。马歇尔文静自信、沉默寡言、说话温柔，同反复无常的罗斯福恰恰相反，罗斯福爱开玩笑，用直呼名字表示亲近，马歇尔对此心里感到胆怯。当初，他曾对罗斯福在紧急时期领导全国的能力表示怀疑，一直到——正如他的传记作者福雷斯特·波格记载的那样——他在珍珠港事件之后看到罗斯福采取迅速果断的行动才消除了疑虑。马歇尔主要负责扩充、训练、装备和部署陆军，丘吉尔后来称他为"胜利的真正组织者"。罗斯福决定不派马歇尔去指挥盟军1944年对欧洲的进攻，这说明他越来越信得过这位将军的正直和判断力。罗斯福对他说："我觉得，你要是出了国，夜间我就睡不着觉了。"

金上将性格顽强、才华横溢、脾气暴躁，是罗斯福想象中善于作战的水兵的化身。就在两年前，他本来应该被提升到高级统帅，可是却没有获得晋升，因为据说他酗酒，追逐别人的妻子，而且树敌过多。他在解释他突然被晋升到世界上最大海军的统帅的原因时说："他们遇到麻烦时就又派人找那些畜生了。"金坚决主张全力以赴同日本人作战，从而激怒了英国人，丘吉尔认为他性情暴躁，不容忍不同意见。对英国人来说，最令人烦恼的是，皇家海军已经亚于金的海军成为第二流的海军了——这位上将没有让他们忘记这一点。金还反对罗斯福试图干涉海军的作战行动，罗斯福尊重他的行家的意见，终于放弃了试图干涉他的做法。然而，罗斯福发现他至少可以指挥海军的一个机构而不致惹金生气。1942年8月，这位罗斯福的海军助手收到了下述备忘录：

请你告诉海军乐队，我不喜欢他们演奏国歌的方法，演奏中不应该有许多虚饰。

罗斯福

罗斯福已经成为大联盟的守护神，他决心使这个联盟作为和平的保卫者完整无损地度过战争。盟国之间虽然在欧洲优先这个战略问题上取得广泛的一致意见，但是还存在着严重分歧。有时，这就好像他们是在进行战争中的战争一样，罗斯福作为调停者的所有技能都受到了考验。盟国不仅有不同的利益，而且彼此之间的怀疑和怨恨也很严重。苏联人没有忘记第一次世界大战后在丘吉尔的操纵下英国试图扼杀他们的革命行动。英国也没有对1939年使希特勒为所欲为的德苏条约表示原谅。西方国家还总在担心斯大林可能同希特勒单独媾和，如果事实证明这样做对他有利的话。

最棘手的矛盾也许是，它们都没有共同的敌人。苏联人没有同日本交战，中国也没有同德国交战。丘吉尔和斯大林看不起蒋介石政权，对中国作为一支军事力量或政治力量没有什

∧ 1941年12月22日，罗斯福与丘吉尔在第一次华盛顿会议期间。

么信心。罗斯福虽然对中国政府不抱任何幻想，但是却把中国视为将来对日本进行报复性打击的基地。在西方领导人当中，只有他设想中国战后会在远东具有重要影响。

在珍珠港事件后的头两年战争中，欧洲第二战线的问题在盟国关系中一直占主导地位。斯大林受到德国的进攻，急需援救，因此迫切要求立即进攻西欧，从而使希特勒不得不把部队从东线转移开。丘吉尔念念不忘第一次世界大战的流血教训，对斯大林的要求表示反对，他担心，要是在法国大规模登陆，往最好处想也要冒风险，并可能造成大量伤亡。相反，他主张采取边缘战略，穿过挪威和地中海向德军发动进攻，来消耗他们的力量，与此同时，对德国工业进行大规模轰炸。美国计划人员认为，这项战略根本不解决问题。纳粹德国是敌人抵抗的中心，他们极力主张，有了足够的人员、船舶和飞机，就马上横渡英吉利海峡对欧洲发动大规模进攻。因此，在战略方面，罗斯福同斯大林的关系要比他同丘吉尔的关系更协调一致，但是由于盟军的实力限制，无法在1944年以前实现开辟第二战场的诺言。斯大林轻蔑地驳斥了这种论点，他头脑里产生的怀疑，当时正在听任苏联和德国互相残杀，这样，资本主义者就能统治战后的欧洲。

在连续举行的14次首脑会议上，罗斯福同丘吉尔、斯大林和蒋介石举行会晤，解决了全球战略、优先处理的问题和盟国之间的摩擦。罗斯福确信，在这些关键的谈判中，只有总统能够代表美国，他喜欢在高级会议上施展手腕，讨价还价。在这些私人会晤中，他利用他谋求妥协和和解的本领来缓和紧张关系，并协调盟国为赢得战争作出的努力。在战争爆发的最初几年，罗斯福的绝大部分会晤是同丘吉尔举行的，这两个人之间的关系变得如此密切，以致丘吉尔看来就像一个横跨大西洋去上班的人一样。在美国正式参战之后，丘吉尔很渴望同罗斯福磋商，珍珠港事件后刚过两个星期他就来到华盛顿，在那里逗留将近一个月。丘吉尔住在一间大卧室里，同霍普金斯住的房间相对，中间隔一个大厅，离罗斯福的房间不远。他们进行过多次非正式的相互拜访。据霍普金斯说，有一次，罗斯福坐着轮椅进了丘吉尔的房间，这时丘吉尔刚洗完澡，身上一丝不挂，还滴着水。罗斯福很尴尬，忙表示歉意，转身想走，但是丘吉尔说："英国首相没有要向美国总统隐瞒的东西。"

然而罗伯特·舍伍德问过丘吉尔这件事是否真实，他回答说，他从来没有不围浴巾接待过罗斯福。"而且我不可能说这样的话。总统本人应该知道，这话严格说来，是不真实的。"

>> 构想全球战略

第二次世界大战使罗斯福变成了一位全球的领导人。原来他是"新政老博士"，现在成了"赢得战争的博士"，虽然许多国内问题还没有得到解决，但是他把绝大部分注意力集中到战争上。罗斯福在紧急时期总是处于最佳状况，以开始实行新政时那种轻松愉快的心情担负起指导军事、外交和国内政策的重担。所有的权力都集中在白宫，他也喜欢他的扩大了的权力。赫尔指出，罗斯福对自己的新作用感到格外自豪，并且愿意在国宴上以总司令而不是以总统的身份被介绍给客人。罗斯福的当务之急是取得军事胜利；然后，他想避免伍德罗·威尔逊在谋取和平时所犯的错误。威尔逊没有采取足够的措施来确保盟国的联盟在战后继续存在下去，更重要的是，他未能同苏联达成真正的谅解。

对于罗斯福在战争中的领导作用是有争议的，就像对他的总统职务的每一个方面都是有争议的一样。在这个问题上有两种极端看法。一种看法把他描绘成一位使自由世界团结起来的、取得了伟大胜利并把美国推上世界舞台中心的领导人。另一种看法带有为冷战寻找替罪羊的倾向，把他描绘成一位慌手慌脚地参战，对战争指导无方，然后又未能在雅尔塔获得和平的总统。这种观点的核心是，认为罗斯福是一位天真的政治家，试图蒙住斯大林，结果遭到失败。实际上，他过于玩世不恭和狡猾成性，而不会采取这样天真的策略。他认为，他能智胜斯大林，这完全是另外一回事。罗斯福认识到，赢得战争和维护和平需要苏联合作，为缓和紧张局势和减轻斯大林对西方的怀疑，他奉行了他认为是现实的政策。罗斯福作为战争领导人的伟大在于他能够使自由世界的人民团结起来。这是在珍珠港事件后的黑暗日子里他面临的最紧迫的任务。日本人的侵略从自己国内的岛屿成扇形向外展开，到1942年初，已征服菲律宾、缅甸、泰国、马来亚和荷属东印度群岛。澳大利亚和印度已受到威胁，日军还在

< 罗斯福高高举起帽子向群众致意。

阿留申群岛夺得了立足点。由于关闭了滇缅公路，中国已经陷于孤立。希特勒的军团已经开到莫斯科和列宁格勒的郊外，德国潜艇即将在大西洋战役中获胜。罗斯福满怀信心的乐观态度就像在失败后的黑暗中的灯塔一样放射着光芒。他经常在电台上发表讲话，报告战争的进展情况，确保美国人民战斗到胜利的决心永不动摇。他宣称："不管我们的敌人……在绝望中可能试图对我们采取什么行动——我们将像伦敦人民说的那样：'我们都能承受。'而且更重要的是，我们能够加倍还击。"

罗斯福像小孩一样，对秘密的战争工具有强烈的兴趣。他获悉丘吉尔有一个特别总部，在那里随时注视着军事行动，因此他下令为白宫设立一个类似的总部，命名为地图室。每天他都到那里听取各条战线上的每日事态发展的汇报。罗斯福为自己以前在海军服过役感到自豪，他对一位助手说："我不需要人们向我详细解释陆军和海军的作战情况。"在战争之前，他对海军具有一种占有者的关注，甚至插手高级军官的提升和委派。马歇尔将军意识到，要是在军种之间发生争论，罗斯福可能同情哪一方。有一次，他愉快地恳求说："总统先生，在谈话时至少不要把陆军说成'他们'，把海军说成'我们'。"可能只有在这一点上，罗斯福总统违背了不插手军方具体事务的原则。

1941年12月12日，温斯顿·丘吉尔从伦敦启程前往华盛顿。同一天，德怀特·戴·艾森豪威尔陆军准将也离开萨姆豪斯登堡，去就任总参谋部的第二把手。

丘吉尔预定12月22日自加拿大乘飞机到达，罗斯福乘坐一辆有篷盖的汽车去机场迎接他。机场上警卫森严，实行了最严格的保密措施；罗斯福坐在车里等候，焦急地仰望着天空的乌云。这两个星期他是在夜以继日地工作和激动中度过的，现在感到舒畅轻松多了。紧张已经化为行动，这很投合他的胃口。

当罗斯福看到银色的C-47时，它已经疾驰在跑道上了。飞机拐个弯，一路滑行过来，直到一只机翼伸到汽车上方，才停住。士兵们跑步把舷梯推上前去，一个熟悉的粗壮身躯从机舱内走了出来。他停步打了一个V字手势，然后急速朝罗斯福的汽车走去。

> 1941 年 12 月，英国首相丘吉尔在华盛顿。

　　他们乘坐挂着遮帘的汽车快速驶往白宫，后面跟着丘吉尔的技术人员所乘的汽车。两人一进椭圆形办公室，立即互相转告那些几乎全是不好的消息。丘吉尔说，在过去三个月内，英国海军遭到了战争以来最惨重的损失，"纳尔逊"号战舰因 9 月间触到鱼雷而失去了战斗力。"皇家阿克"号航空母舰和"巴勒姆"号战舰于 11 月沉没；雄伟的"威尔士亲王"号和"击退"号在新加坡沿海的空袭中遇难。丘吉尔在旅途中听说，穿着奇特的潜水服的意大利深水鱼雷兵沿着埃及亚历山大港的海底移动，在"勇敢"号和"伊丽莎白女王"号战舰的底部安放了水下爆破弹，把船身炸了几个大窟窿。船并没沉没，但是已经完全失去战斗力。事实是英国在地中海连一个战斗中队都没有了。

　　"我们在太平洋也是如此。"罗斯福愁眉苦脸地说，"凡是拖得动的军舰，我们都拖到加利福尼亚沿岸修理去了，现在只有航空母舰和不多几艘巡洋舰在对付日本舰队。"

　　随后发生了不少争议，不过都是细节方面的，并非根本性的。第一个建设性行动是设立英美参谋长联席会议，以便统一英美的战略。通过这一机构，两个盟国可以密切合作得像一个国家一样，共同使用资源，互相补充兵力。接着，他们开始计划未来的伟大攻势，尽管他们的部队从新加坡到昔兰尼加正在处处挨打被歼。

　　争论首先是从这里产生的：马歇尔将军和美国参谋长联席会议想集中兵力从西线直接进击德国。英国人在丘吉尔的支持下，则担心会被德国打得尸横遍野，血流成河，所以他们赞成迂回侧击所谓的"轴心国的软小腹"。

罗斯福完全赞成直接进击，但是他提出了一个折中方案：在英国国内集结兵力准备直接进攻"欧罗巴堡垒"的同时，可以在地中海区域发动一场辅助性的进攻。

在共同商讨军事行动的同时，罗斯福已在考虑另一个他认为是更重要的问题了。现在有26个国家对轴心国作战，但是他们既未联结成同盟，目标也互不一致。人们仅仅为了保存自己或为了本身的自由而战，这是不够的。要证明这场可怕的战争是正义的，要使人民认识到他们这一事业的正义性，那就需要确立一个庄严的道德观念。如果武力的胜利并不标志着一个更美好的世界的到来，那就谁也不能算是胜利，大家都失败。

罗斯福建议所有盟国公开接受大西洋宪章的原则，把它作为未来的基础。他清楚地记得，伍德罗·威尔逊的理想如何鼓舞了上次大战中的盟国。他也记得，当战斗仍在激烈进行时，威尔逊由于未能使其他国家对他的原则承担义务而带来了不幸的后果。

在进行了相当多的讨论之后，同轴心国交战的26个国家于1942年元旦签订了联合国宣言——"联合国"一词是罗斯福创造的。这些国家保证遵守大西洋宪章的原则，不同共同的敌人签订单独的停战协定或和平条约。罗斯福逼迫丘吉尔允许印度在宣言上签字，以表明进行这场战争是为了所有国家的自由，丘吉尔本来是不愿让印度签字的。罗斯福还使苏联大使马克西姆·李维诺夫相信，遵守大西洋宪章并不要求他的国家保证改变在宗教上的政策。他坚持说，宗教信仰自由包括不信宗教的自由。罗斯福的论点如此有力，丘吉尔甚至异想天开地保证，在罗斯福离开白宫以后，要推荐任命他为坎特伯雷大主教。

丘吉尔在华盛顿期间极力主张立即进攻北非的卡萨布兰卡地区，使德国的非洲军团陷于两支盟军中间，并使地中海重新向盟国的船只开放。罗斯福渴望让美国部队在1942年同轴心国作战，因此对这项建议表示赞成。然而，史汀生和马歇尔强烈反对这项计划，他们强调船舶和装备不足，罗斯福于是改变了主意。马歇尔力主在1943年横渡

∧ 罗斯福与到访的苏联外长莫洛托夫一起交谈。

英吉利海峡对欧洲发动大规模进攻，以便能尽早在1942年建立一个有限的滩头堡，这项战略终于被盟国所接受。

以后发生的几件事使这项战略未能实现。1942年5月，苏联外长维亚契斯拉夫·莫洛托夫访问华盛顿，警告罗斯福说，苏联人也许挡不住德军的夏季攻势，他坚持立即开辟第二战场。罗斯福听了深为感动，对莫洛托夫说，他可以向斯大林保证，"今年"将开辟第二战场。向苏联人作出这种保证使丘吉尔感到不安，于是他又同罗斯福会晤，这次会晤是在海德公园进行的。罗斯福开着自己的手控式福特牌汽车到机场迎接他的客人，并带他游览了那个地区。为了避开特工人员，罗斯福把车倒到俯瞰赫德森河的哨壁附近，然后又飞快地冲向树林，这时丘吉尔显然很紧张，但他还是对横渡英吉利海峡的进攻继续提出一连串的反对意见。他一再警告说，在法国海岸的惨重失败将是"我们可能在这场战争中失败的唯一方式"。

>> 从"香格里拉"起飞的战机

6月21日，当罗斯福和丘吉尔正在华盛顿会谈的时候，传来了隆美尔已攻占托布鲁克，俘虏2.5万名英国士兵的消息。丘吉尔感到耻辱。德军同苏伊士运河和波斯湾的丰富的石油资源之间只隔着阿拉曼的一条脆弱的防线。

"我们能帮什么忙呢？"罗斯福问。

"你们能让给我们多少谢尔曼型坦克就给我们多少，并且尽快运到中东来。"

罗斯福当即作出决定，下达了必要的命令，尽管这意味着美国部队还得等较长时间才能弄到现代化的坦克。在托布鲁克的惨败使丘吉尔更不愿意参加1942年对法国的进攻。美国参谋长联席会议对英国的抵制做法感到很恼火，想把美国的大部分部队重新部署到太平洋来，但是罗斯福进行了果断的干预，制止了这种苛刻的行动。他在给马歇尔和金的一份措辞严厉的备忘录中排除了把部队调到太平洋的可能性。值得注意的是，他在备忘录上签了"总司令富兰克林·德·罗斯福"的字样。据史汀生说，进攻北非始终是罗斯福的"重要的秘密计划"，他用这场进攻代替横渡英吉利海峡的进攻。当英国人迟迟不确定登陆日期时，罗斯福逼迫他们同意了1942年10月30日这个最后限期。他对盟国终于同意发动攻势感到欢欣鼓舞，下令"全速前进"。

1941年圣诞节是美国有史以来最阴郁的圣诞节。在整个太平洋的广大地区，美国及其同盟国在日本精心组织的猛烈进攻面前，显得毫无招架之力，数以千计的美国人阵亡，沦为俘虏的人就更多。

圣诞夜，白宫南草坪上举行了传统的圣诞树点灯仪式，聚集了不少人。好像要从五光十色的闪光中捕捉到一点什么信息。

丘吉尔首相被罗斯福邀请做了演讲。

丘吉尔嗓音粗哑，区别于罗斯福的洪亮优美，但极富感染力。

这是一个不平常的圣诞夜，几乎全世界都处于生死搏斗中，各国都手持着科学所能发明的最可怕的武器在相互厮杀，如果我们不能确信，引导我们走上战争的不是对任何别国人民的领土和财富的占有欲……不是粗鄙的野心，也不是对物质利益的卑劣的贪婪，那么在这个圣诞节里，我们就会感到心绪不宁。然而，值此战火纷飞、风雷激荡之际……我们每一个家庭的小屋，我们每一个人的心灵，却是一片宁静，坦然无愧。

因此，至少在今晚，我们可以把困扰我们的忧虑和危险抛弃在一旁，让孩子们欢乐一番。今晚，只是今晚，整个英语世界的每一个家庭都应该成为一个灯火通明的岛屿，快乐而安宁。让孩子们度过一个愉快欢乐之夜，让圣诞老人的礼物使他们心花怒放，让我们在回到严峻工作中去之前，尽情分享他们的无限快乐。

但现在，我们要用我们的牺牲和勇敢，使这些孩子不致被剥夺他们的遗产或失去他们在一个自由、美好的世界上生存的权利。

当夜，丘吉尔首相收到紧急战报，激战七天七夜后，驻守香港的英军挂起了白旗，驻港总督向日本帝国的佐木中将签署了投降书。

随着春季的即将来临，日本人发动了猛烈进攻，势如破竹，香港、马尼拉、新加坡、爪哇、东印度群岛相继失陷，巴丹投降了，在科雷吉多尔，美国国旗被扯了下来，亚洲舰队几乎完全丧失爪哇海，美、菲陆军部队整个被扔在巴丹，著名的麦克阿瑟将军几乎只身回到美国本土。

唯一的一点光明是吉米·杜利特尔从"黄蜂"号航空母舰出动中型轰炸机群，成功地空袭了东京。此举对骄横的日本人无疑是当头一棒，其政治意义远远大于军事意义。人们搞不清这么多飞机是怎样突然飞临日本又神秘地失去踪迹的，新闻界也众说纷纭、莫衷一是，向罗斯福请教时，他神秘地说"来自香格里拉"。

香格里拉一词来自J·希尔顿所著小说《消失的地平线》，指虚构的世外桃源。罗斯福用在这里，特指"二战"期间美军轰炸东京等地的秘密航空基地。

战争急需大炮、飞机、坦克、登陆艇和商船，及其各种型号的装备弹药。但美国用以粉碎希特勒和日本帝国的巨大战争机器在运转当中还存在混乱和摩擦，为了把和平时期的生产转为战争状态的生产，为了修建新工厂，确定人力和装备的轻重缓急，就需要以美国历史上空前未有的规模实行集中的控制和计划。一些企业家，特别是汽车制造商，反对这种改革，声称罗斯福只是在利用这种紧急情况作为促进新政的激进经济政策和社会政策的借口。罗斯福唯恐在和平时期严格控制美国经济会产生不良影响，因此行动迟缓。同许多新政时期的机

> 美军飞机从"黄蜂"号航母上起飞执行轰炸东京的任务。

构一样，他草率成立的各种委员会是短期压力的产物，而不是长期计划的结果。珍珠港事件使这些动不了的齿轮又动了起来。

罗斯福比绝大多数美国人更深刻地懂得，现代战争不仅是作战部队之间的格斗，而且是相互竞争的技术之间的一场格斗，他坚持要实现似乎是异想天开的生产目标。在起草1942年国情咨文时，他把他的工作人员制订的各种生产数字都予以提高，如飞机增加到6万架，坦克2.5万辆，高射炮2万门，商船600万吨。他对提出异议的霍普金斯说：如果生产人员真的在干，就完全能够办得到！这只是个开端，下一年的生产目标将是12.5万架飞机，7.5万辆坦克，3.5万门大炮和1000万吨船舶。这些数字和一些类似的数字，将使日本人和纳粹分子知道，他们袭击珍珠港起了什么样的推动作用。

1942年1月，为了结束混乱不堪的局面，罗斯福成立了战时生产委员会，由前西尔斯—罗巴克公司总经理唐纳德·M·纳尔逊领导，集中指导战争工作。战争生产委员会存在时间不是很长，多次遇到风波，中间不少波折和争斗。按照罗斯福惯用手法，如果对一个机构不满意，不是废除原机构，而是成立一个新机构来接替这个机构的工作。而他组建一个部级新机构的通常方式是把它从中间分开。当年10月，罗斯福总统授意成立了经济稳定局，后改为战时动员局，由前南卡罗来纳州参议员贝尔纳斯领导。贝尔纳斯为了从罗斯福肩上接过治理国内经济的担子，辞去了在最高法院的职务。人们称他为助理总统，在白宫东厅的一间办公室里，他确定了关于轻重缓急、生产、人力、工资和物价的政策。

罗斯福确定了宏伟的生产目标后，便由他的部下来执行，只有当争端有搞乱战争的危险时才进行干预。弗朗西斯·珀金斯曾说："他是催化剂，通过他的努力可以创造性地驾驭混

∧∨> 1942 年，罗斯福想尽了各种办法加快了军事装备生产，大大支援了反法西斯战争。

∧∨ 黑人与妇女们都投身于战时军工制造业之中。

乱的局势。他与其说是一名小心谨慎、方式直率的行政官员，倒不如说是一种能创造并给人以活力的药剂。"

关于罗斯福是否有效地动员了美国的生产能力，斯大林大概是最公正的鉴定人。这个苏联统帅在他感情比较奔放的时刻宣称："没有美国的生产，同盟国可能永远打不赢这场战争。"

到战争结束时，美国的工厂和造船厂制造了29.93万架飞机，7.21万艘舰艇，4900艘商船，8.63万辆坦克，850万支步枪，1400万吨弹药和炸弹。与此同时，还动员了美国历史上人数最多的军事力量。截止到战争结束，陆海军男女军人1200万，而海军和海军陆战队高峰时人数达340万。

企业家们蜂拥到华盛顿，加入各种战时机构，战时的合作，消除了企业界和政府之间在新政时期存在的鸿沟。战争产生了军界工业集团，像西雅图这样的城市和加利福尼亚南部这样的地区，已经在很大程度上依赖军费开支。战争促使了美国工业的集中，美国最大的公司出现了前所未有的繁荣，56家最大的公司得到了3/4的军事合同。蒸蒸日上的军事工业吸收了大萧条遗留下来的失业大军，甚至以前在劳工市场上最底层的妇女、青少年和黑人都找到了高薪工作。工会会员增加将近一倍，达1500万人。虽然由于工人要求更多地分享战时利润，发生了一些自发性罢工，但损失的时间相对来说是微不足道的。

1942年6月底，丘吉尔再次来到华盛顿。一个星期里，他和罗斯福几乎不停地进行会谈，商讨增援受到严重打击的战线以及弥补陆海军惨重损失的措施。他们还讨论了进军北非的可能性，但丘吉尔对此抱谨慎态度。

丘吉尔把罗斯福的轮椅推过白宫的底层走廊，到达一个守卫严密的门口。值警的海军陆战队士兵举枪致礼。他们进入一个长方形的小房间，墙上布满了安装在滑板上的巨幅作战地图。一张桌子上放有电话机，墙角里有一架密码机。一架电传扰频机放在盥洗室内。罗斯福解释说，地图室也就是他的通信中心，负责处理他的所有电报，并掌管罗斯福专用密码。在此日夜值班的是他的海军助理威尔逊·布朗海军少将仔细挑选出来的陆海军青年军官。

丘吉尔到达两天之后，罗斯福碰到了一桩苦差事：把托布鲁克的突然陷落和2.5万名英国人被俘的消息告诉丘吉尔。隆美尔在利比亚沙漠上又猖狂进来了，他发誓这一次定要拿下埃及和苏伊士运河。

为了对付这个威胁，罗斯福答应命令那几个新建的装甲师离开他们的新式谢尔曼型坦克，用船把它们运往埃及去防守英国的生命线。

两人谈论的另一个问题就是在他们私用密语中丘吉尔所说的"铝合金"，也即陆军用代号所称的"曼哈顿工程"。眼镜滑落到鼻尖上，长脸由于激动而显得特别严肃的万尼瓦尔·布什博士前来报告说：在芝加哥运动场地下的一堆铀235已开始成功地产生有控制的连锁反应。科学家一致认为，大规模扩展这一科研基础上的时刻已经来到。需要多少费用？在第一枚炸弹制成之前，也许需要20亿美元。成功的可能性有多大？估计是10：1。

钱倒不成问题，但是钱所代表的东西——人力、稀有物资、大量的电力——都需要从直接为战争服务的项目中挖出来。罗斯福决定：为了缩短战争和拯救也许多至数十万人的生命，进行这样一次历史上最大的冒险是值得的。丘吉尔热烈地表示支持。

整个工作交给陆军部办理。史汀生部长指定莱斯利·R·格罗夫斯少将负责计划的执行。科南特博士充任罗斯福在军事原子政策小组的代表。命令下达了：全速前进！

这项工程的最终目的是制造出一种最具杀伤力的武器，这种武器后来成为文明社会恐怖的重要来源之一，它叫原子弹。在田纳西州诺克斯维尔市东北30公里的橡树岭，工人们开始平整山岭，安放底脚，兴建新建筑，他们只被告知的是："你们在干每小时1.35美元的活。"由那里往西3700公里的"Y号工地"，就是后来举世闻名的洛斯阿拉莫斯城。这个动用20亿美元的计划，在当时只有极少的几个人知道其真正的内容，对外严格保密。

伯恩斯曾说过："罗斯福既是现实主义者又是理想主义者，既是操纵者又是说教者，既是王爷又是军人。究其原因，不仅在于他本人的思想和出身，也在于他所处的社会和这个社会的传统。美国人长期以来就既好说教，又讲现实传统。"后来，美国的原子弹率先爆炸的事实表明，罗斯福是比较偏重现实，极有远见的。

作为最高统帅，罗斯福并非无可挑剔。如在太平洋战争上，他赋予麦克阿瑟的权力就过大，而太平洋战争主要是海战，显然当由尼米兹海军上将指挥。然而众多将领对他们的罗斯福充满了敬意。

艾森豪威尔：罗斯福先生的某些政治措施，我是永远不会赞同的，但他作为战时国家统帅，我完全是由这个身份认识他的，而且从这个身份来看，我觉得他是完全满足了大家对他的期望。

陆军部长史汀生：陆军从来没有一个比他更优秀的统帅。

★艾森豪威尔 （1953~1960）

美国总统。五星上将。共和党人。生于得克萨斯州的丹尼森。毕业于西点军校、参谋学校和陆军军事学院。参加过第一次世界大战。第二次世界大战期间，历任欧洲战场美军司令、北非战场盟军最高司令、北非和地中海盟军司令、欧洲盟军最高司令。1952年放弃军职，竞选总统获胜。1954年组成东南亚条约组织。1957年提出控制中东的计划，即"艾森豪威尔主义"。1958年派军队入侵黎巴嫩。著有《远征欧陆》。

乔治·费尔丁·埃利特：罗斯福深谙全面的全球战略，这使他成为最伟大的战时总统之一。

路易斯·约翰逊：在这里，罗斯福的名字具有魔力。

可从外表看，罗斯福没有一点军事天才的气质。他到部队时总穿着绒布衬衫，戴着旧帽子，蝴蝶领结也是漫不经心打上去的，看上去他倒更像一个衣着随便、精神饱满的要去度假钓鱼的老头子。不过，正是这个看似漫不经心的人成了美国最好的代表。

有位律师称罗斯福的面孔是世界上最英俊的战斗的面孔。艾森豪威尔★十分佩服他熟知地形，美国士兵说他最大的天赋是对人的关怀。乔纳森·丹尼尔认为，在那个时代里，没有谁能像他那样，在美国人惊惧时，能唤起美国人的内在信心，由于他深信美国人的自尊感，所以他要求或期望美国人拿出勇气来的时候是没有任何顾虑的。一次，罗斯福到夏威夷跟海陆空军高级将领商谈，制订计划，准备发动攻势，迫使日本人投降，在他离开夏威夷前，他要人用轮椅推着他穿过陆军医院的病房，去看望那些被截去上肢或下肢的伤员，他向他们微笑，挥手致意，从始至终没说一句话，但他的出现胜过了千言万语。因为坐在轮椅上的是一位两腿早已完全瘫痪的总统，三军总司令，一个四肢不全的人，他们没有任何理由可以灰心丧气，只要努力，战前所抱的理想就能够实现。

在国内问题上罗斯福最大的失误是他批准了赶走居住在西海岸上的大约12万日本侨民——其中2/3是美国公民——的决定。珍珠港事件后，人

< 美国海军五星上将尼米兹。

FRANKLIN D. ROOSEVELT

< 就是这样一位身体残疾的美国总统，在"二战"中赢得了人民的爱戴。

> "二战"期间，旅居美国的日本侨民被美国政府集中军事管制。

们的恐慌和对日本人的偏见已经达到歇斯底里的程度。虽然没有证据表明日本侨民有严重的背叛行动，或进行过间谍活动，但是像加利福尼亚州司法部长厄尔·沃伦这样的地方领导人却逼迫陆军重新安置日本侨民。后来沃伦成了一位开明的美国首席法官。西海岸防务司令部司令约翰·L·德威特宣称："日本鬼子就是日本鬼子，我一个都不想让他们居住在这里。"

仅仅几个星期之前，罗斯福曾在《人权法案》通过150周年之际对该法案大加赞扬，但是他没有提出异议就签署了授权拘留西海岸日本侨民的命令。日本侨民惊恐万状，手足无措，要在一个星期内卖掉住宅、农场和生意，通常售价只是实际价值的一小部分。他们被赶进遥远沙漠地区的迁移中心，比集中营好不了多少。他们在那里住到战争即将结束。为什么罗斯福允许采取类似纳粹对待犹太人的行动（照弗兰克·墨菲法官的说法，是具有"可悲的相似之处"的行动）呢？他从来不是一位强烈鼓吹思想和行动自由的文职人员，他屈服于公众和国会的压力，几乎没有考虑到后果。奇怪的是，居住在夏威夷的日本侨民却没有被拘留，即使夏威夷群岛在整个战争期间一直实行军事管制。

罗斯福还对纳粹分子杀害600万欧洲犹太人视而不见。随着战争的到来和希特勒领地的扩大，犹太人的处境越来越糟，因为美国国务院实际上对向难民发放签证的条件加紧了限制。罗斯福在这个问题上有令人难以理解的矛盾心理。虽然他个人同情犹太人的困境，但是他却把难民问题交给同情心较小的助理国务卿布雷肯里奇·朗负责处理。朗是一位老练的威尔逊式人物，向民主党提供了大量的捐款，对难民问题有管辖权。他即使不仇视犹太人，也是最不同情犹太人的。他担心，降低移民条件会使大量伪装难民的纳粹间谍进入美国。他和其他官员一道对援救犹太人的无数次努力加以阻挠，并且扣压关于希特勒打算将犹太人灭绝的情报。

到1944年年初，希特勒实行最后解决的计划的详细情况已经传到国务院，但是许多官员拒绝相信这些消息。他们把这些消息比做盟国宣传家们为诱骗美国参加第一次世界大战时曾经散布的关于德国暴行的消息。然而，关于死亡营和大屠杀的证据越来越多了。一再要求美国人和英国人轰炸通往集中营的铁路线的呼吁被置之不理，因为这样分散力量只能推迟赢得胜利的时间，他们认为，只有胜利才是犹太人的最大希望。1944年，英美两国在百慕大举行会议，讨论难民问题，尔后，国务卿赫尔告诉罗斯福："按照某些压力集团鼓吹的一项计划，要把数目未定的人从未透露的地点转移到未知的目的地，不知要付出多大的代价，这当然是办不到的。"

对赫尔来说，这可能办不到，但是对亨利·摩根索来说却不然。作为一名犹太人，传到华盛顿的消息使他感到极度痛苦。1944年初，他指示财政部总律师伦道夫·保罗起草一份关于国务院处理难民问题的研究报告。保罗写了一份措辞直率的报告，标题是《关于本届政府默许杀害犹太人问题向部长的报告》，这份报告毫不客气地进行强烈抨击。它指责说，国务院官员"不仅未能利用供他们使用的政府机器把犹太人从希特勒那里援救出来，反而甚至利用这台机器阻止援救这些犹太人的工作"。

摩根索亲自把这些结论提交给罗斯福，罗斯福似乎感到很惊奇。在一个星期之内，罗斯福成立了一个不受国务院管辖的战争难民委员会来接管难民问题。该委员会的代表（其中有在布达佩斯工作的瑞典商人拉乌尔·瓦伦贝里）从毒气室里营救出数千名犹太人。但是，罗斯福要是采取行动，其他几十万犹太人也可能得到挽救。正如对待日本侨民的情况那样，他的过失不是采取了什么行动，而是未采取行动——造成的后果更加悲惨。

>> 北非战场

1942年7月，罗斯福派马歇尔将军、金海军上将、史蒂夫·厄尔利和哈里·霍普金斯到伦敦去最后落实进攻计划。德国军队在夏季攻势中已经猛冲到苏联的腹地，几乎到达巴库油田，逼近斯大林格勒。必须花一切代价使苏联能继续打下去，美国参谋长联席会议认为，在1942年秋季越过（英吉利）海峡进行一次迅猛的攻击，也许可以减轻斯大林军队身上的压力。这一计划被称为"大锤"，以示与1943年夏季全面出击计划"兜围"区别。罗斯福大力支持"大锤"。

但是英国人回话说，他们不愿意奉陪。他们认为这样做风险太大，怕发生另一次流血更多的敦刻尔克。罗斯福发了一份斩钉截铁的电文给丘吉尔说：美国军队今年一定要在某个地方与德国交战。

参谋长联席会议提出了一个折中方案：向北非进军，以解除隆美尔对在阿拉曼陷于绝境的英国第8军的压力，并且把德国的兵力从苏联方面吸引过来。罗斯福笑了——他早就向丘吉尔建议过，可以派美国一个军去"追捕隆美尔"。但是，他对这个决定仍感到失望，因为他知道，苏联所需的援助远不止这些。不过既然这是他所能得到的最好的计划，也就只好把它接受下来。这个计划的代号是"火炬"★，由艾森豪威尔担任指挥。

1942年的整个夏天和秋天，罗斯福不耐烦地等待着对北非的进攻。他渴望发动攻势，满足国内和苏联提出的采取行动的要求，他对每一个有关的人都施加压力，要求在尽可能早的

★ "火炬"

第二次世界大战中盟军进攻北非登陆战役的代号，英文为"Torch"。1942年11月8日，英美两国军队在大量飞机掩护下，分三路在法属北非的卡萨布兰卡、奥兰和阿尔及尔强行登陆。11月12日，盟军控制了阿尔及尔以西地区，并于11月中旬开始东进，攻入突尼斯。这次登陆的成功显示了盟军的强大军力和组织力，迫使德国剥夺了法国维希政权的有限权利，扩大了法西斯阵营内部的矛盾，打击了德意日法西斯集团的士气。

时刻发动进攻。他一次又一次地宣称："时间是要素。"随着年底即将到来，战争的趋势出现了有利于盟国的迹象。珊瑚海战役已阻止日本的扩张，一支日本入侵军在中途岛被击退，伤亡惨重，美国已开始越岛作战，向东京挺进。德军向高加索的大规模强攻已经在伏尔加河沿岸的斯大林格勒停了下来，苏联人正在准备发动一场大规模的反攻。英军不仅守住了阿拉曼，而且在从美国急速运来的400辆谢尔曼型坦克的增援下，于10月23日冲破德军的防线，使隆美尔的部队狼狈撤退。

1942年11月7日，星期六，罗斯福驱车前往"香格里拉"——他用虚构的世外桃源的名称来称呼的马里兰群山中新辟的隐秘处所。人们猜测，杜利特尔轰炸东京的飞机就是从这里起飞的。这里好像是一个家庭聚会：哈里·霍普金斯和他年轻漂亮的妻子（罗斯福于7月份在白宫给他们举办了小型婚礼）、汉布利的姑娘们（从达切斯县来的罗斯福家的亲戚）、麦克，还有在地图室掌管精巧通信系统的青年军官们。

这所单层小屋周围的树木和田野一片静寂，散发出秋天又苦又甜的气息。装着简陋护墙板的居室温暖而明亮，围炉而坐的这一小群人都是罗斯福喜爱的熟人。今天，罗斯福从白宫溜出来寻求宁静，在这里本来可以如愿以偿的，然而事实上并未能如此。

因为在北非，今天已是进攻开始之日——而且几乎已临近发动进攻之时。此刻，运输船在黑暗中差不多已移动到多山的海岸附近；穿着笨重战斗服的年轻人正爬下伪装网；登陆艇在黑黝黝的海水中拖着一圈圈白色尾波，只等信号弹一发就跃向海滩；暗影幢幢的战舰已把炮口对准海岸，准备随时发射。

罗斯福一言不发地注视着时钟缓慢地走向发动进攻的时刻。当指针碰到最后一条黑线时，他突然微微地颤动了一下，情不自禁地"哦"了一声，半似惊呼，半似叹息。

华盛顿陆军总部终于打来电话，格雷斯·塔利回忆说，罗斯福用颤抖的手从她手里接过话筒，他全神贯注地听着，一直听完对方报告的好消息，然后大声喊起来："谢谢上帝，谢谢上帝！听起来好极了，祝贺你。"

∧∨ 英军在北非战场向德军发起了反攻。

＜ 准备在北非
实施登陆的美
军部队。

> 美军艾森豪威尔将军（左）和克拉克将军（右）与法国维希政府代表达尔朗（中）达成了停火协议。

他放下电话，转身面向客人，"我们已在北非登陆，伤亡低于原来的估计，我们开始反攻了。"

广播电台评论员中断了正常的广播节目，宣布美国和英国部队在北非登陆的重大消息。接着是艾森豪威尔将军对北非的法国部队发表的公告，他说"我们是作为朋友而来的"；然后是罗斯福对法国人民的演说。这个演说在罗斯福离开华盛顿之前就录好音了，它是一份措辞谨慎的呼吁，是发自他内心深处的声音。但是引起罗斯福异常紧张不安的问题是：它究竟会不会有效果？艾森豪威尔手下只有10.7万人，却要去占领半个大陆。这是一场惊人的赌博，一半是虚张声势，一半是横下一条心硬拼。如果法国人当真干起来，他们就有可能挡住我们，让德国人赶来以压倒的优势兵力把我们从海滩的立足点上连根拔掉。万一在事业方面和利害关系方面想法一致的法国人和美国人互相残杀起来，那将是一个多么巨大的悲剧啊！

不久，设在直布罗陀的艾森豪威尔的司令部开始送来报告。登陆正在进行之中，法国人在抵抗。真糟糕！尽管报告中说，在阿尔及尔的抵抗很微弱，一些部队已经上岸，但罗斯福仍是高兴不起来。

第二天，形势稍有好转。法国人在阿尔及尔的抵抗只是敷衍了事，当天下午，这个城市就投降了。但是在奥兰和卡萨布兰卡，战斗却打得十分激烈。罗斯福一听到法国陆海军总司令达尔朗海军上将已在阿尔及尔落入手中的重大消息时，他立即动身返回华盛顿。

将近20万美军已在摩洛哥卡萨布兰卡和阿尔及利亚奥兰、阿尔及尔登陆。这两个阿尔及利亚港口很快被攻占，但是，维希政权法军在卡萨布兰卡进行了几天的抵抗。美军司令德怀特·艾森豪威尔将军急忙同碰巧正在那个地区视察的维希政权高级官员弗朗索瓦·达尔朗海军上将安排停火，美国承认他为法属北非的政治权威。那些知道达尔朗同德国勾结的英国人和美国人指责"同达尔朗的交易"出卖了打这场战争所要实现的理想，但是，艾森豪威尔认为，防止伤亡比政治斗争更加重要。罗斯福同维希政权保持关系而不承认夏尔·戴高乐将军的自由法国组织，这已经激怒了自由派。他同意了这项安排，说"只是权宜之计，唯一的正当理由是战斗的压力"。达尔朗的遇刺解决了这个问题，但是，回味起来这个插曲却很不是滋味。

星期一作出了一个艰巨的决定。艾森豪威尔来电说，把法国人争取到我们一边来的唯一可能，在于通过达尔朗上将做工作，因此他请求准许和达尔朗打交道。罗斯福很不乐意答应，因为达尔朗被人们称作通敌分子和纳粹工具，和他做交易似乎有搞绥靖政策之嫌。另一方面，被神秘地带出法兰西、到国外去联合法国人的季劳德将军已经彻底失败。自由法国的领导人夏尔·戴高乐将军在北非实际上没有追随者。但是，法国人和美国人继续打下去不仅会危害我们的伟大计划，而且战斗本身就是一场不堪设想的悲剧。罗斯福感到应该支持战场上的指挥官采取他所认为的最适当的行动——对艾克这种人你只管放心好啦。罗斯福和丘吉尔在电话中争得面红耳赤，但终于说服首相和达尔朗达成协议。于是他就给艾克开了绿灯。

事情就这样解决了。达尔朗被承认为北非的文职当局的首脑，季劳德被安排为法国军队的统帅。奥兰和卡萨布兰卡的抵抗停止了，达尔朗说服了顽固的达喀尔总督皮埃尔·博伊松，使他一枪不发地交出了这个重要港口。艾森豪威尔的军队向突尼斯挺进，法国军队在季劳德指挥下保护着他们的右翼。

这下可激怒了德国人，他们开进法国的非占领区。于是忧郁的法国老元帅贝当发出一份可怜巴巴、软弱无力的抗议照会，和美国断绝了外交关系。在土伦的法国舰队军官们由于无法判定光荣之路在何方，就凿沉了他们的船只。

由于作了"达尔朗交易"，抗议的暴风雨向罗斯福袭来。过去对他的维希政策持怀疑态度的人们，现在对这次绥靖主义新冒险就更感到迷惑不解了。为了使他们平静下来，罗斯福指出，有关北非的协议仅是出于军事需要的权宜之计。

罗斯福回顾了他的维希政策，断定自己做得是对的。莱希海军上将自从就任驻维希大使这一麻烦的职务以来，始终力主反对德国的蚕食。

他一再劝说贝当元帅拒绝纳粹的要求。与此同时，星条旗的存在以及美国救济品的发放，使法国人仍怀有希望，鼓起了抗敌的勇气。

如果我们当初不承认维希政府，北非战役就几乎不可能进行。我们根据协议输送某些重要物资到北非去，这使我们有可能把总领事罗伯特·墨菲继续留在那里。墨菲坚持要设立一个有20名副领事的班子，那些先生的确活跃非凡。他们经常把北非的战略部署告诉我们；他们精力充沛地组织抵抗运动；他们为我们争取到了一批法国高级军官和官员。阿尔及尔和奥兰防线之所以不堪一击，也要归功于他们，是他们的情报促成了这次进攻的胜利。

11月的第二个星期还带来了太平洋上的消息，这是重大而壮烈的消息。在瓜达卡纳尔岛沿海的一次夜战中，丹·卡拉汉指挥5艘巡洋舰和8艘驱逐舰，向一支由4艘战列舰、4艘重巡洋舰和30艘驱逐舰组成的日本特遣队发起了进攻。在一片漆黑中，丹把他的小小舰队带到布成两个纵列的敌舰之间。他的旗舰"旧金山"号在近距离平射射程内左右开炮，协同其他军舰干掉了一艘战列舰和一艘重巡洋舰。日本军舰在慌乱中互相开火，仓皇逃窜。两夜之后他们又卷土重来，但此时美国的新战列舰"华盛顿"号和"南达科他"号已在现场，用406毫米大炮的齐发迎击他们，将他们彻底打垮。

但是丹·卡拉汉却在战斗中牺牲了。

罗斯福在和他共事的几年中，越来越喜欢他。罗斯福还记得，那一天，他的这位军事助理前来对他说："老板，我得离开你了。让我到太平洋去当一名指挥官吧，我想看到主炮组开火。"

丹的愿望实现了——他看到了406毫米大炮在夜间闪光的轰鸣。但几分钟之后，一艘日本战列舰上的一阵排炮炸掉了"旧金山号"的舰桥。罗斯福认为瓜达卡纳尔战役是海军史上最勇敢的一次战斗，无论"切萨皮克号"的劳伦斯还是伊利湖上的佩里，都无法与之比拟。

他怀着悲痛和无比骄傲的心情说："你们还要丹·卡拉汉怎么样呢？"

> 1942年，罗斯福在白宫察看海军陆战队指挥官手中在瓜岛战役中缴获的一面日本军旗。

第八章

胜利的曙光

1882--1945 罗斯福

意大利新政府拼命想投降，但是它处于驻意纳粹军队的严密包围之中。在这种情形下，谈判只得在神秘诡谲的气氛中进行。罗斯福非常喜欢这种戏剧性的诡谲活动，但他绝不因这一爱好而改变他那不可动摇的决心：意大利必须绝对投降。这一点终于实现了……罗斯福告诫盟国，在胜利的曙光中不要忘记这次战争的道德目标——四大自由和《大西洋宪章》绝不是一纸空文。

>> 卡萨布兰卡会议

德国非洲军团正在遭受美英部队的夹击,大势已去,制定未来战略的时刻到了。罗斯福敦促斯大林同丘吉尔一道举行一次会议,但斯大林拒不参加,理由是他不能在苏联人正在斯大林格勒发动反攻时离开这个国家。罗斯福在给斯大林拒绝参加会议的来信回复时,建议把会议日期推迟到3月1日左右,但斯大林解释说"前方军务繁重,他一刻也不能离开苏联",同时希望英国和美国履行他们在春季开辟第二战场的承诺。但罗斯福和丘吉尔都不想就开辟第二战场的问题再交换措辞尖刻而又难以取得一致意见的电函,他们决定如期举行会议。

会址被定在卡萨布兰卡★,由于该地区位于德国空军的轰炸范围,保安人员急得像热锅上的蚂蚁。1943年1月11日晨,载着罗斯福总统的波音314型飞机从迈阿密机场起飞,一支护航战斗机组在海上与罗斯福的座机会合,并拱卫在它四周向卡萨布兰卡飞去。白色的防波堤伸进海港,犹如一个妇人的手摊放在蓝色的天鹅绒桌布上,飞机最终降落在非洲金黄色群山环抱着的机场。

罗斯福的住所安排在安法华郊区的1号别墅,这是一所现代化摩尔式白色大房屋,装潢考究奢华。罗斯福一抵达就投入了他平生最紧张的工作,英美参谋长联席会议和大多数英国和美国的战地指挥官都来了。他们对整个战局按地区逐个进行检查。有关战略全局的重要决策都请罗斯福总统和丘吉尔首相作了指示。

卡萨布兰卡会议从1月14日开到24日,除正式会议外,还进行了无数次的个别谈话。罗斯福想亲自认识一下每一个受命执行伟大计划的人。他们每个人都应邀来到1号别墅作亲切长谈。有海务大臣、海军上将达德利·庞德爵士,帝国陆军参谋长、陆军上将艾伦·布鲁克爵士,空军元帅查尔斯·波特尔爵士,指挥破旧舰只守在地中海,善于虚张声势且富有的海军上将安德鲁·坎宁爵士,联合作战参谋长、陆军上将路易斯·蒙巴顿勋爵。蒙巴顿威猛的气派和幽默的性格吸

★卡萨布兰卡

摩洛哥地名。摩洛哥西部沿海地区中央的港口城市,工业中心。位于拉巴特西南85公里。又称"达尔贝达"。第二次世界大战期间,法国部分舰队于1940年6月从法国本土撤出卡萨布兰卡。1942年11月,盟军实施"火炬"行动,将卡萨布兰卡占领。美国、英国领导人罗斯福和丘吉尔曾于1943年1月在此地召开会议,讨论军事问题,此会史称"卡萨布兰卡会议",是战争期间盟国间的一次重要会议。

∧ 卡萨布兰卡会议期间，罗斯福利用机
会视察了前线的部队，他是自林肯之后第
一位这样做的总统。
< 丘吉尔和罗斯福在卡萨布兰卡2号别墅
的草坪上参加新闻发布会。

引了罗斯福，罗斯福留他谈了好长一段时间。这位英国突击队的领导人
比任何人都更懂得两栖作战技术，而这正是整个胜利的决定因素。

其间还有不少美军军官进进出出。如马歇尔、金、阿诺德、在突尼
斯指挥盟军空军的卡尔·斯帕茨、供应局的B·B·萨默维尔少将、马克·
韦恩、克拉克、小乔治、巴顿少将……

艾森豪威尔将军在罗斯福抵达北非的当天就与罗斯福进行了会谈，
《欧洲征战记》对此作了记述：总统显得性格开朗乐观，充满活力，甚至
有点活泼诙谐，他的这种精神状态是与笼罩在整个卡萨布兰卡会议上空
的进取气氛分不开的。在成功地摆脱了繁忙的政府事务以后，他为能利
用这几天时间秘密地从华盛顿来到这个两个月前还在打仗的地方，参加
一次历史性会晤，让大家从中吸取到了非凡的精神力量。

那一天，罗斯福总统正在与丘吉尔及众多参谋长们开会，在中东指挥
作战的英军将领哈罗德·亚历山大爵士到了，他身穿污秽的战斗服，鞋上
沾着黎波里的尘土，直接从机场走进会议室。足足有两个小时，他有声有
色地描绘了在阿曼的伟大胜利和蒙哥马利的第八军团越过近2000公里的沙
漠地带向黎波里进发的史诗般的行军，大家都听得入了迷。他告诉他们，胜
利的获得是由于空军和地面部队终于实现了完全的协作，还由于他不顾从
西西里和潘特莱里亚基地出发的德国空军的狂轰滥炸，调动坦克登陆舰驶
向海岸，从而解决了决定进军成败的补给问题。艾森豪威尔首先被这些具
体的技术问题吸引了，他是协同作战的积极拥护者，他请求将地中海新军
区整个盟军空军的指挥权交给亚历山大的空军指挥官空军元帅阿瑟·特德

爵士。罗斯福对于英美两国指挥官的精诚合作甚感宽慰，像亚历山大、蒙哥马利这样的英国将领居然甘愿屈居军阶较低的美国将军艾森豪威尔之下，这不仅是盟军团结的典范，而且是对美国总司令抱有信心的突出表现。

但英美两国在确定盟国战略目标时发生了严重分歧，马歇尔想在1943年横渡英吉利海峡向欧洲发动大规模进攻，而英国人则坚持认为应继续进攻欧洲的软小腹部。虽然马歇尔反驳说从外围蚕食会耗尽用于欧洲发动主要攻势的人力物力，但丘吉尔争辩说，英美军队还没有足够的力量攻破希特勒的欧洲堡垒，在继续集结力量时，他主张同时利用北非作为向西西里进攻的跳板，这样可能击溃意大利，使它退出战争。关于太平洋的行动计划，意见分歧就更大。美国在11月瓜达卡纳尔的海战获胜后，已取得对日作战的主动权，美国参谋长们坚决主张继续在西太平洋偏南的所罗门群岛、马绍尔和加罗林群岛发动进攻，英国方面极力反对这种全面进攻，认为这可能会把攻击重点从德国转向日本，他们一再强调，在击败柏林以前，太平洋方面应进行静态的防御战。经过激烈的争论，两国总算达成还算一致的作战计划：

> 英美联军首先消除德国潜艇的威胁，确保大西洋的交通安全；其次除禁止使用的巨额耗费外，竭尽所能援助苏联，罗斯福称此举是有利可图的投资；第三，执行地中海作战计划，攻占西西里岛，迫使意大利退出战争，减轻德军对苏军的压力；第四，实施进出英国的作战计划，加强对德本土的战略轰炸，并继续为横渡英吉利海峡的进攻集结力量；第五，执行太平洋和远东作战计划，击退日本进犯并支持中国。

卡萨布兰卡会议以军事布置为主，但也讨论了政治问题，其焦点是如何利用公众对战后目标的日益关注来振作士气与维系盟国的团结。阿拉曼、瓜达卡纳尔、北非、斯大林格勒的胜利，使公众普遍认为战争已到了转折点。罗斯福和丘吉尔都注意到了这种将会导致松懈的危险，都着意设法遏制人们认为战争结束指日可待的不切实际的想法。罗斯福说："现在还不是狂欢的时候，我们现在没有时间干别的事，只有为了胜利而战斗，而工作！"丘吉尔说："这不是结束，这甚至不是结束的开始，但这也许是开始的结束。"

这次会议最引人注目的政治问题乃是罗斯福宣布盟国坚持要求轴心国必须无条件投降。早在1942年5月，罗斯福就谈论过以三个轴心国伙伴无条件投降来结束战争的想法，他断言，美国将在世界事务中发挥作用，而侵略国——德意日将被解除武装并放弃那种给全世界带来巨大灾难的哲学。国务卿赫尔本想同罗斯福一起来卡萨布兰卡，就因为他反对无条件投降的主张，罗斯福未让他成行。罗斯福在记者招待会上讲：结束战争的唯一条件是无条件投降，而不是第一次世界大战的通过谈判停战。虽然勉强，丘吉尔首相还是对此投了赞成票。

之所以坚持上述原则，罗斯福是想防止德国再次声称在第一次世界大战中从来没被打败，而是被激进分子和犹太人从背后捅了一刀，这次他们必须不得不承认被打得体无完肤。罗斯福还同时向苏联保证，美英将战斗到底，不会和希特勒或日本人单独媾和。

战时的任何决定都从未有像无条件投降的提法那样引起如此强烈的抗议。批评者指责说，它使轴心国的抵抗变得顽固起来，因为它给敌人留下的唯一选择是，要么民众被奴役，要么被消灭。轴心国的宣传家们利用了这一点，号召他们的人民继续战斗。罗斯福总统和丘吉尔首相一再强调，无条件投降惩罚的是那些挑起战争的人，而不是毁灭被征服的国家，提出这个观点同这场战争的延长没有什么关系，战争的延长与否，是希特勒与日本军阀完全拒绝考虑以任何方式投降造成的。

会议还讨论了错综复杂的法国政治局势。在1940年法国沦陷后，当时的上校戴高乐逃到了伦敦，在那里他宣布自己和他的自由法国运动是进行抵抗的真正力量。戴高乐像一个确信唯独自己能体现本国尊严的人一样妄自尊大、性格倔强，坚持认为法国应该被作为平等的伙伴对待，结果激怒了罗斯福及顾问。罗斯福不想在战后恢复法国大国的地位，或者允许法国人作为统治者重返他们以前的殖民地。虽然戴高乐能使许多爱国的法国人汇集在他的周围。

罗斯福发现，法国的复杂政治情况使艾克心烦意乱——它们给他带来的麻烦比隆美尔和冯·阿厄姆加起来还要多得多。

罗斯福把季劳德和戴高乐请过来，两个对手之中首先到达的是季劳德。这位又高又瘦的法国人举止威严，耀眼的星章表明他的军阶，闪亮的绶带说明他对法国的英勇功绩；但是罗斯福还注意到，他眼睛周围的笑纹透露出他的幽默感。季劳德有用第三人称称呼自己的怪癖——"季劳德将军同意他的意见"，这也表明他天真地把自己看作一位历史性人物。他们用法语（季劳德不讲英语）作了一次坦率的交谈。罗斯福发现，季劳德的唯一希望就是能够在战场上统率一支法国军队。

戴高乐将军不想来。他担心会有什么阴谋，还怕人家要求他作出妥协，改变立场。丘吉尔虽然当时正资助着这一位"自由法国"的领导人，然而要想从他那里得到一个肯定的答复看来很靠不住。一天进午餐时，罗斯福不得不揪住丘吉尔说："温斯顿，你看，我已经把新郎拉来了，老兄，现在该你的新娘出场啦！"

戴高乐只是在丘吉尔威胁说再也不给他一个便士时，才决定前来的。他是罗斯福初次见面就打心里不喜欢的极少数人之一。这种相互厌恶，不完全出于当时形势下的政治条件，而

∧ 卡萨布兰卡总部门前，当地的摩洛哥人和士兵。

＞ 卡萨布兰卡会议期间，罗斯福竭力想弥合戴高乐与季劳德之间的矛盾。这是罗斯福和丘吉尔坐在椅子上看季劳德和戴高乐握手。

是像两块磁铁的正极碰到一起，自然会产生相斥之力一样。戴高乐自尊心很重，对盟军驻在非洲怀有一种不合情理的憎恨。最初他拒绝走进分配给他住的别墅，他说："美国政府无权征用一个法国人的房屋给我去住。"

　　罗斯福意识到，使得戴高乐难以与人共事的，正是他得以成为"自由法国"中流砥柱的那些品质：他的勇敢，他的刚正不阿，以及他的献身精神。狂热的正义感在一位穷途末路的领导人身上是一种令人鼓舞的品质；但是对于一位国家元首来说，就成为在国际关系中作出必要妥协的障碍了。

　　人们很快就看出，这两位法国将军比油和水还要难以混合到一起去。他们之间那种过分的彬彬有礼，正是表示一种互相厌恶的令人难以忍受的手段。但是罗斯福下决心至少要促成表面上的和谐一致。他对戴高乐施展了浑身解数，把所有的智谋、权术和魅力都用上了。他时而喜笑颜开，时而推心置腹；一会儿满腔热情，一会儿克制忍耐。但是他却一无所获。这位自由法国的领导人丝毫不为罗斯福的魅力所动。

　　罗斯福所取得的最大的外交胜利，是劝服了这两位法国人同他和丘吉尔在一起照了相。这是一个正式场面。平台上摆好了椅子，前面挤满了劲头十足的摄影师。罗斯福和丘吉尔在预定的座位上就座，他们竭力作出一副亲切交谈的样子，然而两人的眼睛却焦急地盯着入口处。不久，季劳德来了，他那轻捷的步伐与他的年龄很不相称。接着戴高乐也来了，他移动着两条僵直的长腿，就像在踩高跷。他们坐定后，摄影机开始工作。

　　突然，罗斯福灵机一动，想出了一个绝妙的主意。

★戴高乐

法国总统，军事家、政治家。1890年11月生于里尔，1912年毕业于圣西尔军校。参加过第一次世界大战。1939年"二战"爆发时在第5集团军服役，驻守阿尔萨斯。1940年5月任第4装甲师师长，6月任国防部次长，7月组建成第一支"自由法国"部队。10月在非洲建立"保卫帝国委员会"。1942年，将自由法国改为战斗法国。1943年任全国解放委员会主席。1944年6月将全国解放委员会改名为法兰西共和国政府。1946年1月辞职退出政府。1958年12月当选为法兰西第五共和国总统，1965年连任，1969年4月离职。

"我的朋友们！"他用法语说，"应该作出一个友好的姿势，请大家站起身来，互相握着手。"

季劳德跳起身来，眼睛里闪耀着幽默的神情。

"戴高乐先生。"罗斯福急切地说。

戴高乐为他的权威口吻所逼，十分勉强地直起他的长身子，面对着他的敌手郁郁不乐地站着。

"为了法国的和平，"罗斯福用法语说，"握起手来！"

季劳德伸出了他的手，传统的惯例迫使戴高乐只好照办了。他们的手只在刹那之间碰了一下，然而已被照相机的快镜摄了下来，准备传之后世。快镜还录下了四张著名脸孔的表情：罗斯福为自己的计谋得逞而得意扬扬地笑着；丘吉尔嘴叼雪茄，喜形于色；季劳德显得很高兴，似乎对这一计谋毫无所知；戴高乐★由于心里厌恨，长鼻子拉得更长了。

但是这张照片是一个巨大的成功。它在世界报纸上刊登后，造成了法国团结的印象。这不仅在当时就产生了良好效果，而且在以后为促使互相对立的派系团结发挥了作用，因为这些派系都不得不努力达到这一印象在人民中间引起的期望。

卡萨布兰卡会议取得了惊人的成就。大英帝国和美国之间的团结在这里表现得最为突出，而且比以往更加巩固了。正是在这里，罗斯福酝酿成熟了斯巴达式的"无条件投降"公式，并且赢得了丘吉尔的支持，这就把绥靖主义的幽灵驱除得一干二净。

罗斯福为这次会议付出了巨大的努力，但从中也获得了真正的乐趣。在极为难得的休

> 季劳德和戴高乐之间短暂的"握手"。

息时刻，他情绪高昂、兴致勃勃。出色地执行着空中摄影侦察这一危险任务的埃利特，在会议的大部分时间内都留在罗斯福身旁。凑巧得很，小富兰克林的驱逐舰"梅兰特号"也和一艘护航舰一起来到这里，罗斯福和儿子相聚了两天。在第一天晚上，出现了家人久别重逢的热烈场面。

>> 穿梭奔忙的享受

有一件事是罗斯福下定决心非做不可的，那就是不管安全与否，他要去检阅一下部队。会议一结束，他就像放了学的孩子一样，恨不得马上出去游玩。第二天，他乘着敞篷吉普车奔驰在起伏的沿海公路上。两边田野里停放着巴顿的第二装甲兵团的大炮、坦克和车辆，一些表情木然的阿拉伯人在那里放牧驴子和骆驼。在长长的公路两旁，美国士兵们列队肃立，但不知道在等候什么。

吉普车在两行队伍中间徐徐驶过，士兵们脸上的表情先是万分惊讶，而后转为喜出望外。整齐严肃的队形顿时化成狂热欢呼的人群。罗斯福为这种发自内心的敬意深深感动。当吉普车载着他在灿烂的阳光下、在雷鸣般的欢呼声中通过时，他心潮澎湃、激情满怀。

最后两天，罗斯福是和温斯顿·丘吉尔在马拉喀什度过的，这是摩洛哥的南方首府和苏丹的官邸所在地。他们在一位年轻的美国外交官肯尼斯·彭达尔的豪华别墅下榻。马拉喀什是一个古老的摩尔式城市，罗斯福从未见过这样未受西方影响的地方。狭窄的街道上，蠕动

∧ 罗斯福乘车与艾森豪威尔一起视察美军部队。

着衣着绚丽、皮肤黝黑的人流——其中有阿拉伯人，摩尔人，从西苏丹当作奴隶运进来的黑人，还有少数柏柏尔人，他们具有山区人民那种雄鹰般的剽悍性格。罗斯福坐在车内朝熙熙攘攘的市场望去，商贩蹲在货摊前，叫卖着银丝饰品、土产的陶器、手工制的铜器、地毯和优质皮革制品。他嘴里好像尝得出东方的那种浓重的酸甜滋味。这一片生机勃勃、五彩缤纷的景象使他目不暇接，感到十分愉快。由于长期生活于现代战争死气沉沉的保护色中，罗斯福好似看惯了黑白电影之后开始欣赏彩色影片，感到不胜新奇。

在苏丹举行的国宴上，色彩之鲜艳达到了登峰造极的地步，那种富丽堂皇的场面在西方世界里早已绝迹。

罗斯福把这次马拉喀什之行看作是他多年来最大的乐事。后来他还时常说起渴望返回"神话般的马拉喀什城"，有朝一日还要去看看大阿特拉斯山区的柏柏尔人。

这是他和温斯顿·丘吉尔第一次从容不迫地在一起度过的一段宁静的时光。会议已经开完，当前的问题都已得到解决，他们可以促膝谈心，加深彼此间的了解和友谊了。他们不是兴高采烈地相互取笑逗乐，就是推心置腹地倾吐各自的崇高理想。罗斯福喜欢听丘吉尔青年时代的冒险故事：布尔战争以及被俘后的脱逃，在古巴当战地记者，手持长矛，在军号声中率领士兵们发起真正的骑兵部队的最后冲锋。

在他们进行严肃的讨论时,罗斯福怀着敬意聆听丘吉尔用伊丽莎白时代的华丽语言有力地表达出来的真正英国之声,尽管他强烈地不同意丘吉尔的帝国主义哲学。至于丘吉尔,他时而赞赏他伙伴的老谋深算,时而惊叹他的远见卓识和致力于人类进步事业的激情。

丘吉尔毫不隐讳他首先是为英国着想,然后才顾及他人。但罗斯福所关心的主要是整个世界的发展,因为他深信只有全世界人民的安全得到实现,才能保证美国生活方式能继续存在下去。

罗斯福启程时,丘吉尔和彭达尔乘车到机场送行。丘吉尔陪同罗斯福走到舷梯旁,站在伸展的机翼下握别,然后转身疾步向汽车走去。他坐在车内,注视着罗斯福缓步走上舷梯,消失在长筒形的机舱之中。

返航途中,罗斯福来到英属西非巴瑟斯特新基地,打算从这里飞往巴西的纳塔尔。可是利比里亚黑人共和国就在1100公里外的南方,这个大胆成功的19世纪黑人自治实验,对醉心于社会进步的罗斯福来说,实在是一种挑逗,他想亲自前去一看。他下了命令,C-54大型专机便沿着非洲的凸肚子南飞。那天,他乘车在利比里亚首都蒙罗维亚参观了当地的工业,察看了教育设施,并且对地方政治、工业、农业、教育和司法机关提出了一连串问题。当天下午他又回到巴瑟斯特,翌日凌晨飞往巴西。

在纳塔尔,罗斯福和巴西总统瓦加斯会谈了整个下午和晚上。在战争期间,睦邻政策已经带来了卓著的成果,几乎所有的拉丁美洲国家都一致支持美国。巴西在为战争出力方面作出了特别宝贵的贡献。这次会晤,目的就在于进一步加强同盟的纽带。

罗斯福专机从纳塔尔迅速回国,没有时间再到其他地方去逗留了。

一回到华盛顿,罗斯福马上又埋头苦干起来,工作永远没完没了。无论在白天还是在大多数晚上,他无时无刻不处在各种事务日益加剧的重压之下。哪怕各部、各委员会的头头们做起事来如何敏捷能干,总还有一些事情需要他亲自料理,而且也只有他才能作出决定。光是细枝末节的整改就多得不可胜计。

战争打得很好。在斯大林格勒,纳粹军队被打得焦头烂额,跟跄后撤,血淋淋的足迹染红了俄罗斯的雪野。在非洲,艾森豪威尔和蒙哥马利已经完成了对最后几股轴心国军队的包围。麦克阿瑟和尼米兹也正在把两支进攻的箭头一步步地向不可一世的日本推进。

胜利使罗斯福精神振奋,可是减轻不了他的重负。事实上,随着战事渐趋高潮,他的工作量愈发加重了。他手下的官员并不总是那样得力——远远不是这回事。不过,整个工作还不错:生产数量大得难以想象的军需物资、舰船、飞机和枪炮、食物;训练和武装1100万士兵和补充兵员;满足《租借法案》的庞大要求;分配人力、运输工具和消费品;还有其他千头万绪的有关事宜。

但是有时候难免会发生故障和纷乱,不是这个部就是那个部,情况会变得"一团糟"。人们在高度紧张中工作,变得异乎寻常地爱发脾气,闹别扭的事多次发生。例如伊克斯和诺克斯两人，为了阿拉斯加石油问题闹翻了脸，在内阁会议上互相不理不睬。复兴金融公司和乔西·琼斯竟有着一打冤家对头。在国务院里，甚至连科德尔·赫尔和萨姆纳·韦尔斯这一对美国政治的擎天柱，也为了对俄政策吵得不可开交。唯独总统不能够这样感情用事、喜怒无常——他必须保持镇定，完全凭借他个人的品德力量来把整个复杂的班子团结在一起。

　　除此之外，罗斯福虽然把他的整个身心和精力投到战争中去，但他并没有放弃对社会进步的热情关注。他不得不牺牲"新政"的部分成果；不得不把从工业家手里夺来的权利归还一点给他们，使他们能以最高的效率进行生产；不得不暂时停止进一步提高劳工的福利。可是他坚决不让他为之奋斗终生的基本社会目标遭受损害。为了在胜利之后不会出现工业上的混乱，他已经在筹划把战时生产最终向和平生产过渡了。

　　为了处理堆积如山的行政事务，罗斯福又物色到了两名得力助手。萨姆·罗森曼辞去了他珍爱的法官职务，用他敏锐的头脑和卓越的组织才能来为罗斯福效劳。当海军上将莱希摆脱了出色的然而也是吃力不讨好的工作，从维希回来后，罗斯福让他担任了总统的参谋长。这是一个新职务，莱希的职责是在全球战略的复杂问题上充当总统的顾问，以及使白宫与美国参谋长联席会议和英美参谋长联席会议保持密切的联系。

　　罗斯福每天都处于极度紧张之中，担负着十分繁重的工作，可是他的健康和无与伦比的愉快心情却看不出受到什么影响，这对于那位无微不至地爱护自己敬爱的病人的麦金太尔海军上将来说，简直是一个奇迹。来访者发现罗斯福跟往常一样欢乐与令人倾倒。每周两次的记者招待会由于罗斯福妙趣横生的谈话开得生动活泼。美国的神经中枢从来没有像今天这样生气勃勃，富有活力。

　　罗斯福总统的日常生活是紧张有序的，一般在9点钟进早餐，接下来读会儿报纸，再与心里有话要说的任何亲密的助手举行一两个小时的床头内阁会议。11点整，白宫响起三下铃声，宣告他要出来了。先由卫士在走廊里开路，后面是两名特工，罗斯福总统坐在轮椅里，由普雷蒂曼推着前行，身后飘着一缕烟雾。接着就开始了一天冗长的工作：次要的来访者每人15分钟，重要的再多些时间；一周召开一次或几次内阁会议；跟陆海空军首脑、外国外交官、工业家、劳工领袖们开会……

　　下午1点钟，侍者送来用蒸汽盘装着的午餐，他总是邀请什么人与他共享。饭后又是接见、会谈、签署文件、作出决定——有的是琐碎小事，有的则影响深远，关系到地球上今后好几代人的命运。

∧ 1943年，罗斯福（左）在美国各地视察，他正坐在敞篷汽车上，观看新造的军舰下水。

下午，罗斯福总统偶尔也会挤出片刻时间，乘车到外面去兜风，清醒一下头脑，然后回到办公室一直工作到6点半。这时，麦克走进来，把罗斯福带到隔壁他的办公室诊疗所。这是一天中最轻松的时刻，他可以一边阅读报纸，一边接受按摩，一边与哈里或麦克聊天。7点钟，他乘电梯上去换衣服，准备进晚餐。

晚上，如果没有特殊宾客，罗斯福都要坐到椭圆形办公室里，独自在那张堆满文件的大桌旁工作到深夜。有时黑人管家会轻轻走进来，给他递上一张折叠着的纸条：我们要看一场极好的电影，下来吧，埃莉诺。罗斯福会心地笑笑，把满脑子的思虑抛到一旁——至少当天晚上如此。

>> 轴心国阵线被撕裂

1943年4月，罗斯福前往蒙特利同墨西哥总统阿维拉·卡马乔进行了一次卓有成效的会晤，进一步加强了泛美联系。

5月，丘吉尔首相带着他的一班人再次来到华盛顿。两位领袖再次审视了整个战局。用丘吉尔的话讲，"这一次，我们见到了胜利的曙光"。因为，在非洲的轴心国军队已经投降，仅突尼斯一战，敌人就损失了30万人。他们一起拟定了在即将开始的西西里战役之后进军意大利的计划。英国人虽然不肯斩钉截铁地答应进军法国的计划，但同意限制意大利战役的范围。他们还一起拟订了在太平洋发动更大规模攻势的计划，并决定尽一切努力，安排与斯大林，可能还有蒋介石举行一次会晤。为了解决所有这些亟待解决的问题，他们拟于8月份在魁北克再召开一次会议。

在此期间，西西里的进攻获得了预期胜利，而且意想不到地得了一笔外快。盟军踏上意大利土地不久，罗斯福总统和丘吉尔首相对意大利人民发表了一个联合文告，告诉他们，向他们国家进军是墨索里尼及其法西斯政权迫使你们屈从的那种可耻领导所引起的直接后果。

墨索里尼把你们拖入战争，去给残酷毁灭人民和自由的人充当奴役，这种跟纳粹控制下的德国沆瀣一气的做法，是与意大利古老的自由和文化传统不相称的……意大利人民，现在是你们根据自己的尊严、自己的利益和自己的愿望来恢复民族尊严、安全与和平的时候了！意大利人民是为了墨索里尼和希特勒去死，还是为了意大利和文明而生，现在是你们作出选择的时候了！

这是一种绝妙的威尔逊手法：撇开统治者，直接面向人民。这一手在意大利人民中间收到了立竿见影的效果。7月25日，当佩顿的新7军和蒙哥马利的老8军席卷西西里时，墨索里尼终于遭废黜，彼得罗·巴多格里奥元帅在国王维克托·伊曼纽尔领导下，出来接管了意大利政府。

罗斯福兴奋地向美国人民宣告："轴心上已裂开第一道口子。"

"但是，"罗斯福补充说，"我们对意大利提出的条件仍旧跟对德国和日本的一样：'无条件投降'。"

"我们对法西斯主义决不手软……"

意大利新政府拼命想投降，可是它处于驻意纳粹军队的严密包围之中。在这种局势下，谈判只得在神秘诡谲的气氛中进行。罗斯福非常喜欢这种戏剧性的诡谲活动，可是他绝不因这一爱好而改变他那不可动摇的决心：必须绝对投降。这一点最终实现了。

1943年9月8日，艾森豪威尔的军队逼近意大利的萨莱诺海岸时，传来了意大利无条件投降的消息。苏联第一次和它的盟国一起接受了停战条件。

因为纳粹仍死抓住意大利不放，投降并不意味着战斗结束。然而它意味着意大利的庞大海军从此已归盟国所有；地中海之战已经打赢，再没有敌舰来威胁生死攸关的供给线了；那些长期在众寡悬殊的情况下为了保卫这条供给线而被打得焦头烂额的舰只，现在可以开往太平洋参战去了；在那里，盟军正在逐步组成一支不可战胜的力量。

与此同时，会议于8月间在魁北克召开。在那个俯临亚伯拉罕平原的城堡里，盟国政策方面的最后一些分歧已妥帖地消除了。经过几番激烈的争论，英国人终于明确答应参与进军法国的"霸王计划"。

会议还作出了其他一些重要决定：一是加强对中国的援助，它几乎在单枪匹马地对付日

∧ 丘吉尔和罗斯福在魁北克会议期间交谈。

本，情况非常吃紧；二是给戴高乐的法国民族解放委员会以有限的承认。会议的最后一个行动是对约瑟夫·斯大林发出紧急邀请，请他参加另一次会议，共同商议对轴心国发动最后的打击。

会议期间，罗斯福到渥太华去了一趟。他在那里对3万名加拿大人并通过调向柏林的无线电波对为数众多的德国人说，如果希特勒和他的将军们能获悉我们的计划的话，他们会认识到，"现在投降比以后投降便宜得多"。

然而，罗斯福告诫盟国，在胜利的曙光中不要忘记这次战争的道德目标："令我永远愤怒的只是那些人，他们声嘶力竭地妄称四大自由和大西洋宪章是一纸空文，因为它们无法实现。"

他告诉他的听众说："这些人如果处于别的时代，也许会说独立宣言完全是废话……会对伟大宪章哄然讪笑；会对带着十诫下山的摩西大加嘲讽。"

会议结束后，罗斯福把温斯顿·丘吉尔请到海德公园家里作了一次悠闲的访问。对于这两位友人来说，一起在罗斯福家里共度一段宁静美好的时光确实是平生难得的快事。但是赫德森河的恬静气氛并没有使他们怡然入梦，——恰恰相反！他俩经常用唇枪舌剑交锋——有时候甚至相当刻薄，借以磨砺机智，激发文思。他们之间的友谊有多深厚是用他们能够争论到何等激烈的程度来衡量的，不必担心发生破裂。

一天晚上，他们和哈里·霍普金斯——还有法拉——一起到莱茵贝克劳拉·德拉诺堂妹家去吃晚饭。那所玲珑的小屋高高耸立在山坡上，俯临着赫德森河。在这种晴朗而炎热的黄昏，那两扇充当客厅两堵墙壁的折门就朝后开着，罗斯福坐在他心爱的砑光印花布罩扶手椅里，眼睛从山坡上翠绿覆盖的宽阔台地看下去，俯视河面上闪烁的落日余晖和远处暗绿的群山，这时他感到就像置身于一个豪华舒适的帐篷里。

饭后，他们在烛光旁长坐；丘吉尔的雪茄冒着芬芳的白烟，在凝滞的空气中袅袅上升。他们在重新规划一个世界，进行着激烈的辩论，两人慷慨陈词，妙趣横生。一次，罗斯福发表了一个特别富于想象的想法，激起了丘吉尔轰雷般的抗议："这会损害大英帝国的利益……"

"我亲爱的温斯顿，"罗斯福轻描淡写地说，"大英帝国不再存在啦，它不过是你想象中的东西。"

丘吉尔把头一摇，善意地放声大笑，承认对方切中要害。接着他就大谈起他那崇高的基普林式帝国责任的观念来。印度是一个微妙的问题，因为这块庞大的英国属地现在已经半公开地反对英国的统治。然而在他们为印度问题争得不可开交之时，谁也顾不上什么微妙了。这次轮到丘吉尔占上风了，当争论进入白热化时，他从椅子里站了起来。"你是否想要印度？"他问。说着，他摊开双手，好像托着那个巨大的国家，跑到罗斯福跟前，一边把双手递过去，一边说："喏，拿去吧！"

配备着9门406毫米大口径大炮的4.5万吨大型新战舰"衣阿华"号在大西洋上劈浪前进。舰上的高射武器林立，从护航机上看下来，它就像一只巨大的针插。海风激起白花花的浪，卷泻到它的前甲板上！但是罗斯福所在的舰尾日光甲板上，却是阳光灿烂，干干爽爽。在这只装甲篮子里，美国把它的许多宝贵"鸡蛋"都装上了。除罗斯福外，还有哈里·霍普金斯、麦金太尔、金、马歇尔和阿诺德，另外还有十几个被委以指挥美国部队重任的人物。

罗斯福占用着舰队司令的一套房间及其单独舱面，他的情绪很好。事情进展得着实不错，他终于要面对面地会见斯大林了。要跟他坐在一起，不仅一块儿拟订作战计划，而且要为一个更美好的世界制定规划了，这个世界要能对得起为了胜利所付出的巨大代价。这个伟大的机会全亏了科德尔·赫尔，这位年老体弱的田纳西州人曾冒着风险，历尽艰辛，赶到莫斯科，去建立大国之间的友好关系，并为这次会晤确定议程。这次会晤看来对建立这一友好关系是必不可少的。

前线传来的消息也很好。经过萨莱诺海滩关键性的战斗之后，艾森豪威尔的军队继续向前挺进，将要去攻打那不勒斯海港和巨大的福贾机场。从这个机场起飞，对"欧罗巴堡垒"的空中打击力量就可以增强一倍。苏联人通过一系列有力的反击，已把德国人打得仓皇后撤。

在太平洋上，"黄线"的棱角正在向后收缩，日本的海军开始退缩了。

但是罗斯福认为，美国国内的事情最终可能比这一切都来得重要。共和党战后顾问委员会已一致主张"美国有责任参加主权国家间的战后合作组织来防止军事侵略，在一个自由世界里用有组织的公平原则来维持永久和平"。美国参议院也以85票对5票公开表示赞成美国和其他国家合作，共同建立一个"有力量防止侵略、维护世界和平的国际权力机构"。孤立主义看来要完蛋了。

一路上，罗斯福非常愉快。他读了一大堆侦探小说，并且把这些书借给舰上其他人看。他与年轻军官们轮流讲风趣的故事；每天由他的体疗医师福克斯中校按摩一次；几乎每个晚上都去看电影。比起乘飞机来，真不知要美妙多少，但是对海军人员来说，也不知要多伤多少脑筋，因为当舰只驶进地中海入口处狭窄的直布罗陀海峡时，他们必须护卫这条宝船。

当"衣阿华"号驶进奥兰港，艾克将军已经在那里迎候他的总司令了。罗斯福发觉将军心里相当不快。看来保安人员是出于担心之故，采取了极端措施，不准部队跟罗斯福接触。艾克感到怒不可遏的是，竟有人认为罗斯福在他的军队里会不安全！罗斯福同样感到不愉快，他立即纠正了这种情况。

罗斯福的C-54专机在拉塞尼亚机场上等候着，奥蒂斯·F·布赖恩少校坐在操纵装置旁边。专机后面，P-19和喷火式战斗护航机已列队准备起飞；头顶上，P-38在从海上袭来的低空雨云之下盘旋。罗斯福在飞机里坐定后说："艾克，坐到我身边来，我早就想跟你谈谈了。"

当他们飞临突尼斯准备降落时，艾克指给罗斯福看轴心国在非洲的那道最后防线。罗斯福在古老的迦太基附近艾森豪威尔的白色海滨别墅里度过一晚。他预定翌日飞往开罗，然而战场的情景使他浮想联翩。

旅途中间，罗斯福在开罗做了短暂逗留，以便会见蒋介石，试图要他继续抵抗日本人。罗斯福认为，要中国继续作战来牵制日军是至关重要的，中国的机场对轰炸日本也是必不可少的。他一再要蒋介石改组他的腐败政府，但毫无成效，然而他除了继续支持他毫无办法，美国舆论永远不会支持他去帮助与日本人作战的共产党。罗斯福放弃了在中国的美国军事指挥权，满足了蒋介石对金钱的没完没了的需求，并试图把中国作为一个大国来对待，以便提高蒋介石的斗志。这些办法最终都失败了，只实现了目前一个最紧迫的目标：中国人仍在作战。

∧ 罗斯福、丘吉尔、加拿大总理麦肯齐与英美高级将领们在美军舰甲板上合影。

223

< 罗斯福与艾森豪威尔在飞机上交谈。

>> 德黑兰会议

对罗斯福来说，在德黑兰会议上的艰巨任务就是同难以捉摸的斯大林建立起自己同丘吉尔所保持的那种私人关系。据美国外交官罗伯特·墨菲说："总统的计划是使苏联人感到美国人绝对相信他们，并把苏美两国在战时与平时的合作置于其他未来的联盟之上。"

批评罗斯福的人指责说，由于他依赖个人外交和愿意作出过多的让步来满足斯大林的需求，因此削弱了战后的解决办法，并引起了"冷战"。拥护者认为，虽然他过高估计了自己同斯大林谈判的能力，但是关于苏联的力量和意图问题他并不失于天真。罗斯福认识到力量的客观现实，而伍德罗·威尔逊从来没有认识到这一点，罗斯福认为国际安全已经成为超级大国的主要治安问题，过去的欧洲均势体系已经破产，他试图指导建立一种新的世界体系，在这种世界体系中，苏联和美国将充当仲裁者。罗斯福的努力没有成功，这不是由于他的天真，而是由于斯大林有不同的目标。

会议正式开始之前，举行了一个赠剑仪式。丘吉尔从伦敦给斯大林元帅带来一柄"斯大林格勒"之剑，作了简短发言后，他双手把剑赠与

元帅，斯大林接过剑，俯身吻剑柄，致完答词，缓缓把剑从鞘中抽出一段来，然后迅速插回，交与伏罗希洛夫元帅。仪式结束。

德黑兰会议从 1943 年 11 月 28 日开到 12 月 2 日，在忙忙碌碌的四天里，罗斯福同丘吉尔和斯大林在会议桌上，在吃饭时都进行磋商，又单独同斯大林会谈过几次，罗斯福发现，这位穿着米色军装戴着元帅的大金质肩章的苏联领导人，非常自信，给人印象鲜明深刻。前三天里，他未能同他建立起私人关系，"他端庄、倔强、严肃，没有一丝笑容，难以捉摸。"罗斯福曾对弗朗西斯·珀金斯说，"我感到非常沮丧……我们所做的事情本来完全可以由外交部部长们来做。我整整考虑了一夜，决意采取孤注一掷的行动……那天早晨，在前往会议室的路上，我们赶上了温斯顿，我只说了句：'温斯顿，我希望你不要对我所做的事感到恼火。'温斯顿只是抖动了一下嘴上的雪茄烟，哼了一声。"

罗斯福坐着轮椅到斯大林面前，通过翻译开始与他交谈。"谈话好像十分友好和神秘，其他苏联人也凑到我们面前听着。他的脸上还是没有笑容，然后我用手捂着嘴低声说，'温斯顿今天早晨反常，情绪很不好'。斯大林的脸上露出很模糊的笑意。我断定我的做法对头。我一在会议桌旁坐下来就开始拿丘吉尔的英国派头，约翰牛，他的雪茄烟和他的习惯取笑，斯大林开始露出笑容。温斯顿脸色绯红，皱着眉头，他越是那样，斯大林越觉得好笑，他终于捧腹大笑起来，三天来我还是第一次看见光亮。从那时起，我们建立了私人关系，斯大林自己也偶尔说些打趣的话，冰层打破了，我们谈起话来像男子汉和兄弟一般。"

后来，斯大林在同南斯拉夫共产党人米洛万·德热拉斯谈话时评价了与他交锋的三巨头。"丘吉尔这种人你要是不盯着他，他会从你口袋里掏走一个戈比，而罗斯福呢，不是那种人，他只掏大硬币。"

★"霸王计划"

第二次世界大战期间盟军进攻法国西北
部战役的密语代号,英文为"Overlord",
其前身为"围歼"。1944年"霸王"计
划正式实施,其结果是开辟了欧洲反法
西斯第二战场。

∧ 盟军高级将领们就"霸王计划"的实施进行商讨。

　　丘吉尔的情况则不同,他对这位苏联领导者抱有本能的反感。有一次他们在讨论"霸王计划"★的时候,丘吉尔谨慎地提出某个稍晚的日期,斯大林一下子暴跳起来了。

　　"在上次大战中,"他咆哮道,"你说你打算在任何时间、任何地点和任何人战斗;现在却不愿意在任何时间、任何地点和任何人战斗了!"

　　"霸王计划"的时间直到会议的第二天才确定下来,罗斯福答应不迟于1944年6月1日。

∨ 德黑兰会议上,伏罗希洛夫元帅正在向罗斯福展示乔治六世赠送给斯大林格勒人民的礼物。

斯大林对罗斯福的观点做了许多让步。在争论中他俩经常自觉站在一边，虽然罗斯福对丘吉尔的热爱使他心里倾向于站到另一边去。这是件大好事，它能使罗斯福在斯大林和丘吉尔之间保持一种力量的均衡，罗斯福对此并不感到讨厌。

因为共同之点毕竟远远超过分歧之处，一定要彻底击溃德国的决心在左右着一切。"霸王计划"的时间确定之后，斯大林保证以一场声势浩大的苏联攻势加以配合。丘吉尔和罗斯福已经同意由艾森豪威尔来担任盟军的最高统帅。马歇尔将军想得到这个职务；但是他在参谋长的职位上干得十分出色，艾森豪威尔在自己的舞台上表演得也很精彩，因此，叫他们两人互换位置似乎是愚蠢的。另外，这两位政治家极端重视艾克的非凡才能，他能使英国人和美国人在一起水乳交融地密切合作。

为了让斯大林感到他自己也在参与议定大事，罗斯福问他："你认为我们应该挑选谁来担任最高统帅？"

"当然是艾森豪威尔啰！"斯大林说，"他是你们手下最好的将军。"

除了所有其他协议之外，斯大林还答应在德国投降之后6个月对日本宣战。这一段时间他要用来重新部署红军的兵力。

在会谈中，政治考虑占了相当大的部分，虽然各项决定将留在以后作出。这样一来，罗斯福就可以有理由说自己在德黑兰并没作出任何秘密许诺。在罗斯福略述了未来的联合国的基本结构之一后，斯大林对罗斯福提出的监视和平的"四个警察"概念表示感兴趣。斯大林还赞成他提出的不准法国人重返印度支那和他们的殖民帝国的其他地区的建议。这些地区将成为联合国托管地。会谈中还讨论了在德国失败后肢解德国的计划，西方领导人还表示默许苏联继续占领波罗的海国家，这些国家是在1939年被占领的。

波兰的战后地位问题较大。丘吉尔指出，英国打仗是为了保卫一个独立的波兰，他提出讨论波兰未来的政治制度和边界问题。斯大林拒绝同伦敦的波兰流亡政权发生任何联系，指责这个政权同纳粹分子勾结，这样，他就有效地阻止了对波兰的未来政府问题进行讨论。关于领土问题，苏联人坚持保留1939年红军占领的那个地区，他认为，所形成的边界同第一次世界大战后英国人提出的边界（寇松线）是一致的。然而，在伦敦的波兰人坚持恢复波兰1939年以前的边界。斯大林建议，为换取波兰接受寇松线，波兰应该得到德国的一块领土以补偿自己失去的领土，这样一来，波兰的西面边界就可以移到奥得河。丘吉尔答应敦促在伦敦的波兰人接受这种解决办法。罗斯福没有参加这些讨论，然而，由于他同情苏联的安全要求，所以在同斯大林谈话时私下对领土转移表示支持。但是，他强调说，他不能公开参与这样的安排，因为这会引起上百万波兰裔美国选民的反感。

罗斯福感到，对战后世界的详细规划还有待于今后事态的发展。目前他只能运用拿手本领争取在原则问题上达成协议，把具体的分歧留待以后的会议去解决。他知道，涉及具体方案的时候，苏联人是不好对付的；他也明白，在第一次会议上就要他们同意这些东西是办不到的。如果他能够诱劝他们表态支持各国人民自由平等这一伟大的基本原则，同意成立一个联合国组织来防止战争，那么，以后他们想要做些别的事情就困难得多了。要他们死了这条心是不可能的。他并不认为苏联人口头上对西方理想主义讲了一通好话就表明他们已经支持资本主义了。要把斯大林约束得规规矩矩可不那么容易！但是罗斯福确实认为，一旦签订和约，现在所做的那些承诺虽然含糊笼统，但到时候将会发挥某种杠杆作用。

关于成立一个联合国组织在必要时采用武力来防止战争，罗斯福的决心是下定了的。他并不打算重犯国际联盟的错误，他的联盟或联合组织将更具备强制性的有效手段，它要像警察部队一样，迅猛地扑灭战争罪行。

斯大林热烈赞同成立这样一个联合组织，大家一致同意那些体现罗斯福竭力坚持的基本原则的宣言条文。德黑兰宣言宣称：

……我们充分认识到我们以及所有国家负有创造和平的无上责任，这种和平将获得全世界绝大多数人民大众的拥护，并在未来的许多世代中排除战争的祸患和恐怖……

我们将寻求所有致力于消灭暴政的人民的国家之合作和积极参加……我们随时欢迎它们自愿加入这个民主国家的世界大家庭中来……

我们怀着希望和决心来到这里。当我们离开这里时，我们已经在事实上、精神上和意志上都成了朋友。

罗斯福 斯大林 丘吉尔
1943 年 12 月 1 日签于德黑兰

德黑兰会议之后，罗斯福感到很疲惫。会议一共开了四天，白天紧张得要命，晚上还要出席官方的应酬场面。在某种意义上讲，晚上比白天更叫人吃不消。举行那种通宵达旦的宴会是否有必要，似乎叫人说不上来。但是苏联人对这种场面极其重视，在他们看来，一个会议如果不靠一起大吃大喝、痛饮香槟和伏特加的方式来盖上友好交情的正式印章，就算不上圆满结束。

也许他们的想法是正确的，温斯顿·丘吉尔的生日之夜肯定是一个很好的例证。在英国使馆的大餐桌旁，苏联人、英国人和美国人亲密无间地坐在一起，生日宴会使大家显得无忧无虑。和其他任何生日宴会一样，这里也有蛋糕以及蜡烛、礼物、祝酒和赤诚的感情——罗斯福还亲自配制了马提尼酒,更增添了随便的气氛。所不同的是,客人是三个大国的统治者,而他们的诚意则决定着世界的和平与人类的前途。说不定哪一天发生国际危机时,只要回忆一下这天晚上结成的友谊就能使人们心平气和、取得一致。对于世界前途来说,丘吉尔生日宴会激发出来的诚意,可能比那些把手放在背后,两指交叉,一本正经的政治家们所达成的正式协议还来得重要。

德黑兰会议标志着苏联和西方合作的顶峰。这种合作是通过走另一个极端去迁就斯大林和推迟作出艰难的决定来实现的。罗斯福胜利地返回华盛顿,确信实现持久和平的基础已经奠定。"英国、苏联、中国和美国以及它们的盟国,拥有全球3/4以上的人口,"他在一次轻松愉快的"炉边谈话"中对美国人民说,"只要这4个拥有强大军事力量的国家团结一致,决心维护和平,侵略者就不可能起来发动另一场世界大战……"

∨ 德黑兰会议上的三巨头,自左至右斯大林、罗斯福、丘吉尔。

05

国际联盟组织

第一次世界大战后建立的国际组织。根据巴黎和会通过的《国联盟约》，于1920年1月成立。主要机构：大会、行政院、秘书处，附设国际法庭、国际劳工局等。总部设在日内瓦。先后加入的国家有63个。美国为倡议国之一，因同英、法争夺领导权失败而未参加。第二次世界大战爆发后，"国联"名存实亡。第二次世界大战结束后，1946年4月宣告解散，所有财产和档案均移交联合国。

轴心国入侵南斯拉夫

1941年3月27日，希特勒发布了进攻南斯拉夫的密令。4月6日，德国空军对贝尔格莱德进行了野蛮的轰炸，南斯拉夫国王和大臣们纷纷逃往国外。4月13日，德军占领了贝尔格莱德。至4月17日，南斯拉夫政府军大部投降了。南斯拉夫人民在南共领导下进行了长期艰苦的反法西斯武装斗争。

"四大自由"演说

1941年1月6日，罗斯福总统在美国国会发表著名的"四大自由"演说。第一是有言论自由；第二是有以自己的方式信奉宗教的自由；第三是有不虞匮乏的自由；第四是有不虞恐惧的自由。他要求授权并拨给充分的款项，制造更多的军火和军用物资，供应同侵略国家战斗的国家。经过两个月的辩论，国会通过了租借法案，援助反法西斯国家。

∨ 侵略东南亚的日军将领们在一起制订作战计划。

∧ 日本联合舰队司令山本五十六一手策划了珍珠港事件。

分割中国的门户开放政策

美国侵略中国的一种政策。1899 年 9 月美国国务卿海约翰照会英、法、德、日、意、俄,承认它们在华的势力范围,同时要求美国得在这些势力范围内享有通商自由、平等税率和一切特权。1900 年 7 月 3 日,海约翰又一次照会六国政府,提出在保持中国领土完整和行政统一的同时,要保护列强在华权益和保证与中国一切地方公平贸易之原则。这就是所谓"门户开放"政策。

震惊世界的珍珠港事件

第二次世界大战期间日本偷袭美国太平洋海空军基地珍珠港的事件。由日本联合舰队司令山本五十六一手策划。1941 年 12 月 7 日(星期日)早晨 7 点 55 分(当地时间),日本南云将军率领的特遣舰队派出第一批 183 架飞机突然袭击夏威夷群岛的珍珠港。8 点 40 分又派出第二批 171 架飞机再次轰炸珍珠港内美国太平洋舰队其他设施。美军毫无戒备,损失惨重。次日,美英对日宣战,德意对美正式宣战。太平洋战争遂全面爆发。

retrieval

灾难深重的太平洋战争

第二次世界大战期间,反法西斯联盟国家在太平洋地区对日本进行的战争。1941 年 12 月 7 日,太平洋战争爆发。日军先后侵占了中国和东南亚的许多国家以及太平洋上其他许多岛屿。美国及其同盟国英、法、荷、澳和新西兰在太平洋上开始反攻。中国的抗日战争给日本以沉重的打击。1945 年 8 月,美国对日本的广岛、长崎投下两颗原子弹。8 月 8 日,苏联对日宣战。8 月 15 日,日本宣布无条件投降;9 月 2 日,签订投降书,第二次世界大战结束。

> 参与"曼哈顿工程"的美国科学家们。

大西洋战役

第二次世界大战时期盟国和轴心国之间为争夺控制大西洋海上运输航道而进行的战争。第二次世界大战正式爆发后，英法海军依靠海军优势，陆续击沉德军数艘大型水面舰只，并将德国商船逐出大西洋。1942年初，德国潜艇用"狼群"战术在大西洋袭击同盟国船队，盟军用护航船队掩护运输船队自北美驶向英国或苏联，双方在空中、海面和海下展开一系列战斗。德军潜艇损失数量不断上升，在欧洲大陆及其他战场日益陷于困境。自1943年下半年起，盟国就完全控制了大西洋的海上通道。

"曼哈顿工程"

美国陆军部于1942年6月开始实施的一项重要计划，英文系"Manhattan Project"。该计划目的在于利用核裂变过程以制造"超级炸弹"。计划代号最初取自曼哈顿工程特区的名称，其后才正式确定为"曼哈顿计划"，即"曼哈顿工程"。计划的实施，使美国联邦政府投以巨资，在田纳西州橡树岭、华盛顿州汉福德和新墨西哥州洛斯阿拉莫斯等地兴建了一系列庞大的科学研究及实验基地；一些著名大学的实验室，也投入了研究工作。

甘地发起"撤离印度"运动

甘地发动的旨在赶走英国殖民者、争取印度独立运动的群众运动。1942年3月克利普斯计划破产，印度国大党准备采取反英行动。同年4月甘地发表文章，对英国提出挑战："英国撤出印度，把印度留给上帝。"8月7日国大党全印委员会通过"撤离印度"的决议，并向英国殖民当局发出最后通牒，如果英国拒绝成立国民责任政府，国大党就立即发动大规模的群众非暴力斗争。8月底大规模斗争基本被镇压。

retrieval

卡萨布兰卡会议

第二次世界大战期间盟国在北非举行的一次高级军事会议,是
战争期间的最重要的会议之一。1942 年底,盟军在法属北非
登陆,控制了这一地区。为进一步协调盟军今后的进攻方针,
美英首脑丘吉尔和罗斯福及其两国军事参谋人员于 1943 年 1
月 14 日至 23 日在法属北非的卡萨布兰卡举行会议,于 1 月 23
日通过了题为"1943 年作战方针"的最后报告。主要内容:全
力击败德国潜艇战;努力向苏军供应物资,支持其作战;力争
在 1943 年内全力击败德国;攻占西西里岛;对德国保持最猛
烈的轰炸;在战胜德国后,立即对日本发动全面进攻。

西西里战役

1943 年盟军为攻占意大利西西里岛而举行的战役。英美盟军
为攻占地中海意大利西西里岛所制订的作战计划称为"哈斯
基计划"。1943 年 7 月 10 日凌晨,盟军开始实施"哈斯基计
划",英美军队与意德军队在岛上展开战斗。8 月 5 日,英军
攻克卡塔尼亚。7 月 22 日,美军攻占巴勒摩。8 月 16 日,美
军占领墨西拿。至 1943 年 8 月 17 日上午 10 时,盟军控制了
全岛。盟军占领西西里岛,打开了直接进攻意大利的大门,为
以后迫使意大利退出战争创造了必要的前提条件。

∧ 盟军舰船正驶向西西里。

∧ 美军部队登船前往西西里。

德黑兰会议

第二次世界大战期间苏联、美国和英国三国首脑斯大林、罗斯福和丘吉尔在伊朗首都德黑兰所举行的一
次重要国际会议,是"二战"期间最重要的国际会议之一。主要议题是盟军消灭德国武装力量的各项计
划以及安排战后和平与合作。德黑兰会议的召开对巩固和加强反法西斯国际联盟起到了至关重要的作
用。会后所发表的《德黑兰宣言》成为第二次世界大战史上的重要的历史文献。

第九章
继续连任

1882-1945 罗斯福

罗斯福在卡车司机工会空前成功的演说，使杜威威风扫地，从那时起，竞选就成了"罗斯福的狗和杜威的羊"之间的竞选了。罗斯福的竞选运动似乎一次比一次激烈，好像是由一部无形的却恶意的发动机推动着似的……

1945年1月20日，罗斯福冒着刺骨的寒流宣誓就职，这是美国历史上最短和最阴沉的就职仪式，罗斯福也许预感到自己活不了多久了，因此坚持要他的13个孙子、孙女参加就职仪式……

>> 操控欧洲战局

罗斯福在卡萨布兰卡和德黑兰使美国走上领导全球的道路之后，重新提出了新政的开明议程，要求制定一项新的经济权利法案。他在1944年1月11日发表的国情咨文中宣称："除非国内这里有安全，否则全世界就不能实现持久和平。"

这些权利将适用于所有的人，不管是什么地位、种族和信仰，而且权利的范围很广泛。

人们有权从事有用的、有报酬的职业……

人们有权挣得足够的收入，以便提供充分的衣食与娱乐；

每个农民都有权种植和出售农作物，其收益足以使他和他的家庭过着像样的生活；

每个商人，不论大小，都有权在不受国内外不公平的竞争和垄断者控制的气氛中进行贸易；

每个家庭都有权拥有像样的住宅；

人们有权享受适当的医疗……

人们有权得到适当的保护，在经济上不必担心年老、疾病、事故和失业；

人们有权接受良好的教育。

所有这些权利意味着安全……战争胜利后，我们必须准备在落实这些权利方面前进，去实现使人类过上幸福美满生活的新目标。

人们普遍认为，经济权利法案是1944年罗斯福竞选的前奏，除了罗斯福本人可以表示怀疑以外，没有任何人对他会竞选第四任期表示怀疑。

"我不想再竞选了。"年初，罗斯福对海军上将李海说，他很想退居到海德公园扮演政界元老的角色。到他的本届任期届满时，他在白宫执政已12个年头了，这时他已62岁，已露出了积劳成疾的迹象，眼眶下边的黑圈从来没有消失过，点香烟时手抖动得更明显了。格雷斯·塔利说，有时他一边看信一边打瞌睡，醒来时总是不好意思地笑笑。他患呼吸道疾病的次数越来越多，在德黑兰染上的感冒持续了很长时间，他不断咳嗽，面色憔悴，并感到十分疲劳。1944年3月底，他来到马里兰州贝塞斯达海军医院检查身体，医生们对从他身上发现的问题感到震惊，高血

∧ 1944 年的罗斯福。

压，心脏逐步扩大，严重支气管炎。医生建议他休息或减少工作量、少吸烟，采用减轻体重的饮食。心脏病专家霍华德·G·布鲁恩少校被派到白宫严密注视罗斯福的健康状况。罗斯福对此表示同意，没有任何意见，然而十分奇怪的是，他从来不问检查结果，也不对治疗表示好奇，他显然不想让这件事影响他在是否争取连任问题上所做的决定。

对公众的义务和个人的虚荣心占了上风，虽然 1944 年 6 月 6 日已对欧洲成功地发动了推迟已久的横渡英吉利海峡的进攻，但战争还没有最后取得胜利，而且在战争的中途也不可能轻易地更换总司令，如果他不亲自参加去实现他为之奋斗如此之久的和平，那是不可思议的。他也担心没有其他美国人能同丘吉尔和斯大林继续保持错综复杂的关系。在他给民主党全国委员会新主席罗伯特·E·汉尼根的信中说他将竞选总统，"我内心的一切都在呼唤我回到赫德森河畔的家乡。但是，如果人民下令，我将会像一个好样的军人那样去效忠"。

现在，民主党人要在芝加哥代表大会上解决的问题只剩下选谁当副总统候选人了。罗斯福这次又想让亨利·华莱士当自己的竞选伙伴，但党魁们和南方保守分子十分讨厌华莱士，当时正有一股担心罗斯福健康状况的逆流，至少对他们来说，把华莱士这样激进和乖僻的人放在继任总统职务的位置上是不可思议的。汉尼根赞成提名他的密苏里同乡哈里·杜鲁门★参议员为副总统候选人，他警告罗斯福说，华莱士可能会破坏取得胜利的可能性，而且，提名他需要一场激烈的斗争。罗斯福只得表示同意，他说："我不想在经历 1940 年那样的一次代表大会了。"随后，他委托萨姆·罗森曼向华莱士转达这个坏消息，他自己从不愿当面使人不愉快。

罗斯福此时的注意力更多地放在国外的战事上。意大利的事使他深为焦虑不安。攻克那不勒斯以后，盟国军队在不可逾越的古斯塔夫防线面前陷入了困境，恶劣的天气，险陡的地形和德军的拼死抵抗使他们寸步难行。丘吉尔鼓吹"兜圈前进"策略，主张在通往德军防线后方安齐奥的意大利海岸两栖作战。对美国参谋长联席会议来说，当他们为准备"霸王"计划而组织兵力的时候，只要把德国人搞得疲于奔命就已经心满意足了。但丘吉尔却一意孤行，竟然命令已在地中海战区接替艾森豪威尔的亚历山大将军先干起来再说。

安齐奥行动旗开得胜，登陆几乎没有遇到什么抵抗；但不久就碰了个大钉子：纳粹猛然反扑过来，差点儿把盟国军队赶出登陆滩，丘吉尔发出了增援的要求，他施加种种压力，一定要削弱"霸王"计划的力量，以加强意大利战线。

罗斯福知道丘吉尔对出兵法国依然不抱好感，推迟这一行动，他毫不在乎。丘吉尔宁愿把更多的部队投入南线，这一方面是出于军事上的考虑，另一方面则是因为赶在苏联人之前把盟国军队开进巴尔干对英国称雄地中海的传统方针最为有利。

尽管罗斯福喜欢温斯顿其人，却不愿意听他摆布，而对自己的参谋长们的意见置之不理，因为他跟他们是极为融洽的。他坚决抵制了一切过高要求，只答应从"霸王"计划里抽调为保卫安齐奥登陆滩所必需的部队和装备。然而，到底需要抽调多少是难以估计的。抽调太多将贻误向法国的进军，太少则会导致安齐奥的惨败。参谋长联席会议进行了计算，提出了他们的建议，但罗斯福肩负重任，最后的决断还须由他作出。

事实证明这些计算是十分精确的。安齐奥巍然屹立，到了5月，亚历山大已经重整旗鼓准备大举进军了。重兵突破了德军防线，在安齐奥的部队和主力部队会师，6月4日，罗马攻克了。

罗斯福怀着胜利的喜悦，在6月5日晚上的"炉边谈话"中，宣告了第一个轴心国首都的陷落："一个攻下了，另外两个也快了！"他对胜利的部队表示感谢，并说："愿上帝

★哈里·杜鲁门

美国总统，民主党人。1884年5月8日出生于密苏里州拉玛尔镇一个农场主家庭。1917年4月，在美国宣布参加第一次世界大战后，应征入伍。1918年3月随美军赴法国作战。战争结束时，晋升为上校，后进入政界。1934年首次竞选参议员成功。1940年连任参议员。1941年2月，担任参议院国防计划特别调查委员会主席。1945年1月就任副总统兼参议院议长。1945年4月，罗斯福病逝后继任总统。1948年11月，正式竞选总统成功。下台后，返回故乡。1972年12月26日，在堪萨斯城去世。葬于杜鲁门图书馆庭院内。

∧ 在意大利安齐奥登陆的英军部队。

保佑他们，照管他们和我们所有英勇杀敌的战士们。"

他指的是在意大利的军队，在1944年6月5日的那个夜晚，他的祈祷是给予那些乘着兵舰和登陆艇，劈波斩浪行驶在汹涌澎湃的英吉利海峡的士兵们的。此时此刻，诺曼底上空狂风大作，伞兵从天而降，飘落到铁蹄蹂躏的大地上。

总攻前的最后几天，紧张到了极点。美国参谋长联席会议坚信总攻能够成功；英国人的情绪则没有那么高昂，但他们还是全力以赴进行了准备。双方都准备在登陆滩头承受重大伤亡。

在5月底6月初的那几天里，一次又一次，随着地图室的敲门声和普雷蒂曼发出的"总统到！"的喊声，一位年轻军官就从里面走出来，把罗斯福的轮椅推进戒备森严的房间。罗斯福坐下来，一边研究地图，一边提出无数问题。总攻日前夕，他和往常每次大规模行动前一样，来到了地图室，听取关于计划的专门汇报。多么了不起的计划！它们包括潮汐、风向风力、飞行条件以及数以千万计的陆海空战斗单位按分秒不差的时间表协同作战的安排，真是包罗万象，具体细致，复杂无比。另外，除了人和机械的可能失误之外，还存在着种种不确定的因素，诸如天气的突然变化和难免的意外事件造成的过早暴露。于是又回到了那个老问题：纳粹究竟摸到了多少情况？这是一场特大的赌博，是罗斯福极不愿干的那种赌博，因为这是在用人的生命作赌注啊！

6月5日晚上作过广播讲话以后，罗斯福一直坐到深夜，听取登陆的首批报告。在等待的时候，他写了一篇祈祷辞。到次日中午，这时在诺曼底已是晚间，消息表明在这场特大赌博中掷出的第一颗骰子赢了。奇袭得到了成功，大股部队已涌上滩头，只是在奥马哈滩，碰巧有德军一个师在演习，因此遭到了重大伤亡。

∧ 日渐衰老的罗斯福。

6月6日晚上，罗斯福再次向美国人民发表演说，向他们念了一篇倾吐他内心感情的祈祷文：

万能的主啊：

今天，我们的孩子们——我们民族的骄傲——正在开展一场伟大的斗争，一场为捍卫我们的共和国，我们的宗教和我们的文明，为解放受苦受难的人类的斗争。

祈求您引导他们勇往直前，永不迷失方向，赐力量于他们的双臂，给勇毅于他们的心灵，赋坚贞于他们的信念。

他们渴望您的保佑。他们任重而道远……有些人将一去不返。主啊，祈求您伸出双手，将您的英勇仆从接纳进天国……

哦，主啊，祈求您给我们信念……使我们精神永葆锋芒……

在您的保佑下，我们将力克邪恶势力。愿主帮助我们去征服贪婪和民族压迫的门徒；带领我们去拯救祖国，同各姊妹国家一起进入缔造稳固和平的一统世界。这种和平将不为任何无耻之徒的阴谋诡计所破坏，这种和平将使人类永享自由，获得自己忠诚劳动的正义果实。

万能的主啊，您的意志必将实现。

阿门！

总攻在艾森豪威尔的卓越指挥下打得十分漂亮。一切都按部就班地进行着，在顺利实施战略部署方面，暂时无须罗斯福参与。但是其他一些事情正等待他作出决定，其中有两件特别重要，第一件是在法国南部登陆的问题。这一称之为"铁砧"的行动原来打算和"霸王"同时进行，但因缺乏运输工具被耽误下来了，现在丘吉尔和英方联席参谋长们建议把它取消，理由是它将从诺曼底前线抽调部队，并抽动本来可以投入意大利北部的大批军队。

罗斯福心中自有主见。很明显，丘吉尔对他自己的"进攻软腹"战略还没死心，他还在想把盟国军队开入巴尔干。罗斯福是充分依赖艾森豪威尔的，认为他的意见必然取胜。他给丘吉尔通了电话，说他坚定地支持美方联席参谋长们和最高司令；"铁砧"计划非完成不可。丘吉尔撤回了他的异议，并命令英国将军们不要再闹下去。一旦丘吉尔同意一项计划，他就成为这项计划的积极支持者。这次也和过去一样，他亲自奔赴地中海，为8月15日的登陆战督阵。

有待罗斯福作出的另一项决定是政治性的，而且是违背他本意的。在总攻开始前不久，戴高乐大造声势，想要使他的解放委员会被承认为法国临时政府。罗斯福反对此举，一则因为他认为法国人民应该在获得解放以后再去选择他们的政府；二则因为他对戴高乐怀有顽固的个人偏见。为此，原来说法国联络军官要随同总攻部队一起行动的，现在戴高乐突然下令不准他们参加了。部属对这种独断专行恼火透顶，幸亏艾森豪威尔运用他的杰出外交才能，总算同戴高乐就军事行动方面达成了协议。法国军官们很快加入了在诺曼底的盟国军队。

∧ 在诺曼底地区实施登陆作战的美军部队。

< 1944年7月，罗斯福视察珍珠港时与美军将领们开会交谈。左起：麦克阿瑟、罗斯福、尼米兹、莱希。

> 1944年，罗斯福总统在巡视期间用餐。

>> 巡视太平洋战场

解放欧洲既已成竹在胸，胜利在望，他感到应当把公众目光的焦点转向另一个大战区，迄今为止这一战区在人们心目中还只是处于次要地位。他的旅行的目的之一就是把人们的注意力转移过来；旅行的另一个目的是去消除太平洋上陆海军之间的某些分歧。最后，罗斯福认为还有一个最重要的目的就是亲自去鼓舞那些正在英勇作战，但相比之下却默默无闻的战士们。

当罗斯福的专用列车飞速奔驰，横穿整个大陆的时候，他还在忙个不停，一面指导国家大事，一面指挥在芝加哥召开的民主党全国代表大会上如何运用政治谋略。和战争开始以来的历次情况一样，地图室工作人员乘坐的那节车厢被装配成通信中心，用无线电短波不断和白宫保持联系。在这节车厢里，还有供罗斯福使用的密码机。

罗斯福在圣地亚哥停留了三天。他让人推着轮椅视察了海军医院的病房，这里的许多伤病员都是刚刚从马绍尔群岛和马里亚纳群岛的激战中撤下来的。然后，他又到俯临一片片沙滩的悬崖上去观看了大规模登陆演习。

罗斯福乘坐崭新的重型巡洋舰"巴尔的摩"号，从圣地亚哥前往瓦胡岛。这艘军舰在太平洋舰队服役还不到一年，但已参加了15场海战。

自从罗斯福10年前来过后，珍珠港已有了巨大的发展。虽然他曾参加过设计，并研究过蓝图的每个细节，但亲眼看到那些庞大的设施仍使他感到惊讶和欣喜。罗斯福竭力想象1941年12月那个恐怖的星期天带来的浩劫是个什么样儿，但今天却几乎一点痕迹也看不出来了。

罗斯福到达珍珠港的当天下午，麦克阿瑟乘飞机从新几内亚赶来了。他乐观开朗，风度翩翩，几乎跟1918年罗斯福认识他时一样英姿勃发，当时他在法国作战，是最年轻的少将。前来开会的有海军上将尼米兹，还有夏威夷陆军司令理查森将军和放荡不羁、经常歪戴帽子的海军上将哈尔西。海军上将莱希当然是随同罗斯福一起到的。

会议连续开了差不多三天，太平洋指挥官之间的分歧和问题得到了解决。罗斯福把他们拉到一起，倾听他们的意见，充当他们的调解人、行政权威和最高上诉院——一句话，当他们的总司令。

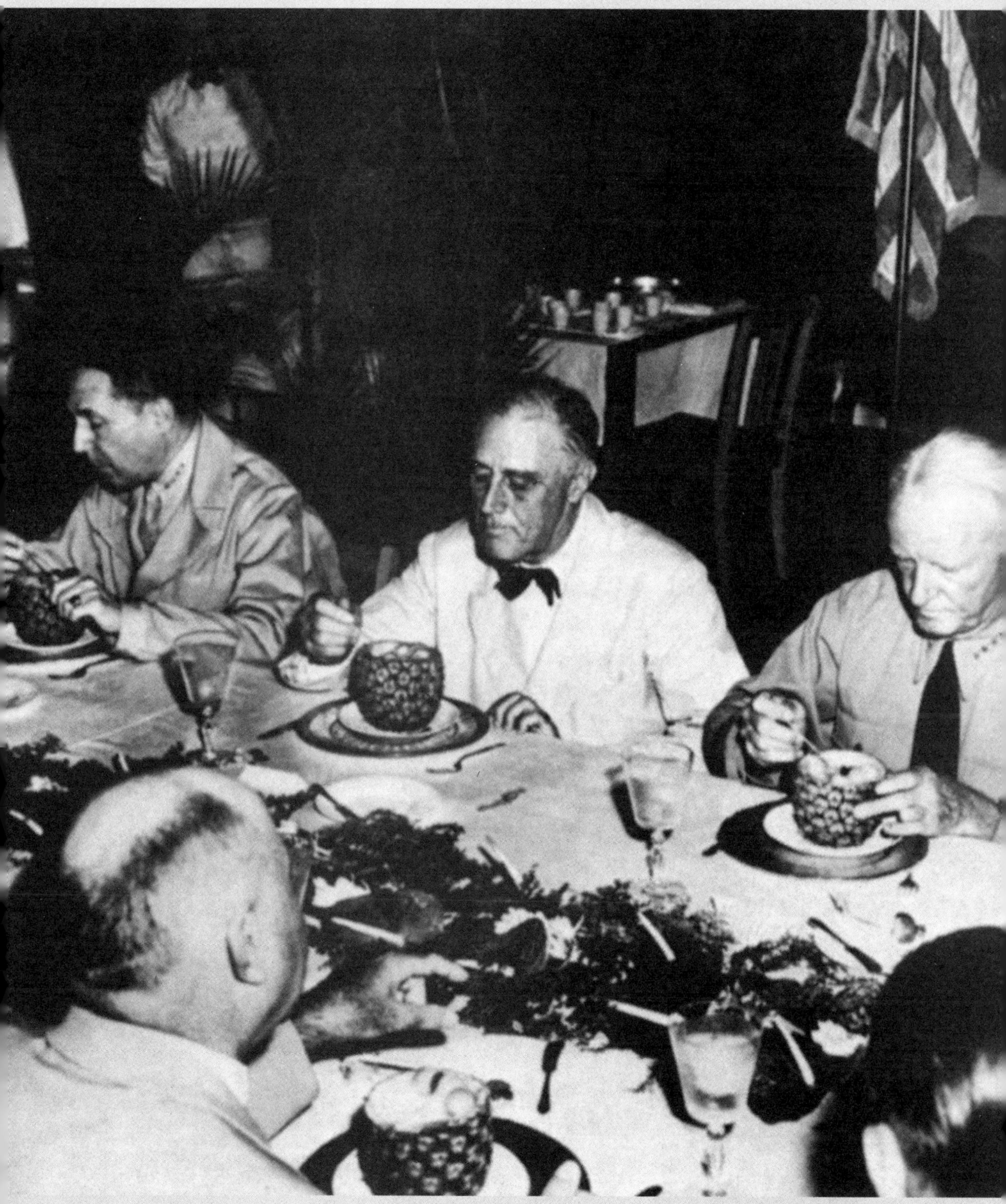

★尼米兹

美国海军五星上将。1905年毕业于马里兰州海军学院。参加过第一次世界大战,当时任美国大西洋潜艇部队参谋长。1939年任美国海军航行局局长。1941年12月,被任命为美国太平洋舰队总司令,同时统帅该地区陆军。1942年6月成功地指挥了中途岛战役,扭转了太平洋战场的战局。兹后,又指挥了所罗门群岛、马绍尔群岛、菲律宾群岛、硫磺岛、冲绳岛等一系列战役,取得太平洋战场的决定性胜利。1945年9月2日,在尼米兹的旗舰"密苏里"号上,日本签署投降书。战后,1945至1947年任海军参谋长。

∨ 罗斯福与丘吉尔出席第二次魁北克会议时同英美高级将领合影。

关岛和塞班岛被尼米兹★麾下的部队拼死攻下来了。麦克阿瑟重返菲律宾的计划也正在步步推进。对日军进攻的两个强大箭头很快就会相遇交汇。必须安排一个指挥系统以适应这种事态的发展。麦克阿瑟的东南太平洋战区应该在统一的大规模作战中同尼米兹的太平洋战区结合起来。罗斯福设法取得了将军们对这一重大方案的一致意见,并就德国投降后对日本本土的最后强大进攻的初步计划进行了讨论。

罗斯福在会议间隙期间检查了瓦胡岛上包括大型机场和丛林战训练等方面的各项工作。他视察了医院,检阅了第7师。然后他乘坐"巴尔的摩"号前往接近阿留申群岛西端的阿达克岛。

返回华盛顿不久,在敦巴顿橡树园召开的一次会议初步规划了联合国宪章的宏伟设想。两天后,罗斯福在白宫欢迎来自苏联、英国、中国和本国的代表,他对他们说:"这种会议经常使我想起一名叫艾尔弗雷德·E·史密斯的老先生的话,此人当过纽约州的州长。他对解决劳资之间的问题是非常得心应手的,他说,如果你们把各方请进一个摆着一张大桌子的房间,让他们脱去上装,把脚跷到桌子上,再给他们一支上等雪茄,那么你总能使他们谈到一块去。我知道你们就是本着这种精神在工作的。

"我们必须实现的不仅仅是和平,而且是持久的和平,四个大国齐心协力防止战争。我们必须成为朋友,把脚跷到桌子上去……"

此次会议就联合国组织的总的形式和许多具体细节都达成了完全一致的意见,会议提出的各项建议,成了最终据以制定联合国组织宪章的骨架。

当代表们还在研究讨论时,罗斯福总统已到了魁北克与丘吉尔会晤了。

两人过去的主要分歧在于军事方面,即出兵法国,还是穿过巴尔干。这一问题早已得到解决了,并且已由在法国取得的辉煌战果作出胜利的结论。丘吉尔非常痛快地承认,罗斯福当初如此坚定真是英国的大幸,因为如果那时盟国军队全部扑向巴尔干,那就再也没有力量去攻克纳粹在海峡沿岸布署的可以用自动飞弹向伦敦发动灾难性进攻的火箭发射场了。

在第二次魁北克会议上讨论的主要议题之一是俄波关系问题。斯大林原先主张建立一个强大而独立的波兰,但他却在卢布林搞了一个波兰傀儡政府,并要求得到一大块波兰领土。罗斯福和丘吉尔一致认为,苏联的这一粗暴行径虽然令人遗憾,但斯大林的要求还不算太不合情理。然而不管怎样,再次召开三大盟国首脑会议已刻不容缓。他俩着手筹划起来,丘吉尔几乎立即赶往莫斯科去为此进行准备。

英国人十分乐意把太平洋战争的指挥权交给美国人。丘吉尔再次保证,一旦德国投降,就派出英国全部力量对日作战。

7月20日，民主党全国代表大会在芝加哥开幕，而这时罗斯福却在加利福尼亚州坐在矗立的悬崖上视察一场两栖作战演习，有一万名海军陆战队从希金斯艇上用铰链放下船头板在海岸登陆。政客们在搞走过场的老一套时，他在忙着办公。大会的首脑投票就通过了对罗斯福的提名，下一项议程是挑选替换副总统华莱士的候选人。各种可能性都考虑过了：助理总统贝尔纳斯、威廉·O·道格拉斯大法官、众议院议长萨姆·雷伯恩和杜鲁门参议员。他们都没有引起人们的多大兴趣，只是看上去杜鲁门似乎容易被各方接受。自1934年当选参议员以来，他一直坚定不移地支持罗斯福的对内对外政策，并在检查战争工作中贪污情况的一个国会委员会里任主席时取得了一些声望，最主要的是他既不引起保守分子的反对，也不引起开明分子的反对。

∧ 罗斯福和杜鲁门在白宫进餐。

　　罗斯福以下结论的口气说："我选杜鲁门吧。"在随后给汉尼根的一封准备在代表大会上宣读的信中他说：我愿意同杜鲁门或道格拉斯一道竞选。然而，杜鲁门不相信罗斯福会支持他参加竞选，他甚至没考虑过自己参加竞选，他已同意发表提名演说支持贝尔纳斯。当汉尼根把这事告诉给罗斯福时，罗斯福答应处理这件事。在圣迭戈，他给汉尼根打电话，电话打到黑石饭店汉尼根的套间，杜鲁门正站在汉尼根的旁边。

"鲍勃，你叫那家伙听话了没有？"罗斯福问。

"没有，总统先生。"这位民主党的主席回答说，同时故意让杜鲁门听到话筒里的声音，"他是我对付过的最不好对付的顽固分子。"

"好吧，你替我告诉他，如果他想使民主党在战争中途分裂，那他要负责。"

汉尼根挂上电话，转过身来对杜鲁门说："现在你要说什么？"

"哎呀，糟糕，你为什么不一开始就告诉我呢！"这位感到茫然的参议员说。

于是，杜鲁门去找贝尔纳斯进行政治交易，开明分子和工会当中坚决支持华莱士的人进行了最后的斗争，但第二轮投票中，杜鲁门获得了提名。这位副总统候选人的知名度实在是太小了，民主党会议一结束，人们就开始互相打听杜鲁门究竟是何许人也。《纽约时报》称他为"第二次密苏里妥协"。詹姆斯·哈格蒂把这件事说成是"政界头子们的胜利"。共和党副总统候选人约翰·布里克则说："杜鲁门，这个名字我没记错吧？"他搔搔头又喃喃地说："我总记不住这个名字。"《时代》周刊7月31日那一期里，把罗斯福的这个竞选伙伴说成"密苏里州来的，头发灰白，个子矮小的后排参议员"。

>> 舌战共和党

在圣迭戈海军基地的一节火车厢里，罗斯福广播了接受提名的演说，提出了自己的竞选主题：1944年我们的任务是什么？第一，赢得战争，迅速赢得战争，以压倒优势赢得战争。第二，成立世界性的国际组织。第三，为我们即将回国的战士和为所有美国人建立一种经济体系，它将提供就业机会，带来像样的生活。今年秋天，美国人民将决定是想把1944年的这项任务，这项世界性的任务移交给没有经验的和不成熟的人呢，还是想把它交给看到来自国外危险的那些人。

这里提到的"没有经验和不成熟的人"是指共和党提名的总统候选人、纽约州州长托马斯·E·杜威及其同样保守的竞选伙伴，俄亥俄州州长约翰·W·布里克。杜威年富力强，是个有才智和有勇气的人，人们有理由相信，如果他当选，会成为一个能干的总统。然而，他生不逢时，当时的民主党取得的成就实在是太大，而一提到共和党，人们就会不禁想起胡佛任内那可怕的大萧条。美国武装部队天天打胜仗，罗斯福本人已成为历史上最有经验的政治家，而且，令人不解的是，无论如何疲惫，只要在公众面前出现，他总是高度兴奋精力充沛，有人说这是虚荣心使然，但是不管怎样，总之效果是很好的。他曾对《纽约时报》的采访记者说："没有比好好地斗一场更使我兴奋的事了。"随着时间的推移，他似乎更好斗了。他心中的斗法就是把他的竞选对手放在一边，而专心致志地攻击共和党老派或者使用另一种更为致命的武器，用诙谐辛辣的演说恣意嘲弄对方一番。这些战术使他击败了胡佛、兰登和威尔基，当然，这次他更有把握击败杜威。

正当罗斯福即将展开竞选时，一个不怎么有名的共和党演说家传播出一条新闻：罗斯福去阿留申岛视察归来，发现自己的小狗法拉忘在那里了，又派军舰把狗接回来。这条新闻很有煽动性，罗斯福准备迎头痛击。因为工人最容易听进各种谣传，再加上其他一些原因，促使他作出决定：竞选活动就从向工人发表演讲开始。9月23日，面对卡车司机的听众，罗斯福发表了被许多撰稿家认为是他政治生涯中最精彩的演说。

"好啦，这里我们又在一起了，这是四年之后，这四年是什么样的年头啊！我的确老了四岁，这似乎使某些人感到恼火。其实自从1933年我们开始清除堆在我们身上的烂摊子的那个时候起，我们千百万人都老了11岁。"对这几句话，听众报以哄堂大笑和大声欢呼。只这三句，罗斯福就打发了对他是老头子而且是个"累坏了的和虚伪的老头子"的指责。他把听众的注意力带回到胡佛不景气和新政的基本成就上面来，而且最重要的是，他对那些喜欢他的人作出保证，"同样的罗斯福仍然同他们在一起，并非飘浮在人们望不到的、只是由一些像丘吉尔和斯大林那样神秘的天神般的人物所占据的最高层的某处"。

罗斯福接着谈到："在共和党中，有着开明的、心胸宽大的人，他们为使该党现代化和跟上美国前进的步伐，一直很努力而又体面地战斗着，不过，这些开明分子却不能把老保守派共和党人从他们控制着的地盘赶跑……在我们绝不动摇地建立牢固的和平基础的决心中……全国千百万共和党人

> 罗斯福与他的妻子合影。

∧ 罗斯福的爱犬法拉。

是同我们站立在一起的。他们同样讨厌这样的人作出的这种竞选演讲,这些人只是在短短的几个月前才第一次认识到国际生活的真实,那时他们才开始研究民意测验的记录。"这是罗斯福在争取独立派共和党人的选票,争取对排斥威尔基感到愤愤不平的那些开明派的支持。罗斯福在其后的演说中,从不忽视向这些独立派发出呼吁,在他看来,他们构成一个集团,大到足以在坚定不移的派别之间处于举足轻重的地位。

在谈到小狗法拉这个焦点问题时,罗斯福昔日那种犀利、机敏和辛辣显露无遗:

"这些共和党的领袖们已不满足于对我、我的妻子和我的儿子们的人身攻击,他们现在又来猛烈攻击我的小狗法拉,不论我还是我的亲人,对于这些攻击都不在乎,可是我的小狗法拉很反感。共和党的杜撰家在国会编造说我把法拉忘在阿留申的一个小岛上,派了一艘驱逐舰去找它,花了纳税人两三百万乃至两千万美元,法拉知道这些时,它的苏格兰心灵狂怒不已……我想我有权利反对这种针对我这只狗的诽谤。"

罗斯福在卡车司机工会空前成功的演说,使杜威威风扫地,从那时起,竞选就成了"罗斯福的狗和杜威的羊"之间的竞选了。罗斯福的竞选运动似乎一次比一次激烈,好像是由一部无形的却恶意的发动机推动着似的。

∧ 1944 年罗斯福在白宫通过电台发表演讲。

FRANKLIN D. ROOSEVELT

共和党的下一个攻击目标是西德尼·希尔曼，他是产联的政治行动委员会的负责人，正在组织工人投罗斯福的票。有人传出消息说，当初提名杜鲁门为民主党副总统候选人时，罗斯福曾经说"去征求西德尼的同意"。于是，全国各地的广告牌上都出现了这样的标语："去征求西德尼的同意。""西德尼·希尔曼和厄尔·白劳德的共产党员都已登记了，你登记了吗？"在竞选的最后几个星期里，杜威一再提到共产主义问题，要是在10年以后提出这样的指控，肯定会使政客们胆战心惊，但那时是1944年，苏联还是一个受欢迎的反希特勒的同盟国，这种指控当时能收到什么效果，是很值得怀疑的。

征兵局局长刘易斯·赫尔少将有一次在公开的场合说，让士兵继续留在部队里和让他退伍又成立一个机构来管理他们，两者花的钱差不多。这给共和党人提供了攻击的"炮弹"。罗斯福命令史汀生封上他的嘴巴，并公开阐明政府的计划是迅速复员。不管怎样，一个将军失言是不足以把杜威送进白宫的，对小狗法拉或西德尼·希尔曼的攻击也是如此。杜威需要的是一个可以展开争论的问题，而罗斯福却憋死了他。

杜威还是不甘罢休，他年富力强，对提出新政的这位"疲倦的老人"发动了猛烈的攻击。现在是"进行改变的时候"——是结束一人政府的时候，是把这个国家的事务交给精力充沛、更热心的人的时候。杜威获悉，美国已经破译了日本的密码。他打算利用这个情况证实罗斯福事先知道日本袭击珍珠港的行动。马歇尔将军没有让罗斯福知道，便派使者前去说服杜威不要采取这样的行动。据马歇尔透露，日本人还在使用同样的密码——这是美国在珊瑚海和中途岛取得胜利的一个因素。他警告说，如果杜威把此事公布于众，日本人就会改变密码。杜威从来没有透露破译密码的秘密。

杜威的指责是想巧妙地把人们的注意力集中到竞选中的一个秘而不宣的问题上：罗斯福的健康状况。有人谣传，罗斯福的身体已经垮台或者患了心脏病。共和党人高兴地散发了一幅在他发表接受提名演说时拍下的照片，从照片上看，他好像是一个形容枯槁的呆傻老人。后来，罗森曼声称，这幅照片是在罗斯福发出元音时从一个不恰当的角度拍摄的，根本不像罗斯福。然而，很久没有见到他的朋友们为他那衰老的面容感到震惊。看来他消瘦得如此厉害，以至他的衣服再也不适合穿在他那一度强健的身躯上了。但是，布鲁恩医生说，罗斯福的憔悴面容不是像绝大多数人认为的那样由于健康每况愈下所致，而是由于罗斯福坚持减轻体重——在几个月里减轻了十多公斤。

尽管如此，他还是有一些身体虚弱的迹象。在圣达迭戈附近彭德尔顿营预定举行的一次阅兵式之前，吉米·罗斯福正在同他父亲谈话时，罗斯福的脸色突然变白，感到一阵极度的疼痛。"吉米，我不知道我还能不能出席阅兵式——我疼得厉害！"他低声说。小罗斯福吓坏了，想叫医生，但是罗斯福坚持说，这只是消化问题。他躺在普尔门式火车卧车的地板上，闭上双眼，他的身体有时疼得痉挛起来。过了10分钟，罗斯福要他儿子把他扶起来。不一会儿他就到了阅兵场，脸上露出了通常那种轻松的笑容。罗斯福从珍珠港回来后过了几星期又向布雷默顿海军造船厂的许多工人发表了讲话。罗森曼听着罗斯福讲话时的颤抖声音，心情非常沉重。他担心罗斯福竞选不成了。罗斯福告诉布鲁恩，在他讲话的头15分钟，他的胸部感到剧疼，已经放射到两肩，但从讲完话后马上做的一个心电图上看不出什么异常情况。

在布雷默顿讲话之后，民意测验结果表明，支持罗斯福的人数急剧下降了，而支持杜威的人数却相应地上升。由于有人在私下有组织地散布关于他的健康状况的谣言，由于据报道共和党的支持者已经增加以及由于他不喜欢他那个自以为是的对手（他在私下嘲弄他为"那个小人物"），因此罗斯福出去巡回竞选。

为了回击共和党的攻击，使选民对罗斯福的健康状况放心，白宫决定由罗斯福的私人医生、海军中将、眼耳鼻喉科专家麦金太尔出面说明罗斯福的身体状况，他对报界公布的内容是：

"……体重略轻，比他的平常重量少了4公斤，坦率地说，我希望他会增重几磅。在他去魁北克之前就没有游泳，但他就要恢复。他游泳很有耐力，可以得到很好的锻炼。水的浮力使他的脚能够很好活动，所以，他在游泳上的收效是其他运动所得不到的。他的器官毫无毛病，完全健康。他每天担任非常繁重的工作，但他担负起来，精力惊人。在大选期间，有种种传说，说他的健康很差，其理由不言而喻，但这都不准确。"

罗斯福不仅需要自己对此充满信心，他还得向选民们证明这一点，他们必须看到他的真实情况。

四年来出于战时安全的需要，总统深居简出，行动诡秘。现在罗斯福拉开了秘密的帷幕，准备到人民面前去亮相。这当然是场冒险，可是只要值得，他是从来把危险置之度外的。

1944年10月21日，罗斯福将在纽约市向对外政策协会发表演说，看来这是一个大好机会，可以让更多的人亲眼看到他们的总统的头脑依然灵敏。他打算在市里巡视一圈，使他能穿过全市几乎每一个行政区。

当罗斯福的列车于21日早晨开进（纽约的）宾夕法尼亚站时，他的运气真是坏透了，那天正好天色昏暗，秋风怒号，细雨蒙蒙。麦金太尔、埃莉诺和沃森"老爹"哀求他不要出去了。但他坚决不肯，因为不去就将给他的敌人提供炮弹。那么，是不是至少不要坐敞篷汽车了？不，他要让人们看到他是吃得消的。他承认有点冒险，但这算得了什么？难道他们指望他在这样的年纪就变得谨小慎微起来了吗？

罗斯福身披海军斗篷，把竞选帽拉到额前，乘着敞篷车过桥来到布鲁克林。他在海军造船厂停了一下，然后穿过冒雨排队等候的人群继续前进。人们欢呼跳跃，欣喜若狂，如同雨过天晴。这声音使罗斯福感到欣慰，以至连雨点打在脸上都不觉得痛了。欢呼声在前面一浪高过一浪，罗斯福的汽车飞速驶过行人稀少的昆斯区街道，再绕回开过"三区桥"。曼哈顿区的尖塔消失在迷雾之中，下面的河里，灰色的货船顶着东风穿过"地狱门"。在布朗克斯区，一座座褐色砂石房屋的临街的正面挂着欢迎罗斯福的旗帜。他看到那些从公寓窗口打出的 10 分钱一面的小旗帜，心里真是感动极了。当他驱车经过时，他挥着帽子致意，斗篷在风中飘扬，他全然没有理会这恶劣的天气。

埃莉诺登上车，陪他沿着热闹的曼哈顿大街行进完了最后一段路程，最后回到了她在华盛顿广场的寓所。罗斯福又冷又累，可是心情怎么也平静不下来。盛大的欢迎使他兴高采烈，精神振奋。那天晚上，他就美国的外交政策作了平生最为慷慨激昂的演说。

∧ 罗斯福四次当选美国总统。

>> 四度当选总统

在这次大选中，罗斯福的一次演说创下了听众人数的新纪录。在芝加哥的军人操场上，罗斯福坐在他的汽车里发表演说，当时，坐在圆形看台上的听众有 10 万人，站在外面的又有 10 万人。罗斯福说，这次竞选是他政治生涯中最奇怪的一次。共和党人一面骂民主党无能，一面又赞扬它所通过的法案；一方面说"爱唠叨，疲惫的老家伙"把军队建设成为世界史上最大的一支陆海军，这一切都不会改变，另一方面又说，"因此，现在该是变革的时候了"。罗斯福说："他们实际上是说，那些无能的、疲惫的老怪物真的为世界的持久和平奠定了基础。如果你们选举我们，这种情况我们一点也不会改变的。但是，他们又悄悄地低声说，我们会做得甚至连杰拉尔德·史密斯也不会不支持我们——我们会使任何相信孤立主义的竞选资助者都支持我们。是的，我们做得甚至连《芝加哥论坛报》都满意！"

11 月 7 日，罗斯福同历次选举一样，和埃莉诺来到海德公园村的投票站参加投票。他对站内的官员们说他的职业该是种树，并让他们认真验明了他的 251 号投票证，然后第一次被带到投票机前。可是他不会操纵这个机器。在喃喃自语，东摸西摸了一番后，幕帏后传出他那与众不同的声音："该死的机器，怎么不灵了？"于是就有人隔着幕帏告诉他怎样使用那机器，解决了他在选举那天碰到的唯一困难。

杜威对罗斯福的非我不可的态度进行了攻击，是竞选中最有力的一次讲演，但是富兰克林·罗斯福还是再次取得了美国人民的信任。同往常一样，选举团的表决是一边倒的，结果是 432 票对 99 票，但是民众投票的结果却是罗斯福历次竞选中最势均力敌的一次。他

∧ 第四次选举胜利
后的罗斯福总统。

得到了2560万张票，杜威得到了2200万张票。对罗斯福来说，选举中最令人宽慰的事情大概是选民以压倒的优势抛弃了孤立主义。在全国各地，选民们没有再选举两党中具有孤立主义纪录的参议员和众议员，其中包括来自达切斯县的罗斯福的老对手汉密尔顿·菲什。罗斯福始终是一个拘泥形式的人，为了答谢杜威的贺电，他在那天一直等到深夜，但是贺电一直没来。罗斯福最后对一位助手说："我仍然认为他是个畜生。"

1945年1月20日（再过10天就是罗斯福的63岁生日），罗斯福冒着刺骨的寒流宣誓就职，这是美国历史上的一次时间最短和最阴沉的就职仪式。他也许预感到自己活不了多久，因此坚持要他的13个孙子孙女和外孙外孙女都来华盛顿参加就职仪式。当时没有游行，也没有举行豪华的舞会，罗斯福是在白宫的南门廊而不是在国会举行宣誓。他没有戴帽子，也没有穿大衣，讲话还不到5分钟。他期望着即将同斯大林和丘吉尔举行会晤，在讲话中谈到了他的指导原则。"我们认识到，我们是不能单独生活在和平环境中的；我们的幸福取决于别国——遥远的国家——的幸福……我们认识到正如埃默森所说的这样一个简单的真理：只有当朋友，才能交朋友。"

直到1942年11月，第二次世界大战才出现真正的转折，被称为"全球的滑铁卢"，德意日发抖了。

美军在太平洋上取得了继中途岛的胜利后又拿回了瓜达卡纳尔岛，日本海军受到重创，扭转了太平洋的战局。

苏军在斯大林格勒地区合围了德军，开始了全面反攻。

英军在北非阿拉曼打垮了德国著名的隆美尔的非洲兵团，收复了埃及。

罗斯福在华盛顿郊外卡托史廷山的一个隐蔽的别墅里和霍普金斯等人一起度周末，北非登陆的消息传来，在向法属北非人民做了短波广播之后，他独自坐在办公桌前摆弄自己的集邮本，研究邮电部部长寄来的新的邮票设计图。他突然发现一个封套里平放着一批奇异的从未见过的邮票——

德国纳粹按照英王乔治6世加冕纪念邮票仿制，把原邮票上的头像换成了斯大林的头像，邮票上同样印有大卫星"背胶"水印，其中有几张还印有英文口号：

"世界布尔什维克主义！"

"世界犹太主义！"

"听从斯大林的命令！"

"英国输掉这场战争！"

"来吧，德国等着你！"

英国也不甘示弱，也仿制了德国的邮票，把希特勒头像换成党卫军头子希姆莱的头像，另一只邮票画面是希姆莱一手持枪，一只手端着毒药。

苏联也印刷了大量仿造德国明信片，雪地上矗立着许许多多木制十字架，戴着德国钢盔，一大群秃鹰盘旋其上……由苏空军空投到德国阵地上。

美国的一位心理学家设计了一套代号为"乇米片"的秘密行动，在美国印制的这枚邮票上，把希特勒的头像骷髅化，在信封上贴满这种邮票，内有反法西斯的宣传品，投到德国各个火车站等地。

这种邮票价格昂贵，标价远远高于一般邮票，它们是通过间谍组织在中立国出售给邮票商，然后分散到各国，进行心理战。

罗斯福越看越觉得有意思，问霍普金斯："我们的邮票在德国是什么情景？"

在《米契耳邮票年鉴》上，一枚美国印制的骷髅形希特勒头像售价超过 2000 马克。

罗斯福总统逝世时，他最珍贵的邮票集中在 150 个集邮册中，每册每页都有他的手迹。1946 年，罗斯福的集邮册以 25 万美元拍卖了。

罗斯福由始至终担心的是军火问题，生产的速度和数量、运输和分配、品种和调剂，欧洲战场和太平洋战场纷纷来电，要大批的飞机、坦克、大炮和弹药———一切军火。美国国内的非军火工厂已大半改产，连打字机厂也制造机关枪，不仅没有无业工人，连妇女也破天荒地参加了工作，参与军火生产相关的事务。

工人每周工时平均增加一倍，大萧条时期教会了人民勤俭持家，战时配给制和货架上奇缺的商品，让人民把收入都存进了银行。蔬菜有 1/3 来自 2000 多万个家庭菜园，大小城市里，有空隙的地方都种植着蔬菜，自种自吃。肉类、乳品、糖全部实行配给，一切均以前方供应为先。

有人民来信，反映在战俘营中被俘的纳粹分子吃得都比国内好，这不公平。罗斯福回信告诉他们：谁愿与战俘调换位置以吃得更好些，我绝不反对。

而斯大林只关心两件事，一是什么时候开辟欧洲战场，一是军火的供应与分配要合理而迅速。

丘吉尔常常在这两个问题上唠叨不休，怨美国总偏袒苏联，埋怨对象以哈里曼、霍普金斯为代表，当然，他不好意思指名道姓地说罗斯福，如果那样，罗斯福就会让马歇尔去对付他。

"让人猜不透，这次戴高乐也端起了架子，不来参加会议，我怀疑丘吉尔是否真的邀请了他。对国务院一再推荐的法国人吉伦，我想当面见见他再定。不能将解放了的法国土地交

∧ 1944年6月4日，艾森豪威尔同戴高乐进行了激烈的讨论后握手道别。

给一个人，该有两个人共同担负过渡时期，戴高乐好像反对吉伦，是什么阻碍他们联合主持临时政府？

"丘吉尔有顽固的帝国观点，瞧不起蒋介石，低估中国抗日的作用。中国的前途该是什么呢？蒋介石为什么依然按兵不动？斯大林依然不信任我们，我也对他不信任……"

罗斯福自言自语。

"丘吉尔、戴高乐对昔日殖民地存有要求，渴望重新获得统治和使用权，可不可以不给或只给一少部分？

"盟友间能够妥协到什么程度？

"丘吉尔可能放弃哪几块地方？

"斯大林出兵中国东北，他会要什么价？"这些复杂的政治问题无时无刻不萦绕在罗斯福脑海中。

第十章

雅尔塔之旅

1882–1945 罗斯福

在会议上，罗斯福是总建筑师，可能唯独他全局在胸，其他人都只有局部的概念而已，他知道最终设计能否有用完全取决于他，斯大林和丘吉尔两人都受到各自个性和民族偏见的限制……丘吉尔尚未听完就暴跳起来，"这个材料我连一个字都没同意过！我也没听说过有这么一件托管的事……只要我当首相，我绝不会把大英帝国世袭的财产交出去，哪怕一分一毫也不成！"他毫不掩饰地任凭泪水顺颊而淌……

★马尼拉

★马尼拉

菲律宾首都，位于吕宋岛西南部，别名〝小吕宋〞。第二次世界大战期间，日本军队于 1941 年 12 月 23 日至 24 日进攻菲律宾。根据日军计划，日军第 16 师团在马尼拉东部登陆。此后直至 1945 年初，日本军队一直控制着马尼拉。此间，在马尼拉存在着秘密抗日武装力量的活动。1945 年 1 月底，美军第 11 军所属第 38 步兵师、第 34 团战斗队和第 11 空降师在马尼拉湾两侧登陆。3 月 4 日，在日军撤离马尼拉后，美军占领马尼拉。

>> 远赴雅尔塔

1945 年初，三巨头举行会晤已刻不容缓，同纳粹德国的战争已经胜利在望。德军在西线发动的最后孤注一掷的攻势已在一个月前的突出地带战役中被击退。苏联红军已经占领波兰和东欧，并正在从东线向德国逼近。美国部队刚刚解放马尼拉★，美国轰炸机正在从空中轰炸日本。但是，军事专业人员认为，如果盟军不攻占日本的本土岛屿——以及同时可能对其造成的一百多万人的伤亡，就不可能结束太平洋战争，因为按照绝密的曼哈顿计划研制的原子弹没有经过试验，能否成功还没有把握。解决德黑兰会议上没有解决的问题的时刻已经到了：战败的德国的前途，令人苦恼的波兰问题以及其他东欧国家的地位、联合国组织和远东问题。

雅尔塔位于黑海的克里米亚半岛，是沙皇所喜欢的一个避暑地。选择在这个地方开会仍然是因为斯大林不愿意离开苏联。

尽管罗斯福在乘坐"昆西"号巡洋舰前往马耳他的途中得到了休息机会，到马耳他后又换乘自己的"圣牛"号飞机前往克里米亚，但这次旅行对罗斯福来说仍是一次严峻的考验。"不要再让我们犹豫不决了！"丘吉尔开玩笑说，"从马耳他到雅尔塔！不要让任何人变动了。"如果把所有可能举行高级国际会议的地点都编进一台计算机的程序里，然后指示计算机选择一个最糟糕的地点，它会毫不犹豫地选择雅尔塔。雅尔塔周围的地区曾在德军退却时遭受掠夺，它的美丽的自然风光掩盖了原始状况。丘吉尔带去了大量的威士忌酒来抵抗流行的斑疹伤寒、虱子和臭虫。美国海军的一个消毒小组不得不把罗斯福的住处消毒三次，然后才

< 1945 年 1 月 28 日，开怀大笑的罗斯福在赴雅尔塔途中。

让他住进去。会场设在利瓦吉亚宫，那里有 50 个房间，但只有一个洗澡间。

这个会址是罗斯福与斯大林协商多次，双方都做了程度不同的妥协的结果。斯大林不愿远离自己的祖国，最大让步就只能是黑海海滨雅尔塔了。身体虚弱的罗斯福远涉重洋，在海上先做为期 10 天的 7858 公里的航行，再飞 2212 公里，然后才能到达满目疮痍的雅尔塔。

罗斯福一行于 1945 年 1 月 23 日起程，乘"昆西"号巡洋舰横渡大西洋。

躺在"昆西"号的船长室内，罗斯福久久不能入睡。他心烦意乱，耳朵里灌满了船上各种声响——涡轮机平稳的嗡嗡声；船在波涛汹涌的大海上颠簸起伏时铆钉发出的尖厉呼啸声；船钟悦耳的叮当声；值勤换班时水手的吹哨声；穿着橡胶鞋在甲板上奔跑的脚步声；附近舱室内不均匀的鼾声；巡洋舰的船头破浪前进时发出的嘶嘶声和海水的溅泼声。

在过去，这些声音曾经使他心神陶醉——成为诱他入梦的催眠曲。但是现在它们却刺激着他那颤抖的神经，完全驱走了他的睡意。他竭力叫自己的脑子停止运转，这在往常是办得到的。但现在它偏偏不肯歇下来，仍在不停地思索着他已经做的和尚未做又必须做的各种事情——千头万绪的事情吵嚷着要他过问。赫尔病倒了，已在敦巴顿橡树园会议结束后辞职——罗斯福肩上的担子更重了。

白天的情况似乎好一些。他可以坐在一门高射炮遮护板后的背风处，靠温暖的阳光和海上浓咸的空气恢复体力。

傍晚是最美好的时刻。他的朋友们聚在他的正方形大餐室内，共进鸡尾酒和晚餐。在场的有史蒂夫·厄尔利，他一如既往，讲起精彩故事来就是几十则；还有麦克，他只要不是为了他的病人而大惊小怪地忙得不可开交，就总是面带欢愉的笑容。此外还有沃森"老爹"、莱希、威尔逊·布朗、"昆西号"的船长森，以及罗斯福的老朋友吉米·贝尔纳斯和爱德·弗林。罗斯福的女儿安娜也在这里。

安娜在身边对他来说是多么大的慰藉啊！自从约翰·伯蒂格参军以后，她就一直住在白宫。罗斯福几乎还没有发觉，她就开始帮他处理越来越多的家务了。她逐渐接替了可怜的利汉德小姐留下的职务。她为罗斯福跑腿，处理机要函电，接待来客，安排约会，平息他的顾问们之间的激愤；埃莉诺外出期间，她还担当女主人的职责，并且在待人接物方面向他提出妥善、老练的建议。

在海上的那些夜晚，这一大群好朋友围着罗斯福的餐桌纵情畅谈。罗斯福沉浸在温暖的友情之中，完全忘记了疲劳。他的脑海中闪耀着匪夷所思的念头，思想驰骋到那些深邃的领域，历史正在那里讲授一堂人类关系的哲学课；而他们这些人却在谋划怎样教训历史今后循规蹈矩一些。

晚饭后通常是看一场电影——《我们的心年轻而快乐》《公主与海盗》《龙种》《陌生的来客》，罗斯福再一次忘记了自己的疲劳。

这次远行埃莉诺也想参加，她想在战争结束前夕，航行万里，看看沿途景色，见见神秘的克里姆林宫的主人，听听巨头们的争论。罗斯福不忍让夫人承受这万里行程的艰辛，还是决定由女儿来陪伴。1月30日是罗斯福的63岁寿辰。尽管有潜艇的威胁，"昆西"号上还是洋溢着庆祝生日的欢乐气氛。全体船员向罗斯福赠送了一个烟灰缸，这是用进军诺曼底期间打过的一个铜弹壳制成的。当天晚上，"昆西"号和它的护航舰队在灿烂星空下朝着直布罗陀海峡曲折前进，航速提高到每小时25海里。涡轮机的嗡嗡声拔高了一个音调；头顶上两架卡塔利娜俯临阴森莫测的海面来回梭巡。大家在船上为罗斯福举行了他有生以来最愉快的生日宴会。特别是因为有链扣俱乐部的两名成员史蒂夫和爱德在场，宴会开得更加圆满成功，史蒂夫还担任了司仪。由于船上每个伙食团都想得到为罗斯福烘制生日蛋糕的荣誉，罗斯福为了不使他们扫兴，不得不吹熄五块蛋糕上的所有蜡烛，并在每块上都尝了一小片。

黎明时刻，"昆西"号安全通过了海峡，沿着非洲海岸航行。这里出现了地中海上最温和宜人的天气。当大火球似的红太阳坠入船后熠熠发光的海水中，罗斯福似乎听到它发出刺啦啦的声音。

2月2日上午9点，"昆西"号安全驶近马耳他。罗斯福自己把坐着的轮椅转到临时特制的升降机里，登上最上层主甲板。这是一个温暖晴朗的早晨。他昨夜睡得很好，感到精神焕发。

上午9点35分，舰上全体船员列队站在栏杆前，"昆西"号通过了潜艇网构成的大门，缓缓驶入瓦莱塔的大港。在狭窄的航道两侧，马耳他人挤在峭壁上挥手欢呼。停泊在港口的军舰一齐鸣笛致敬，"昆西"号致了答礼。空中回荡着号角声、礼炮声和人们的欢呼声。

"昆西"号十分缓慢地紧贴着英国皇家军舰"天狼星"号旁边驶过，两艘军舰的钢制船舷几乎擦着了。温斯顿·丘吉尔独自站在舷梯上，使劲地挥舞他的游艇帽致意，接着他身后的军乐队奏起《星条旗》曲。罗斯福欢笑着致答礼。这和上次举行大西洋宪章会议的情景完全一样。但是他们是从多么遥远的地方赶来的啊！

森船长把"昆西"号利索地停靠在预定的码头旁。罗斯福移到高射炮旁他喜爱的那块阳光照射的地方，从那里仰望受过轰炸的瓦莱塔城歪歪斜斜的全貌。毁坏的房屋是用白色石灰石建造的，几个世纪以来受到阳光的照晒已经发黄了，两所教堂显得灰暗而凄凉。

罗斯福还没有坐定，哈里·霍普金斯就带着他儿子罗伯特·霍普金斯中士来到船上，同他一起来的还有艾夫里尔·哈里曼和新任国务卿爱德华·R·斯退丁纽斯。

"你在雅尔塔为我安排得怎么样？"罗斯福问他的驻苏大使。

哈里曼看上去稍微有点窘迫。"你不要听丘吉尔的话，"他说，"我到过那里，我向你保证那地方不错——至少在'卡托克廷号'的船员们清除了虱子以后，就不会有问题。"

"好，我相信你的话，"罗斯福说，"我们就去雅尔塔。"

前来晋谒的官员川流不息，水手长们连连吹哨通报，忙得上气不接下气。在来访者之中有马歇尔将军和金海军上将。他们是同莱希和罗斯福密谈的。接着贝蒂·斯塔克笑容满面地和休伊特海军上将一起来到。最后温斯顿·丘吉尔带着女儿萨拉·奥利弗也来了，她穿着英国空军女子辅助部队的制服，显得很漂亮。几分钟之后，风度优雅的英国外交大臣安东尼·艾登也到了，加入了罗斯福周围的人群。丘吉尔父女和艾登留下来共进晚餐。饭后，罗斯福和安娜在总督夫妇陪同下，驱车在马耳他兜了50公里。

他们于下午4点半返回，罗斯福当即与美国参谋长联席会议的成员会晤。下午6点，丘吉尔和英国的参谋长们也来了。他和罗斯福出席了英美两国参谋长们的全体会议，把准备对苏联人讲的话再润色一番。下午8点，罗斯福和他的女儿设宴招待丘吉尔父女，宴会到10点半才结束。11点下船前往卢卡机场。这一天的活动是安排得够满的。

这些天里，罗斯福头脑里不时闪现出与斯大林在德黑兰的第一次会晤。

罗斯福以知己朋友聊天似的语气介绍开罗会议的情况，"我是在古老的金字塔下第一次会见古老中国的代表蒋介石先生，目前只能依靠同他合作以维持中国的战场"。

> 雅尔塔会议中，罗斯福正在与斯大林认真交谈。

　　中国东北、台湾、澎湖在战争胜利后归还给中国，斯大林表示"没有意见"，丘吉尔不好公开反对，虽然对别人收回自己的领土是不感兴趣，但他会联想到他的印度、缅甸、马来亚。他用手捂住了香港，强调那是有期限的租借。蒋介石非常关心废除英国在上海、广州等地的治外特权以及英舰开进中国港口问题，同时他希望苏联能够尊重东北那边的国境。

　　斯大林说："我们的基本原则是要全世界尊重苏联的宗主权，另一方面，我们也绝对尊重其他一切大小国家的宗主权。"

　　"好，让我们两国支持蒋介石反对英国在华的一切特权，希望苏方保证尊重东北国界并不干涉中国内境，蒋介石则答应在全国普选之前容纳中共参政，在战后，实行全国普选。"

　　斯大林已经心不在焉了，罗斯福开始呼唤他的热情："如果你们需要，可以使用他们的不冻港大连。"

　　"同时你应该在西伯利亚建立可供美国 1000 架重型轰炸机使用的机场。"

　　斯大林警惕的目光扫尽了笑意，在会议厅开会时的那种严肃神情出现了，没有任何商量余地的说道："在苏联的领土上建立别国的军事基地，即使为了抗击共同的敌人，我也无权答复。"

　　罗斯福侧着头，好像什么也没有发生，转而谈论其他问题。

　　……

现在，到雅尔塔去，要继续上次的谈论精神，摆出双方的要求、愿望……

卢卡机场上布满了巨型运输机的黑影。1号飞机停在大门附近。这架新的C-54是由空军运输司令部为罗斯福专门装制的，给它取了一个不恰当的名字叫"圣牛"。罗斯福的汽车一直开到它宽阔的机翼下面，普雷蒂曼把他的轮椅推上从飞机大舱内巧妙地垂下来的升降机中。他的老朋友驾驶员亨利·迈耶斯和奥蒂斯·布赖恩站在舱面上迎候。罗斯福立刻就在他的新舱室里睡了下来——这比躺在几个座椅之间架起的褥垫上要舒服得多——很快就入睡了。他的专机预定凌晨2时30分起飞，现在正在等待这一时刻的到来。整夜之间，每隔10分钟就有一架运输机起飞，把英美代表团的700名成员运往雅尔塔。

"圣牛"号和它的P-38护航机队从寒流滚滚的克里米亚高空降落到朔风凛冽、白雪皑皑的萨基机场。丘吉尔尚未到达，罗斯福在机舱内等候了几分钟后，丘吉尔的专机和野马式护航机队终于降落，在跑道上滑行。丘吉尔穿着英国军官制服，快步向"圣牛"号走去。他嘴里冒着烟雾，乘着升降机登上飞机，接着他和罗斯福一起下到冻冰的地面上。

莫洛托夫在那里迎接他们。他身穿镶着有阿斯特拉罕皮领的皮大衣，戴着阿斯特拉罕羊皮帽，浑身上下显得很整洁。罗斯福乘坐一辆吉普车，检阅漂亮的苏联仪仗队。他们身穿深蓝色军服，脚蹬乌黑发亮的皮靴，步伐轻捷，带着白色手套的手以精确的节奏来回摆动，上着刺刀的来复枪以完全一致的角度向后倾斜。然后罗斯福和安娜乘上一辆苏联汽车，前往150公里之外的雅尔塔。

从萨基到辛菲罗波尔一路上高低起伏的田野看上去很像下过一场暴风雪之后的美国中西部，接着汽车拐入罗曼诺夫大道，开始攀登山坡。公路穿过岩石的峡谷蜿蜒上升，旁边是悬崖峭壁。北风从冰封的平原呼啸而至，罗斯福把大衣紧紧裹在身上。在这150公里的路上，每隔300米就站着一名苏联哨兵。他们是苏联内地近卫军，和萨基机场上那些营养良好、穿着讲究的仪仗队大不相同。罗斯福通过玻璃窗注视车外，只见他们不是老头子就是十来岁的男孩或女孩。那些身穿劣质军服的苏联孩子们在寒风刺骨的山口立正致敬时直打哆嗦，未戴手套的手冻得青紫僵直，真不知道他们还能不能扳动他们老式步枪的扳机。

翻过大约一英里高的红岩峰巅之后，公路急转直下，伸向黑海。崇山像屏障一样挡住了北风，当罗斯福一行顺坡而下到达雅尔塔时，春天向他们迎面扑来。这里阳光和煦，草色转青，山谷中盛开着番红花。俯瞰远处，掩映在海边苍翠松林中的白色宫殿和疗养院闪闪发光。

他们急速穿过遭到毁坏的雅尔塔市区，不久就抵达沙皇尼古拉二世的利伐吉亚夏宫，在长形的帕拉地奥式建筑前面停了下来。白宫地图室的亨利·普特曼少校和艾伯特·科尼利厄斯已经在利伐吉亚设立了一个临时地图室，和停泊在塞瓦斯托波尔的美国军舰"卡托克廷"号之间架设了有线电话线，再通过"卡托克廷"号和华盛顿建立无线电短波通信联络。但是当晚罗斯福没有去为工作劳神。他饭后就上了床，读着一本侦探小说就睡着了。

>> 设计未来世界

翌日是 2 月 4 日，星期天，天气晴朗。罗斯福眺望窗外，看到了雪山连绵、大海耀日的动人景色。和风从窗外吹进来，软绵绵的，略带咸味。罗斯福十分快活，感到春意盎然，因此换了一身浅灰色新衣服，系了一条鲜艳的花领带。

那天上午他和主要顾问都碰了头。传报斯大林元帅已经从莫斯科乘专车来到他设在科列兹别墅的司令部。自从上次飞往德黑兰在高空伤了耳朵之后，斯大林再也不愿乘飞机了。罗斯福在镶有护墙板的舒适的书屋里接待斯大林，两人进行亲切的交谈。斯大林情绪高昂，似乎为再次见到罗斯福感到由衷的喜悦。

从 5 点钟开始，出席克里米亚会议第一次正式会议的人员陆续到达。丘吉尔从沃隆佐夫别墅来了，他身穿英国军服，头戴苏联人赠送的黑色熊皮大帽子。所有的英国人都在搔痒，心绪极为不佳。

"我早就告诉过你，这地方都是臭虫。"丘吉尔悄声对罗斯福说。

"我这里倒没有，"罗斯福轻松地说，"'卡托克廷'号的小伙子们在这里喷过三次药了。"

克里米亚会议在利伐吉亚宫的大舞厅中举行，这是一个古典风格的房间，沿墙竖着科林斯式的壁柱，高高的天花板上有豪华的装饰。房间两侧是法国式大拱形窗，因此它看上去像一个大凉廊，镶木地板有几英亩面积。在房间一端，壁炉的前面摆着一张铺了白桌布的大圆桌。按照艾尔弗雷德·史密斯所提出的标准，在这种房间里开会不可能谈得投机。但是罗斯福感到只要具备合作精神，就可以克服物质上的困难。这种精神不久就显示出来了。

历时三个小时的讨论，几乎完全是关于当前的军事形势。安东诺夫将军宣读一份准备文件，详细分析了东线进展，他表示希望盟国尽快在西线推进，并轰炸德国交通线，借以防止德军从西线越过德境调到东线上来。马歇尔回顾了西线的局势，波特尔代表空军发言，坎宁安谈到德国技术的新发展有可能恢复潜艇的威胁。关于这一点，丘吉尔提到，也许盟国可以通过从亚德里亚海进入巴尔干半岛的一次远征给苏联东线的战役予以帮助，但是，这一提议没有得到进一步的讨论。

第一次会议完全由军人们唱主角，他们审查了最后进攻的计划，并就德国占领区问题达成了暂时性协议。罗斯福和丘吉尔都愿意把攻克柏林的荣誉，或者说是危险，让给苏联人。斯大林再次作了对日本宣战的保证，并把日期定在德国投降之后三个月。

但是，军事顾问现在在大家心目中，比起战后世界的规划来已经处于次要地位了。他们从第二天就开始讨论战后规划问题，以后天天如此，足足讨论了一个星期。每天上午罗斯福都要和他的顾问和专家们商讨当天的议程，三国的外交部部长则在其他地方会谈，同时参谋长们也在开会。每天下午在利伐吉亚大舞厅中举行正式会议，围绕着大圆桌展开激烈的争论。

晚上有时举行宴会，但更多的时候是在小餐厅里安静地用膳，罗斯福和他的朋友们就在这里谈论当天会议的结果，筹划第二天的事情。

这是极其劳心伤神的工作，罗斯福又感到难以入睡了——他无法排除萦回脑际的千思万绪，因为这是他一生中最关键的时刻。他的全部希望，也就是他从威尔逊以及其他具有远见卓识的政治家那里继承来的、并且把他自己对世界各地普通人民的热爱倾注其中的、关于一个真正文明世界的理想，其得失成败完全在此一举。

在这个时刻，罗斯福再也不考虑自己正在担任伟大的历史性角色。这项任务是如此之重要，它对今后人类的影响是如此之深远，以致他个人的命运显得微不足道。只要出色完成这项工作，只要真正打好基础，其他任何事情都是无足轻重的。

和他一起工作的人，甚至只能从新闻纪录影片里和他相会的千百万人民，看到他身披斗篷，坐在雅尔塔的平台上，清风吹乱了他那古典式眉宇上方的白发，双目凝视着地平线以外的时候，都意识到他已经发生了彻底的变化——他已经超脱了尘世的羁绊；他的全部精力和身心都凝聚在对全世界人民未来生活的深情关注之中了。当他在俄罗斯的春光中端坐在丘吉尔和斯大林中间的时候，裹在他身上的是人们熟悉的斗篷，褶纹清晰可见。

另外那两位也热诚地和他一同辛勤工作，他那为理想而献身的精神至少在这一时刻使他们受到了鼓舞。这并不是说他们不再精明地为了本国真正的或假想的利益而讨价还价了。但是在目前至少不闹个人意气或存心作梗，他们也期望这一伟大的计划得到实现。

他们试图建立一个新世界，但是他们不可能把一切推倒重来，用全新的材料去建筑国际大厦。相反地，他们只能在一个被毁坏了的世界废墟上动工，清除那些无用而碍事的瓦砾，利用留存下来的完好结构，这里补上一些砖瓦，那里安上一个新拱门，但还经常要受到旧时偏见和当前误解的干扰与阻挠。

罗斯福的建议是："在管制和占领战败的德国问题上，我认为应该统一化，不宜瓜分为各个占领区。不仅在最高层机构中行政管理应该统一，各级机构均应联合统一。"罗斯福带着他对联合国的理想和自负，认为自己有责任引导盟国间趋于和谐一致，而不是各行其是。

然而，他过于天真了，在这个原则问题上，他遇到了苏英两方的一致冷淡。丘吉尔的烟斗左右挪动，嘴角露出讪笑，"联合，怎样联合？天天开会，天天争论不休？"

∧ 苏美英三国首脑在雅尔塔会议上。

　　斯大林第一次顺着丘吉尔的思路,"各自当家作主,效率会高得多,方便得多。谁喜欢有一个专职的高居在上的统领?日常工作与战场需要不同,不可能去天天协商解决日常的烦琐的行政事务"。

　　"魁北克会议已经讨论过对德占领区的划分问题以及各国军队在其建立行政管理制度的时间,我们无须在这次会议上多耽搁时间了。"丘吉尔再次表态。他们想迫使罗斯福不得不少数服从多数,放弃个人的主见。

　　罗斯福在历次重大会议上显著的自信和坚定的语调已经消失了,大家都听得出他声调的间歇和嘶哑,他已无力在所有问题上发挥主导作用了。

　　丘吉尔首相和斯大林元帅交换下目光,丘吉尔开始提出东欧的划分方案。"这是我在去年10月与斯大林先生在莫斯科一起讨论一致同意的方案,也在这个会议上正式通过一下吧。"

　　斯大林紧接着说:"那个方案是经过苏英双方讨论的,不过,由于情况变化,红军将领们提出修改匈牙利与保加利亚的分配比例。"

　　这两处修改都是扩大苏方的势力范围,这是战局决定的。丘吉尔接受这个比例,无非是想保住面子,向国内交代的一个手法。既没有讨论的余地,也没有讨论的必要,双方协议,没有争执,用不着仲裁,罗斯福是第三者,只能一致通过了。

　　当天的会议结束后,罗斯福为丘吉尔和斯大林及他们的主要顾问举行了宴会,会上,罗斯福对斯大林说,他和丘吉尔都称他为"约大叔",斯大林听了似乎有些不高兴,罗斯福急忙解释说，这是表示亲热的称呼。莫洛托夫为了使他们放心，便说，斯大林仅仅是"开个玩笑，全国人民都知道你们称他为'约大叔'"。

罗斯福是总建筑师，可能唯独他全局在胸，其他人都只有局部的概念而已。他知道最终设计能否有用完全取决于他。斯大林和丘吉尔两人都受到各自个性和民族偏见的限制。罗斯福坚信他们两人都真诚期望这一巨大任务的完成——他从未怀疑过他们的良好愿望；但他也认识到他们有局限性。丘吉尔依然沉湎于建立帝国的浪漫而年轻的迷梦之中，被基普林的仁慈王国——白人担负重任的胡说八道迷住心窍。他认识不到世界正在发生多么迅速的变化。

斯大林仍然怀疑有一个针对苏联的世界性阴谋。这是不足为奇的，因为在苏联建立之后的开头20年中，西方世界实际上结成了一个未公开承认然而又是货真价实的同盟反对过他们。尤其是在这次战争中他们遭受了可怕的灾难——几百万人民丧失生命或沦为奴隶，他们引以自豪的美丽的新城市和宏伟的公共建筑都被毁掉了。他们犹如早熟的儿童，又

< 罗斯福、丘吉尔、斯大林在晚餐上。

好似生根于泥土之中的古老农民。他们就是这样出现在民族之林；但他们也真诚地渴望得到别人的喜欢。

这就是问题的症结所在。因为如果苏联人转向征服和穷兵黩武的话，前途之可怕将是令人不寒而栗的。他们不知道那将是如何的可怕，但罗斯福是清楚地了解的。科学家们研制原子弹的工作正在取得重大的进展——今年夏季即可完成。一旦把这种力量释放到全世界，它引起的战争将比滑稽连环画报中最耸人听闻的描绘还要可怕得多。罗斯福认为，对于从古希腊、罗马，从文艺复兴时期的充满活力的美，从英国那种遵守法制的自由观念，从法国的逻辑和侠义精神以及从美国

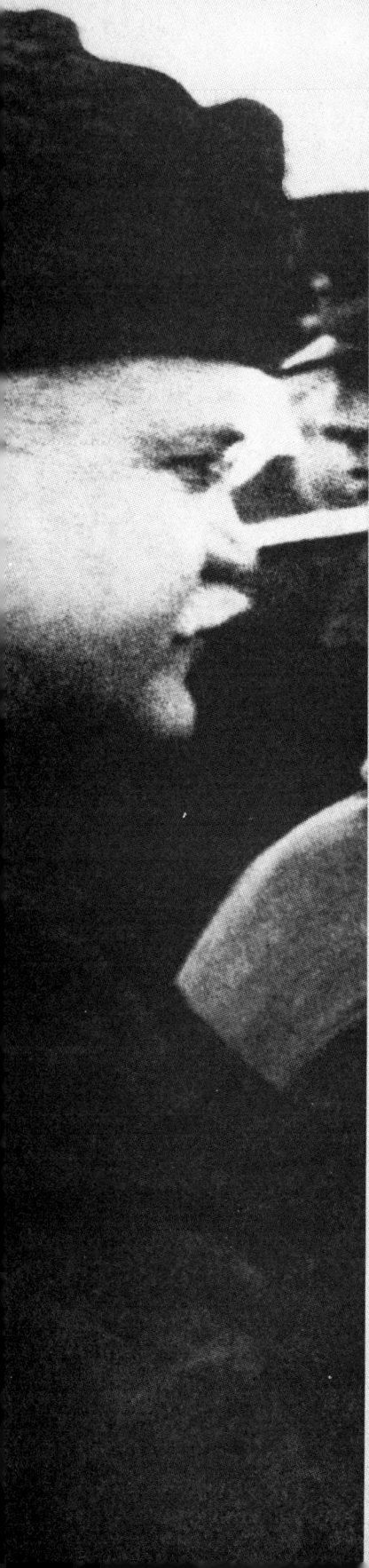

关于全人类获得"自由"和"安全"的伟大理想之中缓慢发展起来的"文明"来说，现在可能是最后一次机会了。他必须使这个所有国家的联合组织发挥作用。

罗斯福每天清晨醒来时，总是感到精疲力竭。他似乎无力从事又一天的紧张思考和重大决策。但是到了下午，当他在会议桌旁就座之后，他的精力又恢复了。他的脑子几乎是超人般的清晰，决不会产生失误或迟疑。经过这么多年的思考以及知识和实际经验的积累，他对脑海中贮存的每一个项目都能运用自如。他往往只靠灵机一动，就能想出办法去解决那些看来无法克服的困难。正如麦金太尔后来说的："主要靠他来解决问题。"他发言的时候，他们都倾听着。他们并不总是同意他的意见，但是——他们倾听着。

2月8日，会议开始研究太平洋战场，美苏参谋长在龙苏波夫亲王豪华的官邸举行会谈，解决远东问题，着重决定苏联一旦对日宣战，盟国应采取的步骤。

同日同时，在亚宫，罗斯福也正慎重地探询似的与斯大林讨论这个问题。莫洛托夫和哈里曼也在场。罗斯福娓娓倾诉他对日作战的设想，不在中国大陆进行大规模反攻，只用 B-29 飞机对日本本土进行密集轰炸，盟军也不用实际进入日本本土……

当初在德黑兰开始的交易，这次要落到纸面上成为正式协定。在完全满足苏方要求的条件下，苏方允诺在击败德国三个月后——比德黑兰会议提出的六个月提前了三个月，出兵中国东北。双方皆大欢喜。接着，两位巨头兴致勃勃毫无避讳地议论起中国的前途。

罗斯福像谈他的菲律宾要"独立自治"一样的口气说："希望中国生存得更好些，人民的文化、教育、卫生水平和生活水平能够得到不断的提高和改善……"

"中国会有这样的前景。不可思议的是国民党与共产

> 雅尔塔会议期间，罗斯福与丘吉尔等人交谈。

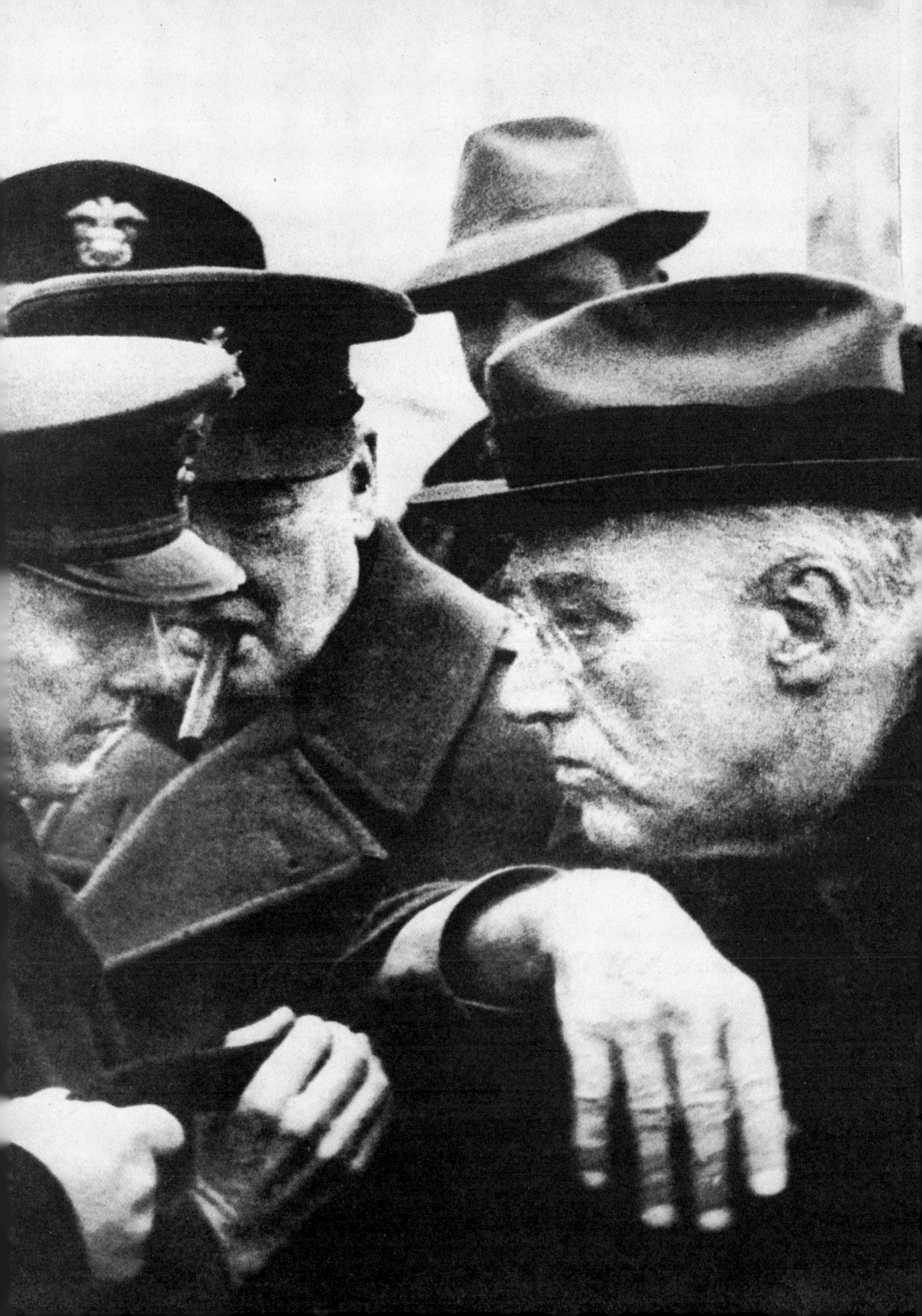

★莫洛托夫

苏联政治家。1890年3月9日出生于基洛夫州苏维埃茨克市。1911至1912年就学于彼得格勒工业学院。十月革命时，任革命军事委员会委员。1918年起历任北部地区国民经济委员会主席、下诺夫哥罗德省执行委员会主席、顿涅茨克省委书记、乌克兰共产党（布）中央书记、联共（布）中央书记。1930至1941年任苏联人民委员会主席、1939年5月起兼任苏联外交人民委员。1941至1957年任苏联人民委员会副主席和第一副主席。曾负责坦克工业的发展。后出席过德黑兰会议、雅尔塔会议和波茨坦会议。1957至1960年任苏联驻蒙古大使。1962年起退休。

党为什么不能维持统一战线，如果双方团结一致，我相信不但会在抗击日军的战场上打出辉煌的战役，像抗战初期那样，战后也同样需要这样的统一，这样才能保证中国前景的美好。"斯大林也表达了自己对中国局势的希望和忧虑。

2月9日下午，"三巨头"在会议厅听取美国国务卿宣读三国外长上午草拟的关于联合国托管领土的计划。丘吉尔尚未听完就暴跳起来，"这个材料我连一个字也没同意过！没有人征求我的意见，我也没听说过有这么一件托管的事！"他激动地朝着在场的人宣告："在任何情况下，我都不会让四五十个国家胡闹地染指大英帝国的领属！只要我当首相，我绝不会把大英帝国世袭的财产交出去，哪怕一分一毫也不成！"他毫不掩饰地任凭泪水顺颊而淌。

会场如坟场般静寂，没有一声回答丘吉尔哀号的呼吁。

2月10日下午，哈里曼在尤苏波夫宫会见莫洛托夫★，拿到了苏联参与对日战争的政治条件英译本。

内容如下：

1.蒙古现状必须维持。

2.1904～1905年日本强占苏俄的土地——萨哈林岛南部必须归还,千岛群岛划归苏联。

3.控制使用中国东北的铁路、旅顺和大连。

作为酬答,苏联除对日宣战外,并将与蒋介石政府缔结友好同盟条约。

哈里曼把苏方的草案连同他本人的修改意见,呈交罗斯福,他坐在一旁静听反应。

"中国的大连、旅顺应当是国际自由港,中国东北的铁路应由中苏联合委员会经营管理。"

罗斯福看完摇首,"到底战争解决了多少问题,留下多少问题,新添了多少问题?在波兰问题、南斯拉夫问题、东欧问题是我软弱,有关中国问题也是我软弱了……苏联朋友的情况,哈里曼,你最近的那份材料我看过了,也亲自感受到了"。

哈里曼担任着驻苏大使,为援助苏联提供过有力的说明,给罗斯福的报告中反复详尽地描述苏联抗战的意志和意义,艰苦的情况……他的热情支持,为苏联争取更多的租借物资,加强了美苏的友谊和信任。只是在最近的一份材料中,朦胧地透露出疑虑,斯大林越来越盛气凌人,谈问题越来越困难,几年前的那种友好合作的态度在逐渐消隐。

此刻,哈里曼见罗斯福忧心忡忡疲倦不堪的神态,不忍深入剖析,便说:"但愿是我的神经过敏,我看斯大林还是信任和尊重总统的。有些问题像东欧等国,不牵涉我们,主要是英方的问题。至于中国,他表示得也很清楚,有节制,尊重我国的权益,'否决权'问题,他支持您增加中、法两国的建议,这些方面,我看还是有成效的。"

罗斯福拿起笔来,喃喃地说:"我总得按美国的最高利益行事。"他在哈里曼拿来的文件上签了字。这时,他脑中闪现出西奥多·罗斯福总统1903年那富有战略目光的论断:地中海时代随着美洲的被发现而结束了,大西洋时代正处于开发的顶峰,势必很快就要耗尽它所控制的资源;唯有太平洋时代,这个注定将成为三者间最伟大的时代,仅仅初露曙光。这是美国20世纪的第一任总统为美国19世纪50年代开始的太平洋贸易所作的注释。他引导着美国人民的目光朝向东方。

此刻罗斯福深深叹服西奥多的远见,美国人对远东的中国、日本、菲律宾、印度支那、马来亚、新加坡、东印度群岛……远比对东欧,甚至巴黎、柏林更有兴趣。打败日本人,太平洋将解除威胁,让它成为一个真正太平的太平洋。

当天下午,战败国赔款问题又是一场激烈的争吵,一份现成的表格,赔款总额,赔款分类,赔款日期。在赔款项目上,有工业设备、城市建筑等等。斯大林提出德国赔款总额200亿美元,苏联拿一半。丘吉尔漫不经心地说,英政府已指示他不要提赔款数字,罗斯福也觉得具体赔款数字不太恰当,这会引起国内人民单从美元角度考虑战争的得失,会招致很大矛盾。留下无法偿清的债务没有好处,只有麻烦。斯大林勃然变色,"你们这是预谋好的,袒护德国,讨好德国!"

好在他的怒火未引起蔓延，罗斯福和丘吉尔稳稳地坐在那里，静静地望着他。

会间休息时，哈里曼被叫到斯大林旁边，"关于对日作战问题，我准备就总统所提意见作出让步，我完全同意把中国大连变成国际自由港，但旅顺不同，苏联需要把它作为海军基地。因此，要租借"。

哈里曼彬彬有礼，"阁下还是与总统当面谈这件事吧"。

斯大林点点头，走向罗斯福。

两位巨头又坐到一起，低声交谈，于是一笔交易做成了。

∧ 雅尔塔会议期间，斯大林与罗斯福合影。

>> 《克里米亚会议公报》

经过会上的长时间辩论，未来的形象就这样粗略地勾画出来了。罗斯福一心要使大家同意敦巴顿橡树园建议中拟出的总形式。为了达到这一目的，他愿意对那些不会绝对损害他的原则的任何问题作出让步——在某些特定情况下，他甚至愿意稍许变通一下原则。有时客观情况使他能够站在斯大林一边去反对丘吉尔——尽管他十分喜爱这位英国人——他就由衷地感到高兴,因为他不想使斯大林感到在同盟之内还有一个反对他的同盟。正因如此,只要是在合情合理的情况下,罗斯福也甘愿顺从苏联,以便随时随地赢得它的信任。

千岛群岛问题就是如此。斯大林要求得到它们,作为他对日本作战的代价——这可以使美国少牺牲几十万人的生命。千岛群岛像一排石头围墙,把海参崴和太平洋隔开。苏联人要求获得它们正像美国希望保住加勒比海诸岛一样的合乎情理。斯大林要求得到中国东北的海港美国也是可以理解的,但是没有太充分的理由,他应该直接和中国协商。

苏联的其他要求就较难满足了——虽然其中一般都能找出一些理由作为根据,例如它理所当然地希望和它毗邻的国家都有友好的政府。美国对中南美洲肯定也是抱这种态度的。

在这些问题中,有的达成了协议,有的留待今后的会议或联合国委员会去解决。罗斯福没有自欺欺人地认为这些事情今后会迎刃而解。他知道要制止住苏联的扩张苗头,需要有强硬的手段和明智的外交政策。但他相信,只要他能获得它的信任,他就能做到这一点。

在为期八天的雅尔塔会议上,罗斯福的目标是使苏联加入一个维护和平的世界组织,并争取苏联作出参加对日本作战的保证。对苏联人来说,由于在一代人的时间里两次遭到德国入侵,压倒一切的考虑是在东欧建立一个安全区。罗斯福和丘吉尔都承认了苏联控制东欧的"合法"性。事实上,1944年10月在莫斯科的一次会谈中,丘吉尔曾用数字方式在一张纸条上写出过巴尔干地区划分势力范围的指导方针,然后把纸条推给对面的斯大林看。他建议,苏联在罗马尼亚的势力占90%,在保加利亚占10%。斯大林当场表示同意,后来罗斯福也表示同意。

丘吉尔在莫斯科时没有把波兰列入清单,在雅尔塔会议上波兰成了一个最棘手的问题,致使三巨头进行了六天六夜的争论。会议指定寇松线为波兰的东部边界,从而批准了德黑兰达成的协议,但是用多少德国领土作为补偿的问题则留在战后解决。波兰的未来政府问题更加麻烦。苏联占领波兰后已在卢布林成立一个傀儡政权,丘吉尔比罗斯福更害怕苏联支配东欧,因而他赞助伦敦波兰人的事业。罗斯福担心这次会议可能在这个问题上失败,并念念不忘国内波兰裔美国选民,因而提出一个保全面子的方案。他建议成立一个由卢布林波兰人的代表、波兰国内民主人士和伦敦政府的主要人物组成的临时政府来执政,直到在自由选举中选出一个长期政府为止。斯大林表示同意,说一个月之后可以举行选举。

∧ 雅尔塔会议后，签订协定时的场景。

"总统先生，"焦虑的海军上将李海说，"这个问题伸缩性太大了，苏联人能够把它从雅尔塔一直拉伸到华盛顿，而不会在技术上把它拉断。"

"我知道，比尔——我知道这个情况，"罗斯福回答说，"但这是我此时能为波兰所尽的最大努力了。"

三巨头团结一致，决心确保德国不会重新起来折磨欧洲，尽管罗斯福已经放弃亨利·摩根索提出的使德国变成从事农业的穷乡僻壤的计划。战败国德国的确切边界留到将来的会议上决定，但是这个国家将被分成四个占领区。罗斯福对戴高乐的厌恶没有减退，但他同意了丘吉尔提出的给法国一个占领区的建议。英国人推想，美国舆论大概不会允许美国陆军战后在欧洲驻扎很久，因此，他们希望在德国有法国的势力，以便有助于同苏联人抗衡。柏林将像德国一样被分成四个占领区，尽管这个城市在苏联占领区中间。但是人们对这个城市的西方占领区会成为苏联手中的抵押品这一点并不感到担心。

联合国的基本结构已于1944年秋天在华盛顿州敦巴顿橡树园的一次会议上拟订出来，至于苏联将在联大上有多少票的问题则留给三巨头决定。斯大林指出，美国将能够影响拉丁美洲国家的投票，英国人可以指望得到英联邦的票，因此坚决主张苏联的所有16个"加盟共和国"都享有表决权。罗斯福反驳说，这等于让美国48个州中的每一州都有一票，他说服斯大林放弃这一要求，作为交换，准许乌克兰加盟共和国和白俄罗斯加盟共和国享有表决权。罗斯福为了保护自己的政治侧翼，要求并得到了再给美国两票的保证。

斯大林欣然同意在打败希特勒的两三个月之内参加对日作战。作为交换条件，苏联得到了对库页岛南半部和千岛群岛的主权，这是40年前在日俄战争中失去的领土。大连将要国际化，旅顺将由苏联控制，苏联人还在中国东北得到了特权。这些安排的绝大部分是在损害中国利益的情况下作出的，中国没有代表参加雅尔塔会议，罗斯福同意向蒋介石说情。这位委员长同意了这些安排。

雅尔塔会议是罗斯福的一台戏。他进行斡旋、调停和妥协，运用手段图谋利益，同丘吉尔和斯大林开玩笑，并采取捷径确保会议的成功。有时经过一轮会谈和宴会，他变得精疲力竭，面色苍白。有时他情趣横溢，非常幽默。他密切地注视着斯大林，发现了他没完没了地喝伏特加的惊人能力的秘密：这位诡计多端的老布尔什维克趁人们站起来混乱鼓掌时偷偷摸摸地往自己的酒里掺水。他还喜欢拿印度的事和大英帝国的分崩离析来刺激丘吉尔。

关于德国赔偿问题，斯大林提出"按功取酬"，200亿美元赔偿额；丘吉尔提出"各国各取所需"，而德国尽其所能；罗斯福重申希望苏联遭到的破坏尽快得以恢复，但他认为靠赔偿是不可能解决一切的，美国不准备要德国的机器和劳动力，没收德国在美的财产就可以了。丘吉尔实际是反对斯大林的索赔数额，认为会议不能用数字来束缚自己，需要做进一步的调查。罗斯福原则上同意以200亿美元为讨论的基础，这就使得丘吉尔成了斯大林的恼火对象，他指责丘吉尔反对苏联提出的赔偿要求是为了要建立一个强大的德国。于是，会议没有就赔偿的具体数字达成一致意见，是雅尔塔会议留在以后商议的诸多问题中的一个。

雅尔塔会议还有一项关于远东问题的秘密协定，是由罗斯福、斯大林私下商定，事后让丘吉尔签字的。在罗斯福一生所进行的外交活动中，最受攻击的也就是这份秘密协定。作为提出协定的目的——迅速打败日本，这是正确的，然而作为达到目的的手段——背着同盟国和中国，侵犯中国的利益和主权，这是荒谬和错误的。

协定以明确的语言界定：在德国投降及欧洲战争结束后的两个月或三个月，苏联将参加同盟国方面对日作战，但条件是：（1）维持蒙古人民共和国现状；（2）恢复1904年日本背信弃义进行所破坏的原属苏联的各项权益，即将库页岛南部及临近一切岛屿归还苏联，大连港国际化，并保证苏联在这个港口的优越权益，而中国保持在东北的全部主权；（3）库页群岛交予苏联，而且规定：苏联之此项要求须在击败日本后予以实现。

上述协定签订时，中国方面毫不知情，作为参加世界反法西斯战争的盟国，被列为四大国之一的中国，在以它的主权和利益为对象的讨论中，却被排斥在外，直到罗斯福病逝，杜鲁门接任总统后才正式通知当时的中国外交部部长宋子文。这是对中国主权和利益的肆意践踏，是大国强权政治的丑恶表现。

在罗斯福政治生涯的晚期，他的一个突出的政治思想便是战后世界格局由美苏两家说了算。尽管在与斯大林谈判时他一再表示不能代表中国人说话，但事实上却扮演了越俎代庖的角色。

斯大林在与罗斯福进行交易时指出，如果苏联提出的这些条件得不到满足，他就难以向本国人民解释苏联为什么要向一个并未攻击他的国家——日本作战，如果条件得到满足，他就容易用与国家利益有关的理由向人民和最高苏维埃交代。这一解释究竟有多少道理是值得分析研究的。

不过，中华人民共和国成立以后，苏联把根据《雅尔塔协定》在中国享有的各项特权逐步交还给了中国人民。从后果来说，还没有到不可弥补和不可挽回的地步，但在中国人民的心中，苏联却留下了不光彩的大国沙文主义的记录。

会议的最后两天用于起草公报。史蒂夫·厄尔利迫切希望尽可能写得完整一些。

"老板，"史蒂夫说，"到目前为止每次会议情况都被丘吉尔在给议会的报告中抢在我们前头发布了，这一次让我们尽可能报道一切吧。"

罗斯福笑了。"好吧，"他说，"我叫他们提供材料。"

这次发表的公报比任何一次会议的公报都来得完整。许多问题不得不删去，因为在签字那天，艾森豪威尔的部队刚刚在"突出部"战役中击退了纳粹军队的疯狂进攻，现在沿着鲁尔河和莱茵河集结，准备发动最后的攻势。麦克阿瑟还在吕宋岛作战，海军陆战队正准备攻打硫磺岛；通往东京的道路看来还很遥远而崎岖。

从克里米亚发出的公报燃起了全世界的希望，这是自从大西洋宪章以来其他任何文件所不及的。它开头的几节叙述了对付德国的军事协议，这几节斩钉截铁地表明了："纳粹德国注定要灭亡。"

但是，最振奋人心的还是在建立一个普遍的国际组织方面所取得意见一致的程度："我们相信：通过所有爱好和平的人民的密切和持续的合作，以防止侵略和在政治上、经济上和社会上消除战争的原因，都是必要的。"

接着就是关于被解放的欧洲的宣言。三国政府在宣言中同意进行合作，"援助从纳粹德国统治下获得解放的各国人民，用民主方式解决他们迫切的政治问题和经济问题……"

接着是关于波兰和南斯拉夫的具体协议。在这些协议中，斯大林对美国的"民主"观念作出了许多让步，他并且答应协助这些国家成立一个法西斯政党除外的各党派都有代表参加的临时政府。

最后一节用响亮的词句宣称：

我们在克里米亚的这次会晤，重申我们的共同决心，即在未来的和平时期中，一定要保持并加强在这次战争中使联合国家的胜利成为可能和确定的、在目的上和行动上的团结一致……

只有我们三国之间以及一切爱好和平的各国之间继续增进合作与了解，才能够实现人类最崇高的愿望——一种安全和持久的和平，用大西洋宪章的话来说，就是确保在一切土地上的所有人，都可以在不受恐惧、不虞匮乏的自由中度过一生。

这次战争的胜利以及拟议中的国际组织的建立，将为今后年代中创造这种和平的重要条件提供有史以来最大的机会。

这就是公报的核心部分，也是在雅尔塔取得的首要成就。

罗斯福深知这项工作的最重要部分尚未完成。他预见到长期的考验、巨大的困难以及惨遭失败的可能性。但是他热诚地相信它是能够完成的；他准备献出自己的全部精力和有生之年去促使它完成。当前，他感到已经迈出了伟大的第一步。尽管和他一起签署协定的两个伙伴今后可能会变心和倒退，但是他相信他们眼下的表现都是真心诚意和具有良好愿望的。

至少已经"为今后年代中创造这种和平的重要条件提供有史以来最大的机会"，这是不小的成就，他要全心全意地促进这种和平的实现。

1945年2月11日，星期日，斯大林、丘吉尔和罗斯福在利伐吉亚的舞厅里最后一次会晤，并在《克里米亚会议公报》上签了字，然后他们怀着真诚的友情相互告别。

罗斯福怀着对三巨头的继续团结的乐观心情离开了雅尔塔。"我们确实从内心里认为，这是我们一直在祈求的新的一天的黎明，"哈里·霍普金斯说，"苏联人已经证实他们能够通情达理，并具有远见。总统或者我们当中的任何人，毫不怀疑我们能够同他们和睦相处。"

下午4时，罗斯福启程前往瓦斯托波尔。在这次航程中他飞越荒凉的群山，临近巴拉克拉瓦战场——轻骑兵曾在这里赢得不朽的光荣，那时这里号角齐鸣，军旗猎猎，战马奔驰，炮声隆隆，硝烟弥漫，刀光剑影，好一派战争的威武景象！接着他首次看到战争所造成的彻底破坏：暮霭沉沉中的塞瓦斯托波尔已经成了一片断垣残壁的荒野。

见过那座凄凉的城市以后，他在"卡托克廷号"上的那间狭小闷热的舱室就显得非常安全和舒适了。

但是到了翌日下午，这种安宁舒适之感就消失了。黎明时分匆忙准备启程之际，麦克传来消息：沃森"老爹"得了轻度中风。

"我们应该对他采取什么最妥善的安排？"罗斯福十分关切地问。

"我想最好把他送回'昆西号'，"麦克说，"只要我们低飞，就不会伤着他。"

莫洛托夫在萨基等候着送别罗斯福，仍旧和上次一样用了漂亮的军乐队和仪仗队。罗斯福专机于10时55分起飞，在六架P-38机护航下越过黑海。

>> 成果丰富的旅行

遵照罗斯福的命令，飞机不按预定的航线直接飞往埃及，而是向西迂回，这样可以避免飞机飞越高山，加剧沃森"老爹"的病势。飞机越过黑海，经过像闪烁发光的冰块似的土耳其平原，然后越过深蓝色的塞浦路斯湾，降落在大苦湖的亚热带沿岸的德维斯瓦机场。"昆西"号停泊在湖上等候，两侧有两艘原来的意大利军舰以及英国军舰"悍妇"号护卫着。

罗斯福选择这个地方举行下一个会议是有象征意义的。他一直在和史蒂夫·厄尔利一起查阅海图，想找到一个方便的地点。他的手指沿着苏伊士运河向下移动，停在大苦湖上。他用洪亮的声音朗诵："耶和华晓谕摩西说：我吩咐以色列人转回，安营在比哈希录前，密夺和海的中间，对着巴力洗分靠近海边安营。"

"这是怎么回事，老板？"史蒂夫问。

"比哈希录就在大苦湖之滨，"罗斯福解释说，"我们将去那里，它是美国总统会见东方三个国王的有历史意义的好地方。"

第一天上午埃及国王法鲁克来了。他头戴土耳其帽，身穿海军上将服装。罗斯福和他像两个商人一样，商谈两国之间的贸易情况和扩大贸易的前景。

法鲁克国王午餐后离去。下午后半晌，埃塞俄比亚皇帝海尔·塞拉西一世来了。他是一个瘦小、黝黑、神经质的人，穿一身卡其制服。他的鹰钩鼻子下面蓄着下垂的浓黑上髭和弯曲的短须。罗斯福和他商谈了开辟航线问题，使皇帝的那个地处深山之中、交通闭塞的都城向世界贸易打开通道。

第二天专门用来接待沙特阿拉伯国王伊本·沙特。国王是一个刻板的穆斯林，船上出现一个女人，对他来说就是一种亵渎。因此那天把安娜打发到开罗去消磨一天时光。由于国王对烟酒也有反感，因此，他来到"昆西"号时，任何人都不准吸烟。

临近正午，把国王从沙特阿拉伯的吉达载来的美国驱逐舰"墨菲号"驶近"昆西"号。罗斯福从高射炮旁他喜爱的那块地方向下观看，感到这艘驱逐舰似乎把传奇中的世界搬来了花团锦簇的一小块。它的甲板通常是空荡荡的，现在却满铺着色彩鲜艳的东方地毯，它的栏杆旁排满了黝黑剽悍的士兵，他们身穿五颜六色的长袍，不胜累赘地佩戴着长枪、刀把上镶有珠宝的短弯刀、长剑和套着金鞘的弯匕首。国王坐在最高层主甲板上的一张金椅子上，周围簇拥着他的儿子和官员们。

"墨菲"号的后甲板就不那么富丽堂皇了。这里拴着国王的山羊。当"墨菲"号横靠过来时，在后吊艇柱上举行了宰羊仪式。一个年轻的水兵因为接受了应该使舰船经常保持一尘不染的指示，特别是在总司令莅临时更应如此，所以他就拼命地擦洗那滩脏污，但是他越擦洗，羊流的血越多。最后这个小伙子抬起头来，直视着罗斯福含笑的眼睛。罗斯福举起双手，装着无可奈何的样子喊着："你只好随它去算了！"

威严的国王由两个卫士开道，在五色斑斓的随从人员簇拥之下登上"昆西"号，受到了最隆重的欢迎。伊本·沙特步态庄重，但是由于旧伤只能一颠一跛地行走着。他身材很高，穿着飘拂的长袍，红白方格的"内志"头巾上束着阿拉伯国王的金带。罗斯福就在高射炮旁边的角落里接待他，但甲板上已经铺了华丽的地毯，罗斯福也改变了平时的举止来适应这一场合。他那彬彬有礼的风度和他跟丘吉尔辩论或跟斯大林开玩笑时的轻松愉快的态度迥然不同。这两个人在阳光和暖的巡洋舰甲板上，倒更像英王理查和苏丹萨拉丁在一个绸帐篷前交谈，身穿华丽绸袄的勇士和披着锁子甲的骑士在沙漠中侍卫着。

他们交换了正式礼物，其中包括答应赠送国王渴望的一架 C-47 飞机和一些青霉素。当

∧ 罗斯福与埃塞俄比亚皇帝海尔·塞拉西会面。（左图）

∧ 罗斯福与埃及国王法鲁克会谈。

＞ 罗斯福与伊本·沙特就巴勒斯坦问题的解决办法交换意见。

午宴备好时，普雷蒂曼走过来推动罗斯福那辆可折叠的小轮椅；跛足的国王不胜羡慕地注视着它。

"这东西用着一定很舒服吧？"他说。

罗斯福说："是很舒服，你想要一个吗？"

"是的。"伊本·沙特回答。

"你今天就可以拿到它。"罗斯福答应说。

但是礼品和款待在高级政治的领域中很少奏效。罗斯福特别希望在巴勒斯坦问题的解决办法上获得伊本·沙特的支持，以便使更多的犹太人得以迁移入境。在这一点上失败之后，他要求国王至少保持中立。但是伊本·沙特对这些建议一概予以有礼貌的然而也是坚决地拒绝。对于诸如贸易安排和在战争中保持友好态度等其他问题，他都表现得和颜悦色，通情达理。但是只要一触及犹太人复国主义问题，他就以全世界穆斯林的先锋和穆斯林权利的保护人自居。

在宴席上伊本·沙特吃的是他自己的奴仆烹调的饭菜，喝的是汲自麦加附近圣井的水。宴会结束后，他们回到甲板上继续会谈。3时30分，伊本·沙特向罗斯福作了礼节性的告别。

伊本·沙特安全登上"墨菲"号之后，罗斯福就自己转动轮椅返回他的舱室。在这长得要命的四个小时内，他一支香烟都没有吸，现在他才舒服地点燃了一支。接着船旁的响声表明"墨菲"号正在解缆启航。罗斯福叫普雷蒂曼把他推回到甲板上去。他完全走出了刚才所扮演的角色；当驱逐舰徐徐离去时，罗斯福亲切地向伊本·沙特挥手告别，他手中的长烟嘴在静止的空气中划出一团违禁的烟雾。

罗斯福试图说服伊本·沙特再允许一些从希特勒的死囚集中营里逃出来的犹太人进入巴勒斯坦，但是这位满头灰发的老沙漠勇士说，阿拉伯人将为防止犹太人再进入巴勒斯坦战斗到底。

随着"昆西"号巡洋舰穿过苏伊士运河，驶进地中海，雅尔塔会议后的那种欢快的气氛慢慢消失了。霍普金斯和沃森都开始生病，霍普金斯不喜欢在海上长途旅行，决定从阿尔及尔乘飞机回国。霍普金斯上岸前向罗斯福的告别是他们两人最后的见面。两天后，沃森因脑溢血而去世。又一位老朋友的去世对罗斯福影响很大。路易斯·豪已经去世……马文·麦金太尔已经去世……利汉德小姐已经去世……现在一贯忠诚的沃森也去世了。沃森的去世也许使他注意到他自己的生命也危在旦夕，因此他在剩下的旅途中不由地消沉起来。他把起草国会报告的工作放在一边，整天看书，吸烟，凝视着远方。"昆西"号巡洋舰载着孤单的罗斯福和他朋友的尸体默默地向西驶去。

2月28日，罗斯福回到华盛顿，长途的旅行使他第一次感到身上储存的精力已经消耗殆尽了。但他不顾身体的极度疲乏，参加了沃森的葬礼。

军号在阿林顿哀鸣，清脆的排枪齐射声划破了累累坟墓上空的宁静。罗斯福戴上帽子，冒雨驱车回到白宫。那天早晨他刚从雅尔塔返回华盛顿，数小时之后就不顾疲劳赶到阿林顿去向一位亲爱的友人最后告别。哈里·霍普金斯也正病得厉害，这位身体虚弱、勇敢无畏的人为他的祖国和他的朋友鞠躬尽瘁，耗尽心血。罗斯福简直不能想象，如果没有哈里，他这些年怎么能应付得过来。

雨点啪啪地打在罗斯福汽车的玻璃上，正好和他的心境完全合拍。此时他正从阿林顿回家，准备和罗伯特·舍伍德一起把下一天要向国会作的报告最后定稿。如果他能在做这件费力的事情之前先休息几天就好了，但是他心急如焚，感到必须向国会讲话，时间越早越好。因为那些人还有力量使他建立一个联合起来的世界的希望化为乌有，就像当年破灭威尔逊的美梦一样。最近几年来，这个想法老是在他脑海里盘旋；现在考验终于来到，他毫不迟疑地上阵应战。

不过有一件事他已下定决心摆脱掉了——他再也不愿意忍受长时间的疼痛，靠着支架的支撑，站在台上讲话。自从第四次就职典礼以来，他一直没有用过支架。这一次他将坐着发表演说。让他的敌人们去大做文章吧，反正他无须再参加以后的竞选了。

翌日，当罗斯福的汽车行驶在宾夕法尼亚大街上时，他的心情已完全不一样。面前的挑战打开了一股潜在力量的闸门，使他浑身是劲，情绪高昂。他骄傲地感到，自己已从缩手缩脚、瞻前顾后的政治中解脱出来。这些问题太重大了，个人的区区小事又算得了什么？他知道国会也已意识到这是一次隆重的集会。

在人山人海的议会大厅里，响起了司仪宣布"美国总统到"的喊声。

罗斯福的轮椅在暴风雨般的欢呼声中飞快地推进。只见他用自己有力的双臂一撑，一下就坐进了麦克风前的扶手椅里。听众安静了下来，他一开口就离开了原先精心准备好的发言稿，口气是那样的满不在乎，几乎是开玩笑地在谈一些微不足道的琐事一样："我希望诸位能原谅我以这种与众不同的姿势，坐着讲我要讲的话。但我知道你们一定明白，不在我的腿肚上绑十磅重的钢条能使我感到轻松得多，更何况我刚刚结束了一次1.4万英里的旅行。"接着，由于感情的激动，他的声音变得深沉洪亮起来。他开始讲他的头号大事了。

"这是一次漫长而富有成果的旅行。但究竟是否完全有成果，在很大程度上还得取决于你们。因为除非你们这些在这个美国国会大厅里就座的人——在美国人民的支持下——赞同在一个名叫雅尔塔的地方达成的原则协议，并提供你们的积极支持，否则这次会议就不可能产生持久的成果……

"我们还要扎扎实实地干上好几个月。我以为，只有在这个国际和平的大厦上砌好最后一块石头之后，我们美国人坚定不移地、无私无畏地共同为之奋斗的目标才能实现……我深信，我们在迈向和平世界的大道上，已经有了一个良好的开端。

"参加这次会议的所有各方，都为达成协议作出了积极的努力……我们彼此更加了解了……我的信念一刻也没有发生过动摇，我们能够达成一个确保世界和平与安全的协议……"

然后罗斯福列举了克里米亚的具体成就：

1.决定经常举行外长会议，以防止争议发展成为危机。

2.解决了有关国际安全组织的分歧。

3.确定了苏联军队和盟军之间的完全协调和更紧密的合作。

4.达成了波兰和南斯拉夫问题的协议。

5.达成了由联合国家控制德国的协议；结束纳粹主义，但不奴役德国人民。

6.达成了惩处战犯的协议。

7.决定接受实物赔偿，而不是货币赔偿，以避免第一次世界大战产生的无法解决的赔偿问题。

罗斯福特别谈到美国关于在安全理事会中投票表决的建议已得到接受；接着在谈到希望联合国会议将在旧金山召开时，他说："我们满怀信心地一致期望，联合国组织的宪章将在那里最后签署生效，依靠这个宪章，世界和平就能得到维护……"

阵阵欢呼声响彻整个大厅。罗斯福知道，听众对他是热爱的。他时而按照讲稿宣讲，时而离开稿子，更加自由地发挥起来。

他希望参议院批准宪章，并指出，他是给他们报告事态发展的基本动向的。他答应参众

< 吸烟和与人交谈都是使罗斯福感到惬意的事。

两院合组一个代表团出席旧金山会议，民主党与共和党人数均等。他说："世界和平不是哪一个党派问题，共和党人和民主党人同样渴望和平。"

他继而十分真诚地强调："世界和平的机构绝不是一个人、一个政党或者一个民族的事情，它必须是一种以整个世界的共同努力为基础的和平……"

但是他告诫大家，这还不是一个完美的机构；他指出那些"与国际合作基本原则格格不入的势力范围的奇怪想法"正在抬头。他预言："这种思想的滋长将会带来灾难性的后果。"接下来他告诉国会，被解放的国家急需经济援助。

"使轮子开始运转不仅仅是一个经济问题。务必使这些地区做到自力更生，这才符合我们大家的民族利益……"

罗斯福然后简单扼要地谈了日本问题。他告诉听众们，已经在马耳他制定了加强对日攻势的新计划。他说，对日本和对德国一样，非要它无条件投降不可。

接着，他又一次回到了占据他整个思想的那个问题上面。他一针见血地指出，在国际关系中，为未来制订计划就像在国内政策方面同样至关重要。但是他补充说："没有一项计划是十全十美的。毫无疑问，不论在旧金山通过什么决议，它们都同我们的宪法一样，在未来的岁月里要一次又一次地进行修正。只有人类坚持不懈愿意为和平事业作出努力，乃至付出牺牲，和平才能长存。

"25年前，美国的战士们期望世界的政治家完成和平大业……我们辜负了他们。我们不能再一次辜负他们而又期望世界能够幸存下去……

"我深信，国会和美国人民将接受这次会议的成果，把它们看作是一个永恒的和平机构的开端，在这个机构的基础上，我们将能在上帝的保佑下开始建设一个更加美好的世界，我们一定要让我们的子孙后代——你们的和我的——还有全世界的子孙后代能够生活在这样一个美好的世界里。"

罗斯福洪亮悦耳的声音在大厅里回荡，现在他的调子又低沉了下来，他的结束语不是激情奔放的慷慨陈词，而是谈家常般的心平气和、朴实坦率：

"朋友们，这就是我能提供你们的唯一信息，因为我对这一点的体会太深切了。我知道你们大家今天开始体会到了这一点，今后你们肯定还会体会到这一点的。"

人们先以片刻的沉静向他表示敬意，然后就开始欢呼起来。这声音像热带的狂风暴雨一般爆发出来。议长雷伯恩和副总统杜鲁门紧紧地握住了他的手。他坐上轮椅，缓慢地穿过群情激昂、震耳欲聋的阵阵欢呼。直到大门在他身后关上，国会大厅才平静下来。

雅尔塔会议引起的争论比富兰克林·罗斯福的对外政策的任何其他方面引起的争论要多。人们指责他把波兰和东欧"出卖"给苏联人，把中国拱手交给共产党，这些指责在20世纪50年代已达到顶峰。批评雅尔塔会议的人的共同特点是，他们有一种事后聪明的优越感。他们回过头来看雅尔塔会议，认为会议结果是苏联力量的掠夺性发展、"冷战"、蒋介石被赶出中国大陆，以及大大减弱苏联对日作战的影响的那些已变化了的情况。但是罗斯福总算做成了在他所处情况下的最好的交易。

尽管罗斯福和丘吉尔也希望出现一个独立的波兰，但基本事实却是，红军彻底控制了东欧。美国和英国的唯一选择是动用军事力量安插一个比较适合它们胃口的政府，而在1945年那种情况下采取这种抉择是不大可能的。人们对雅尔塔会议上为求得苏联人对日宣战而向他们作出的让步进行了最猛烈的攻击。他们认为，这些让步为共产党最终统治中国、朝鲜和印度支那铺平了道路。批评罗斯福的人很想把"失去"中国的最终责任归于他，他们实用主义地忽视了这样一个事实：美国军界领导人担心入侵日本本土岛屿时会造成伤亡，坚持要苏联加入太平洋战争。在这种情况下，斯大林提出了苛刻的条件，罗斯福则不过是付出了他索要的代价。

罗斯福如果不是一个现实主义者，那就是一个无足轻重的人了。他懂得，雅尔塔会议之前那几年的政治和军事事件已深刻地奠定了战后世界的格局。他真诚地希望在战火中结成的联盟会经受住和平时期的压力。为了使斯大林承担义务和建立信任，他进行了妥协，作出了让步，并满足于达成一种不明确的、模糊不清的一致意见（波兰选举问题就是如此），这使苏联人相信，英美代表只是在谋求一项保全面子的安排。然而，罗斯福的东欧政策的失败，不是由于天真的乐观造成的，也不是由于对苏联国家的性质抱有幻想造成的。相反，他认为他的政策是最实用主义的，因为它为成立谋求已久的世界组织赢得了时间。

第十一章

轮椅上的"管家"

1882—1945 罗斯福

最使罗斯福恼火的是苏联人指责美国和英国密谋，背着他们安排了在意大利的德军的投降。罗斯福打电报给斯大林提出抗议……丘吉尔的反苏情绪越来越明显，这也让罗斯福担心，他认为，现在就同苏联人翻脸，对取得战争的最后胜利是不利的……如何尽快结束太平洋战争？罗斯福想起了正在研制中的武器，这种武器已接近完成，这种新武器——原子弹，能把人烧成灰烬……

>> 受下属爱戴的领导人

一般情况下，罗斯福不调换工作人员，人们也不愿意离开他。很久以前，当罗斯福还是海军部长助理时，就有经验丰富的新闻记者史蒂夫·厄尔利以及与总统私人医师同姓的助理秘书马文·麦金太尔为他效劳；到罗斯福时代，外号叫"老爹"的埃德温·沃森少将——第一次世界大战的参加者来到白宫，把罗斯福同军事部门联合起来；还有路易斯·豪，那个不修边幅、早年就秃了顶的、像精灵般的人物，尽管其貌不扬，却把职业政客的精明才干同记者、编辑的才能集于一身。用罗斯福儿子埃利特的话说，当年正是路易斯·豪想出了"智囊完备"这个名称。豪一直忠诚地为罗斯福服务，可惜不在人世了。马文·麦金太尔也去世了，替代他的是佛蒙特的记者比尔·哈西特，他的外号叫"执事"或"活的百科全书"，他有问必答，很少有答不出来的问题。

罗斯福还有一批忠于他的业务班子，他的私人秘书玛格丽特·利汉德受到全体白宫工作人员的尊敬。她去世后，由她的副手格雷斯接替。还有外号叫"海基"的路易莎·海克迈斯特管理着白宫的电话交换台，能从千百万个声音中刹那间找到罗斯福所需要的人。多萝西·布雷迪协助塔利的工作，必要时能代理她。

所有这些人都绝对忠于罗斯福，这不仅仅是珍视白宫这块地方，也不仅是高薪在引诱着他们。人们议论罗斯福时，都知道他不怎么阔气，而且相当节俭，当然也没有人说他生活拮据。自从1941年9月他的母亲萨拉逝世之后，他成为罗斯福家族在纽约附近的祖传领地海德公园的全权主人。罗斯福除了应得的7.5万美元年金外，还可得到2.5万美元的活动费，所谓不太阔气，只是同实业界的亿万富翁相比而言。尽管美国流传着罗斯福节俭的说法，然而像他那样的收入，当然不会吝啬。罗斯福和他的妻子埃莉诺信守一条原则：生活富足即可，不能奢侈。

据说，胡佛总统离任时把一切属于他的东西都搬运一空，剩下的几乎都破得不能用了，罗斯福一样也不让扔，能坐的就坐，能用的就用。

那么，是什么力量把这些人留在白宫呢？他们之中几乎每个人都是罗斯福班子中颇有资历的人，都能在任何一个国家机构中担任要职，更不用说私人企业了。

这大概是由于罗斯福信奉的原则：你若需要朋友，自己先得够朋友。另外，还由于这位身患痼疾而又有充沛精力进行轰轰烈烈政治活动的罗斯福本人的魅力。

1945年3月，华盛顿炎热异常。一连好几天，气温计的小银柱节节上升。这种反常的天气甚至比盛暑的酷热还要叫人喘不过气来，但是罗斯福有许多事情要做。虽然在雅尔塔之行期间他始终与白宫保持联系，在他外出的6个星期里，行政事务还是堆积如山，许多人都在等候谒见他，和他面谈各种程度不同的重要问题。整个白天他都用来接见来访者，每人15分钟，因此他只能利用夜晚去处理那些必须由他亲自审阅或作出决定的大量重要文件。

一个又一个晚上，他独自在椭圆形办公室里埋头苦干。有时地图室的年轻少校奥格登·尼芬进来送重要文电往往要等上好长时间，因为罗斯福陷入高度集中的思考中，迟迟不知他的到来。尼芬站在那里端详着这位坐在那张高堆着一沓沓文件的桌子后面的人物，心里百感交集。他感到罗斯福似乎在一天天地变得疲乏衰颓、迟钝木然，好像他那宽阔的肩膀上压着千斤重担似的。

3月27日斯大林发来一封信，措辞强烈，苏联拒绝派外交部部长出席旧金山会议，代表团将由苏联驻美大使葛罗米柯率领。这个决定对于罗斯福构想中的尚未成立的联合国组织不啻是个打击。

当然，问题不在于人员本身，罗斯福非常器重苏联驻美大使的智慧和认真办事的态度，也了解他在苏共中的声望，比起莫洛托夫来，他更容易打交道些。关键是这里涉及级别问题。英国代表团是外交大臣安东尼·艾登率领，美国代表团由国务卿爱德华·斯退丁纽斯率领，其他代表团也应由同样级别的人率领。然而，斯大林意欲把苏联当作例外，这无疑是一种示威，等于向全世界宣告："三巨头"之间有了分歧。

信中还隐含着对罗斯福本人的谴责，美国总统积极宣传建立联合国的主张，显然是想在这件事上抢头功。罗斯福不打算请求斯大林改变这个决定，他心里明白，此举并非是斯大林心血来潮，这是他认为自己和苏联受了委屈而进行的报复。当初三大国在雅尔塔举行会议，参加国向全世界宣布：他们所讨论的问题完全协调一致。然而，几乎就在会议结束的当天，英美报纸便掀起了一阵反苏狂潮，这些报刊试图向全世界人民表明，在某些问题上，如波兰的前途和其他东欧国家的前途问题上，根本没有一致意见。

罗斯福办公桌上还放着几份丘吉尔给斯大林信件的副本，信中公开对克里米亚会议进行修正，对"伯尔尼事件"★矢口否认。丘吉尔写道："看来，自从雅尔塔分手后，我们之间遇到了相当多的麻烦，但是，我完全相信，如果我们再举行一次会晤，这些麻烦是可以消除的。"

老实说，罗斯福并不怎么关心苏联在战胜希特勒后如何来保证它战后的安全，但作为一个睿智的、通情达理的人，罗斯福明白，谈判苏联的战后地位，不能忘记这个国家为战争胜利所付出的可怕代价。因此，每当丘吉尔展望未来的时候，罗斯福总是不断地打断他企图恢复旧世界的想法。

与此同时，罗斯福并不反对在丘吉尔的帮助下从布尔什维克手中夺取哪怕是部分的成果，

★"伯尔尼事件"

第二次世界大战末期美苏关系中最严重的一次冲突，几乎威胁到战时反法西斯同盟的维持。1945 年 3 至 4 月间，驻意大利的德军派出代表沃尔夫前往瑞士首都伯尔尼，会见美国驻欧洲情报局代表艾伦·杜勒斯，要求双方协商停止在意大利战线的军事行动。德方所提出的条件是德军将不破坏意大利北部的工业设施，而盟国则不阻碍驻意德军平安返回德国。德军的目的是把这支部队撤到东线以抵抗苏军。美国同德国法西斯试探单独媾和引起苏联方面的强烈不满。此事件史称"伯尔尼事件"。

他暗自盘算过，即使没有一条"防疫线"，也起码要筑起一个"潜在的壁垒"，以防不时之需。

罗斯福竭力使自己与不列颠首相有所区别，即使算不上区别，也要有所不同。然而，他不能公开谴责丘吉尔，即使丘吉尔做得有些过头，可能导致同盟的散伙。他也不能推心置腹地把丘吉尔和盘托给斯大林，这等于他在背叛。

塞姆·罗森曼被叫进了总统办公室，"总统先生，你要我起草复信吗？"罗森曼从 20 世纪 20 年代末就同罗斯福在一起工作，起草总统讲话的任务往往更多地落在他的头上。

"我希望同你交换一下意见，你看如何对待'约大叔'才好？"

"这倒是个复杂的问题，总统先生，如果有谁能多少作出点正确的答复，那就是您自己。因为您比别人更明白，当苏联人稳操胜券的时候，您是否仍像战争最激烈时那样，是苏联人的朋友？斯大林今天是否仍像他需要开辟第二战场和《租借法案》时那样关心你们的友谊？你们对世界的前途，对美国和苏联在战后世界结构中的地位的看法是接近了还是疏远了？我想您应该能回答。"

"只要想到第二次世界大战后，和平仍得不到保证，人类还将经受浩劫，我就不寒而栗。我不希望看到新的战争的爆发。"

"那您该知道哈里曼的想法。"

文夫里尔·哈里曼是自 1943 年起就担任美国驻苏大使，是亲苏的，他曾帮助罗斯福在国会通过一项援助苏联的法案，为此出了不少气力。但现在，哈里曼向国会寄来报告，对苏联人在胜利后可能发展的方向表示怀疑。

"你是否认为，斯大林的来信证明哈里曼的预言是正确的？也许斯大林是作为一个盟友对我们提出意见呢？总之，我不好答复他。"

"您想让我起草一封复信？"

"让我再想一想。"

从雅尔塔起程回国的时候，罗斯福曾认为美苏间的友好关系是建立在互相信任基础上的，足以保证未来的和平。他也认为斯大林会这样想。可没料到，三国首脑刚离开克里米亚就发生了尖锐的矛盾。首先在波兰问题上，丘吉尔接二连三地发来信息，坚决要求美英两个盟友联合给斯大林发一封措辞强烈的信件，谴责苏联不履行雅尔塔关于波兰问题的协定。当然，罗斯福明白，对于丘吉尔来讲，"波兰问题"就是"英国问题"，不论在雅尔塔作出什么样的决定，英国首相都要争取改组现存的波兰临时政府，他希望最好由侨居伦敦的、公开反苏的"政府"来取而代之。丘吉尔希望恢复战前地处苏联西部边界的"防疫线"，如不把波兰纳入英国势力范围，就做不到这一点。

　　丘吉尔喋喋不休地说，波兰面临着"布尔什维克化"的危险，这种前景对美国也不是美好的。罗斯福却对共产主义没有太大的恶感，尽管在社会制度、生活方式以及信仰上他的观点同苏联迥然不同，但是，罗斯福认为，要求一个为争取自身生存而付出巨大牺牲的国家放弃本国人民所取得的胜利果实，那是不公道的，同时也是天真的。

　　丘吉尔却有另一套想法，正在解体的不列颠帝国在他身上阴魂不散。英国报纸没有宣传同苏结盟的重要性，却提出必须阻止苏联军队向欧洲推进，美国报纸也随声附和。其中议论最多的是波兰问题，报纸故意触动在美国的数百万波兰侨民的自尊心，煞费苦心地向他们灌输苏联要恢复沙俄政策，剥削波兰在战前获得的独立。

　　在罗斯福当政初期，美国报纸曾指摘罗斯福要把美国变成共产主义国家，现在，这些报纸又在指责他与苏联勾结，向斯大林做了不必要的让步。当年，罗斯福对这些攻击毫不在乎，而现在，他疲倦了，又受到疾病的折磨，报纸的攻击使他夜不能眠，烦躁不安。

　　罗斯福用倦怠无神的目光在办公室里巡视了一周，希望能找到什么东西把他从这一大堆文件中吸引过去。几张画着河流和海洋的风景画依然从墙上观望着他，在一张镶着镜框的画上，一艘古老的邮船在赫德森河上航行。

　　在写字台右边的地板上照例放着一个红钵子，罗斯福喜欢亲自给自己的苏格兰狗法拉喂食。钵子旁边一个红皮球，是法拉玩不厌的玩具。

　　"还是去处理文件吧。"罗斯福收回注意力。

　　在罗斯福一生的多个阶段，报纸都曾咒骂他是刚愎自用的老板，是一个专制的独裁者。第32任美国总统是个刚愎自用的人吗？也许是的，

∧ 晚年的罗斯福与夫人出席一次慈善晚宴。

他常常能一眼把人看透，识别别人的真实意图，从而掌握主动权。那么，他是把自己当作独裁者还是给世人引路的救世主？

历史上曾有过卓越的哲学家，也有了不起的实践家，罗斯福就是一个出色的实践家。他的实践往往迎合了历史的潮流。他能审时度势，正确地估量国际国内的力量对比，当然，也决不违背他从小就受熏陶的那种社会制度的利益。他从不把自己当作救世主，他只相信历史本身授予他的改善千百万美国人民生活的可能性，他认为自己的责任是紧紧抓住这个机会，争取世界上的和平和互相谅解。然而现在，他该走哪一步？把主动权交给丘吉尔吗？那么，同斯大林的冲突将会长期化，根本无法得到解决，如果老老实实承认斯大林说得对，这不仅有损自己的白尊心，在国内无法向民众解释，而且也将同丘吉尔发生尖锐的无法调解的矛盾。

>> 解除病劳的"药方"

麦金太尔吵嚷着要他的病人减少工作，让他松弛一下。埃莉诺附和着发出了焦虑不安的抗议，但是一点用也没有。罗斯福感到，比起正在以排山倒海之势席卷德国的艾森豪威尔部队的士兵们来，或者比起冒着枪林弹雨战斗在硫磺岛的礁岩上的海军陆战队员来，自己就更没有理由休息了。

当驻加拿大大使莱顿·麦卡锡陪同加拿大总督来到时，他帮着医生发出了请求。麦卡锡是以前经常和罗斯福一起去温泉的老朋友，他说，好好休息一个月会使他跟以前一样恢复活力，精神饱满的。

"那么长时间可不行啊。"罗斯福说，"不过我打算在4月份去旧金山之前先到温泉待两三个星期。"

美国总统的保健向来由军医负责，一是军医不用付费，二是军医比较可靠，他可以对总统的健康状态对外严守机密。罗斯·麦金太尔有着渊博的医学知识，而且，作为一名海军中将，他可以随时把各方面的军医招来。

每天早晨，麦金太尔都要来到罗斯福卧室，"早安，总统先生。"一边把脱下的军帽放到床头柜上，在床边坐下，随后是一套固定不变的程序：数脉搏，量血压，听诊。

"大致正常，先生，您有什么特别感觉吗？"

"我觉得有点不舒服，说不好，不知是怎么回事。"

"您总算得到了结论，先生，您需要长时期休息。"

"我不久要到旧金山去，还准备到伦敦去一趟，此外还打算到远东看一看。"

"哦，先生，您还打算去月球，去火星吧。"

"别开玩笑了大夫，我想亲眼看看日本的溃败。"

"我的职责告诉我要坚决抵制您的计划。"

∧ 罗斯福在寓所亲切接见战争烈士遗孤。

"别吓唬我大夫，我知道我器官上没有毛病。"

"您的神经已经紧张到快要崩裂的地步，过度的疲劳会产生致命的后果。"

"你能为美国总统开一服消除疲劳的药方吗？"

"可以。"

"真的？"

"休息，到温泉去休息。"

"也许麦金太尔说得对，也许麦金太尔说得对……"这个想法困扰着罗斯福，他唤来白宫的工作人员，忧郁地望着他们。

"我的朋友们，我想同你们谈几句，我已经向国会、内阁和参谋部报告了雅尔塔会议的结果，你们都知道，总的结果是令人满意的……"

办公室里肃穆无声，人们屏住呼吸，他们猜不透罗斯福要表达什么思想。

"刚才，我突然想起一个被我们遗忘了的传统，新到这里的工作人员可能不知道，这个传统就叫'儿童时间'。"

罗斯福停顿片刻，"以前，我们定期在这儿聚会，随便谈心，每个人都可以不受职务的限制提出各种建议，也可以谈个人生活，可惜，后来情况有变，聚会也就停止了。"罗斯福忧郁地重复了一句，"简直忘了我们是一家人了，你们谁能记得最后一次'儿童时间'是什么时候举行的吗？"

"1936年。"格雷斯·塔利轻轻说。

"好样的，格雷斯，记性真不错，可以当象棋选手。"罗斯福又谈笑风生了，"不过，既然你开了口，就跑不了啦，你再想想，最后一次'儿童时间'谈了些什么？""记得您好像提醒我们，叫我们不要利用在白宫工作之便把各种情报泄露出去。"

"总统先生，为什么要谈论这个问题？"一个不满的声音。

"我是想同你们商量一个问题，真心实意地征求你们的意见"。

罗斯福顿了顿，"近阶段，我感到你们在留心观察我，请直截了当地说，我有什么变化吗？你们都知道我有个习惯，一上床立刻就睡着，可近些日子，我有时闭眼躺在床上，似乎睡着了，实际没有，我在总结一天的工作。我身体是否不行了？朋友们，请开诚布公地谈，我在听取你们的意见"。罗斯福说完，重重地向椅背上一靠。

大家沉默不语，他们能说什么？难道他们没瞧见罗斯福近来变得多么厉害吗？他的额头增添了许多新的皱纹，执笔时，他的手颤颤悠悠，说话的嗓音不如以前洪亮了。

他们不能说假话，不能撒谎，不能回答说总统今天的笑容同往常没有什么两样，早上还愉快地提出那个习惯性的问题："喂，我们今天吃什么？"即使刚刚见到罗斯福的人听到他们这种回答也会知道这不是真实的。

莫利斯·拉塔出乎大家意料地开口了，他对罗斯福的忠心是有口皆碑的。不过，按他的职务，他总是提醒罗斯福有待解决的事情，因此，大家都戏谑地称他为"折磨总统的人"。

"总统先生，我想提醒一件您曾经许诺过的事。"他说，"您曾答应春天去温泉休养。"

"我提出的问题，希望你们正面回答。"罗斯福说。

"我来回答。"塔利说："总统先生，您看上去确实不如从前了。至于原因吗，该由您来解释。两个月来，您一直在奔波，上帝也无法帮助您驱除疲劳，您应该去消遣消遣。"

"谢谢，朋友们，你们回答了我的问题，我明白你们的意思了。好吧，散会。"

长长的列车在晚霞中开出华盛顿，驶过托马克河。这天虽然才是3月29日，却已经热得像夏天一样叫人难受。罗斯福什么事也没干，就上床钻进了被子，感到愉快而凉爽，因为车厢有空气调节设备。他一觉醒来感到神清气爽，此刻已是晚饭时间，于是换了衣服准备用餐。劳拉·德拉诺用她带来的上等烈性威士忌配了鸡尾酒，他们度过了一个愉快的夜晚。桌上点着蜡烛，围桌而坐的有劳拉、漂亮的萨克利、格雷斯·塔利、比尔·哈西特和临时接替麦金太尔的霍华德·布鲁恩海军中校，因为麦金太尔自己也需要休息一下了。罗斯福坐在桌旁，直到11点半还兴致勃勃地谈笑风生。

罗斯福下令，去温泉的事要严加保密，这当然是出于政治方面的考虑。动身前夕，白宫的一切照常进行。罗斯福吩咐侍从在早晨8点30分准时唤醒他。侍从照办不误，按时给罗斯福送来上午的报纸。他浏览后在床上吃了早点。这时，他忽然想起政治顾问哈里·霍普金斯，战争初期，霍普金斯访问过克里姆林宫，在这以后，具有强烈反苏情绪的巨贾们便叫他"灰色主教"，说他对罗斯福的亲苏态度产生了重要影响，当美国最反动的人士诽谤罗斯福时，肯定要顺便把霍普金斯骂上几句。罗斯福哪里知道，他再也见不到这位知己了，霍普金斯已经生病住院，他比罗斯福多活了不到一年。

仆人帮助罗斯福起床，给他穿上睡衣，把他抬上轮椅。理发师给他刮了脸，罗斯福洗澡以后，躺在一条狭窄的长台子上，按摩医生按摩了罗斯福全身，然后打开台子上方的灯，罗

> 罗斯福的情人露西。

斯福接受三分钟紫外线照射。他躺在那里一边接受治疗，一边抽起烟来，并用调皮的目光睃着自己的专职医生。麦金太尔早就坚决要求罗斯福戒烟，至少也要大大减少抽烟的数量，这事罗斯福做不到。不过，他接受了麦金太尔的劝告，终于决定休息了。

罗斯福乘坐火车时，所有的火车站都被封锁了，当他去某个俱乐部时，通往那里的所有大街小巷都不通行。这种做法同美国平民百姓对罗斯福的看法是矛盾的，他们心目中的总统平易近人，没有戒心，乐观愉快。

尚未阅读的邮件、重要文件，连同罗斯福心爱的邮册一起追随着他，放在有专人精心看管的列车厢里。在温泉，罗斯福不仅要休息，在矿泉水中洗澡，坐车游览风景区，欣赏自己心爱的邮票，还要工作。

罗斯福确信，到温泉后，自己会很快恢复昔日的工作能力。

去温泉的事决定以后，他嘱咐人告诉自己多年的情人露西，他将在"小白宫"等她。

在白宫的时候，他难得同露西见几次面，只有在埃莉诺离开华盛顿的日子里，才有这种可能。至于在海德公园同露西幽会，他根本不存在这样的奢望。有一次，罗斯福不慎让第一夫人发现了与露西的整捆通信，她为此大吵大闹，虽未发展到离婚地步，却也平添了许多麻烦，自此，在家里，大家连露西的名字都不敢提了。

行程的第二天，罗斯福便感到非常疲劳，一路躺卧着抵达温泉。罗斯福庞大的身躯颓然倒在轮椅上，在推出站台时，好像还有些坐不稳。罗斯福被抬进他喜爱的福特车里，以前他总爱自己开着这部车到处兜风。

车队徐徐前行，保卫人员在近旁一溜小跑跟随着，如果车速加快，他们就跳上踏板。通常坐在罗斯福身旁的是卫士长里利。这里不同于纽约，在那里，总有一队载着保卫人员和当地警察的汽车前面开道，然后是罗斯福乘坐的汽车，后面又是一队保卫人员的汽车。

罗斯福不想在这里搞得这么兴师动众，卫士长却不同意，"职权范围以内的事我做主，对美国、对上帝负责的人是我，我要对总统的生命负责"。

∧ 1945 年，罗斯福在世上的最后一张全家福。

　　"现在谁会谋害我？"

　　"总统先生，有一件事以前我不想让您知道，现在我认为有必要告诉您了。当年您曾想把斯大林弄到卡萨布兰卡而不想去德黑兰，'卡萨布兰卡计划'曾被认为是极其重要的国家机密。然而，有一次，海基在白宫找到我，对我讲，有一个人急匆匆地要我听电话，说有非常重要的事，他对我说：'你是管白宫保卫工作的里利吗？我是个普通出租车司机，请告诉我，总统要去卡萨布兰卡是吗？'我倒抽一口凉气，叫他立即到我这里来，要知道，在这个行程中谋刺总统不是很困难的。我首先问这个司机他是从哪里听到这事的，他说是昨天乘坐他车的两个阔太太闲聊出来的。我听到这里，血管的血都要凝固了。后来，待我查明，其中的一位太太是丘吉尔的一位亲戚。因此，总统先生让我们服从自己的分工吧，美国的事您操心，您的生命得由我来操心。"

罗斯福的福特牌汽车终于进入住区，离"小白宫"只有10米的距离了。这是一座木板平房，油漆成白色。中间是门廊，门廊上有一个三角形屋顶，支撑屋顶的是两根细木桩，屋顶下是蓝色天窗。门廊两边是两排大窗户，几乎占满了整个墙壁。

　　温泉不像海德公园那样富有贵族气派，罗斯福喜欢这里自由自在的空气。因此，他取消了正式招待会的诸多礼仪。

　　离罗斯福的住处不远，是一个碧波闪闪的大水池，池中贮满了清新的热气腾腾的矿泉水。阿瑟·普雷蒂曼用习惯的动作抱着罗斯福从汽车安置到软椅里。他在房间里慢慢推着轮椅，他知道，让罗斯福欣赏一下自己所熟悉的地方，他会很高兴。

　　他们走过前厅，罗斯福用挑剔的目光环顾四周。一切如旧。通向花园的门和挂着白色窗帘的窗户几乎占去了整个一排墙壁。窗下还有一把备用的轮椅。轮椅的一边是一张半圆形小写字台，另一边是一把普通的硬椅子。左边，对面的墙壁旁有一个带抽屉的小柜橱，柜橱上放着一个白色罩子的台灯。前厅的墙壁、地板、天花板都是浅咖啡色的。"小白宫"到处都是这样的颜色。

　　罗斯福的情绪很好，这里的一切都使他感到高兴，透过窗口可以望到平静的蔚蓝色天空，树梢迎着温暖的清风轻轻摇曳，整个气氛亲切宜人。

　　格雷斯·塔利走进来，问罗斯福有什么需要，他的回答意味深长，"当然需要啦。"塔利没吭声，走出房间，她知道罗斯福需要什么了。她吩咐立即找到拉瑟弗德夫人。几分钟后，她重又回到办公室，"请接电话，先生"。看着罗斯福拿起电话，她迅速走出房间。

　　过了一段时间，罗斯福又唤塔利，这时，他疲劳的脸上露出幸福的笑容。"她9号来。"罗斯福说。

　　"我们的教堂有什么情况？"罗斯福愉快地问，"你看到本地的什么人了吗？"

　　塔利回答："我还来不及了解什么情况，只知道星期日11时教堂举行复活弥撒。"

　　"我们去教堂。"罗斯福坚定地说，"若不是万能上帝的意志我不可能来到这里。"

　　罗斯福每天早上都仔细阅读邮件。邮件先从华盛顿空运到本宁堡，然后再用军车在另一辆坐满特工人员的军车的保护下运到40英里外的温泉。罗斯福还未处理斯大林的来信，看情景恐怕还要过些时日，等他的身体得到恢复，有精神写出应有的回答时再说。

到温泉的第二天，他从清早起就开始阅读邮件，累了时，让人把他推到女仆的房间，愉快地同她们闲聊，打听当地的新闻。有人说下周在温泉——当然是总统住区以外的地方将举行传统的民间演出，有五弦琴伴奏的歌舞，有业余丑角的随意表演，还有一位总统喜爱的歌唱家格雷姆·杰克逊，他将在手风琴的伴奏下演唱黑人的《圣歌》。罗斯福说，一定要去看看不可。

这里似乎已是夏季了，提早来的高温使万物迅速生长，浓郁的玫瑰花和各种春花争妍怒放，空气中充满着馥郁的气息。温暖、阳光和令人愉快的同伴使罗斯福的精力以惊人的速度恢复过来，他脸上苍白的病容褪去，恢复了一些旧时的活力。这是好久以来的第一次。现在，他又有力量把所有的烦恼和忧虑赶出脑后了。

坐在小别墅里，罗斯福眼望着温暖的阳光下一片翠绿色的田野，他可以轻松一下了，看他的新邮票，同爱犬法拉玩玩，想想海德公园那幢等待他的房子，想想那摆满了书报、纪念品的图书馆。

看到他的身体状况，布鲁恩海军中校非常高兴，他给远在华盛顿的埃莉诺发去电报，让她放心，"在一周之内，他的脸色和自我感觉明显好转"。

>> 疗养院成了办公室

来自欧洲的消息使罗斯福的情绪更是高昂：艾森豪威尔的大军跨越莱茵河，他们的坦克飞速奔驰，势如破竹地横扫德国，把德军切割成一股股越来越小的、孤立无援的部队。谁都可以看到，胜利就在眼前，它仅仅是几个星期、甚至可能是几天的事了。

事实上，罗斯福已不再为战争操多少心了，他把全部心思都扑到了即将召开的旧金山会议上面。他迫不及待地要看到宪章正式生效，在患难的岁月中培养出来的友谊和立下的雄心壮志一旦开始淡薄，人们就会因虚假的安全感而重新变得无动于衷，甚至为私利争执起来，使宏伟的目标化为泡影。当有人问他，是否认为把会议推迟到解决了若干分歧之后再召开更好时，他答道："有了约会倒不怕早去，我就怕到了时间不去，将来会后悔莫及。"

他毫不为旧金山的事犯愁。他胸有成竹，早已想好了应付所有困难问题的办法。展望未来，他满怀喜悦，深信会议一定会开成功。

与此同时，他以焕然一新的精神面貌继续处理着国内事务。早晨8点30分醒来就阅读报纸和信件，每天和白宫直接通话五六次，并让地图室值班员发出一份又一份文电。

然而，盟国中间并非万事如意，最使罗斯福恼火的是苏联人指责美国和英国密谋，背着他们安排了在意大利的德军的投降。4月1日，罗斯福打电报给斯大林提出抗议，说他们"没有进行任何有关投降事宜的谈判,只谈了同有权威的德军军官建立联系的问题"。

4月3日,斯大林在回电中指出:"应当认为,您没有得到全部报告。"

"有过谈判,正因为进行了谈判,德国人才在西线实际上停止了战斗……我对英国人的沉默也不理解,他们已经告诉您就这个不愉快的问题同我通过信,而他们现在还是沉默。"斯大林在最后说道:"只顾眼前利益,不论这种利益有多大,定将使盟国之间保持和加强信任的根本利益受损。"

4月5日,罗斯福又重复说没有进行谈判,"您得到的这方面的情报很可能出自德国人之手,他们千方百计地在我们之间制造分裂"。

罗斯福对苏联情报人员表示极端不满,"因为他们对我的行为或者对我所信任的下属的行为进行如此卑鄙的不正确的描绘"。

4月7日,斯大林就此回信道:苏联情报人员是非常忠实和谦虚的。他们认真地执行自己的职责,没有侮辱任何人的打算。斯大林提起巴拉顿湖地区的德国攻势,参加这个攻势的有35个师,其中有11个坦克师。这是在战争时期集中大量坦克部队的一次最猛烈的突袭,托尔布欣元帅之所以能避免灾难,并随后给予德国以迎头痛击,这是因为我们的情报人员识破了德国人的这项计划,虽然晚了些。

4月13日,莫斯科收到了罗斯福的最后一封信,罗斯福称这一事件"黯淡无光,并且已经成为过去,没有带来任何好处"。他只是把它看成是"不很重要的误会"。

此外,丘吉尔反苏情绪越来越明显,这也令罗斯福感到担心。他认为,现在就同苏联人翻脸,对取得战争的最后胜利是不利的。

4月5日,丘吉尔在给罗斯福的信中强调:"我认为最重要的事情是,我们两国现在就在对苏关系上采取强硬的不顾情面的态度。"

罗斯福看出丘吉尔还像往常那样急躁。4月7日他在回信中写道:几天以后,我们的军队才能进入可能使我们比以前更强硬的阵地,从前的做法对军事上的努力是有利的。丘吉尔发来电报,请罗斯福同意他在下院发表激烈的反苏演说。

4月11日,罗斯福发出简短回电:"我倾向于尽可能不去理会苏联的一般性问题,因为每天都有这类问题以不同的形式出现,其中的大部分问题都将随着伯尔尼的会晤而得到解决。然而,我们必须坚信,迄今为止,我们的行为方式一直都是正确的。"这是由罗斯福起草的有关国际问题的最后一份文件,可惜的是,底稿找不到了。

∧ 美国五星上将麦克阿瑟与菲律宾总统奥斯曼尼亚合影。

　　随着太平洋战场美军的节节胜利,菲律宾的问题被摆上了议事日程。日本人被赶走后,这块地方将如何归属?长期饱受殖民之苦的菲律宾人当然想独立,他们的总统塞尔希奥·奥斯曼尼亚早早地来到华盛顿,准备就此问题同美国总统面谈。

　　"你们准备一下,我要在这里接见菲律宾总统。"4月5日,午餐后,罗斯福坐福特牌敞篷汽车兜风回来后吩咐。

　　保卫人员慌了手脚,他们急忙走进一座破旧不堪的老式三层旅馆,把里里外外的场地,包括住房,全都检查一遍。这座旅馆的周围摆满了盆栽凤尾草,室内装着空调设备,为旅客驱除酷热。旅馆里的人迷惑不解地提出了一些问题,保卫人员默不作声,不予理睬。

　　旅馆门口来了三辆闪闪发光的汽车,第一辆开过门口几十米远没有减速,却急刹车来了个漂亮的大转弯,横在旅馆门口,第二辆紧紧地停在台阶旁,第三辆从对面驶来。

　　旅馆中的所有人员事前得到通知,要他们待在自己的房间里不得外出,也不准靠近窗户。此时,他们趴在门缝里,向外窥视。

　　从第二辆车里跳出两个外国军人,接着又走出两名文职人员,其中一位头发花白、肤色黝黑,走得很慢,仿佛费了很大劲儿才从汽车那里往前挪动了几米，走到旅馆入口处。两个军人轻轻地扶着他的手臂。旅馆的人当然谁也不知道，这就是菲律宾总统塞尔希奥·奥斯曼尼亚和他的副官与私人医生。这位总统不久前刚刚做过一次手术。

过了一段时间，这些客人又出现在旅馆门口，坐进等在门口的汽车，走了。旅馆里的人急忙跑到门房那里打探消息，门房带着骄傲的神气让他们看来宾登记簿，菲律宾总统在一张干净的纸上签了字。

旅馆里的人迷惑不解，长时间地猜测着这位海外贵宾是怎么到这里来的，为什么而来。旅馆里有人盛传在教堂看到过罗斯福，但报纸上的消息推翻了这个传言，因为报上天天登载着罗斯福的公报和言论，证明他仍然在白宫办公。

罗斯福曾下令，对他的温泉之行严格保密。陪同罗斯福的记者在报道罗斯福在温泉的活动时，必须加上"哥伦比亚特区华盛顿白宫"的电头，至于报上登载的罗斯福活动的例行公报，是事先由罗斯福的秘书拟就一定的数量，并征得罗斯福本人的同意发表的。

在罗斯福会见菲律宾总统的前夕，他得到一个很好的礼物，白宫告诉他，苏联废除了同日本签订的关于保持中立的条约。

"我一向认为苏联人是可以信赖的嘛！"罗斯福兴奋地对向他转达这一消息的比尔·哈西特说。

"据我所知，丘吉尔先生持不同的看法。"哈西特的语调使人摸不透他是在谴责丘吉尔呢，还是仅仅让罗斯福知道英国人的立场。

"见鬼！斯大林迈出了勇敢的一步，并不是每一个处于他那种地位的人都敢于这么做。要知道，他的军队主力正在西线同德国人作战，如果日本人认为废除这个条约是苏联发出的直接威胁，因而把目前在中国的军队通过中国东北投入苏联边界，那苏联人会很麻烦。在这以后，还能说斯大林不遵守雅尔塔协议吗！"

罗斯福感到满意的是，对苏联领导人关于"伯尔尼事件"的来信他没有立即作答，更没有以牙还牙。当时他只是想把回答推到温泉以后再写，但到了温泉他仍然没有把信发出，现在，一切条件都成熟了，该是回信的时候了。他决定，信中将不再争论，只是向斯大林保证，美国这个盟友是可靠的。

菲律宾总统塞尔希奥·奥斯曼尼亚是在1944年8月1日曼纽尔·奎松逝世后接任的，总的来说，罗斯福不讨厌这位举止文雅、头发花白的菲律宾人。罗斯福总统清楚这位总统前来拜谒的真正目的，以前，他曾表示过对这个真正目的的原则同意，那就是菲律宾的独立问题。罗斯福认为，如果在把菲律宾从日占状态下解放出来后又使它直接从属于美国，那就会使菲律宾人起来反对自己的解放者。美国应当让菲律宾在政治上获得独立，而经济上当然要从属于美国。这样一来，就向全世界表明美国政府决心促进殖民制度的消灭。菲律宾人将感谢白宫和罗斯福总统，是他先把他们从日本的铁蹄下解救出来，又让他们获得了自由。

塞尔希奥·奥斯曼尼亚是冲着 1935 年的那个协议来的，当时的美国政府立法规定让菲律宾独立，并规定了独立的具体日期是 1946 年 7 月 4 日，现在，距这个日期还有一年的时间，所以，奥斯曼尼亚不远万里，远涉重洋，想尽早同罗斯福会晤。

　　罗斯福毫不怀疑，战后世界的特点之一将是消灭形形色色的殖民地、保护国、托管国等，他认为丘吉尔的想法不切实际，丘吉尔妄想重温大英帝国的旧梦，企图把像印度这样的大国，及其他一系列小的区域——从英属北婆罗洲的黄金海岸、从牙买加到马尔维纳斯群岛，从缅甸到英属圭亚那，永久统治下去。

　　罗斯福与塞尔希奥·奥斯曼尼亚的会晤是在 5 日午餐后开始的。菲律宾总统手术后尚未完全康复，说话时声音微微有些颤抖，他详细叙述了日本占领期间菲律宾人民所遭受的苦难和日军对马尼拉的野蛮破坏。同时希望罗斯福履行协议，及早让菲律宾独立。他说：如果这样做，就可以提高美国在菲律宾的威望。

　　罗斯福向他暗示，远东问题，美国将会通盘考虑，其解决办法将会确保菲律宾不再会受到日本人的打扰，目前，美国把菲律宾当作自己领土的一部分，像对待佛罗里达州或加利福尼亚州的安全那样对待它的安全。罗斯福总统说："这样做对菲律宾有利。"

　　不过，对菲律宾独立的问题，罗斯福让那个国家的元首看到了希望。"我们会加速解决菲的独立问题的。"

　　鉴于继续会谈不会产生什么新东西，罗斯福建议两人共同举行一个记者招待会。这是罗斯福举行的第 998 次也是最后一次记者招待会。它的不同寻常之处在于这回是在星期四举行的，而在白宫通常是在星期二或星期五。

　　记者们被请到罗斯福狭窄的会客室，他们看见罗斯福坐在一张咖啡色的大皮椅里，同他并排坐着的是黑皮肤白头发的菲律宾总统。罗斯福的值班秘书多萝西·布雷迪坐在办公室的一角，手里拿着记录本。

　　"我向你们介绍我的朋友，菲律宾总统塞尔希奥·奥斯曼尼亚先生。"罗斯福说，"我想我没有必要提醒你们这次会见是在华盛顿白宫椭圆形办公室举行的吧。"

∧ 时任菲律宾总统的塞尔希奥·奥斯曼尼亚。

在场的人笑了。

奥斯曼尼亚在公众场合可不是一个能说会道的人，对于向他提出的问题，他往往只是答一个"是"或者"不是"。这样一来，就只好由罗斯福来充当主角了。罗斯福坐在一张堆满文件的牌桌后面，挥动着手里长长的烟嘴，妙趣横生地和记者们对话，一缕缕青烟在凝滞的空气中画出一个个阿拉伯式的图案。

"大家还有什么问题吗？"在这个谈话主题告一段落后，罗斯福习惯性地问一句，准备结束这次对话。

"总统先生，"一个记者迅速举起手，好像准备很久了，"不过这个问题同菲律宾不相干。我想问问，根据雅尔塔协议，苏联在联合国得到的将不是一个席位，而是三个席位，有这回事吗？"提问的是国际新闻记者罗伯特·尼克松。罗斯福认为，他的提问即使不是挑衅性质的，也是有些不甚得体。尼克松本是罗斯福所信任的三个主要记者之一，走到哪里都愿意把他们带上，这次来温泉也不例外。这三位记者都同罗斯福保持着密切的联系，且对罗斯福十分爱戴。罗伯特·尼克松就公开说，罗斯福待人热忱，机智敏捷，富有幽默感，而且具有报界所谓"新闻敏感"，更准确地说，他对"记者需要哪些新闻具有敏感"。但这绝不意味着罗斯福一味讨好新闻界，如果罗斯福认为哪些记者想使他处于尴尬境地，他会像狮子一样进行反击。有记者称他为"撒谎能手"，还有记者要给他戴上"尖顶帽子示众"。

尼克松的提问使罗斯福感到不快，因为这涉及雅尔塔协议，在这方面，他一直在遭受美国右派势力的强烈抨击。

"是有那么一回事。"罗斯福不动声色地回答。

"为什么？如果我是美国总统，我将拒绝这种危害美利坚利益的做法。"

"我很抱歉，美国人民，还有上帝宁愿让我当总统而未让你当。"罗斯福转而严肃地说，"俄罗斯联邦、乌克兰和白俄罗斯是苏维埃国家版图内的三个主要共和国，它们受希特勒的蹂躏最厉害，而且这三个国家都同外国接壤，简单地说，让乌克兰、白俄罗斯同俄罗斯一起成为联合国的会员国，我看不出有什么应当受到指责的地方。"

"我倒想知道，如果您向斯大林建议，美国在联合国获得三个席位的话，斯大林会有什么看法。"合众社记者梅里曼·史密斯挖苦说。

"他怎么想我不知道。"罗斯福生硬地回答，"他对这个建议的回答我倒是知道的，他耸耸肩说，不反对。"

"丘吉尔呢，他采取什么态度？"美联社记者哈里·奥利弗问。

"您似乎把我的朋友丘吉尔当成这样的人吧：只要苏联人提出建议，他一概反对。套用马克·吐温一句话，请允许我这样说，关于丘吉尔的不妥协的传说被大大夸大了。"

"这就是说乌克兰和白俄罗斯也是联合国的会员国了？"

"看来，您把联合国看成了贵族俱乐部，成员有决定权，而客人只能列席旁听？不要忘记，联合国不是分裂的组织，每一个国家，法国、英国或美国在联合国拥有的权利同菲律宾拥有的权力一样大。"罗斯福说得铿锵有力。

"菲律宾？到目前为止，我们还没听说有这么一个独立的国家！"记者们几乎异口同声。

"你们会很快知道的。好了，不需要什么解释了。"罗斯福断然说，马上又客气地补充一句，"据我所知，再没有别的问题了，谢谢大家。"

★摩根索

美国行政官员，财政部长。康纳尔大学肄业。1913年在纽约经营农场，与富兰克林·罗斯福私交甚密。1922年任《美国农业家》杂志编辑。1929年为纽约州农业委员会委员和州农业咨询委员会主席。1928年和1932年曾两次帮助罗斯福竞选总统。1933年罗斯福执政后被任命为联邦农业委员会主席和财政部副部长。1934年任财政部长。第二次世界大战结束时，提出"摩根索计划"。1945年罗斯福去世后辞职。晚年从事慈善事业。著有《德国是我们的难题》。

>> "摩根索"方案和原子战

1933年，在罗斯福的直接授意下，摩根索★巧妙干练地完成了承认苏维埃苏联的组织准备工作，在这之后不久，罗斯福便让他担任财政部长，一直到了1945年。

"你为什么没有参加记者招待会？"摩根索一进来，罗斯福就不满意地问道。

"我以为这同财政部长没有关系，"摩根索有礼貌的微微欠着身子回答说，"同新闻界打交道不是我分内的事。"

"可是，你是财政部长啊，"罗斯福说，"而财政在美国是最为重要的。当我同无冕之王的'第四阶层'的代表们周旋的时候，你在忙什么呢？"

"仍然是那件事，先生。草拟报告。"

"什么？"罗斯福刚开口，但马上收住了。他由于同奥斯曼尼亚会谈，然后又举行记者招待会，忙乱了一阵子，竟忘记了他曾委托摩根索草拟一份详细的方案。

这就是把罗斯福酝酿的同战后德国之命运有关的一个根本思想形成文字。

在这方面，罗斯福是强硬的、毫不妥协的。德国将不再存在，它将被肢解为若干个小国。

赔款、凡尔赛和约、新政府……第一次世界大战以后采取的这些以及其他许多"惩罚性"措施难道阻止了德国在15年以后变成以魔鬼希特勒为首的地狱吗？难道不正是那个作为统一的国家保存下来的德国发动了新的、第二次世界大战吗？

不行，在彻底打败德国以后，必须使它不能再成为一个国家……在摩根索的直接参与下，罗斯福逐渐形成了这么一个方案。

罗斯福知道丘吉尔是同意他的观点的。不过，在德国被分裂成若干个小国以后，它们各拥有多少人口和多大幅员，丘吉尔则有自己的考虑。

　　但是斯大林呢……斯大林持反对意见。在雅尔塔，他不止一次地说，这种肢解办法会产生沙文主义。在罗斯福看来，斯大林顽固地坚持这种看法：希特勒会上台，也会下台，而德意志民族、德意志国家则永远存在。斯大林打算怎么办呢？难道要对战败的德国采取宽容态度而让他的子孙后代将来再付出千百万的生命吗？

　　如果说斯大林看不到这种可怕的前景的话，罗斯福则清晰地意识到这是实实在在的威胁。

　　由于上述情况，这个问题在雅尔塔没有得到解决。看来，在希特勒德国投降以后，下次三巨头会议还得讨论这个问题。但是必须为这次新的会议草拟一个详细具体的方案，这是一项繁重的工作啊！

　　这项任务正在由积极主张肢解德国的摩根索来完成。

　　刹那间，罗斯福回忆了这一切，于是换了一种完全不同的口气问道：

　　"摩根索方案准备得怎样了？"

　　"应该说是罗斯福总统的方案。"财政部长纠正他说。

　　"简单地称作'摩根索方案'好了。"罗斯福说。从他的语气里财政部长听出有点不满情绪，什么原因，他还摸不着头脑。

　　"我不是什么大人物，不配载入史册。"摩根索温顺地说。

　　"同我这个人联系在一起的事情太多。"罗斯福激烈地反驳说，"德国必须肢解……但我不想用我的名字吓唬德国老百姓。国王只干好事，坏事由大臣们干。"

　　突然间……突然间摩根索怔住了。多年来，他从未敢同罗斯福顶撞，一个同总统始终保持一致的人即使为总统而牺牲自己的名誉，也在所不惜。为了取得总统的信任，他准备付出更大的代价。

　　罗斯福起草一份演讲稿，预定于4月13日星期五通过无线电向举国上下举行杰斐逊日聚餐会时演讲，他不想把它弄成一次政治演说，因为在自己的伟大政治抱负面前，党派偏见已失去原有的意义，他在讲稿的第一句话中就作了开门见山的说明。他把杰斐逊称作是"所有民主人士中最伟大的一个"。他写道：在有历史意义的今天，我们比以往任何一个时候都更应该回顾一下托马斯·杰斐逊作为一个美国世界公民的品格。

　　"今天，杰斐逊在其缔造过程中起过如此伟大作用的美国，正在全世界为人类的权利进行斗争中起着惊人的巨大作用。

　　"今天，我们是强大的盟军的组成部分，这支有血有肉有着钢铁般意志的军队，正在欧洲和亚洲消灭着制造战争和煽动仇恨的人。"

　　罗斯福在这篇讲话中，着重阐述了赢得战争和赢得和平的重要意义，特别是对战后的世界和平，具有无上的向往。这是他留给美国人民和世界人民的重要的精神财富。

他写道："我们要和平，持久的和平，我们要的不仅是结束战争，而且是结束一切战争的前奏。是的，结束政府之间解决分歧的这种野蛮的、不人道而且根本行不通的办法。

"曾经一度强大的纳粹邪恶国家正在崩溃，日本军阀们正在自己的本土上得到他们进攻珍珠港时的报应。但是，单单战胜我们的敌人是远远不够的，我们必须继续前进，竭尽我们的全力去战胜使得这种恐怖成为可能的怀疑与恐惧，无知和贪婪。

"托马斯·杰斐逊本人就是杰出的科学家，有一次谈到'科学的友爱精神，它把分散在地球的四面八方的一切不同宗教的信徒都团结成为一个家庭'，今天，我们面对着这样一个突出的现实：要让文明存在下去，我们就必须培植人类关系的科学，各种各样的一切民族在同一个世界上和平地一起生活，一起工作的能力。

"让我们向大家保证，由于大家，你们千百万人，同我一致决心使这项事业能够持久，我的手也就更加不颤，我的步子也就更加坚定了。

"这项事业，朋友们，就是和平！

"今天，在我们反对可怕的战争灾难，在我们进而作出人类的任何一代在世界上所能作出的最大贡献——对持久和平的贡献时，我要求大家保持自己的信念。现实能够作出多么坚实牢靠的成就，我以为，将决定于大家有多少的信心和决心。对于同我们一起献身于缔造持久和平的各位，对于所有的美国人，我要说，唯一会限制我们明天成就的因素就是我们今天的迟疑。让我们怀着坚定和积极的信念前进吧！"

哈西特进来，他手里拿着一个黑皮夹，老远就向罗斯福递过来，生怕罗斯福会拒绝一样。

"日本方面的战报，先生！"他走到椅子跟前，压低声音说。

"哦，他们把参谋长联席会议送来的报告也放在这样的夹子里，"罗斯福恼火地想，"两磅重的皮夹里面只有一页卷烟纸。"

不过，这件事怨不得别人，是他自己下令：凡是太平洋地区的战报，不分昼夜随时给他送来。罗斯福生气的是另一件事：他总是能猜到海军上将金送来的密电内容，极少有错。罗斯福从哈西特手里接过皮夹，随手打开。房间里鸦雀无声。

罗斯福好像要一口气把密电吞下去似的匆匆阅过。没有什么令人欣慰的消息……远东战争显然要拖延下去，除非大批陆战队在日本岛登陆，否则，很难从根本上解决问题。关于登陆之事，已经有人不止一次向他建议过。不过，无论是海军上将金和莱希，还是马歇尔将军，都曾说过如果采取这种行动，美国至少将付出近百万士兵的生命，还不见得会成功。

"铅笔！"罗斯福轻轻说，其实熟练的秘书已经把铅笔递了过来。

罗斯福在密电上草签了名字的缩写"富·德·罗"，表示阅过。当时，起码有两个人——哈西特和露西发现，他写字不像以前那样利索，一挥而就。他写得很慢，手有点发抖。

哈西特小心地把电文纸放进卷夹，随后向门口走去。罗斯福心不在焉地望着他的背影，思忖着："欧战还有多久才能结束呢？希特勒不打垮，苏联人是不会到远东来支援我们的！"

< 罗斯福乘车途中向民众致意。

支援……不过，像罗斯福所指望的那种帮助，只有真正的朋友才会提供，斯大林是他的朋友吗？

关于罗斯福到温泉的消息不胫而走，短短几天内已经传遍了整个小城。小城的居民们也不再相信报上用"哥伦比亚特区华盛顿"电头刊登的有关罗斯福的报道。

但是人们是怎么知道罗斯福马上要到疗养所来的呢？这是猜到的，因为突然有几辆满载着警察和便衣的吉普车开到泉水浴场。他们一跳下车，便把泉水浴场团团围住，不客气地请那些正要爬出浴池的人再回到水里去。

幸而有人给温泉市长弗朗克·奥尔康打了电话，他及时赶了过来。市长知道，疗养所是罗斯福的宠儿，罗斯福想在那里看到"自己"的病人和故交，而不是由警卫筑起的沙漠。于是他要让罗斯福的老熟人也同人们一起在泉水池旁迎接他。市长急忙派车去接86岁的老大夫尼尔·基钦兹，因为罗斯福曾经在他家里吃过饭；还请来疗养所的外科主任伊尔文夫妇，他们都是罗斯福的私交。

罗斯福坐在汽车的驾驶座上，他眼前的景象，在旁观者看来，简直是一幅骇人画面。一些瘸着的、拐着的、佝偻着的或病得畸形的人们，穿着浴衣或者游泳短裤，有的坐在轮椅上，有的艰难地架着拐杖。他们对罗斯福发出一阵阵的欢呼，挥动着手中的拐杖。他们所欢迎的不仅仅是一个总统，而且是"自己人"，是同病相怜的病友，因为他自己的苦难同这些残废者的苦难是紧紧相连的。这里的情景令人想起波修或戈雅的画：地狱的惨状，启示录的幻想和战争的灾难。不过罗斯福没有产生这种联想，他感到幸福。人们对他流露的真情和热忱深深地感动了他。朋友们冲开警察的警戒线，把他团团围住。他们知道，罗斯福一心想帮助他们摆脱他自己未能摆脱掉的痛苦，这是患难与共的情谊。但是没有人诉苦，也没有人抱怨，

310

尽管他一手创建的"希望浴"还远不能满足人们的希望。

罗斯福的车开得很慢，他正在深思：他曾几百次地对自己提出有关太平洋战争的问题，又几百次地暗自回答这些问题，然后再一遍一遍地问怎么办？是否不顾军方的劝告，现在就派兵向日本列岛进攻？如果成功，他将赢得宝贵的时间，因为斯大林要在欧战结束两至三个月才能在远东开战。如果美国能够不依靠苏联而独力击败日本，美英将由此而取得明显优势。但是，如果失利呢？

罗斯福想象着一幅骇人的景象：一大批在"二战"中负伤的军人，有的坐着轮椅，有的拄着拐杖，有的坐在残疾人车上。在他们后面一批批幽灵从地底下慢慢站起来。不，这不是人，而是人的残余部分，缺胳膊断腿，没有脑袋……他们穿着湿漉漉的衣物，身上沾满了热带植物的枝叶，满身血污，从水里爬到岸上。

还有一种办法，罗斯福想起了正在研制中的武器，据军方报告，这种武器已经接近完成。这种新武器——原子弹，能把人烧成灰烬。罗斯福不了解这种炸弹的构造，现在想起来，便会突然闻到一股烤糊和腐烂的气味。罗斯福说不清楚为什么会讨厌这种武器，他宁愿不用这种武器。他下意识地认为，一个"睦邻大厦"的建设者不该是原子弹浩劫的发起人，一个人不可能既是拯救者又是杀人魔王。他不希望未来的历史学家把他比作残暴的罗马皇帝尼禄和匈奴首领阿提拉，以及希特勒。他想，只有美国到了生死存亡的紧要关头才能使用这种武器。

因此，必须等待，等待斯大林履行诺言。然而，倘若苏联人愚弄了我们，把开辟第二战场的时间从1943年拖到1944年，再拖到1945年，倘若苏联带着流血的伤口和饥饿的苏联人民熬过了欧洲战争后，决定推迟援助美国或干脆拒绝援助，谁又敢责备他呢？罗斯福不禁战栗了。他马上又对自己说："不会的，不会的，德黑兰会议是同苏联进一步合作的里程碑，这种合作不仅表现在欧战时期，而且将延续到欧战结束之后……"

当然，罗斯福懊恼地想，如果右派报纸知道这种情况，又会叫唤起来，说什么斯大林答应美国总统对日开战无非是一个交换条件以便他放开手脚使东欧布尔什维克化。他们会说这是一个含糊的，不负责任的诺言。

"不，不，这个诺言既不含糊，也不是不负责任！"罗斯福心里反驳着，好像这些批评者就坐在对面。

罗斯福透过汽车风挡玻璃凝视着前方，似乎瞻望未来的美国。

道路还在山间迂回。

第十二章

生命的休止符

1882–1945 罗斯福

丘吉尔正要步入唐宁街 10 号书房时听到罗斯福逝世的消息，他说："真是晴天霹雳，我仿佛身上挨了一拳似的"……

在德国，夜幕降临，艾森豪威尔和巴顿、布莱德雷正在开会，巴顿突然记起手表忘记上弦，就扭开收音机对时间，突然听到英国广播公司播出的消息：我们沉痛地宣布，美国总统已经逝世……劳累的一生已经终止，战斗的时日已成往事，生命的航船靠拢彼岸，航海的人终于上岸永息……

>> 最后一次画像

那天午后的时间属于画师舒玛托娃。她在12点钟以后开始作画，因为她要求：必须等太阳的光线从西方斜射入窗内才行。当她走进罗斯福的会客兼办公室的房间时，罗斯福已经坐在壁炉左面的一张长长的咖啡色皮椅上。罗斯福的两位堂妹并排坐在长沙发上，露西·拉瑟弗德坐在稍远一点的安乐椅上。在罗斯福面前放了一张像呢面牌桌那样的小桌子。舒玛托娃看见哈西特俯身桌面，从文件夹里拿出一些文件递给罗斯福。

罗斯福匆匆看过文件，在一些文件上签了自己的缩写名字，另外一些文件不签名就退回去了。埋头于工作的罗斯福没有立即注意到女画家。舒玛托娃看到，罗斯福正是按照她的要求穿着打扮的：深蓝色的海军斗篷、深灰色的制服和红色哈佛式领带。她随即着手布置画具，这才引起罗斯福的注意。他故意推开哈西特，十分热情地向舒玛托娃伸过手去，仿佛要站起来迎接她似的。女画家急忙走到安乐椅跟前，同他握手，她觉得他的手掌软弱无力，不如两年前在白宫同她握手时那么有劲儿。

"先生，今天我要画完你的鼻子，"舒玛托娃说，"而明天……"

"画完鼻子？"罗斯福故意寻开心，"你不是决定把这幅画叫《穿斗篷的总统》吗？并不叫《有鼻子的总统》呀！"

这个玩笑开得很好，逗得大家都笑了，只有露西没笑。罗斯福注意到了这一点……

"今天你的情绪蛮好嘛，总统先生，"舒玛托娃画了第一笔，"华盛顿来了好消息？"

"是的，好消息，非常好的消息。"罗斯福说着，努力抑制自己的感情。他想唤来普雷蒂曼，叫他把自己推出客厅，推到卧室，推到走廊，推到厨房，推到什么地方都可以，只要没有人就行，让他独自沉浸在痛苦的思索中。

可是不行啊！他必须故作安详，显得心满意足，充满自信心……斯大林的来信、苏联对旧金山会议的抨击，这简直是背信弃义——不折不扣的背信弃义！但这摧毁不了他的意志，影响不了他为实现自己的目的而奋斗到底的决心。

"总统先生，你改变了姿势！"传来了女画家刺耳的尖叫声。

"舒玛托娃女士，我是活人呀！"罗斯福十分有礼貌地说，"你不是也告诫我别紧张、思想上放松吗？而现在你却要把我变成木乃伊！"

"总统先生，"女画家以不容反驳的口气说，"我十分清楚，你身居高位，时时刻刻都要考虑国家大事！可是我恳求你按我的要求摆好姿势！我画到了紧要地方，必须使明暗度几乎看不出来。因此，你的面部表情必须像往常一样富有生气。可是，你现在的样子却像你在凝视什么图像。我不客气地说，你的眼神有点呆滞……"

"这就是说，我装得不像！"罗斯福很懊丧，"我的内心世界仍然表露在脸上！难道我不能克制自己？……难道我丧失了自我控制的能力？为什么我要沮丧呢？仍然有许多机会嘛！我还可以当差不多四年的总统。再过两周，就可以在旧金山实现我的梦想了！"

"你现在想美好的事情！"舒玛托娃的声音传到了罗斯福的耳朵里。"总统先生，如果不是机密，你可以告诉我此刻在想什么吗？"

"在想苏联，"罗斯福笑着回答，接着，他又加了一句，"更具体地说，在想同斯大林会晤。"

"先生，你真会开玩笑！"舒玛托娃皱着眉头说。

"你为什么要这样想呢？"

"我决不相信，同一个不信上帝的、剥夺了几百万人财产的独裁者会晤，有什么值得回忆的！"

舒玛托娃充满自信的口气使罗斯福十分反感。虽然这位苏联侨民对斯大林所抱的敌意此时此刻应该得到罗斯福的同情，但他很想训她几句。

"舒玛托娃女士，请你讲讲，在沙皇俄国难道千百万人都拥有财产吗？"他问道。

"是的……也许我有些夸大。但我认为，如果你遭到了抢劫，你就不会关心还有多少人也同时遭到抢劫。我是怎么想就怎么说，总统先生。不瞒你说，我觉得奇怪的是：美国是一个把私有财产原则奉为神圣不可侵犯的国家，领导这样一个国家的基督徒竟然对那个破坏了苏联世世代代基石的独裁者表示好感！"

"你是对的，我的女儿。"罗斯福眯缝着眼睛说。

"你说什么？"舒玛托娃不解地问。

"开玩笑的话，我说的是关于所罗门王的寓言。"

女画家本想问问那个寓言讲的是什么，但她不便开口。此时，她已完成了以前几次作画未能完成的主要构图，即把两种面部表情都体现在画像里：一副是全美国、全世界都熟悉的、开朗的、生气勃勃的，甚至充满热情的面孔；另一副是被历历往事刻下深深阴影的、被难言的隐痛弄得黯然失色的面孔。

舒玛托娃瞥了露西一眼，发现她带着满意的神情看着画像。女画家又看了看罗斯福，惊讶地看见他的嘴唇微微翕动。也许这是她的幻觉吧？不，是真的。罗斯福在聚精会神地想，如果他现在同斯大林并排坐着，他该向斯大林说些什么。

罗斯福的嘴唇不断蠕动，这使舒玛托娃感到不安。"他也许在祈祷吧？"她突然这样想。

举国上下，谁都知道总统是虔诚的基督徒。但是，女画家马上推翻了这个看法。他怎么能在摆姿势时祈祷呢？更有可能的是，他大概在排练不久将要发表的演说词。

"不管怎么着，再画几笔就行了，"舒玛托娃想道，"明天就可以着手画斗篷了。"画这件深蓝色的海军斗篷还要花很大气力。斗篷的皱褶既不能画得太随便，好像是揉皱了一样，也不能画得像古罗马人身上穿的宽上衣那样显得过分潇洒。哈佛领带不能太鲜艳，然而红色和深蓝色靠得很近时，难免产生这样的效果……

舒玛托娃一边继续作画，一边想："我只有两天的时间了，能够完成任务吗？如果来不及，那么在好友露西的帮助下，我大概能够劝说总统再给我一两次作画时间。不过做到这一点是不容易的，人家本来是到这儿休养的嘛，当然很喜欢跟露西在一起散散步谈谈心。可他被圈在房子里摆姿势，已经有三天了……"

然而女画家想错了。在作画时，罗斯福并不觉得自己被关在"小白宫"的狭隘客厅里。他一坐到安乐椅上，便继续想自己的心事或者开始新的天马行空似的"思想旅行"了。今天罗斯福却没有耽于幻想，而是生活在现实中。这个现实像山雨欲来的乌云一般阴沉可怕。

罗斯福突然感到有什么人碰了他的肩膀一下。他一惊，转头看见舒玛托娃，她几乎靠在安乐椅上。

"对不起，总统先生，"她说，"我想给你整整领带……我给你打招呼，但你没有听见，你显然在思考什么重要问题……总统先生，顺便说一句，昨晚我同华盛顿通了电话。接电话的是我的女友，她的一个儿子在太平洋前线服役，我记得我跟你说过。几年前，我给一位将军画过像。现在，他已是五角大楼的大人物了。我要我的女友以我的名义向他求情，他果然答应给予帮助……"

她突然停住了，看见罗斯福的脸有些扭曲，这是由于身体上的疼痛而引起的。她没有想到，她的话题又把罗斯福推入痛苦的思索中，而罗斯福本来是竭力想要把日本问题置于脑后的。

罗斯福猛然觉得他的后脑勺好像被利剑穿透。剧烈的疼痛持续了两三秒钟。疼痛过去后，他仍然痉挛着，因此，露西不安地注视着他。

"你不舒服吗，富兰克林？"她直呼其名，惊恐地问道。

"没事！"罗斯福淡然回答。他的腿感到一阵麻木。

他从斗篷里伸出手，在后脑勺下面按摩了一阵。

> 1945 年的罗斯福。

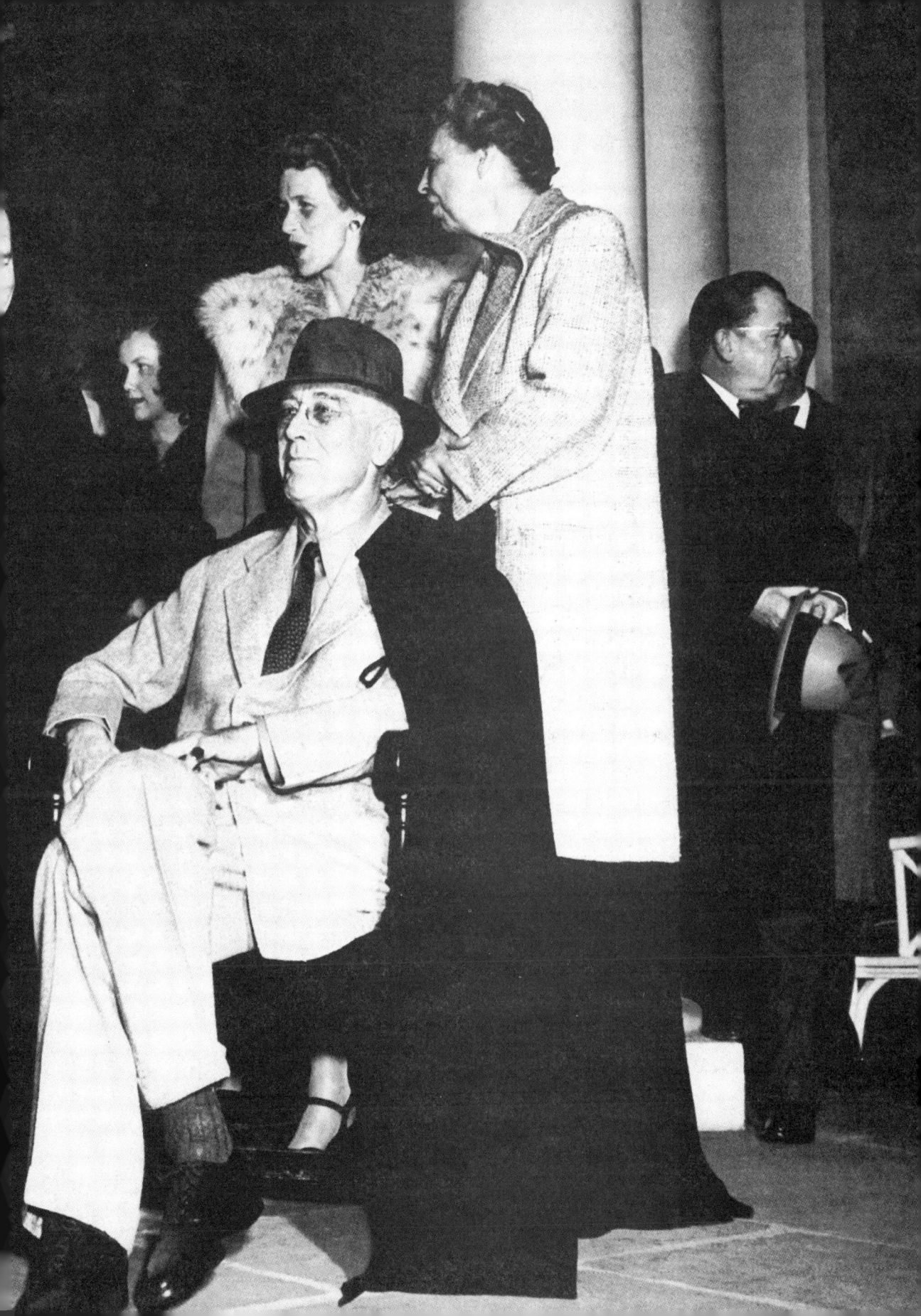

"是不是停止作画？"露西平静地问道，不过她的声音仍然有几分不安。

"我只是有点累，"罗斯福小声说，似乎对自己的衰弱感到害臊，"没关系，我可以低一会儿头吗？"

"当然可以，总统先生。"舒玛托娃赶忙回答，"我趁这个机会调调颜料。"

"我看还是休息一下吧，"露西插嘴说，"画家们心狠，他们一方面要求模特儿自然大方，另一方面……"

"我不想休息，我需要考虑问题。"罗斯福打断她的话。

罗斯福在安乐椅上垂下了肩，无力地把头低在胸前，仿佛承受不了它的重量。

当听到舒玛托娃说"总统先生，今天就到这儿"时，罗斯福感到放下了副重担，甚至有点欢喜。普雷蒂曼把他推回卧室，安置在安乐椅上。他看了看手表，闪过一个念头：应当把露西请来。作画时他只顾低头考虑问题，几乎一点没注意她，她准生气了。

其实，如果罗斯福此时派人去请她，不论在别墅还是"小白宫"，都是找不到她的，她踏进了霍华德·布鲁恩的房间。

布鲁恩非常惊讶："拉瑟弗德太太，是您呀！"

布鲁恩非常谦逊，像罗斯福周围的人一样，他十分清楚这位女士在罗斯福生活中所处的地位。他把露西领到自己的小办公室，请她坐在写字台旁的椅子上，自己则坐在对面。"拉瑟弗德太太，您哪里不舒服？"布鲁恩关切地问。

此时，露西两眼已噙满了泪水。"大夫，我怕……"

年轻的医生眉毛一扬，惊奇地问："您怕什么呢？"

"我在担心总统。今天作画时，总统的脸色非常不好，从来没有这样过。"

"从来没有？你这是什么意思？"

"我也不知道，我说不清。但是他的头好像支撑不住了，好像太重了，真的，他费了很大劲儿才重新抬起来，不一会儿，又垂下去了。然而，问题还不在这里……"

"那么在哪里呢？"布鲁恩焦急地问。

"我也不知道，"露西停了一会儿，然后用低得几乎听不到的声音，似乎自己也害怕这样的话，"他身体里发生了某种变化……"

"发生了变化？什么变化？今早我照例给他检查了身体，并没有发现比以前恶化。"布鲁恩现在说话的口气似乎要证实自己的看法，因为在温泉，他要对罗斯福的健康安危负责。

"不，不，"露西坚决地、甚至固执地说，"他发生了变化！甚至同昨天相比都大不一样了。他消瘦，我已经习惯了。他脸上的深深皱纹，我也看惯了。但他的精神始终是朝气蓬勃的，这我是亲眼见到的。可是今天……"

她突然停住，说不下去了，似乎很怕说出来。

"今天怎么啦？"布鲁恩急切地问。

"大夫，请原谅我。"露西喘着气说，好像说每一个字都要费很大劲似的。"我不是医生，很难确切地说出来……但我始终感觉到，他在不断发生变化……他正一点一点地……该怎么说啊……一点一点地离开我们！"

布鲁恩想："并没有发生什么质变。如果总统又剧烈咳嗽、呕吐，或者昏迷过去……那就该中断谈话，奔向'小白宫'。但是从露西讲的情况来看，并没有出现这些令人不安的症状。她所陈述的完全是出于表面印象、没有根据的担心。对医生来说，这是不足为凭的。"

"大夫，我求求你，我恳求你，把真实情况告诉我吧！"露西的声音由于激动而颤抖了。"我知道，总统的健康情况属于国家机密……"

"你有点夸大了，拉瑟弗德太太。"布鲁恩笑了一笑。

"我记得，在总统从德黑兰回来以后，一些报纸，特别是持敌对态度的报纸写了些什么。它们说，总统卧床不起，得了脑血栓、动脉硬化……我记不住这些医学名词。我知道这些全是捏造的，是敌人过去和现在对他进行诽谤运动的一部分。我晓得总统有深谋远虑的计划。他不顾这一切中伤，毅然前往雅尔塔……昨天，我跟他在一起待了两个小时，我更加确信他的精神、他的意志是坚不可摧的……可是今天……"

她讲得很快，简直像说绕口令一样，但一下子哽住了，仿佛有人堵住她的嘴。

"拉瑟弗德太太，你不必过虑。"布鲁恩温和地说。医生同神经过敏的人讲话时总是用这样的口气。"请相信，我对你是无所不谈的。你知道，在这里，总统的健康由我负责。我应该告诉你，我们，不论是麦金太尔将军，还是我，都认为没有什么危险，眼前没有威胁。当然，总统的身体情况仍有待于改善，我们医生依据的主要是客观的病历。而病历的记载是：体温正常，血压大体上也正常，心电图无重大变化，肾和肝功能以及血象都正常。不瞒你说，有些症状也使我们医生不安。总统体重下降，血管明显硬化，不过对他这样年纪的人来说，这是正常的……你当然也知道，去年他得过一次重感冒，由于支气管炎和脉窦炎而加重了病情。总统继续抽烟，这对他是极其不利的。如果你能劝他改掉这个极有害的习惯，那更好了！……最后，总统过度疲劳。简而言之，我并不认为总统非常健康，但他也没有……怎么说呢……"布鲁恩停了一下，选择恰当的字眼："……没有什么致命的病。坦率地说，你所担心的是不是这个？对不对，拉瑟弗德太太？"

布鲁恩讲时，露西倾着身子，聚精会神地倾听，生怕漏掉一个字。医生讲完了，她瞪着眼睛，问道：

"但是往往有这种情况：当一个人的生命同另一个人的生命不可分割地联系在一起时，她往往可以察觉到病理分析、心电图还没有查出的东西……"

"拉瑟弗德太太，"布鲁恩严肃地说，"我请求你，不，作为医生，我要求你控制自己的情绪，绝对不能让总统感觉到你的担心。由于雅尔塔协议，总统已经受到各种攻击，再让他受到心理上的压力，那可不好啊。增加他的担心，会对他的健康产生致命影响。"

"换句话说，我在这儿……"露西刚开口，布鲁恩就打断了她的话：

"千万别这样想！"

他的声音里甚至有几分惊恐。他思忖：这个思想负担很重的妇女在他言语的刺激下，很可能出于对罗斯福的爱而突然离开温泉……如果发生这种情况，罗斯福得知布鲁恩无意之中促使露西离去，那对他会产生什么样的后果？！

"千万别这样想！"他重复说。"千万别说那样的话！你不会不知道，你在这儿给他带来多么大的欢乐。如果没有你，他会成天埋头于公务，忙于处理华盛顿每天运来的文件……咱们说好：你绝不要那么干！答应我……"

露西离开房间后，霍华德·布鲁恩木然呆坐了一会儿，然后猛地站起来，开始匆忙收拾医包。

>> 溘然长逝

1945年4月12日，这在美国历史上是一个永远难忘的日子。这一天佐治亚州春光明媚，早晨的空气经过一夜的净化，显得格外清新。田野里色彩鲜艳，生机盎然，就好像大地刚刚在黎明时刻才诞生出来一样。

罗斯福醒来时感到心神愉快，精力充沛。他怀着急切的心情盘算着这一天的工作和娱乐。上午干工作，也许还可以玩一会儿集邮。下午在温泉市长弗兰克·奥尔康家里有一个传统的野外宴会。弗兰克将在地坑里烤一头公猪和一只羔羊。宴会上有上等的烈性威士忌，还有乡间提琴手来演奏轻松的古老乐曲，让人着实享乐一番。晚上，一些患小儿麻痹症的小伙子们将在院子里的小剧场上装扮黑人演出滑稽节目。不管表演多么拙劣，一定是挺有趣的，因为罗斯福喜欢这群勇敢的小伙子们的活泼劲儿。

这将是多么快活的一天啊！正像完成了他的事业后所设想的退休生活那样。

罗斯福今天本来可以多睡一会儿。罗斯福的侍从——黑人阿瑟·普雷蒂曼昨天晚上就告知他，从华盛顿送信来的航班由于天气不好，误了班。不过，由于后脑勺昏沉沉的，即使他还没有睡够，也无法再睡了。

∧ 1945 年，罗斯福在白宫。

　　"阿瑟？"他唤了一声。

　　普雷蒂曼应声而到。他是绝对忠于罗斯福的内臣之一。一般来说，罗斯福周围的人都是忠诚的。罗斯福有一种惊人的才干，吸引着人们永远跟随他。

　　"早安，总统先生！"普雷蒂曼笑容可掬地说，"晚上睡得好吗？"

　　罗斯福没有提起头疼的事。反正医生一会儿就来，他会知道的，不过这里指的不是他的私人医生罗斯·麦金太尔，而是罗斯的助手，年轻的心脏病医师霍华德·布鲁恩。近来，罗斯福出门的时候，一直由他伴随。麦金太尔则留在华盛顿，这样，即使罗斯福暂时离开白宫也没人知道。对于千千万万美国人来说，罗斯福始终坐在白宫椭圆形办公室的写字台边。

"邮件还没有来吧？"没有等对方回答，又接着说："把当地报纸给我拿来，还有早餐，火腿煎鸡蛋和一块烤面包。"

罗斯福吃东西一向简朴，不大变换花样。

"是的，先生。"普雷蒂曼应了一声，出去了，转身拿了报纸进来，"早餐马上就好，先生。"

罗斯福看了看表，他还不急着要起来，露西和舒玛托娃要午后才来，女画家认为上午的光线不够理想。舒玛托娃已经一连三天为他画像，因而，他每天都能见到露西。

普雷蒂曼把早餐拿进来，放在一张便于搁在床上的小桌上，用熟练的动作托起罗斯福的头，把枕头拍松。

布鲁恩大夫进来了，照例提着一只随身用的皮包。大夫脸上露出他那所特有的职业笑容，以便让病人感到一切正常。其实，他进来问好时就已发现罗斯福的嘴唇和手指有点发青。

大夫听了罗斯福的心脏，然后把听诊器塞进提包，拿出血压计。布鲁恩并未发现心脏有什么异样，不过他看病向来不仅仅根据听诊的结果，还要看其他一系列特殊的症状。布鲁恩发现，罗斯福的下嘴唇有些疲软地耷拉下来，听力似乎也比往常差，平时，罗斯福总是高高兴兴有说有笑，喜欢同医生就各种问题交换意见，但近日来，他常显露出漠不关心的表情，对医生的触摸和听诊没有反应，甚至根本没有注意到医生的存在。他显然有些不适，医生认为是他太疲倦。

"哦，总统先生，从客观上看，一切都正常。"布鲁恩量完血压，装出很乐观的样子说，"你自己感觉如何，有什么不舒服吗？"布鲁恩知道，罗斯福不大诉说自己的病痛，哪怕是重病不起，他也不会垂头丧气，总是那样生气勃勃，他那种在困境中保持乐观幽默的精神，就像他那坚强的意志和明晰的头脑一样，在国内是尽人皆知的。

"太平无事，大夫。"罗斯福顿了顿，"就是有点头疼。"

"那我们马上来对付它。"布鲁恩轻松地说，似乎在故意强调这点小病算不了什么。"来，把头抬起一点。"

对颈肌做了按摩之后，疼痛果然消除了。罗斯福感谢大夫，并邀他一起进餐。

当劳拉·德拉诺在早餐后进来见他时，他说："我打算比原定计划在这里多住几天。我们将在华盛顿只停留五个钟头，而不是五天，然后立即前往旧金山。"

他穿好衣服，叫来格雷斯·塔利，给她口授了改变行程计划的指示。华盛顿的邮件还没有按时到达，于是他就舒舒服服地坐在皮面椅上玩了一会儿邮票。他仔细看了日本为纪念占领菲律宾而出的邮票，同华盛顿通了电话，提醒弗兰克·沃克曾经答应给他寄旧金山会议的邮票。

快到中午的时候，比尔·哈西特拖来了从华盛顿来的邮件皮袋。他建议罗斯福吃完饭后再审阅，但罗斯福要立刻动手。哈西特把一份国务院要他批示的公文放到他面前，罗斯福脸露微笑，"看，典型的国务院公文，什么都没有谈"。接着，他批阅其他文件，有一些邮政局长要任命，有日常信件，有向杰出的政治家授勋的证书，还有几张颁发给有功的退伍军人的任命状，都需要他那不再强劲有力的手签名。那时，白宫仍然不喜欢用圆珠笔，认为这不过是时髦一时的小玩意，但用自来水笔容易蹭掉，会把文件弄脏，于是，罗斯福一边签名，哈西特就一边把签好的文件放在沙发上、空椅子上和地毯上。伊丽莎白·舒玛托娃夫人来了，她往里一瞧，到处铺满文件，感到进退两难。

"进来吧，比尔的东西还没有晒干呢。"罗斯福说。哈西特很快就把东西收好了，连瞧也不瞧女画家一眼，认为她对总统的干扰太大，不是量他的鼻子，就是要他转过这边，侧到那边，甚至穿什么服饰也要喋喋不休。在哈西特看来，这是不必要地折磨病人。他甚至认为她并不是什么了不起的艺术家。但露西却喜欢她，罗斯福也对她没有恶意。哈西特把一批国务院的汇报交给罗斯福就走了。

罗斯福把普雷蒂曼叫了来："阿瑟，人都来齐了？"

"是的，总统先生，都来齐了。"这位老黑人侍奉罗斯福多年，非常了解都来齐了这几个字在罗斯福脑中的含义。其实，罗斯福指的只是一个人——露西·拉瑟弗德。前年夏天，她把自己的女友伊丽莎白·舒玛托娃——一位苏联女画家带到白宫来见他，表示她想要一幅他的肖像画作纪念。在必要的时候，罗斯福可以拒绝内阁部长，拒绝金融界和工业界的巨头们，拒绝自己的亲属子女，可是对于露西，他总是有求必应。从年轻时代起，他就爱上了这个女人，当时他还没患上这该死的病，像所有的人那样，走路不用矫形套，不用自己的保护人员来帮这个有损尊严的忙。他同疾病做了长期的斗争，往日的恋情却难舍难割，缠绵不断。罗斯福身边的人都知道她，妻子埃莉诺也知道这事，对此，罗斯福曾向妻子做过艰难的解释。随着岁月的流逝，埃莉诺也明白了，即使像丈夫这种刚强不屈、权震国内的人物，也难免会儿女情长。她只希望丈夫同露西的会面越来越少，直到完全中断。

在别墅的一间办公室里，布鲁恩大夫同远在华盛顿的麦金太尔挂了电话，向这位海军中将——在海军舰队经过长期的无可指摘的医务工作后，被调入白宫的医生报告早晨看视罗斯福的情况。

罗斯福的秘书比尔·哈西特和格雷斯·塔利从薄薄的墙板后面听到

断续传过来的几句："血压180～110，心脏嘛，还是那样，有点扩大，有杂音。是的，先生，当然。"

罗斯福换上深灰色上装，红色哈佛式领带，深蓝色的带金属扣环的斗篷。舒玛托娃特别看中这只有海军军官才有资格穿上的悠扬的斗篷。她说，这幅未来画像就题名为《穿斗篷的总统》。

一想到要在整整一小时里忍受那位喋喋不休、手忙脚乱的女画家的摆布，罗斯福很不舒服，他想的是在这段难得的时间里面对着他心爱的露西。

不论怎样，他脸上带出了笑容，在场的女士们几乎都感到这个房间的主人是愉快亲切的。他还诙谐地向他们报告了今天的正餐是吃烤乳猪。

在普雷蒂曼的帮助下，罗斯福从轮椅换坐到安乐椅上，舒玛托娃匆匆换上工作服，画架上夹着那张即将完成的罗斯福肖像。画家开始静静地作画，罗斯福拿起哈西特放到桌上的几份文件，他对准备在第二天晚上广播演说的讲稿做了修订，用颤抖的手写下一句概括性的话："对我们实现明天的唯一限制将是我们今天的疑心，让我们怀着坚定而积极的信念前进吧。"

一阵暖人的春风吹进敞开的窗户，把大地的芳香和鸟儿的鸣啭送进宁静的房间。露西默默地坐在一个窗户旁边，脸上流露着幸福的微笑，心里为眼前这位她的至爱祈祷祝福。

菲律宾男仆开始收拾桌子准备午餐，罗斯福看看表，已是12点45分了，就对舒玛托娃说："我们得快一点，只剩下15分钟的工作时间了。"

白宫那位上了年纪的黑人女仆利齐·麦克达菲在门口停下来，朝客厅里瞧了一眼。她见到露西·拉瑟弗德面向罗斯福，而罗斯福刚讲了一句俏皮话，她听了正在微笑。利齐后来说："这就是罗斯福先生给我的最后印象。我记得他最后的情景，是他注视着一位美人的笑脸。"

罗斯福把一支烟放进嘴里，把它点燃。他这时已经从给人画像的姿势中出溜了下去，画家看到时，再要他坐好已经不可能了。

露西看见罗斯福瞧着自己，报之以嫣然一笑，但立即发现，他的眼神突然暗淡下去。不是在瞧她，而是眼睛发直，就如同一个失去视力的盲人。露西哪里知道，就在这一瞬间，罗斯福的颅内一阵剧疼，像早晨一样，仍在后脑，只是来势更猛。

舒玛托娃见他举起左手摸摸太阳穴，按了一下，看来他想再捏捏前额，但他那只手垂了下去，手指抽搐着像摸索什么东西。萨克雷小姐把钩针放下，向罗斯福走过来："你掉了什么东西？"他用右手在脖子后面压了压，闭上眼睛，声音极微："我非常痛。"随后，手臂垂下，头倒向了左边，前胸弯陷下去，眼睛失去光泽。

"富兰克林，你怎么啦？"露西声音颤抖，连忙跑过去，玛格丽特也扔下手里的编织活儿，从座位上跳起来。

罗斯福已经失去了知觉，只是艰难地喘着气，发出嘶哑声。

萨克雷小姐呼叫布鲁恩大夫，舒玛托娃尖叫着从屋里跑出求援，罗斯福的贴身男仆阿

324

FRANKLIN D.ROOSEVELT

∧ 罗斯福正在对民众发表演讲。

瑟·普雷蒂曼和菲律宾男仆急忙跑进客厅，把不省人事的罗斯福扶起，抱进起居室。

罗斯福浑身发凉，出汗很多。

露西·拉瑟弗德意识到什么，拉起舒玛托娃急忙奔向自己的汽车，离开这里。她不能让埃莉诺知道她在这里。

然而，她没有绝望，她怀着希望，上帝也许会把他从死神那里救回来。"他不会死！不会的！"

她的车子一直在"小白宫"附近徘徊。她在车子里倾听着消息。

罗斯福病危的消息在白宫传开时，大家也都觉得他会好转。没有罗斯福在白宫掌政，美国是难以想象的。在国外作战的青年们的记忆中，美国总统一直就是罗斯福，也就该是罗斯福。

根据麦金太尔的命令，布鲁恩医生始终伴随在罗斯福身旁，而此时，罗斯福的呼吸时而中断，时而变得短促嘶哑。他的舌头阻塞着喉咙，脖子越来越僵硬，血压高达300，左眼涨得大大的。他的一条脑动脉因为老化出现了穿孔，血从穿孔渗进颅腔。也就是说，他发生了脑溢血。布鲁恩当时还不能确定病情的严重程度，他施行了急救。他迅速剪开罗斯福的衣服，在他手臂上注入罂粟碱和亚硝酸异戊酯，又给他穿上带条纹的蓝色睡衣，然后在一个男仆和一名海军理疗医生的协助下轻轻地把他抬到那张榄木床上。房外的人只能听到粗哑的喘息和憋闷的鼾声。

布鲁恩立即向华盛顿报告，麦金太尔医生对他的诊断和处理措施表示同意。在平时，医生是不敢贸然使用亚硝酸异戊酯的，因为此药会大幅降低血压，减少脑的供血量，但罗斯福情况严重，别无他法，只好万里求一了。

罗斯福已昏迷了50分钟，血管急剧收缩，出现局部瘫痪。麦金太尔向亚特兰大市的著名专家詹姆斯·波林医生求援，请他立即赶去温泉。波林竭尽全力，一小时后到达了那里。后来他对人说："我随时都准备着被交通警察拘留。"

稍后，他向麦金太尔做了如下报告：我到达时，总统已经奄奄一息，浑身冷汗，脸色灰白，呼吸困难，胸部杂音很多。我到他房间不足5分钟，他的生命迹象已完全消失，那时是3时35分。

在罗斯福的寝室里，第一个向遗体告别的是他的秘书格雷斯·塔利。"对在场的人没有望上一眼，也没有吭一声，我就走进他的寝室，弯下身来，在他的前额轻轻吻了一下。"按理应该先向总统夫人和副总统报告，然后向新闻界透露消息。哈西特和布鲁恩请麦金太尔医生转拨罗斯福新闻秘书斯蒂芬·厄尔利的电话。斯蒂芬·厄尔利强忍悲痛，要他们在通知到埃莉诺·罗斯福之前不要外传。

>> 美利坚失去父亲

埃莉诺这时正在华盛顿西北区的马萨诸塞大道1801号的萨尔和雷夫俱乐部。那里正举行年度茶会，会上有她的发言。下午3时刚过，劳拉·德拉诺从温泉打来电话，措辞谨慎地告诉她罗斯福已经昏迷。几分钟后，麦金太尔又打来电话，他告诉夫人用不着惊慌失措，他已通知海军派专机送夫人和他自己去佐治亚。她问他要不要把原定讲话取消。他说没必要，因为这样会引起外面众说纷纭。她接受了厄尔利的建议，按原计划发表了一篇关于联合国的演说。接着钢琴家伊华琳·泰纳弹奏了一些选曲。后来，罗斯福夫人又被叫去接听电话，这次是斯蒂芬·厄尔利打来的，用她的话说，"他很失常"，要她马上回家。她心烦意乱，感到"事情不妙"，但是不能不注意礼节，所以又回到会场。她等泰纳小姐一曲奏罢，前去告辞："有电话通知我回白宫，请原谅我在这个精彩的音乐会未结束之前告辞。"

轿车在外面等着她。"上了车，一路双手紧握回到白宫。我心里明白出了什么事。不过像那样的事，非到别人说出来，你是不会让这种可怕的想法具体形成的。"她到总统府2楼的起居间，她听到消息时说："我很难过，但我为我国人民、全世界人民更难过。"这样讲当然很得体，但事实上她并没有说过这样的话。这是厄尔利的主意，埃莉诺当时只是对他说，她想马上见到杜鲁门。

杜鲁门副总统那时正在参议院议长席位上，背后挂着镶金边蓝色天鹅绒的挂毯，两边是鲜红色的大理石半裸柱。他正主持着参议院会议。其实他却信笔写着："亲爱的妈妈和玛丽，今天，我是在参议院议长的席位上给你们写这封信，因为一位夸夸其谈的参议员正在发言，而他对所讲的问题可以说是一窍不通。亚利桑那州一位资历不高的参议员，对这个问题先发了言，他倒是言之有物的。"

他希望家乡天朗气清，因为华盛顿正雨雾迷蒙，他还说星期天早上他会飞往普罗维登市去。然后又说："明晚9时半，请打开收音机，你会听到哈里为纪念杰斐逊诞辰向全国发表的讲话。全国各大广播网都会转播，应该容易收听到的……"

> 日渐衰老的罗斯福。

　　参议员亚历山大·韦利发言以后，奥尔本·巴克利建议休会，次日再复会。4时56分，这位副总统结束了一天的工作，完全不知道他当上美国总统已经一个多小时了。他信步走到了众议院议长萨姆·雷伯恩处喝上一杯酒。他正喝着掺水威士忌时，白宫的电话总机找到了他。厄尔利说："请你马上来这里，从宾夕法尼亚大街正门进来。"杜鲁门有点莫名其妙。他以为罗斯福提早从温泉回来，有什么事要找他谈。

　　他走进白宫，上到2楼，第一夫人正在办公室门前等他，他从她的脸上看出了重大的不幸……

　　"哈里，总统逝世了！"

　　"什么？我，我不相信。"杜鲁门头上像响起晴天霹雳，"嗡"地一响……对副总统来说，这是天大的意外。他不知所措地又问了一句：

　　"啊，啊，夫人，需要我帮你做些什么？"

　　"不，现在应该是我问你，能为你做些什么？"埃莉诺那沉着、清醒的声音像在提醒副总统所面临的沉重担子。

这次简短的交谈，给杜鲁门留下了深刻印象。

杜鲁门从未想到自己这个副总统，有一天会来接任总统的职位。他没有这份雄心，甚至从未做过这样的梦。他站立在那里，心里不断地在称颂埃莉诺真是一位"世界第一夫人"！（半个月后，杜鲁门总统委任埃莉诺作为美国出席联合国大会的正式代表，后兼任人权委员会主席，并亲自参与起草了《世界人权宣言》。）

此刻，埃莉诺送走杜鲁门，立即给孩子们拍电报：

亲爱的孩子：

爸爸下午长眠在温泉。他忠心尽职直到最后一息，为你们作出了极好的榜样。上帝保佑你们。

妈妈

17分钟以后，即下午5时47分，白宫总机通知美联社、合众社、国际新闻社在电话里收听紧急新闻发布。这三家通讯社的记者拿起话筒，听到下列谈话："我是斯蒂芬·厄尔利，现有急电一则，总统于今天下午突然逝世，时间是……"

这就够了。赫斯特的国际新闻社第一个发出电讯说：

"国际新闻社华盛顿急电（4月12日5时47分）：华盛顿——罗斯福逝世。"

30秒钟后合众社跟着发电：

"华盛顿急电：罗斯福总统今天下午逝世。"

两分钟后（即下午5时49分），美联社发电：

"华盛顿急电：罗斯福总统下午在佐治亚州温泉逝世。"

合众社华盛顿分社的一个新闻速记员，将厄尔利口述的消息用记者惯用的速记法记录下来：

"在佐治亚温泉——死于脑溢血——杜鲁门副总统已获通知，在白宫由罗斯福夫人面告——国务卿已获悉——已召集内阁开会——在部队的四个儿子已由母亲去电通知，内容大致是——总统下午长眠。他鞠躬尽瘁，守职至终，亦望你们尽职守责到底。上帝保佑你们。亲切致候。罗斯福夫人署名。"

"罗斯福夫人、麦金太尔中将、斯蒂芬·厄尔利下午乘机飞温泉。我们预计明晨离温泉乘火车回华盛顿——吊唁于星期六下午在白宫东厅举行——星期天下午在海德公园安葬——具体安排及时间尚未确定。

∧ 罗斯福溘然长逝，这是前线官兵正在举行一个简短的悼念活动。

"详情向温泉询问。"

纽约大街与西北第14街拐角的WRC广播电台办公室里，24岁的戴维·布林克利正在值班。他听见国际新闻社的电传打字机铃声响了四下，忙把急电撕下交给上级。电台正在播送儿童节目，全国广播公司连续广播长篇儿童故事《轰动一时的法雷德尔》，哥伦比亚广播公司播送《茫茫大路》，美国广播公司是《米德乃特船长》，共同广播公司是《汤姆·朱克斯》。但到了5时49分，各广播网和地方电台都换了播音员，接连四天所有商业广告都停了下来，其他内容都不值一播了。

有人问纽约布朗克斯区的一位主妇听到了广播电讯没有，她哭着说："我要收音机干什么？看看每个人的脸色就清楚了。"

人们不管相识与否，都互相转告这个不幸的消息。温泉的人大多尚未知道发生了什么事，伦敦、莫斯科就已广播了这个急电，甚至东京和柏林也广播了这个消息。在德国，夜幕降临，艾森豪威尔和巴顿、布莱德雷正在开会，巴顿突然记起手表忘记上弦，就扭开收音机对时间，突然听到英国广播公司播出的消息："我们沉痛地宣布，美国总统已经逝世。"差不多同一时刻，在佐治亚州靠近梅肯市的公路上，露西正同舒马托娃夫人坐在同一辆汽车里，她们一直开着收音机。一曲轻音乐突然中断，"我们把节目中断，向听众们报道一则特别电讯……"露西感到透不过气来，用双手把脸捂上。

美国海军后备役上尉约翰·罗斯福正在冲绳岛海域上的"黄蜂"号航空母舰的指挥台上守望，这时他听到美国海军后备役少校富兰克林·罗斯福从他指挥的"乌尔维特·L·穆尔"号驱逐舰发来的报话声。"伙计，你准备回去吗？"来自驱逐舰的声音问道。"不。""黄蜂"号指挥台上的回答说。"你呢？""不，把这里收拾干净再说了。"兄弟俩在战火熊熊的海洋上通过电话交流了哀思。

1945年4月那个温暖的下午，美国人通过不同方式得知富兰克林·德拉诺·罗斯福逝世的噩耗。尽管几乎人人都知道罗斯福的身体越来越差，但他那种似乎刀枪不入、永生不灭的气派却使人难以想象他会死亡。人们既难以相信，又感到震动，他们停下了手中的活儿，脑子空洞而又茫然。泣不成声的人们不仅是为了引导了他们12年之久的总统哭泣，更是在为他们自己失去了这种依托后无法预期和把握的前途哭泣。

他领导那么久了，现在谁来领导呢？《纽约时报》的卡贝尔·菲利普斯后来回忆说，罗斯福逝世究竟意味着什么？当这个问题逐渐深入到人们脑海里时，白宫的新闻记者团都不禁呆若木鸡。"我们都说：'老天爷，杜鲁门要当总统了！'"但是，在那个时候，还没有必要去想杜鲁门，也确实没有这种可能。罗斯福逝世的阴影还笼罩着全国。后来埃莉诺承认说，直到那个时候，她才了解到罗斯福与美国人是怎样心心相连。安妮·奥黑尔·麦考密克在《纽约时报》上写道："12年来他所担任总统的职位，他本人德高望重，两者融汇一起，使得其他国家的人民，对他也以'总统'相称，仿佛他是全世界的总统。他不亢不卑，在别人面前既不必妄自尊大，又毋庸假作谦虚，是个完全泰然自若的人。他这种伟人的素质，到他逝世时，表露得特别明显。"

在华盛顿★，悲痛的人们聚集在白宫周围。当时在隔壁政府大楼办公的迪安·艾奇逊，后来在回忆录中写道："其实没什么可看的，我相信他们也并不打算看到什么。他们只是默然肃立，若有所失而已。"有些人的反应是始料不及的。罗伯特·塔夫托感情激动，他声音颤抖地说："盖棺论定，他是个战时英雄，他为了美国人民，确实是鞠躬尽瘁，死而后已。"

《纽约时报》发表了讣告式的社论，作者悲痛之情，溢于言表。"正

★**华盛顿**
美国首都，位于美国东部。第二次世界大战期间，华盛顿虽远离欧、亚、非战场，但一直是世界外交的中心。1941年、1942年和1943年，美国总统罗斯福与英国首相丘吉尔在华盛顿先后举行了三次重要会议。第一次华盛顿会议决定组建英美联合参谋长委员会，其总部设在华盛顿。1942年1月，26个反法西斯国家在华盛顿签署了《联合国家宣言》。1943年11月，在华盛顿成立了联合国家善后救济总署。1944年8至10月，美、英、苏、中四国在华盛顿附近的敦巴顿橡树园举行会议，提出了建立目的在于维持国际和平与安全的普遍性国际组织联合国的设想。

当强大、残忍的野蛮势力，威胁着要蹂躏整个西方文明的时候，幸有罗斯福坐镇白宫。百年以后，人类也会为此俯伏而感谢上帝。"纽约交响乐团取消在卡内基音乐厅举行的音乐会，这是1865年林肯逝世以来破天荒的第一次。

在伦敦，丘吉尔正要步入唐宁街10号书房时听到这个消息，他说："真是晴天霹雳，我仿佛身上挨了一拳似的。"英国白金汉宫的《宫廷通报》发表讣告，外国元首非王室成员的讣告登在这报上，这是破例的事。几天后大英帝国的首相在圣保罗大教堂的追悼仪式上失声痛哭。在克里姆林宫，斯大林神情黯然，他默默地"紧握着哈里曼大使的手约有30秒之久，还没有请他坐下"。随后，这个极度悲伤的大元帅凝重而细致地询问了罗斯福逝世前的情况。莫斯科下了半旗，旗边围上了黑边。重庆的蒋介石起初怔怔地坐了很久，戚然无语，随即赶紧吩咐筹办悼念事宜。中国共产党《新华日报》以《民主巨星的陨落：悼罗斯福总统之丧》为题发表了悼念社论。

在柏林，苏联人的炮弹已在地下元首官邸外面落地开花，而戈培尔还喋喋不休地说："我的元首，我向您祝贺！罗斯福已一命呜呼。星相显示：4月下半月我们将时来运转。今天是4月13日，星期五了，转折点已经到来了！"希特勒也信以为真。但是，东京广播电台的广播却出人意料，它引述首相铃木贯太郎海军上将的话说："我得承认，罗斯福确实领导有方，美军今天的优势地位莫不有赖于罗斯福之领导。因此，他的去世对美国人民是个巨大损失，这点很可理解，我也深表同情。"然后播音员接下去说："为了对这位伟大人物的逝世表示敬意，我们现在特别选播几分钟的音乐。"

至于默默无闻的人，则以其特有的方式，寄托哀思。圣地亚哥市有一位叫佩特罗斯·普鲁托帕帕达基斯的人，向法庭申请改名为佩特罗斯·罗斯福·普鲁托帕帕达基斯。纽约消防局向所属消防站发出"四五长鸣"，这是消防队对因公殉职的队员志哀的信号。芝加哥一个男孩在后花园里摘了一束花寄去，附了一张纸条说，他不能参加葬礼，深以为憾。格罗顿公学学生，在进晚餐前获悉本校1900届毕业生罗斯福逝世的消息，没有进食就在校长率领下，列队进入校内教堂哀祷。在海德公园村的圣詹姆斯主教派教会教堂，为了悼念这位年长的教区委员，敲钟志哀。《纽约邮报》表示哀思的方式，简单隆重，如罗斯福有灵，也会深为感动，该报只是在每日伤亡栏栏首，发布一则消息：

华盛顿4月16日急电：最近一批部队死伤名单及其近亲的姓名：
陆军——海军伤亡
富兰克林·德拉诺·罗斯福，总司令 妻：安娜·埃莉诺·罗斯福 地址：白宫

美国军队的《扬基》周刊的编辑写道："我们曾说过罗斯福的俏皮话，我们拿他寻过开心……但他毕竟是罗斯福，是领导我们这一代人成长的人……他不但是武装部队的总司令，也

是我们这一代人的总司令！"佐治亚州的一位老年黑人说："就在我们走投无路的时候，他给我们开出一条道路。"很多与罗斯福从未谋面的人都纷纷对作家约翰·根室说："我从没有见过他，但感到好像丧失了一位挚友。"至于根室本人，他最初也难以理解这样一件举世同哀的事。"他与世长辞，似乎难以相信。他相信人的本性善良，他致力于改善各地贫贱之人的处境，他理想高尚，又有雄才大略；信任人民，而又有无比的能力去鼓动人民群众，使人尽其才——现在这一切都已成往事，实在一时令人难以接受。"众议员林登·约翰逊在国会山谈及罗斯福时真是如泣如诉："他呀，对我一直就像亲爹一样。在我所认识的人中，不管是在哪里，他是唯一无所畏惧的人。上帝呀，上帝——他是怎样把我们所有的人的担子全担起来的呀！"

当然，也有很多美国人并不认为他是个战时英雄，也没有感到有如失去挚友，肯定更没有感到他亲如生父。这些人的情绪，往往是悲喜交集的。有一位曾经拼命反对他的人悲伤地说："现在我们得自己做主了！"但是，有些人对今后可以自己做主，倒很高兴。当有关罗斯福逝世的第一则急电传出来的时候，有个著名华尔街律师的妻子，在公园大道一家旅馆的电梯里听到这个消息，神经质地把一只手套捏来捏去，急不可耐地想从收音机里听听消息。突然，后面有一个男人大声说："他总算是死了！可不是也到了该死的时候了！"这位妇女转过身来，用手套打了那人一个嘴巴。

有些人觉得罗斯福永远是他们的总统。塞缪尔·格拉夫顿的悼词，也许最能反映他们的感情。他说："人们想到他，就觉得他好像是一个笑容可掬的司机，烟嘴叼在嘴里，每次急转弯时都能听到后面惊叫之声。他们老是对他说这样开车不行。但他知道他装载的方式，在下一个急转弯时不会出问题。他知道后面人什么时候是真的惊叫，什么时候只是故意吵嚷。但他对乘客们是有感情的。他不在人间了，汽车也停了下来，离天堂之门还很远。现在乘客彼此争辩，相持不下：究竟下一个弯该怎么转法呢？"

杜鲁门的女儿玛格丽特那时正在康涅狄格大街4701号2楼的房间里，换衣服准备赴宴。电话铃响，她听到父亲的声音，据她后来回忆，"又紧张又特别"。但她想着当晚令人兴奋的晚会，就高兴地说："嗨，爸爸您好！"

"叫你妈妈来听电话！"

"您回家吃晚饭吗？"

"叫你妈妈来听电话！"

"我只不过说句客气话嘛！"

"玛格丽特，请你叫妈妈来听电话，好不好？"

她很委屈，几秒钟以后，她抬起头来，见妈妈站在门口望着他，或者说，从玛格丽特看来，好像妈妈视而不见了，只是朝着她这方向望过来。

"妈妈，怎么啦？出了什么事？"

贝丝·杜鲁门回答得很慢："罗斯福总统去世了。"

> 罗斯福是美国唯一一位连任四届的总统。

"死了？"

贝丝给一位朋友去电话，这时，门铃响了，玛格丽特去开门，一位素未谋面的女人站在门外。

"杜鲁门小姐吗？"

"是的，什么事？"

"我是美联社的，我想……"

玛格丽特慌乱中砰地关上房门，她从窗子向下望去，下面聚集着一群人，有新闻记者，摄影记者，朋友，还有好奇围观的人。她意识到，今后再也不能过清静的日子了。

>> 魂归玫瑰园

罗斯福夫人的专机在本宁堡跑道上空盘旋，准备着陆。与此同时，比尔·哈西特在亚特兰大市帕特森殡仪馆商购棺木。哈西特要一副黄铜衬里的结实红木棺材，但那里没有。黄铜是军用物资。哈里特又提出棺木要6英尺4英寸长，因为罗斯福个子较大。但看来也不好找。殡仪馆老板本来有个较长的红木棺材，但已答应卖给新泽西州一家殡仪馆。于是，他们争来扯去，相执不下，最后，哈西特由于精明机敏，又有罗斯福的威望作后盾，把这所殡仪馆中最好的棺木买了回来。上午10时45分，这副棺木随同两部灵车到达温泉。40分钟后，埃莉诺·罗斯福、麦金太尔医生和斯蒂芬·厄尔利也乘车赶到。

埃莉诺赶到佐治亚州温泉去接丈夫的灵柩。她来到"小白宫"，她不喜欢这里，也很少跟罗斯福一起来这里度假。她走近罗斯福的遗体旁，这枯槁、灰暗、消瘦如柴、冷冰冰的是他吗？她用手抚摸着他的额头、脸颊，那双曾闪烁着智慧机敏、微笑，有时也带着戏谑、嘲弄、讥讽光芒的眼睛，此刻闭上了，永远闭上了。

罗斯福夫人同格雷斯·塔利以及在场的亲友都进行了长谈。不知道是谁在这个最不适当的时刻把露西·拉瑟弗德当时也在温泉的事告诉了她，她显然不能自已，全身颤抖，然后镇定下来，走进寝室。5分钟后，她出来了，面色庄重肃穆，但没有泪痕。这时该要计划殡葬事宜，拟定灵车的路线，确定葬礼仪式，选定牧师，确定要唱的圣诗，并按照国家礼仪，确定谁将参加白宫东厅举行的仪式，因为那里只有200个座位。这个问题是无先例可援的。在职总统去世，上一次是沃伦·哈定，而国务院发现有关他殡葬的档案已经遗失，这时只好仓促作出决定，而总统的未亡人则是其主要决策人。

在罗斯福专列的最后一节车厢里，放上一座结实的佐治亚松木制成的灵台，上面铺着海军陆战队深绿色军毯。棺木中罗斯福的遗体下半身覆盖着他那海军斗篷。罗斯福夫人同意后，棺外覆盖上一面国旗。他们在星光如画的夜晚，在丁香花花香之中忙碌了一个通宵。到了13日上午9时25分，送葬行列才出发。装在炮架车上的灵柩，由本宁堡乐队敲着带弱音装置的鼓为先导，从红泥道上慢步向火车站前进。在那逶迤的道路两旁，肃立着头戴钢盔的伞兵部队。他们当中许多人脸色苍白，有些则满脸泪痕，有一个士兵在炮车经过身前时，身子一晃，昏厥在地，滚进道边沟中。罗斯福生前很欣赏的一位黑人手风琴手格雷厄姆·杰克逊，奏着《归途》乐曲。然后，士兵们把棺木抬上等候着的车厢，火车司机利用车轨倾斜的坡度，静悄悄地让火车滑行出站。

这是罗斯福总统专用列车第400次的旅程，也是最后的一次。专列最后两节的次序颠倒过来。罗斯福夫人坐在"费迪南德·麦哲伦"车厢里，现在是倒数第二节。而最后一节是以前用来办公的车厢，现在棺木安放在并不精致的枢架上。军人在两旁肃立守灵。各节车厢的窗帘大多寂然垂闭，但这节车厢的帘子却是拉开的，在国旗覆盖着的棺木上面，亮着灯光，彻夜不灭，以供车外的人瞻仰。

铁路沿途露宿等候瞻仰灵柩的人，谁也不曾估计有多少。在亚特兰大，人们不准靠近，火车在第9号轨道隆隆前进时，两旁戴着白手套的士兵，举起上了刺刀的步枪肃立致敬。但是，对罗斯福忠心耿耿的人还是来了，多少个街区，交通为之阻塞。车库、栈房、工厂、公寓各处屋顶上都站满了男男女女，居高眺望，一些私人飞机则在上空盘旋。那天

∧ 罗斯福总统的棺木缓缓向前驶去。

下午离开亚特兰大以后，沿途每个交叉路口，都站着沉默的人群。此情此景，令人们蓦然回想起沃尔特·惠特曼为80年前的几乎同一天的另一位美国总统逝世所写的挽歌：

灵柩经过大街小巷
经过白天和黑夜，经过乌云低垂的大地
卷起的旌旗排列成行，城市全蒙着黑纱，
……
这里，你缓缓走过的灵柩啊，
我献给你我的紫丁香花枝。

快到盖恩斯维尔时，在记者车厢里的梅里曼·史密斯喊道："你们看！"原来一群头戴印花方巾的黑人女佃农，站在一块棉田里，双手紧握，伸向火车志哀。

火车在南卡罗来纳州的格林维尔市停下来加油，换了乘务员，新上车的司机又在机车前横挂上一面国旗。铁路两旁至少有五个区段，站满了密密麻麻的人群，睁着眼睛望着。突然，一队童子军唱起《前进，基督的战士》，梅里曼·史密斯后来回忆："开始唱得有点参差不齐，然后唱歌人多起来，歌声也渐趋洪亮。不一会儿，七八千人就高声齐唱，声如洪钟了。"火车继续北驰，夜幕降临，埃莉诺·罗斯福后来写道："我彻夜躺在铺上，窗帘拉开，了望着他过去热爱的田园，观察着那些在车站上甚至是交叉路口上聚集的人群的面孔。他们都是彻夜不眠，特地来向他告别的……沿途不但在车站上而且在各个交叉路口都有人群，使我感到确实惊讶。我完全没有料到这一切，因为我一直没有想过这个问题。"林肯总统去世时，米勒德·兰佩尔写过一首诗，她一向都很喜欢，现在，当她凝视着黑夜，小狗法拉伏在脚边，这四句话就一再在她心里萦回不止：

凄寂的列车走在凄寂的轨道上
七节车厢漆黑发亮
缓慢、肃穆的列车
载着林肯返回家乡

< 罗斯福与埃莉诺的婚姻维系了40年之久。

∧ 灵车载着罗斯福总统的棺木缓缓而行。

埃莉诺彻夜未眠，隔着车窗，望着眼前络绎不绝的人群、人流……从这爱戴、尊崇、怀念的感情中，她才看到、理解罗斯福的全部价值。过去，为什么竟从未想过这个问题？

记得，有一次他开玩笑说："埃莉诺是一个爱冒险的女人！"我回答他：埃莉诺最大的冒险是嫁给了富兰克林·罗斯福。哎，那也不仅仅是玩笑。我俩性格有很大差异，兴趣也不尽相同。只有一点共同的东西：我们都热衷政治！"政治"维系了我们的家庭感情——经历了整整40年……我只接触了半个罗斯福，那个献身公务的政治家；对另一半那个轻松、风趣、幽默、谈笑风生的罗斯福，我是陌生的、疏远的，不理解也不欣赏的。

从没有与他长期和谐地相契无间地生活在感情世界，共饮一杯他亲手调配的马提尼酒，说说开心的玩笑话……我厌恶酒，我就那么生硬地拒绝沾沾他的酒杯。

假如我能更温顺一些，他会幸福得多！一切都已经过去了，不可挽回地逝去了！这是一种无法弥补的遗憾！

她凝视着黑夜……小狗法拉伏在她的脚边。

这黑夜是美国的一个哭泣的黑夜……

星期六上午6时20分，火车经过弗吉尼亚州夏洛维尔市。曙光微明，又是明媚之春的一天。山荣英遍布在森林里，像是一层淡红色的薄雾。杜鹃花和丁香花也到处盛开。不到4个小时之后，杜鲁门总统来迎接火车，于是护送遗体的队伍，沿着特拉华大道直行，然后转向西面宪法大街。罗斯福生前曾多次沿着这条路线去白宫，每次都是笑容满面，向着欢呼着的人群挥动他竞选时那顶旧呢帽。今天这里也有人群，而且人空前的多，但是寂静沉默，异乎寻常，只有24架"解放者"轰炸机从上空飞过时才把这静默打破。

这样全副武装的行列，在首都还从未见过。头戴钢盔的士兵在两旁人行道上整队肃立，一队警察驾着闪闪发亮的摩托车导引着队伍缓慢行进。海军和海军陆战队奏着肖邦的《丧礼进行曲》《前进，基督的战士》和圣乐《撒尔》中的《哀乐》。然后是一营海军军官学校学员的队列。还有坦克队伍，运兵车队，载着步兵的卡车，陆军妇女服务队，海军妇女志愿紧急服务队，海岸警备队妇女后备队。"解放者"轰炸机又在上空出现——然后，覆垂着黑丝绒、载着棺木的炮车突然出现在眼前。它由6匹白马牵引，车后还有1匹乘马。马的眼睛都戴上眼罩，马镫倒悬，指挥刀和马靴从马镫倒垂挂着：这是阵亡战士的象征，自从成吉思汗以来，就有这样的传统。阿瑟·戈弗雷用无线电向全国进行实况广播。炮车经过时，他抑制不住，泣不成声。伯纳德·阿斯贝尔写道："这样突然，它悄悄地到了你的面前。看上去那么小，只是一部轮子很大的车子，把那覆盖着国旗的长形的棺木，徐徐地拖过来。不知怎的，人们总想象它应该是庞然大物，但完全不是。它很小，像一般人的灵柩一样。"

队伍向右转入第15街，又向左转上宾夕法尼亚大街，经过一群哭声阵阵的妇女——"啊，他离开我们了，永远离开我们了！我是多么热爱他呀！但是，我永远再见不到他了！""上帝啊，他离开我们了，永远，永远，永远见不到他了。"——然后队伍进入白宫的西北门，来到北面门廊。海军乐队奏起了美国国歌，一位很矫健的人侧身离开队伍，走进总统办公室，那就是杜鲁门，但几乎没有人注意他。人们的眼睛都盯着门口，看仪仗队抬进灵柩，走向白宫东厅，后面跟着总统的未亡人。

那也许是战争开始以来最肃穆的一个星期六下午。全国各地的百货公司都挂上了黑布。伯纳和贝利兄弟马戏团把日场取消。光在纽约就有700家电影院停止营业，报纸那天不登广告，甚至食品杂货店从2时到5时都关门停业。下午4时，丧仪在东厅开始，这时整个美国几乎停息下来了。美联社、合众社、国际新闻社的电传打字机缓慢地发出"肃静"字样。公共汽车和汽车都就地在路旁停驶，电车静止不动。空中的飞机只是盘旋，着了陆的飞机在路道上就地停下来，并不驶向停机坪。无线电静然无声，电话服务也停了，连拨号声也听不见。在纽约市地下，505辆地铁就地停驶。到处都可以看到男人脱帽，妇女跪下来。一时全美国都肃静下来，就像在总统府邸大厅内参加仪式的200人一样。

罗斯福的灵柩安放在祭坛前面一块小的东方地毯上，上面覆盖着美国国旗。大厅四面都摆满百合花，足有3米高，使墙壁都遮盖不见，芳香扑鼻。罗斯福生前用过的轮椅，赫然摆放在祭坛的旁边，使人民看见就想起他克服困难的一生。杜鲁门总统进来时，人们忘记了起立。礼仪上这点疏忽，谁都没有注意到，连杜鲁门自己也没有觉察，或者即使他觉察到了，他也能理解在场的人还不能把他同他的崇高职位联系在一起，他们所能想到的一切是总统逝世了。当罗斯福夫人进来时，所有的人都站了起来。罗斯福夫人建议来宾齐唱海军赞美诗。然后主教派教会主教安格斯·邓恩致悼词，并引用罗斯福本人演说词中常说的一句话："我们唯一值得恐惧的就是恐惧本身。"

仪式完毕，主教为大家祝福时，已是下午4时23分。罗斯福夫人首先退场，接着在楼上总统卧室里，和女儿安娜吵了起来。

"安娜，老实告诉我，仆人们的议论，说总统咽最后一口气时，手挽着露西的手，眼睛望着露西，头倾倒在露西的怀里。这是事实吗？露西什么时候到小温泉的？她怎么会知道你爸爸在那里？安娜，到今天，你还不该告诉我吗？"

安娜伏在母亲的肩上痛哭起来……

"妈妈，我不知该怎么办，我不愿瞒住你却又不能告诉你。爸爸在米丝走后忍受的那种痛苦、寂寞——在繁重的工作后只是连声叹气，我在他旁边眼睁睁看着他精神沮丧……怎么办？妈妈你已经是位知名的社会活动家、政治家，精神饱满地到处参加各种活动，一些朋友围住你。你从未考虑到爸爸的这种苦恼……

▽ 为罗斯福举行的隆重葬礼。

> 悲痛欲绝的美国民众。

"我想我应该照顾爸爸的感情需要，我主动和露西联系，安排他们会面的时间和地点。譬如你到英国的太平洋战场后，我邀请露西来白宫陪爸爸；爸爸从德黑兰会议回来后到巴鲁克庄园去休息时，我也通知露西，她住在憩园离得很近，她也去陪爸爸。这次从雅尔塔开会回来，爸爸身体格外虚弱，到小温泉后，露西来陪他，并邀请画家为他作画，还有摄影家拍照，这都是露西安排的。妈妈，你说我错了吗？"

母亲拍着女儿的肩膀，表示谅解女儿的心情："帮助妈妈来处理善后的事情吧，我们要尽快迁出白宫！"

"妈妈，仆人们也在议论，说听到总统逝世的消息，第一夫人没流一滴眼泪！对人只说了一句：'我为国家比为我个人更感沉痛！'是这样吗？"

"是，是这样，这是老实话。当时，我只有这样一个念头。没有眼泪，确实，没有一滴泪。怪妈妈对爸爸无情吗？"

"不，不。我不理解你们的关系。我只觉得爸爸和你都很可怜！我们不会如此。"

"当然，当然你们再不会有我们的这种经历。你们把结婚、离婚、孩子全然不当一回事了。"

埃莉诺觉得两个人都对不起她。但她随后镇静下来，擦干眼泪，又下楼到东厅里向遗体作最后告别，一个军官把棺盖打开后离开了，只有埃莉诺一个人在那里，人们不知道她对丈夫讲了些什么，她最终控制不住自己的感情，轻抚了一下丈夫的脸颊，最后把一束玫瑰花放在灵柩里，灵柩从此封盖起来。

九个月以前，罗斯福曾经说过："我的心灵呼唤我回到赫德逊河畔的老家去。"现在他终于要回去了。有两列火车在联邦车站等候，准备把乘客运往海德公园罗斯福的老家。第一列

∧ 埃莉诺等出席在海德公园玫瑰园为罗斯福举行的葬礼。

车将乘载罗斯福一家、杜鲁门一家、最高法院和内阁成员，以及罗斯福生前友好。第二列车将乘载国会议员、外交官和新闻界人士。9时30分，送葬行列又按早上走过的路线开回去。两旁军队肃立，人行道上送葬的群众鸦雀无声。

到了布朗克斯，他们又停了下来。当他们在离开莫特港口调车场时，第二列车就调到前面，罗斯福的列车则调往后面。这个变动立即用电报通知赫德逊河沿岸等候着向罗斯福致哀的纽约市民。黎明时，《纽约人》的"街谈巷议"栏记者，驱车到西点军校对岸纽约州的加里森村车站。他问铁路岔口的看守人罗斯福的车什么时候经过。"到这里是7时半到8时，"那人回答说，"第一列车是国会议员，然后，大概15分钟后，总统专列就该通过这里！"人群已开始聚拢。其中有个男人带着一个直打哆嗦的小男孩："你要把今天看到的一切，都好好记在心上。"父亲说。"天气冷得很呀！"儿子回答说。

过了一会儿，又开来了二三十部汽车，从"福特"到"凯迪拉克"都有。车里的人与其说是心里哀伤，不如说是感情激动。一批格伦克列夫寺院的长须教士也到了，穿着褐色法衣和僧鞋，排成一列，差不多和军队一样整齐。一位妇女紧张不安地说："我看不见他就糟糕了。"一个男人要她放心。"他们看见我们，车子会放慢的！"

车子果然慢了下来。第一列过去后，第二列车的机车慢慢进入车站，后面飘着一缕白烟。男人脱帽，就像80年前林肯的灵柩通过这里时一样。人们清楚地看到那覆盖着国旗的灵柩以及守灵的仪仗队。

"我看见他了！"一个小女孩喊道，"我看见他可真清楚呀！"

"不，你看不见他的，"她的母亲不知该怎么说才好，"他是睡在美国国旗下面的！"但

＜"二战"期间，埃莉诺作为第一夫人，她是美国政府里唯一不拿工资的勤奋的工作人员。

是那个小孩却一再说："我看见他了！"

　　人群散得很慢，似乎拿不定主意下一步该干什么。当那位父亲和冷得发抖的儿子离开时，男孩说："我全看见了。"那个人说："那就好了！要把看到的一切永远记在心头！"

　　马霍帕克、冷泉、霍普韦尔中转站、沃宾格尔瀑布、波基普西、阿林顿、欢乐谷——这些罗斯福本来熟悉的地名，一个接着一个走过了。星期日早上8时40分，机车在罗斯福庄园旁转入海德公园专用侧轨。机车一停，礼炮就鸣放。15秒钟后，又是第二响，接着第三、第四响，直到21响礼炮鸣放完毕。然后，西点军校的乐队为前导，领着载着灵柩的炮车沿着坡度较大的土路蜿蜒而上。1870年詹姆斯·罗斯福开了这一条路，而他的儿子富兰克林老爱称之为"河业路"。那时那个小孩就在这个河边学会了游泳、划船，又在那阳光灿烂的高地上学会了骑马。而这时，一匹驮着空鞍、马具倒悬的马，正在缓步踏上河岸高地。

　　在那玫瑰园里，3米高的藩篱后面，已经挖好了一穴新坟。准备在这里举行一个简短的仪式。他的亲属、高级官员、生前友好和邻居们都被护送到他的墓地上来。一队军校学员举枪致敬，6位战士把灵柩抬进玫瑰园里，罗斯福夫人跟在灵柩后面。在绿叶织成的棚架上出现了一个十字架。海德公园村主教派教会的牧师来为吊唁的人领祷。玛格丽特·杜鲁门在那晚的日记中写道："仪式简单，但非常感人。"

　　棺木慢慢降入墓穴，牧师举起手说：

　　劳累的一生已经终止，

346

★肯尼迪（1961～1963）

美国总统，民主党人。生于马萨诸塞州波士顿富豪家庭。毕业于哈佛大学。第二次世界大战期间在海军中服役，曾参加过太平洋地区的战斗，获上尉军衔。战后一度充当新闻记者。1946年当选为众议员；1952年当选为参议员。1960年竞选总统获胜，成为美国历史上最年轻的总统，也是美国第一个天主教徒总统。1963年11月22日在得克萨斯州达拉斯市遇刺身亡。著有《英国为什么沉睡不醒》《勇敢的人们》等。

战斗的时日已成往事，

生命的航船靠拢彼岸，

航海的人终于上岸永息，

靠上帝您的仁慈托庇，

我们在此和您的仆人告别。

一架飞机在天空中孤寂地盘旋，军校学员整齐地前跨一步，鸣枪三响，号手吹起入息号。

埃莉诺·罗斯福迟缓地离开墓地，回到纽约。她在黑色丧服上戴上当年罗斯福送给她作为结婚礼物的珍珠镶成的鸢尾花形别针。她只用几个字就把围拢着她的记者打发开去："一切都已成过去。"

埃莉诺·罗斯福在婚后很长一段时间内一直是家庭妇女。当丈夫任总统后，她是美国政府里唯一不拿工资的勤奋的工作人员。

罗斯福总统逝世后，她才获得杜鲁门总统的正式任命，出任美国驻联合国常任代表。她于1946～1951年担任联合国人权委员会主席，在联合国恢复中华人民共和国合法席位的问题上，她站在了中国人民一边。她是美国驻联合国的第一位女外交家。她数次环游世界，访问了几十个国家。

艾森豪威尔任总统后，悄悄地免去了她在联合国的职务，肯尼迪★接任总统后，重新恢复了她在联合国的职务。

在罗斯福总统逝世后，她又度过了17年的晚年生活，除参加社会活动和联合国的工作外，13个孙儿孙女占据了她感情生活的主要部分。她告诉朋友，要弥补对子女未尽母亲职责的遗憾。她于1962年逝世，享年78岁。在纽约州海德公园村罗斯福庄园的玫瑰花圃旁，一片如茵的草坪上，两块黑色大理石覆盖着罗斯福夫妻的墓穴。埃莉诺的碑石上，刻着她亲自选定的碑文："我们唯一引为恐惧的只是恐惧本身。"这是罗斯福总统在1933年第一次就职演说中的一句名言。

09

"铁砧"

第二次世界大战期间盟军实施的法国南部登陆战役的最初代号，英文为"Anvil"。自1944年7月27日起，该代号改为"龙骑兵"。战役目的是配合诺曼底战役，在法国南部发动进攻，以加速击败德国法西斯的进程。作战计划是夺取法国南部正面宽约90公里、纵深25公里的登陆场，占领土伦港及马赛港，然后向里昂发展攻势。"龙骑兵"行动于1944年8月正式开始，9月3日顺利完成。

魁北克会议

1944年9月11～16日罗斯福与丘吉尔在魁北克会谈。讨论并通过了：（1）对德国和日本军事作战的计划；（2）关于意大利战场的计划；（3）占领雅典地区建立亲英政权的计划；（4）德国战败后两国占领德国领土的初步安排和把德国变为纯农业国的计划。这次会议对第二次世界大战的进程产生了重要的影响。

∧ 美军坦克在法国南部作战。

retrieva

大东亚会议举行

1943年11月5日至6日由东条英机内阁主持召开的旨在加强其占领地区合作体制的会议。出席会议的除东条英机外，还有汪精卫等人。6日，会议通过以"共存共荣""尊重独立、互惠合作"等为内容的《大东亚共荣宣言》后闭会。宣言以反抗欧美列强为借口，号召与会国动员10亿亚洲人民向完成大东亚战争和建设大东亚的目标迈进。会议内容未得到实质性贯彻。

敦巴顿橡树园会议

第二次世界大战后期反法西斯国家所举行的一次重要的国际会议，由中国、苏联、美国、英国等四国为筹建联合国而举行。1944年8月21日至10月7日，苏、美、英三国和中、美、英三国分别在美国首都华盛顿附近乔治城的敦巴顿橡树园大厦内举行会议。会议根据1943年10月中、美、英、苏四国在苏联首都莫斯科所发表的关于普遍安全的宣言的精神，通过了《关于建立普遍性国际组织的建议案》，并建议将该组织定名为"联合国"。该建议案后来成为1945年1月1日旧金山会议所通过的《联合国宪章》的基础。

克里米亚会议

第二次世界大战末期，苏联、美国和英国三国最高领导人在苏联克里米亚半岛所举行的国际会议，是世界大战期间最重要的国际会议。又称"雅尔塔会议"。会议是在反法西斯战争处于重要关头举行的。主要内容和议题是：处置德国问题，波兰问题，联合国问题以及远东问题，均为第二次世界大战末期迫切需要立即加以解决的重大国际政治问题。这次会议对加速第二次世界大战的进程和安排战后的世界秩序具有重大影响，标志着"雅尔塔体系"形成，这一体系在国际政治中占主导地位长达近半个世纪。

旧金山会议

亦称联合国制宪会议。1945年4月25日召开，6月26日闭幕。此会根据雅尔塔会议决议，由中苏美英四大国发起，邀请《联合国家宣言》签字国以及后来签署了宣言并向法西斯各国宣战的国家参加。50个国家的代表（波兰虽被邀请但未及出席）出席了会议。会期长达63天，与会代表先后讨论了邀请参加国、安理会表决程序、国际托管最终目标等问题。旧金山会议是联合国历史上最重要的会议之一，它的召开是第二次世界大战期间国际政治中的重要事件。

▽ 雅尔塔会议前，莫洛托夫与艾登在机场握手时的情景。

《凡尔赛和约》

即《凡尔赛对德和约》，1919 年 6 月 28 日，在巴黎和会上由英国、法国、美国、日本、意大利等国与德国在法国首都巴黎西南凡尔赛宫签订，1920 年 1 月 20 日正式生效。以《凡尔赛和约》为主体的战胜国对战败国所签署的和约，构成了战后欧洲国际关系的新格局，它曾在战后的 20 年间影响欧洲国际关系的发展和变化。但是，它仅仅是暂时缓和了帝国主义的矛盾，不仅没有消除这种矛盾，反而还为下一次世界大战埋下了种子。

摩根索方案

第二次世界大战后期美国所提出的一项关于处理战后德国问题的方案。1944 年 9 月，美国财政部长小亨利·摩根索提出了一个方案，史称"摩根索计划"。该计划建议将德国的东普鲁士（给予苏联的部分除外）和西里西亚南部地区割让给波兰，将萨尔划归法国，莱茵—鲁尔地区置于国际控制之下，德国的其余部分则分成南、北两个独立的自治国。摩根索系美国总统罗斯福的密友和谋士，故此计划颇具官方色彩。但计划也遭到美国统治集团内部另一派人的反对。

∨ 1919 年，巴黎和会主会场外。

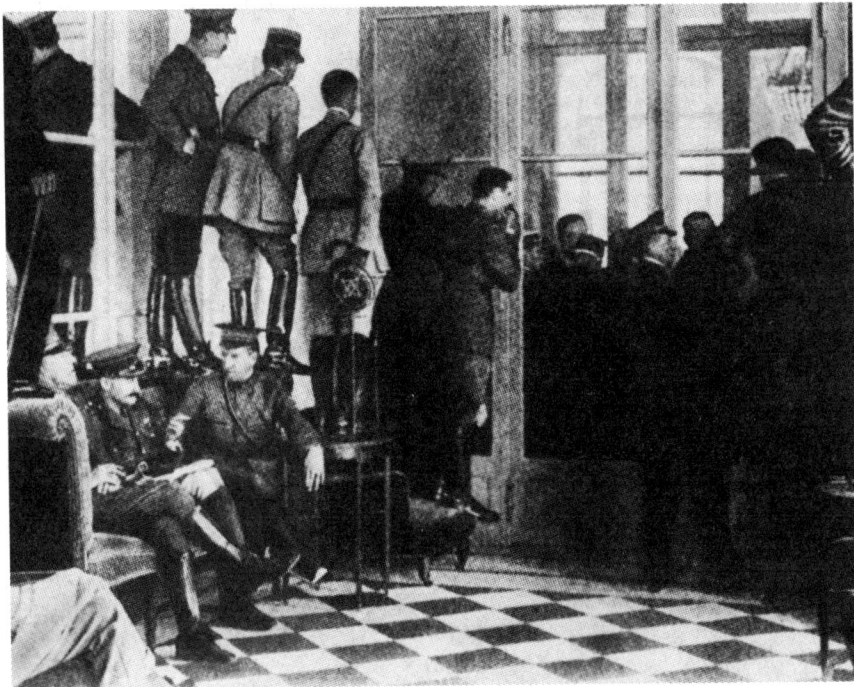

11

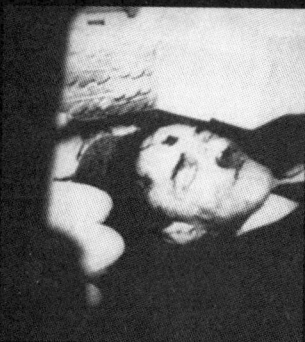

∧ 苏军公布的希特勒的遗体, 此照片很可能是出于宣传需要伪造的。

希特勒自杀

在苏联军队的炮声渐近之际, 希特勒自知末日将临。1945年4月29日, 希特勒与跟随他多年的情妇爱娃在柏林总理府地下避弹室举行了婚礼。口述并签署了私人和政治遗嘱: 将戈林和希姆莱开除出纳粹党, 任命邓尼茨为德国总统兼国防军最高司令。29日下午得知墨索里尼被悬尸街头后, 决计立即自杀。30日下午3时左右, 希特勒与爱娃自杀身亡, 尸体由部下焚烧。

联合国成立

1945年6月, 在美国旧金山举行的联合国制宪大会上, 50多个与会国家讨论、通过并签署了《联合国宪章》。随着《联合国宪章》与同年10月24日正式生效, 联合国正式宣告成立。联合国的宗旨是维持国际和平与安全, 制止侵略行为和促进国际合作。联合国的主要机构是大会、安全理事会、经济及社会理事会、国际法院和秘书处。秘书处设秘书长一人, 是联合国的主要行政负责人。

"小男孩" 对战争喊停

1945年8月8日, 一种新型的前所未有的武器——原子弹终于结束了战争。在相隔仅四天的时间里, 美国将两颗原子弹"小男孩"和"胖子"分别投到了日本的广岛和长崎。在这之后不久, 日本宣布投降。日本的投降, 标志着第二次世界大战的结束。对于使用原子弹, 人民在欢庆结束战争的同时, 也提出了异议。而原子弹爆炸时升腾起的蘑菇云给日本人和全世界人民来了无尽的恐慌。

retrieval 12